广播电视新闻专业丛书

电视节目
创作与编导

第二版

张静民　著

暨南大学出版社
JINAN UNIVERSITY PRESS
中国·广州

图书在版编目（CIP）数据

电视节目创作与编导/张静民著. —2 版. —广州：暨南大学出版社，2010.2（2019.8 重印）
（广播电视新闻专业丛书）
ISBN 978 - 7 - 81079 - 377 - 3

Ⅰ.①电…　Ⅱ.①张…　Ⅲ.①电视节目—制作—高等学校—教材
Ⅳ.①G222.3

中国版本图书馆 CIP 数据核字（2009）第 173055 号

电视节目创作与编导
DIANSHI JIEMU CHUANGZUO YU BIANDAO
著　者：张静民

- -

出 版 人：徐义雄
责任编辑：潘雅琴　田　和
责任校对：何　力
责任印制：汤慧君　周一丹

出版发行：暨南大学出版社（510630）
电　　话：总编室（8620）85221601
　　　　　营销部（8620）85225284　85228291　85228292（邮购）
传　　真：（8620）85221583（办公室）　85223774（营销部）
网　　址：http：//www.jnupress.com
排　　版：广州市天河星辰文化发展部照排中心
印　　刷：佛山市浩文彩色印刷有限公司
开　　本：787mm×960mm　1/16
印　　张：21
字　　数：398 千
版　　次：2006 年 9 月第 1 版　2010 年 2 月第 2 版
印　　次：2019 年 8 月第 6 次
印　　数：18001—19000 册
定　　价：45.00 元

（暨大版图书如有印装质量问题，请与出版社总编室联系调换）

序

高　鑫

虽然大家都承认当今是"节目为王"的电视时代，但是学术圈里真正静下心来认认真真研究节目策划、创作与编导艺术的人并不多。在广州大学新闻与传播学院任教的年轻的张静民教授是这不多的研究者当中的一个。三年前，我曾为他的专著《电视节目策划与编导》写序，三年后厚厚的一大本专著——《电视节目创作与编导》又摆在了我的前面。

2003 年 9 月底，我的一些学生在北京广播学院为我校举办从教 40 周年活动。当时静民特地从广州飞来北京参加这个活动。在京郊红螺寺游玩的时候，静民提起正在写本书，我当时还对他说现在电视方面的专著有点滥，你要写就写本有用的。静民很赞同我的观点，表示一定朝这方面努力。

我本人的研究方向与静民的不尽相同，加上我又比较忙，所以书稿我只是粗略地翻了翻。我发现，这本书与同类书相比有这样的些特点：

第一，对当前电视节目发展趋势有准确而全面的把握。

第二，电视节目的研究不是孤立的，而是在社会的、时代的、文化的、乃至市场经济的背景之下，因此所得出的结论更有价值，更有建设性。

第三，书里对当前新兴的、前卫的电视节目多有论及，有些还是首度从理论层面展开研究，有一定的开创性。

第四，也是最大的不同，这些研究成果都建立在作者不曾间断的电视实践和对电视创作艺术的孜孜以求的基础上。静民是做电视节目出身，进入高校后在进行理论探讨的同时一直没有间断过电视实践，在当地的节目策划会上、演播厅里，乃至深入一线的节目拍摄现场，都可以看到他活跃的身影。前一段时间的《看世界》大型电视系列片，十集电视政论片《世纪飞越》，还有他任策划、编导和采访人的 25 集电视系列片《台农在广东》，社会反响都不错。

每当这个时候仿佛有说不完的话。但最想说的是，希望静民能够永远保持这种探索精神和勤劳的本色，能够有更多的专著问世。

我相信静民一定能够做到！

（作者系中国传媒大学教授，博士生导师，我国著名的电视理论家）

目　录

第一章

中国电视与电视文化

本章提要

　　本章着重研究和分析进入新世纪以来中国电视与中国电视文化堪称"日新月异"的发展变化，以及这种变化对于创作与编导者提出的新的更高的要求。这种变化，对于电视事业的决策者来说是必须把握的，否则其决策将脱离中国电视事业发展实际；对于电视节目创作与编导人员来说，也必须予以明确把握，否则其创作与编导实践将无的放矢，其创作活动的社会价值与艺术价值也就无从体现。

第一节 发展变化中的中国电视

在今天，任何人——不论你是行业里的"老兵"，还是刚入门的"新手"，如果想从事电视节目的创作与编导，都必须首先了解今天中国电视所处的是一个怎样的时代，电视本身在这个时代已经发生并正在发生着怎样的变化、变革乃至深刻而彻底的革命。否则，其创作与编导活动必然是无源之水、无本之木，即使勉强"闭门造车"，所生产出来的作品也很难融入社会，更难谈得上具有怎样的现实意义、历史意义和艺术价值。

那么，进入 21 世纪的中国电视到底经历和发生了哪些发展、变化？这些发展、变化的结果和影响又是怎样的呢？

一、进入新世纪后中国电视的格局发生了深刻变化

进入新世纪后，中国电视的格局变化不但迅猛而且深刻。中央电视台加入中国广播影视集团，积极参与中国传媒超级大航母的打造；各省市电视媒体也积极运作，整合频道，捆绑出击，以全新姿态和不俗实力参与国内外电视传媒营销竞合，尽显"面世"（加入 WTO）的心态与韬略。

在 2001 年，中央电视台全力砍出"三板斧"：第一，大规模整合频道资源，除了新推出 CCTV - 10 科学、教育频道和 CCTV - 11 戏曲频道外，还调整了原有的各个频道，使其内容涵盖更加全面；此后，在 2002 年推出 CCTV - 12 西部频道，在 2003 年推出全新的 24 小时播出的新闻频道，尽显央视国际大台风范。第二，加大与海外合作的力度、深度与广度。与美国映佳国际传播公司合资成立北京视澜广告有限公司，以推进中央 4 套在美国的落地；以中国国际电视总公司名义与香港凤凰卫视签署战略合作协议，共同开拓北美的华语电视市场。第三，大张旗鼓地参与进入中国广播影视集团，成为名副其实的中国传媒"巨头"。

北京电视台于 2001 年 5 月 28 日，携手原北京有线电视台、紫禁城影业公司、北京人民广播电台、北京歌华文化集团、北京歌华网络股份有限公司成立北京广播影视集团，除上述单位，这个集团还下辖北京人民广播电台、北京广播影视报刊社及北视、中北两大电视艺术中心，资产总额超过 50 亿元。上海则出现了上海文化广告影视集团。这个集团涵盖了广播、电影、电视、网络和

报刊，下辖 10 套无线广播、4 套无线电视、6 套有线电视、1 套卫星电视、3 份报纸、1 份刊物和 1 个网站，总资产超过 100 亿元。

而最大的革命性变化仍然来自改革开放的前沿广东。2001 年，三大外资背景的电视与新闻机构——美国新闻集团、美国在线—时代华纳、凤凰卫视获得在广东的频道落地权；随后，香港亚视等更多家境外传媒接连获准落地珠三角，天空争夺战更加白热化。作为对策性行动，2001 年 7 月，整合原广东省有线与原商台资源的南方电视台全新亮相；广东电视台则将自己的强项整合成更具竞争力的频道品牌：广东卫视仍稳占南方电视制高点，同时倾力打造珠江频道、体育频道、公共频道、嘉佳卡通频道等，全面覆盖和抢占受众群落。加之广州电视台和深圳、珠海、佛山、汕头广播电视台等实力传媒的推波助澜，使广东电视如同"新广货"一样令人无法忽视它的存在。于 2004 年 1 月 18 日挂牌成立的南方广播影视传媒集团，更是广东电视应对挑战、谋求发展的重大举措。这一举措，经过 3 年的体制改革和机制创新，终见显著成效——以南方影视传媒集团为龙头的广东电视传媒一举改变香港电视强势"盘踞"广东荧屏的局面，目前已经彻底改变了广东广电市场上境内媒体与境外媒体的竞争格局。2006 年，境外电视收视份额从 1999 年的 72.5% 下降到 35%，境内电视的收视市场份额由 1999 年的 27.5% 上升到 6 5%，打破了境外电视 20 多年来对广州地区收视市场的垄断。①

综上所述，我们看到，中国电视格局所完成的最大任务是体制性的调整，这以有线台和无线台的合并与台网分离为最大成果，制播的专业化分工、产业化经营也正在深入实践并初步形成规模，而跨媒体传媒集团也在国内不断崛起、成长、壮大，不仅探索出适合各自发展的发展道路，在国内和国际传媒竞争中也不同程度地有所斩获。

二、进入新世纪后国家对传媒发展政策进行了明显的调整

政策和策略是电视事业的生命，也是电视节目生产者的行动指南。

2001 年年中，国家广电总局下达"无线、有线合并"的通知。一年内，全国有线电视台与无线电视台合并工作全部完成，从 2001 年 7 月 1 日起，各地已按照总局批准的合并方案使用新的台标、呼号。通过这次合并，进一步调整了播出机构的频道设置，同时妥善处理了在治散治滥工作中的一些遗留问

① 《打破境外电视 20 年垄断 南方广播影视传媒集团成立三周年》，南方网，http：// news．QQ.com 2007 年 01 月 19 日 06：41

题。而另一政策上的方向性和标志性举措，是 2001 年 9 月初国家广电总局同意美国新闻集团和美国在线—时代华纳在广东省内提供有线电视服务，以此换取中央电视台节目在美国落地。具体的操作方式为：时代华纳通过华娱进入广东，而新闻集团则由旗下位居香港的卫星电视（Star TV）牵头，组建一个全新的 24 小时滚动播出的综艺频道。一些更原装的节目，包括 CNN 财经频道等近 30 家外资电视频道也正排队逐批进入珠三角。同年 10 月 19 日，广电总局正式批准凤凰卫视中文台在珠三角全面落地。最迫切得到这种确认的还有香港无线的翡翠台和亚视的本港台，它们的收视率在广东稳列前茅，却从未在这里得到过任何广告收益。2002 年 8 月，亚视首先"守得云开见月明"，获得在珠三角包括广东落地的许可。这是国家媒体改革的一个举措，也是给多年来广东的收视既定事实一个政策性的确定。从收视的角度看，珠三角的观众是幸运的；但从电视传媒经营运作的角度看，广东电视传媒所担心的"狼"这回真的来了，不但来了，而且手上还有上面权威部门开具的"路条"——这次确实要认真研究对策与出路了。

三、新世纪中国电视面临的环境与市场趋向规范化和国际化

世纪初期是中国的喜庆之年。在这一年，中国历经了 14 年的艰苦努力终于加入了 WTO，申奥也在经历了一次刻骨铭心的挫折后终获成功。2001 年还被称为中国的传媒年。这一年的 1 月 8 日，北京歌华有线在上海证券交易所正式挂牌交易。隶属于北京市广播电视局的歌华有线，是继湖南电广传媒之后又一家跨入中国股市的广电企业，也是一支强调有线电视网络概念的股票。同年 9 月 8 日，北京广播影视传媒集团与《北京娱乐信报》举行签约仪式，前者首期向《北京娱乐信报》注资 2 500 万元人民币，打出了跨媒体经营的概念。而在几经扩容整合之后，上海业已打造出了覆盖几乎整个意识形态和文化产业的"海派航母"；包容整个广东影视文化产业的南方广播影视传媒集团于 2004 年初终于呱呱坠地……新世纪中国电视面临的内部生存环境和市场环境已呈现规范化和国际化趋势。

四、新世纪直接面对中国电视观众的电视机构日益多元化

如果说 2000 年及以前对电视机构的关注集中在民营机构的话，那么 2001 年开始最受瞩目的当属异军突起的几个陆续进入国人视野的境外卫星频道。

首先是阳光卫视。2001 年 9 月初，著名电视主持人、香港阳光文化主席

杨澜及其先生吴征成功再演资本操作戏法，以其在香港上市之阳光文化（代号0307）之股份，以部分换股、部分现金的方式一举成为国内著名网站新浪网的第一大股东。至此，中国第一个类似于美国在线—时代华纳的跨线上线下的传媒集团产生。阳光卫视没有让观众失望，以规模化引进海外节目为主的阳光卫视成功地找到了一条以小搏大的方法，即以引进节目为主，尽量原汁原味，以原装的质量取悦观众。按吴征的说法，阳光文化公司是内容提供商，奉行的是内容为王的节目生产运营策略。然而，在资本运作上大显身手的阳光卫视却在不经意中为我们上了另外一课——电视文化的"水土不服"。虽然几经调整，由于其所提供的内容"曲高和寡"，作为卫视，其落地与收视状况始终乏善可陈，难以摆脱的"烧钱"状态恐怕一直以来都是投资人心中挥之不去的痛吧。

　　华娱电视则是新世纪之初又一亮点。无论现在它的节目如何，人们更看重的是它后面的美国在线—时代华纳。华娱的打算是将自己片库中的动画片、电影、电视剧等从内地观众的角度出发重新包装后在华娱电视上推出，近期目标是利用美国在线—时代华纳的固有资源全力打造出国际视角资讯娱乐台的新形象。要将内容供应出去，必须有很好的行销网络，而华娱电视的加入，恰恰填补了美国在线—时代华纳没有亚洲销售网络的空白。这可以看作世界级的强势传媒进入中国内地的开始。让内地电视台成为节目的销售平台，具有同样思路的还有 Star TV，它的工作开始得更早。它旗下的音乐频道 Channel［V］通过几年的努力已成功地树立起自己的品牌形象。Viacom 麾下的 MTV 全球音乐电视台与中国有线电视台共同合作的产品《MTV 天籁村》则是另外一个成功品牌。

五、世纪之初中国观众眼中的亮点节目盘点

　　中国电视进入新世纪后其节目大观园花争艳蝶起舞，"你方唱罢我登场"，整个场面很是热闹。在这热闹之中一些节目激流勇退，一些节目落荒而逃，还有一些节目拔地而起引领一时风骚。

（一）常设类栏目

　　CCTV《新闻联播》依然联播着新闻，《焦点访谈》、《新闻调查》保持着原有的锐度与格调，《今日说法》、《法制在线》分别以实用性、纪实性和观赏性受到观众追捧，《新闻会客厅》、《第一时间》收视率上蹿，《东方时空》经十几年历练，颇有一种成熟之美。

　　谈话类节目（Talk Show）因为有了央视二套《对话》的加盟而再次大放

异彩。有学者认为《对话》是一个开放的平台，较好地实现了传媒力量和社会心理这两者之间的双向互动。当我们从电视整体发展的角度进行总结时，我们还发现这个栏目更大的意义在于开创了一种新的存在模式，即最有效的传播和最佳的投入产出比。这个栏目没有靠高收视率取胜，却创造了极好的广告收益，它改变了以往广告商完全靠收视率投放广告的模式。这在平面媒体中很平常，在电视媒体中却比较少见。与《对话》相比，更加传统型的脱口秀节目没有出现大的起伏，它们似乎在平稳中选择自己向上或向下的方向。《实话实说》曾是中国最有影响的谈话节目，它多少年来一直宣称要突破自己的瓶颈，这个节目的策划与编导对话题的选择也作了深度的改革，但究竟是选择更平民化的话题还是选择新闻性的尖锐，最后仍未见到明确的方向。《艺术人生》是中央电视台谈话类节目的一大亮点，倾诉真情是一张永远有效的牌，也是《艺术人生》成功的一个最主要原因，还与主持人朱军的表现密不可分。

在全国几乎所有卫视均有谈话节目的情况下，脱颖而出的只有少数。形式的特点使这类节目过于依赖主持人，而优秀的谈话节目主持人极少却是事实。凤凰卫视的《纵横中国》、重庆卫视的《龙门阵》、北京电视台的《荧屏连着你和我》和《国际双行线》、广东电视台的《女性时空》都属于优秀的谈话节目。遗憾的是作为国内独家经营的女性谈话节目《女性时空》在 2002 年初由于选题问题遭遇停牌，造成中国谈话节目品种缺失。

新世纪伊始香港电视引进的《百万富翁》将华语电视带进了博彩年或称游戏年。2001 年 5 月 7 日，香港亚洲电视首播博彩节目《百万富翁》，掀起收视热潮，扭转了长期以来亚视收视率不敌无线的颓局。陈启泰以简练的风格瞬间成为明星。中央电视台的《开心辞典》和《幸运 52》保持了以往的强劲势头，终于求得 2002 年节目形式与内容上的某种突破。

在娱乐游戏和新益智类节目中，除了央视上述两档节目外，《欢乐总动员》和《快乐大本营》是知名度最高的节目。2001 年《欢乐总动员》经历了一个主持人的变更期，主持人频繁换马。而《快乐大本营》则模仿《百万富翁》推出了《乐华 IQ 无限》，闯关成功者可以获得高额奖金。这奖金以创业或助学的名义发放，实力助长收视成了《快乐大本营》的杀手锏，"实力换来头脑"也是湖南卫视的又一法宝。湖南卫视现已投入巨资聘请台湾著名娱乐节目策划人帮助打造新的娱乐节目，这一具有开拓性的举措，如果不是炒作，那么受惠的除了卫视本身，观众将是最大赢家。

在竞争更加激烈的娱乐新闻类节目中，光线电视的《娱乐现场》仍占据较大优势，《体育界》也以其另类的风格收获了自己的观众群。落户北京电视台的《每日文化播报》则在梦想侵吞《娱乐现场》的一部分领地。在这类节目中，最值得关注的是凤凰卫视的《娱乐串串烧》，梁冬是2001年凤凰卫视最具个性风采的主持人。然而，随着梁冬的离去，《娱乐串串烧》已被烧得"灰飞烟灭"，不见踪影。这不由得让人欷歔：华娱电视，你何时能开出"百年老店"来?!

地方台中，湖南卫视、山东卫视、浙江卫视、辽宁卫视、陕西卫视等推出的一些新闻都颇具时代特点和地域特点，但寻找自己的风格和方式在今后一段时间内仍是地方台主要的任务。

经济类节目竞争趋向白热化。作为传媒航母，中央电视台仍然占据资金、人才、内容资源上的优势。老节目《经济半小时》焕发出新风采，最热点的人物、第一手的采访很多出自这个栏目。2001年《经济半小时》最大的手笔是年度经济人物的评选，2002年《经济信息联播》脱胎换骨式的改造，又为央视赢得了不少的关注。2003年底推出的《感动中国》和年度经济人物评选，也吸引了不少眼球。

电视体育节目具有最大的自由度，但近年中国电视体育节目技术的进步与窗口人物智能的增长严重不成比例。日韩世界杯与釜山亚运会的转播，中央电视台在全局上和气势上尽显大国传媒风范，但是在窗口人物的设置上，即评论员与出境记者的选择与使用上，央视不仅未能抢得先机，甚至远远落在由若干家地方实力媒体组织的联合报道组的后面。这是在今后相当长的一个时期里央视不得不着力解决的令人头痛的问题，也是央视体育频道能否跨步前进的关键。2004年雅典奥运会、2006年德国世界杯和2008年北京奥运会接踵而至，央视体育频道要迎接的大考一个接一个。今天看来，央视体育频道经受住了考验，交出的答卷还比较令人满意，尤其是在北京奥运会中烹饪出的体育盛宴，着实让国人过足了瘾，也在国际体育电视舞台上大出了一把风头。然而，后奥运时代的央视体育频道所制定和奉行的发展战略却值得商榷，譬如法网期间，央视体育频道在付费电视还未能被国人所普遍接受的情形之下，仗着资源垄断优势，置球迷于不顾，将热门赛事统统"塞"进没几个人能够看到的"高网频道"，着实伤了球迷的心，不仅引来骂声阵阵，还在客观上把这些球迷都"赶"到各地方电视台的体育频道去了。要知道，今天的观众，借助网络传媒，不单单可以"载"你的"舟"，也能"覆"你的"舟"，甚至还能"煮"你的"粥"——真正的品牌，必须过口碑营销这一关，作为特殊商品品牌，频道也好，节目也罢，更不例外。

(二) 非常设性专题节目

新世纪初，非常设性专题节目应该说出现了很多精彩之笔。事件性报道让我们看到了中国电视新闻节目的实力。申奥及加入 WTO 的直播没有失去中央台的水准，做得既有激情又中规中矩。而关于"9·11"的报道则让凤凰卫视大放异彩。本以为我们的电视媒体会奋起直追，但 2002 年 10 月下旬俄罗斯恐怖分子劫持上千人质和特种部队解救人质的新闻报道和直击式电视直播又让凤凰卫视出尽风头，无形中又给我们的新闻节目生产与运作树立了一个新标杆。好在后来的伊拉克战争直播让央视大展了一把才华，无论是节目的总体策划、前后方组织，还是主持人与嘉宾的选择，乃至具体的技术细节，央视一套、四套的特别节目都胜出其他华语台不止一筹，大大改变了央视以往面对国际重大新闻事件时留给人们的平常印象。除了直播类新闻节目，真实电视继续风靡中国，国内电视台自行制作的真人秀开始引人关注。

广东电视台第二届《生存大挑战》独出心裁，让参赛的 20 位挑战者身无分文地从江西瑞金出发，经过半年时间，爬雪山、过草地，最后到达目的地甘肃会宁；第三届《生存大挑战》则把节目做到了国外，让选手在塞班荒岛和新西兰这样的跨文化背景下挑战自我，求生存，争胜利；第四届《生存大挑战》则把选手推上了文化之旅，在中国—希腊这条丝绸之路上大做文章。将所有的国产真人秀放到一起比较，《生存大挑战》堪称中国版最有看点的节目，这不仅在于它颇得美国《幸存者》的精髓，还得益于策划和编导们在上千个日夜和数万里征程中所历练出来的专业精神。只可惜由于种种原因，这个已经具有品牌效应的节目却夭折了。一个花费大量心血和累计数千万甚至近亿元资金打造出来的品牌节目就这样被轻易废弃，真不知是中国电视传媒还没真正进入产业化阶段，还是真的"不差钱"。作为传媒学者（笔者曾参与了前三届节目策划），对此除了扼腕叹息，也只能写下这么一段文字而已。与《生存大挑战》上演的同时，四川等地的电视台制作了号称"中国自己的第一部大型野外生存节目"的《走进香格里拉》，力图将中国的电视真人秀推向高潮，但过度的炒作和实操经验不足使这个节目显得雷声大雨点小。至于后来的那些变了"种"的所谓真人秀节目，包括大大小小的选秀节目，不论它们如何"兴风作浪"，都不是严格意义上的"真人秀"节目，更何况大多数节目是克隆的产物，不过是昙花一现，不值得写入书中。

此外，文化类专题节目渐趋走红，也颇值得关注。央视《东方时空》曾直播杭州雷峰塔塔基考古，当时并未引起多少关注；后来的云南抚仙湖水下考古开始"发热"，2002 年 9 月中央电视台购买并直播的埃及金字塔考古活动则引起观众普遍关注，至 2003 年中国载人航天飞船发射直播，将此类节目推向一个新的高潮。对于这样的大型文化与科技活动电视运作，其考古结果如何与科研价值如何并不是我们所最关注的，作为策划者、编导者和节目生产与运作的决策者，最值得我们关注的是这样的选题、节目和项目，将是今后中国电视专题类节目生产制作与市场营销一个重要的发展方向和重要的收视增长点，也是中国电视摆脱急功近利，走向实力与成熟的一种表征。

第二节　发展变化中的中国电视文化

在人类即将进入 21 世纪的前几年，一个新的概念——"知识经济"在全球流行起来。许多专家预言，在 21 世纪，知识经济将以崭新的面貌和势不可挡的实力，代替已占据世界经济统治地位 200 多年的工业经济。未来的经济将是建立在知识和信息的生产、传播、分配、使用基础上的经济。知识将取代物质和能源成为未来社会最主要的资源，决定着一个地区、一个民族、一个国家的兴衰存亡。在全球一体化的知识经济大格局中，作为大众传播媒介的电视显然处在"生产"与"传播"的大环节中。其所创造、承载、传播的文化、信息正源源不断地产生着社会价值和经济价值。也正因为如此，国内、国际的电视竞争也愈演愈烈。在中国加入 WTO，面向世界的大门越开越大的今天，来自其他传媒，来自其他地区、其他国家的传媒的冲击、竞争与挑战，在"锻炼"了中国电视的同时，更让中国电视对 WTO 大家庭里的生存与竞争有了更为真切与深切的体会。在这一空前迅猛的发展自我、参与竞争、迎接挑战的过程中，中国电视文化也得到了空前的发展，产生了深刻的变化。对此，我国著名电视学者、北京广播学院高鑫教授曾专门撰文《中国电视文化理念的嬗变和趋向》（《现代传播》2001 年第 5 期）予以高屋建瓴般的论述——

一、电视机构的变化

由"单一经营型"趋向"多元经营型"是中国电视机构近年来最显著的变化。

中国的电视机构历来作为党和政府文化宣传事业的一部分，承担着向大众解释政策、宣传主张，以政治文化观念武装、教育公众头脑的社会使命。这于政府有关部门，于电视工作者，于电视理论研究者乃至于一般公众都是"天经地义"的惯例。曾几何时，随着政府事业单位改革的开始与逐步深入，惯吃"皇粮"的电视机构也开始直面云谲波诡的商品市场，开始转换文化理念，也就是说，电视机构的生产不仅是文化的，也是商品的。于是，电视机构开始从单一的事业型转向既考虑所担负的社会使命，也兼顾自身生存的企事业混合模型，通过广告、专栏和一些纯粹商业性质的栏目以及商业性活动取得收益，一方面补充事业经费的不足，一方面增强自身的"造血"机能，抢占文化市场份额。

以广东电视台为例，早在几年前，国家广电总局等上级有关部门就批准其为"事业单位，企业化经营"的试点单位。在广东省委、省政府的大力支持下，广东电视台一方面承担着"党和人民喉舌"的政治使命；另一方面积极探索"事业单位，企业化经营"路子，"抓节目，促经营"，大力开拓节目市场，以多种方式、多种渠道增创效益，从而赢得了社会效益和经济效益的双丰收。仅广告收入一项，自1998年以来，每年都以几千万元的数额递增。可观的经济效益，不仅满足了全台节目的再生产，还为节目创新和精品节目的生产以及进一步发展多种经营提供了强有力的物质保证，也使以媒介优势为全省精神文明建设服务成为可能，并且落实在扎扎实实的行动上。几年来，凭借较强的经济实力，广东电视台先后自筹资金拍摄和录制了多部集的政治性、公益性文艺晚会和大型电视专题片和系列片，播出后在社会上引起了较大的反响。

到了20世纪末，更有纯粹以盈利为目的的民间电视机构如雨后春笋般地应运而生。它以承包广告公司为发端，进而扩张为电视节目承包制作公司。其中有些公司在业内已颇有"名气"，如光线、银汉等公司，在国内电视媒介圈都有相当大的影响，而广东的巨星影业、白马广告、俏佳人影视音像等公司，论实力、论业绩更无法小视，有的甚至大有"呼风唤雨"的架势和追求，《娱乐现场》、《李静零距离》、《钢铁是怎样炼成的》等一批深受观众喜爱和销售市场认同的节目、剧目都出自民营节目制作公司之手。笔者相信，中国民营电视节目制作公司真正大显身手的日子还在后面。

近几年来，中国的影视业就是在许多热情高涨的民营影视公司的投入下，走向市场化、规范化和产业化运营的道路；正是这些民营影视公司在资金上、人才上和管理上的"造血"，才使观众看到了越来越多的好看的电影电视作品。我国民营电视公司的涌现，是历史和时代发展的必然产物，是我国执行的多种经营方式、多种经营体制在文化领域内的积极反应，它促使我国的电视业把严峻的挑战化为机遇，探讨各种新的生存方式，谋求自己的发展。而且，这种探索和发展提供给我们许多值得思考的重要课题：一是新的民营电视机构冲破了电视机构纯粹依赖国家财政支撑的"大一统"机制，中国的电视机构正在发生激烈的裂变；二是改变了单一的传统的电视文化理念，将电视节目制作的重点放在娱乐、生活、历史、文化方面，大大拓展了传播的信息领域，并且转化着媒介的传统属性，开始将电视节目真正推向市场，使得电视节目打上了鲜明的"商品"印记，开始了全方位的市场运作。大批民营公司的加盟，使中国的影视业加快了走向市场化、规范化和产业化运营的进程；同时，由于成员种类的增多，使节目生产与销售环节的竞争迅速加剧，竞争各方纷纷推出自己具有较强竞争力的作品。这样一来，使广大的电视观众成为最终的受益者——这又回到了中国电视事业的初衷，即为人民服务、为建设有中国特色的社会主义服务。

二、经营方式的变化

由"政府拨款"趋向"资本市场运作"是中国电视经营方式上近年来最大的变化。

电视台的生存和节目运作，以往主要是政府投资，也就是靠政府拨款维持生计。企事业混合模式出现以后，又靠社会集资或广告运作来支撑。但是，在社会经济文化事业日渐转向市场经济之后，电视台的运作理念也发生了很大的变化。

电视，作为现代传媒，是一个需要大量资金投入的媒体，没有资金，就办不了电视，更办不了大电视，进入不了世界大循环；时时更新的电视设备，无休无止的电视节目制作，集体化的工业大生产……均需大量资金。以往"小作坊"生产的时候，靠点广告收入或者搞点社会"募捐"就可以支撑了。当它要面对世界、面对WTO、面对多媒体的时候，这种传统的筹资方式已经是落后的小打小闹了，要想在市场经济时代站住脚，并图谋大的发展，必须运用现代经营理念，通过贷款、融资、上市、产业集团化等方式，筹集大量资金来支撑电视的生存和发展。只有这样，中国的电视事业才能驶向新世纪的彼岸。

目前，电视文化理念发生了重要的变化，这就是集团化的大生产和资本市场的运作，涌现出无锡模式、山东模式、湖南模式、南方模式、凤凰模式等，都在进行多种产业化形式的探索，且已经初见成效。电视台商业运作的成功，提供给我们许多有价值的、有意义的思想启迪：一是将电视台视为一种"产业"进行产业集团大生产是历史的必然；二是电视台进入市场运作的机制、产业是历史的必由之路；三是再依赖国家拨款和社会赞助绝非长久之计，而引进市场机制犹如给久旱的电视事业引进了一股活水。

三、传播观念的变化

由平面的"宣传理念"趋向立体的"传播理念"是中国电视在传播观念上的最大变化。我们一直有一个传统的理念，那就是：电视是党和政府的方针、政策的宣传工具。这种"工具论",在一定的社会历史时期出现是有其深刻的原因和存在的合理性的,它也是大众传媒不可或缺的重要功能之一。但久而久之,对其平面化的强调和解释,也从负面制约着中国电视人的创造性和理念更新。随着我国电视业构成机制的转化,随着我国电视业市场运作的全面展开,传统的电视观念受到了冲击,从而使得电视人获得了思想的解放、思维的发展和创造力的迸发,使得我国的电视屏幕更加丰富多彩,更加趋向电视传媒功能的多元化、立体化。

事实上,当世界经济进入多元化的轨道,社会体制也进入多元的存在空间以后,人类的文化必然趋向多元。而这一切,又必然构成电视的媒介功能趋向多元化的经济、社会、文化的基础。同时电视媒介功能的多元化,势必反过来导致电视节目构成的多元化和电视人创造性思维的立体化。电视文化的这一发展趋向,是时代的必然、历史的必然,它不是个人的意志和行为可以左右的。众多的民营公司成立了,它们更多考虑的是:节目如何好看,如何博得观众的喜欢,甚至如何牟取金钱。所以,它们制作的电视节目大多是娱乐、教育、服务、科技等类别的电视节目。从总体来看,民营电视公司仍属于社会主义经济形态之一,它们仍然是为我们的社会主义制度服务的。它们存在的价值和意义,是使我们的电视屏幕更加丰富多彩、日趋多元化。从最根本上来说,它表现了我们的电视文化理念从"宣传"到"传播"的重要嬗变。如果再深入地剖析,从"宣传理念"到"传播理念"的电视理念转化,本质上,标志着我国电视理念从意识形态的宣传向媒介文化的本体转变。

如今,电视文化理念发生的重大变化,主要体现在以下方面:民主参与的谈话类节目增多了;大众参与的益智类节目增多了;观众参与的娱乐性节目增多了;反映社会生活和人生价值,由观众根据自己的人生经历、文化素养、审美需求得出自己独特判断的纪实节目增多了;摄像机安置在现场,客观公正地迅速报道社会生活中正在发生的新事物的直播类节目增多了。所有这一切,都是在民主化的现代电视文化理念的指导下完成的。这种嬗变充分说明:这是对传统传播概念的一种替代,是用传播替代宣传。从主观的灌输,给人以教化的方式到与人平等交流,真正地进入人们的内心世界,让普通人表现自己的感情和思想。这种新的电视文化理念,使得电视屏幕上传递的是多种声音,特别是普通老百姓的声音,展现了多元文化的视角,表现的是一种宽容和理解的真诚的对话气氛,从而给中国的电视屏幕带来了鲜活的生命力。

四、传播方式的变化

由"综合频道"趋向"专业频道"是中国电视在传播方式上的最大变化。

目前，我国 44 家上星的卫视频道，几乎是清一色的综合频道，每个台的节目构成、表现形态都差不多。所以出现了 15 家电视台同时播出《天龙八部》，还有 5 家电视台同时播出《永不瞑目》的"怪现象"。这对频道资源来说，无疑是巨大的浪费。要克服这一严重弊端，只有通过全面、集中、科学的规划，走频道专业化的道路。这也是我国电视文化理念走向成熟的重要标志。

电视媒体发展到现在，出现了一种新的趋向：过去是电视台什么节目都做，新闻、娱乐、专题节目一起上；然而随着频道的不断增多，压缩技术，包括网络竞争等，再要做综合频道恐怕就相当不合时宜了。而且现在正是电视媒体越来越分化的时代，不像过去只有一两个电视频道，你播什么我就得看什么。人类的生活脚步越来越忙碌，对自己的生活要求更高的自主性。在这样的社会背景之下，专业频道的出现就成为时代的必然——也就是人们想看什么，就会直奔主题、选择频道。

还有一种现象也非常值得注意，那就是过去的广告客户只有买黄金档的时段才能保证他们的广告被更多的观众看到，那时客户都使劲追求绝对收视率。可如今频道一多，他们发现这种绝对收视率很靠不住。香港凤凰电视台的《杨澜工作室》的绝对收视率没有《非常男女》高，但它的广告收入却比《非常男女》高得多。现在的问题是，虽然地区频道逐步专业化了，然而卫视频道仍然是清一色的综合频道。其实如果哪一家省、市的卫视频道依据自己的地域特点、文化特征，率先办成专业频道，它一定会在众多的综合卫视频道中凸现出来，并获得广大电视观众的欢迎。当然，这需要很好的规范、定位和策划。在这方面，湖南卫视打出的"快乐"牌、海南卫视咬定旅游不放松、南方电视台靠"老友"吃饭等策略与战略，都取得了不俗的业绩。

由此可见，频道专业化，是传媒现代化的主流趋向，并非某个人的意志所致。现在频道资源不再像从前那么少，在资源越来越多的情况下，只有品牌和特色才能取胜。这种频道专业化的进程，恐怕将进一步深化，当然这也是形势所迫。这种频道变革的终极目的，正在于促进电视媒介功能从平面和单一向立体和多元演递。由综合频道走向专业频道，是时代和历史的必由之路。

五、传播意识的变化

由"频道观念"趋向"名牌意识"是中国电视近年来在传播意识上的最大变化。

中国电视文化理念的建设，由台的观念，转化成频道观念，已是很大的进步；目前，又从频道的观念，转化为品牌的观念。这无疑是一种电视文化理念现代化的重要标志。电视节目，最终要以商品的形式走向市场。为了增强商品的竞争能力，就需要打造名牌，就需要具有品牌意识。央视的《东方时空》、《焦点访谈》、《新闻调查》都是中国妇孺皆知的名牌栏目。湖南电视台就是靠品牌意识精心打造出了《快乐大本营》、《超级女声》、《越策越开心》等品牌节目，才成为电视界的一匹"黑马"，"可怕的电视湘军"，从而在国内电视界和竞争日益激烈的电视市场中争得了自己的地位。

　　说到电视节目，新世纪的创作理念也应该有所转化。由于人类已经进入知识经济时代，电视节目也应该相应地提高它的知识内涵和文化品格。不要再制作那些"弱智"的电视节目，不要再被那些虚假的"收视率"所迷惑，不要再被媒体炒作的"快餐文化"所困扰，不要再被某些"俗文化理论"所误导。深受美国观众欢迎，并在全世界造成深远影响，而且开始被我国生活频道、阳光卫视频道介绍到中国来的美国国家地理频道就是一个重要的信号。这是因为，电视节目承担着提高全民族文化水平的重要历史使命。总之，电视媒体的经营同其他行业一样，大体经历了价格竞争——质量竞争——服务竞争——品牌竞争这种从低层次到高层次的竞争历程。只有具备了品牌意识，才意味着高质量、高附加值和大的利益空间。

六、传播思维

　　由"趋同思维"趋向"另类思维"是中国电视近年来在传播思维上的最大变化。

　　由于几千年封建理念的统治，再加上几十年极"左"思潮的统治，造就了中国人的特定思维模式：一是集体无意识，二是强烈的趋同意识。电视人也难以逃脱这种思维的厄运。体现在电视节目上就是一种新的节目形态出现以后，大家一拥而上，纷纷效仿之，群体克隆之。推出一个《焦点访谈》，就涌现出无数的焦点类节目；推出一个《实话实说》，就涌现出无数的谈话类节目；推出一个《玫瑰之约》，就涌现了无数恋爱游戏节目；推出一个《快乐大本营》，就涌现出了无数的游戏娱乐节目；推出一个《周末大转盘》，就涌现出无数的博彩类节目……这充分表现了电视人的"追风精神"和"集体无能"意识。

　　历史和实践的经验告诉我们：电视节目要想有所突破，有所创新，思维本身必须发生根本的变化，即从思维定式中突围，较多地运用创造性思维、逆向性思维，尤其是另类思维。也就是说成功在于打破固有的思维定势。所谓"另类思维"，就是个性思维，就是创造性思维，在电视节目的创作中，要想使自己的节目出新、独特、有个性，没有别的办法，只有运用另类思维才能创造出"另样"的节目，为电视屏幕增添新的色彩。特别是就电视文化来说，这种另类思维会显得越来越重要。

七、传播文化

由"宣传中国文化"趋向"中西文化交流"是中国电视近年来在传播文化方面的最大变化。

过去我们有一种非常传统的或是一厢情愿的文化观念，那就是要想办法向国外宣传中国文化。许多电视台都成立了对外宣传部，制作了大量的"外宣片"，甚至提出了长远的宣传目标：运用卫星电视去覆盖亚洲、欧洲、美洲，乃至全世界。然而至今还是收效甚微。直至21世纪的今天才彻底明白，彼此的了解、认识、交流是互相的，是相对的，是潜移默化的，是逐步彼此渗透的：你想要人家了解你，你得先了解人家；你想要传播你的文化，你也应该允许人家优秀的文化介入。其实这种双向的中西文化交流，是人类进步的必需。

总之，将中国电视最终办到世界上去，使得传统的中国文化尽快融入世界的文化大潮之中，是中国电视文化理念的重要嬗变和趋向。

（本节得高鑫教授特许予以引用，在此特致衷心谢忱）

第三节　发展变化中的中国电视与电视人才

今天，处在多媒体语境和日趋白热化的国内外竞争格局重重压力之下的电视传媒终于念叨起人才来了。这是一件好事，这意味着电视传媒在种种生存竞争中还有急起直追并战而胜之的希望。

人们已经习惯于把21世纪称作人才开发的世纪。这是因为在知识经济的年代里，人才往往决定着竞争的胜负。在新闻传媒业，传媒内部与传媒间的竞争首先表现为终端产品的竞争，终端产品的竞争又表现为生产力与生产率的竞争，而最后，生产力和生产率的竞争，必将集中为核心生产者——新闻人才的竞争。正因为如此，我们才提出这样的问题：今天，我们需要怎样的电视人才？

一、新闻人才辨识

新闻人才是一个非常笼统、非常宽泛的概念。在我们看来，写出《中国的西北角》的范长江、写出《红星照耀中国》的斯诺、写出《县委书记的榜样——焦裕禄》的穆青是新闻人才，拍出代表一个时代的纪录片《四万万人民》的伊文斯、拍出专题片《收租院》的陈汉元、拍出《望长城》的编导们也是新闻人才；创建中国新闻事业的先驱们是新闻人才，率领中国的电视传媒业挺进新世纪的决策者和领导人物也是新闻人才；在国内外新闻作品和各类节目评比中蟾宫折桂者是新闻人才，在基层记者站默默采撷无私奉献者也是新闻人才。

但对新闻人才总该有一个权威的说法吧。

我国的著名学者、国学大师南怀瑾认为："新闻记者是杂家，知识要渊博，天文地理、诸子百家、人文科学、自然科学等等，无所不知不晓。"我国著名新闻工作者、学者邓拓也持这样的观点，他说："报纸是古今中外、天文地理无所不包的。因此，新闻工作者一定要有广博的知识，知识的范围越广越好……"

有"美国最伟大的编辑"之称的前《纽约时报》总编辑范·安达的看法更直接，他说："孤陋寡闻的人是不配当编辑的，这样的人无法指导记者到合适的地方去发现和采访新闻。"美国传播学创始人威尔伯·施拉姆对新闻记者的要求更高："一个好记者，必须同时具有政治家的大脑、哲学家的思辨、文学家的语言和外交家的口才。"

上述看法，各有各的着眼点，各有各的高要求。但是结合今天的新闻实践，兼顾当代各大传媒特点，笔者觉得这样界定新闻人才似乎更全面一些：所谓新闻人才，是指那些在自己所从事的新闻工作中，能够遵照新闻事业发展规律，调动自己的经验和智力，创造性地工作并取得突出成就，为新闻事业作出较大贡献的新闻工作者。

我国的电视事业起步较晚，但也正因为如此，在其起步阶段，在新闻人才上才得到了来自报界、广播界和电影界的全面支持，许多后来成名成家的电视人，都曾经有过在报社、电台和电影制片厂工作的经历。这一方面为电视带来了多种优良传统，另一方面，也使电视新闻工作者更具"杂家"特色。而今天的电视新闻工作者，则大多都是他们自己传播媒介的产物——在电视时代成长起来的一代人。这一代电视新闻工作者的优势是其高起点的专业训练背景。近年相关的调查表明，绝大多数新一代电视新闻工作者在就业前有就读于社会、人文科学的经历，其中大专以上学历者中，新闻专业"科班"出身的平均约占30%。与他们的前辈同行相比，他们更加熟知电视节目采拍制作的技术细节，接受新思想、新观念、新技术的能力更强，但电视媒介本身的优势也使得他们常常缺乏报纸记者运用语言的技巧、广播记者抓取声音信息的能力、电影工作者对产品精益求精的精神。这些都是我们谈论和判断今天的电视人才所不能忽略的重要因素。

二、今天，我们到底需要怎样的电视人才

电视业对人才的渴求似乎从来没有像今天这样急迫过。这一方面是电视事业发展到一定阶段的必然结果，另一方面，则是电视业面对业内业外、国内国外各种竞争与挑战的必然结果。在历经 40 多年的艰难发展后，我国电视事业已经进入了由外延发展向内涵发展"拔高"的阶段，在这一阶段里，对人才的需求不仅数量大，而且要求质量高。曾有学者明确指出：在知识经济的年代里，不懂现代中国与世界经济、不懂现代科技与社会文化的新闻工作者，不能说是人才，甚至应当说是不称职；不具备较高的专业储备、专业判断力和人格亲和力的新闻工作者，算不上重要的新闻人才；不具备相当的专业研究能力和洞察力的人，也无法成为重要的新闻人才。

那么，到底怎样的人才，才是今天我国电视事业所迫切需要的人才呢？我认为以下这三种类型的人才便是——

其一，具有开拓能力的策划型电视人才。如果从整个电视事业运转的流程来看，在"源头阶段"，我们的电视业缺乏的并不是一般意义上的智囊，而是具有强大的开拓能力的策划型电视人才。

在这里，我们之所以把策划和策划型人才提到这样的一个高度来认识，首先，是因为中国电视事业自身发展需要策划。在计划经济年代里，中国的电视事业过的是"饭来张口，衣来伸手"的日子，其发展方向与事业规模完全由中国的上层建筑所决定。但随着国家的改革开放和建设有中国特色的社会主义步伐的加快，尤其是中国传媒业与国际接轨进程的加快，使得中国的电视事业必须开始认真地为自身的发展进行策划。从计划经济年代的多级办电视，到社会主义市场经济体制下的寻求电视媒介的产业化、集团化发展道路，中国的电视事业一直在为自己的发展策划最优的路线与途径。其次，还因为在媒介间激烈的竞争中，"年轻的中国电视"更需要策划：一方面，中国电视面对强大的境外竞争对手和国内同一媒介及其他媒介的强烈竞争，为了在竞争中取胜而迫切需要知识的和理性的指导，迫切地需要实力发展策划和竞争策略策划；另一方面我们的电视活动领域已从国内拓展到国际，在树立国际超级电视媒体形象的努力过程中，在打造"中国电视航母"，迎接新世纪更加严峻挑战的时候，更需要智能力量的加盟，从而力争能够"知己知彼"，能够"运筹帷幄"，以便"百战百胜"。

以中央电视台早间电视时段经营为例。在 1993 年 5 月《东方时空》问世

之前，早间电视时段说它是典型的"鸡肋"一点也不过分——经营，没什么效果；不经营，又感到有点可惜。即使是后来成大气候的《东方时空》，创办初衷也只是为了填补早晨7：20到8：00之间40分钟的空白时段。一群勇于开拓的年轻电视人的成功策划，将原本"一钱不值"的早间电视时段"点石成金"，从此影响和改变了中国电视观众的电视收视习惯，在为中国电视开拓新的"时空"的同时，也为中央电视台创造了可观的经济效益和社会效益。

同样，原本只是作为各家电视台点缀性节目的娱乐报道，经王长田等几位年轻电视人的策划，不但做出了播遍全国深受欢迎的《中国娱乐报道》（现改为《娱乐现场》），而且把它经营成了享有知识产权的品牌性优秀电视节目，真正做到了"名利双收"。

中国电视运作实践已经证明：

（1）策划是一切电视节目生产和运作实践取得成功的保证。

（2）策划可以为电视节目的生产和运作指明方向。

（3）策划为电视节目的生产和运作提供了新观念、新思路、新方法。

（4）策划可以增加电视节目的竞争力。

其二，具有创新精神的操作型电视人才。电视是一个实践性很强的行当，因此，对操作型人才，尤其是有创新精神的操作型人才有着特殊的需求。现代社会学和心理学研究成果表明，人的才能可以分成这样三种类型：第一，再现型；第二，发现型；第三，创造型。这三种才能在电视实践中各有作为：拥有再现型才能的电视人，无论在哪个工作岗位上，都会恪尽职守，都能原原本本地完成自己所承担的工作和各项任务；拥有发现型才能的电视人，善于在前人经验和业绩的基础上使自己的工作有所继承、有所提高、有所突破。这样的电视人，无论是做记者、主持，还是做编导、编辑，哪怕是做灯光师、音响师、化妆师、道具师，他们都将以圈内的"优秀"为自己孜孜以求的工作目标。拥有这两种才能的电视人是电视事业发展进步的基石，任何一家电视媒介如果忽视他们的存在，都将自食其果。

但相比之下，当前我国电视业更迫切需要的，却是拥有创造型才能的电视人。作为操作者，作为策划者策划方案的最终实施者，拥有创造型才能的电视人在工作中总是会有所创新，有所突破，敢于走前人没走过的路，敢于做"出类拔萃"的电视节目。这一点在这些处于不同年代的电视人，譬如黄一鹤、张子扬、张晓海、孟欣、孙增田、陈晓卿等导演和编导，董倩、王志、陈耀文、柏杨等记者和崔永元、白岩松、水均益、敬一丹、王小丫、张泉灵、柴静、欧阳夏丹、阿丘等主持人的身上，都体现得较为明显。

其实这也是全世界传媒所共同关心的问题。在新旧世纪交替之际，瑞士新闻与社会传播学院为此专门召开了一次研讨会。在会上，与会者一致认为，21世纪理想的新闻工作者，在技能上将比从前要求更高：首先他们必须能够用更快的速度完成新闻采编任务。其次，他们还必须学会更简单明了地报道新闻事实。在学历背景上，他们应具有大学或大学以上的学历，具有广博的基础文化知识和相当高的新闻修养，最理想者，还应该是一位专家，是一位名副其实的传播专业人员。只有由这样的业者所组成的传媒集体，才有可能在未来愈加激烈的媒体竞争中立于不败之地。

其三，具有现代意识的领导型电视人才。这里有两个不等式需要强调一下：电视媒介的管理者，无论地位多高，也不一定就等于领导者；媒介的领导者，如果不具备以下条件，那么，他也不等于具有现代意识的领导型电视人才。这些条件主要有：

首先，具有现代意识的领导型电视人才要具有政治家的头脑，从根本上了解媒介属性，认清自己所要服务的对象和所要承担的传播使命，力争在思想上和业务上都达到"政治家办报"这一政治高度。在建设有中国特色的社会主义事业的进程中，我们的选择是：不能领导他的媒介创造经济效益的所谓领导者我们不要，而即使能创造经济效益，却不能把握政治方向，将媒介带向危险的政治之路的领导者我们更不要。

其次，具有现代意识的领导型电视人才还必须是传播学意义上的合格的总"把关人"。美国著名传播学者德弗勒·丹尼斯曾撰文指出："即使是最客观、最全面的媒介也面临一个无法完成的任务：有时消息太多，有时消息太少。它们不能只简单地反映世界上发生的事件，而必须对事件进行选择，并为之确定相对的重要性。"这就意味着，作为媒介总指挥的领导人，他必须具备在实现媒介对社会现实的反映与引导过程中严格把关和科学决策的能力。这种能力具体体现在：

（1）对传播内容的价值判断发挥过滤器功能。

（2）对传播时机和规模，也就是赋予重要性程度的科学决策，发挥放大器功能。

（3）对传播行为在社会与道德法规范围内所作的自我约束发挥自律与他律监督功能，确保他所领导的传媒始终能够在正确的轨道上运行。

最后，具有现代意识的领导型电视人才还必须是合格的现代传媒的经营者和管理者。而所有经营与管理工作核心的核心，就是人才资源的经营与管理。在这个问题上，当前电视传媒普遍的症结是：

（1）人才结构不当，人才资源匮乏。

（2）人才使用不当，造成资源浪费。

（3）人才渠道不畅，缺乏选择空间。

为此，作为现代传媒的具有现代意识的领导者在工作中就必须首先制定出科学合理实用的人才策略，包括：

（1）人才的输入、输出与竞争策略。

（2）人才的占有、使用与评估策略。

（3）人才的培养与可持续发展战略。

……

总之，我国今天的电视事业发展急需真正的人才。在进入 WTO 大家庭后，赖以保护自我的有形的篱笆墙正被无形的游戏规则所取代；我们头顶的天空也正被一点点打开；昔日在嘴边谈论的"狼"已合理合法地登堂入室，正成为我们接受也得接受，不接受也得接受的所谓"竞—合伙伴"，而经验早已证明，他们登陆抢滩成功后的第一个动作就是凭借其雄厚的实力和媒介品牌号召力"挖取"我们本土的人才。因此，无论哪家电视传媒，要想持续发展，要想在今后日趋激烈的媒介竞争中立于优胜之地，甚至是保有一块立足之地，那么，它必须立即制定出科学的实际的人才战略，真正做到识才、辨才、知才、养才、用才，真正做到"尊重知识，尊重人才"，这样，电视人才才会发挥出巨大的创造力，从而确保自己的电视传媒站稳脚跟，发展壮大，直至在不断前进的过程中成就一番大事业。

一句话，在今天，人才才是电视传媒发展真正的制高点！

思考题：

1. 近年来中国电视发生了哪些显著变化？

2. 上述变化对于中国电视事业发展有怎样的影响？

3. 中国电视文化近年来最显著的变化体现在哪些方面？

4. 中国电视文化的变化对于电视节目创作与编导产生了怎样的影响？

5. 结合本地电视发展，谈谈何谓电视人才和今天我们需要怎样的电视人才。

第二章

全球化语境下的广东电视文化发展

本章提要

在中国电视事业发展史、电视文化发展史上和电视节目创作实践进程中，广东电视都占有举足轻重的地位，在不同的年代、不同的时期广东电视无论是在政策上还是创作上，都曾奉献过自己的"代表作"。然而，广东电视发展到今天却遇到了来自国内与境外的多重挑战。本章即以广东电视和电视文化发展为解剖对象，着重探讨和分析电视文化发展背景、特性、根源，以及新时期电视文化的使命与自身发展策略，从而为当前电视节目创作与编导的实践提供文化和理论坐标。因为，广东电视今天所经历的，在不久的将来，就会成为国内其他电视传媒必然要遭遇的。

第一节　广东电视文化的精神本源

如果从 1959 年"广州电视台"的开播算起，那么到今天广东电视已有整整 50 年的建设与发展历史。今天的研究者们习惯于把这 50 年的时间划分为两个大的阶段，即前 20 年和后 30 年。前 20 年由于众所周知的历史原因，广东电视和全国电视一样，不仅发展速度缓慢，满"园"萧条，而且在整体形象上是扭曲着的——仅仅是一种拥有现代化躯壳的简单的传声筒和政治工具；而后 30 年，由于得益于风气之先、潮流之顺、地缘之优、经济之旺、人气之和，广东电视不仅在软硬件建设上业绩卓著、硕果累累，还以建设性的主观努力和一系列坚实的富有特色的著作，建树了一种在风格上迥异于以北京为中心的"京派"电视文化、以上海为中心的"海派"电视文化和以香港为中心的"港味"电视文化的"粤味"电视文化——广东电视文化。作为极为重要且极具活力的一个组成部分，广东电视文化对当代广东文化建设的贡献是积极的、卓有成效的和富有深远影响的。然而正如转型时期的其他文化事项一样，在全球华语境下，广东电视文化也面临着来自多层面、多方位的压力和挑战。因此，花费一些笔墨，梳理广东电视文化源流，认识并揭示广东电视文化本质，探寻广东电视文化新世纪的发展战略，寻求广东电视文化超越简单生存目标的途径与方法，对于广东电视节目生产与文化发展乃至中国电视文化建设，都是不无裨益的。

一、广东电视文化的学术背景

历来被视为大众传媒的电视，被提升到文化的高度去加以考察，并从文化社会学的科学角度去审视研究，应是 20 世纪 80 年代末期的事情。可以这样认为，电视文化这一观念，在"电视——工具说"独步天下的年代里，于电视业者和学者乃至社会学界都很少被提及，更不能奢望被主动接受并达成广泛共识。也许人们对日本电视学者藤竹晓的那本《テレビメディアの社会力》（《电视社会学》或译为《电视的冲击》，安徽文艺出版社和北京广播学院出版社于 1987 年和 1989 年各有一个版本）至今还留有印象。这个并不厚实的小册子研究电视现象时所选取的切入角度，以及行文论事时的那种自由平实，着实令当时的中国学者们感到新鲜甚至有几分羡慕。因此，当《电视文化学》（田本相著，文化艺术出版社 1990 年 5 月版）等一批出自中国学者之手的电视文化类论著出现的时候，就格外引人注目并广受欢迎。在中国的南方，1988 年方亢和余统浩合著的《试论岭南广播电视改革》一文，首次提及广播电视的岭南特色问题，可算发轫之作。1989 年底，在广东省广播电视学会第一届学术年会上，方亢、周无忌、王维超等人发表的《广播电视文化浅论》、《岭南视听特点试谈》、《社会主义精神文明建设的重要手段——充分认识和发挥电视文化的巨大潜能》等文章，则是广东关于电视文化和广东特色电视文化的扛鼎之作。

然而区区几本著作和几篇关于电视文化的文章，很难说就已经支撑起了中国电视文化或广东电视文化的理论大厦，也很难说就已经扭转了多年来在意识形态的高压下形成的电视观念。多年来，我们的电视传媒一直是作为国家意识形态，即党和政府重要舆论的宣传工具，从来都是以"喉舌"的形象去面对自己的视听大众的。与此相适应，其表达功能很难超越教化与宣传的范畴，难免不堕入现代大众传播学上那种"我对你说"、"你打我通"的"单向效果模式"。其所擅长的是教化手段，所强化的是灌输效应；同理，所忽略或相对弱化的则必然是受众方面即大众的获知、参与、娱乐和利用信息的权利。表现在电视上，就表现为反映群众呼声的节目严重缺项，尤其是为群众提供参政议政的机会更少，就是专家学者能够走进荧屏的也为数不多，有时即使走进荧屏，所谈所说也并不一定完全是自己内心所思所想。而且，由于多年来媒介所提供的精神食粮忌讳"五谷杂粮"而令行"单一化"，必然造就畸形的电视文化，而这样的文化，除了无法面对当时国门乍开、八面风来的全新社会环境，无法满足新环境新形势之下人们多方面的收视需求之外，一个更为严重更为危险的后果，就是这种文化由于缺乏自我审视、自我修正、自我净化的功能，在一定的社会和历史条件之下，极易造成宣传舆论上的误导，从而使社会思潮偏离正确轨道。事实上，在中国电视并不太长的历史上，这样的悲剧已不止一次发生。正是基于对以往沉痛教训的深刻反省，而且在当时我们的党和国家伟大的改革事业正在朝着深入发展的阶段，社会各个领域普遍感受和领悟着"现代化"，并已认知到"现代化"绝非某一经济概念，而是越来越被人们所理解的一种心理状态、价值观念、行为方式、文化背景的耦合联动，一种民族文化总体变迁的时候，社会意识形态领域内的"文化热"应时而生，传播媒介中特别是在视听界发出了以往罕有的那种强调双向交流、看重社会参与、追求多元丰富、讲究整合调适的声音，更为我们展示从而也确立了一种以人为核心，以受众为主体，深入开掘电视文化潜能，旨在强调如何提高全民族文化素质的新型电视文化意识，进一步促进了电视表达功能的拓展和改善。

二、广东电视文化的媒介背景

广东电视正是在这一情境之下，凭借文化背景的优势及惊人的感悟和把握先机的能力，大踏步地走在了全国同行的前面。在当时有关方面召开的"广东电视文化建设恳谈会"（1989 年）上，与会的众多的知名专家和学者，从电视文化建设的价值和高度，给予广东的电视实践极高的评价，赞扬广东电视一改过去单元化的传播工具的形象，已不仅仅被动地充当党和政府的喉舌，只着重在诠释和布施政府的条文政令，只强调面向大众的教育与宣传，而是在不动摇电视继续履行其喉舌职能的同时，业已相当注意反映人民群众的心声和呼声，传达人民群众对政策的反应，从而初具电视本应具备的大众意识。在当时产生的轰动社会、影响广泛的代表性的电视作品，如《住房改革千家谈》（系列报道，曾荣获 1988 年全国好新闻评比一等奖）和《事事关心》节目组与广州市有关单位联合连续举办的"羊城教育论坛辩论大赛"等，在为群众提供参政议政和发表自己声音的荧屏园地的同时，也创造了一种中国电视节目全新的节目样式。广东电视由此更为各界所看重，广东电视文化也由此走进国内外电视业者和研究者的关注视野，此项业绩随后还被写进了中国电视教育高等院校的教科书。在这里，电视文化意识的萌发、渗透与存在，在某种程度上是实现了一种旧有电视观念突破性跃进的。这种跃进，并不如某些人所说的那样，是一种偶然的、短期的和急功近利的电视行为。在时过境迁的今天看来，它的基点要落在使传媒均能以宏观的、长远的、文化的眼光，从提高全民族的思想、文化素质的角度去重新审视自身的功能，由此把握现在，掌握未来。而这，在特定的社会主义历史阶段民族文化固有的尊严，及其在与人类文化精英的伟大灵魂的对话中进行的对人类及其所赖以生存的社会环境的终极关切而展开符合目的性的理性探求，都使得电视文化必然被纳入社会文化建设乃至社会精神文明建设的历史轨道上来。而这也使得我们在把目光聚焦于广东电视文化建设历程上来的时候，有足够的兴趣和动力，去探究广东电视善于把握先机的历史的文化的根源，辨析广东电视文化及其母体文化的内涵、结构和特质。

三、广东电视文化的文化地理背景

广东电视文化作为一个带有实践色彩的命题，阐述起来并无太大困难。但若要探究其本质特征及其生成根源，恐怕我们就不得不先去了解、认识广东电视文化所赖以生成和生存的广东文化。

"岭南"作为一个地理概念，从广义来讲，是指"五岭以南地区"（《辞海》，上海辞书出版社 1980 年版），所辖范围，"以广东为主包括海南岛以及广西的一部分，北枕五岭，南临大海，是一个相对独立的地理区域"（邓启龙、严三九：《开放的岭南文化》，暨南大学出版社 1998 年版）。从今天的狭义来说，则只是以广州为中心的广东全省的代名词。岭南的地域环境十分奇特：一方面，五岭隔断了它与中原的直接联系，使它相对于中原来说显得偏远、闭塞，因此在古代有"南蛮"之称；另一方面，它地处亚热带，境内河网密布，水土丰沛，资源丰富，生态环境优越，且拥有漫长海岸线，海上交通发达，对外贸易往来频繁。奇特的地理环境和自然的、历史的条件，造就了岭南特殊的本土文化。随着中原移民的大量迁入，中原文化开始与岭南本土文化交融、碰撞，使得岭南本土文化得以迅速丰富、发展。加之对外往来中外国文化的引入和众多粤籍华侨的文化内馈，使广东文化在发展过程中逐渐形成了自己鲜明的特征：其一，具有吸收、兼容外来文化的开放性，这是广东文化最鲜明的特征；其二，具有超越传统的创新性，这是广东文化又一可贵的品质；其三，具有世俗性和实用性。这一点主要表现在全民性的重商倾向和对儒家正统文化的疏离和对传统礼节的淡薄的态度上。若稍加以分析的话，我们就会发现，正是广东文化的开放性、创新性和世俗性、实用性，使得它特别容易受外来文化的影响，包括近代以来西方先进文化的影响，"而渐成为中华民族文化的先导，把岭南培育成我国近代资产阶级民主革命的策源地，从太平天国运动，康、梁变法，孙中山革命，国共两党合作及北伐战争，都以岭南为起点。在当今新的历史时期，广东又成为改革开放的试验区，并取得辉煌的成就"（李重文：《开放的岭南文化·序》，同前）。然而我们还应该看到，广东文化的这些特性，作用于文化价值取向上，则表现为，一方面人们重在对实际和现实问题的解决，具有较强的审视生活的直观性和价值观念的实在性；另一方面也妨碍了对深层尤其是对思辨问题的探究，对直观的、浅层的、通俗的事物的兴趣，远远高于对理论的、深层的甚至是高雅的事物的兴趣。这些特点，将直接作用和影响于广东的电视文化，使广东电视文化也因此具有自己极为鲜明的特征。不过这是我们后面的论题，这里我们要补充说明的是，广东文化不论特色怎样鲜明，也不论怎样吸收外来文化和怎样发展壮大，它始终是中华民族文化的一个重要组成部分，对中华民族文化的发展也具有特殊的地位和意义。

第二节 广东电视文化的根本特征

广东文化是一种具有中华民族地域特色的海洋型文化,这种文化的直观形态是呈液态性的,具体表现出来,便是它的开放性、兼容性、善变性和创新性。这样的特性十分有利于形成当地开放、宽松、灵便、和谐的政治环境和人文环境,有利于预置社会开放的全面的心理准备,也有利于不断提高社会个体和文化自身接受碰撞的能力——这是广东电视文化开放性、兼容性和创新性特征的最根本的社会文化根源。

一、开放性、兼容性与创新性

从地域文化的角度来看,广东电视文化所生存于其间的广东文化,是一种具有独立特质的文化。它特殊的文化地理条件,即如上面所说的地处中国大陆最南端,背靠中原,毗邻港澳,濒临太平洋等,都使得它必然是"窗棂之下,易感风霜",免不了要与域外文化碰撞与交汇,并具开放、兼容、善变的海洋型文化特征,呈现出与具有排外性的中原文化及具有相对来看较为显著的封闭性的西部内陆文化明显不同的性质。事实上,由于历史上的地域阻隔,远离国家政治文化中心,使得广东文化与具有"中华文化之核"之称的中原文化长期处于一种若即若离的状态,而后者强劲的意识形态到这里不免有淡化的趋势,因而广东文化在接受其他文化影响时,具有较大宽和、从容的"自由度"。同时,因为濒临海洋,大海的潮汐和飓风带来了新潮的气息和蓝色的文明,因而广东文化又有了首先能与海外文化碰撞交流的近水楼台之便。从历史上看,广东作为经济、文化"窗口"的特殊地位从来就很少受到动摇;而今天,作为中国改革开放的综合试验区、前沿阵地,这种优势不但没有动摇,反而一再得以加强。

电视文化与其所处地域的文化是息息相关的。广东文化的这种特性与优势作用在电视文化上,便是广东电视传播的观念和内容具有强烈的开放性。"这种意识反映到广播电视中,有两个途径:一是反映到节目内容和形式中去;一是反映到岭南广播电视工作者的意识中,从而影响整个广播电视改革。"(方元、阙子民、谭奋搏:《岭南广播电视文化的特色及发展》,北京广播学院出版社 1996 年版）表现在节目上，使广东电视在积极、全面、大量宣传改革开放的同时，还常常成为节目内容或形式上的"第一个吃螃蟹"的探索者和创新者，并且"大'度'能容"，在总体原则之下，容许多种传播形象和声音的存在。我们可以先从电视新闻节目来看。广东的电视新闻节目一直是省内外观众瞩目的热点，这除了因为广东的建设与发展令世人关注外，还应归功于广东电视新闻敢为天下先的开放精神。在改革开放之初，广东电视台就率先推出了《港澳动态》（1981 年）和《国际纵横》（全国第一个国际时事节目电视专栏，突破了地方台不允许办国际节目的禁忌）等新闻专栏，这些专栏坚持至今，前者发展成规模更大的《台港澳之窗》，后者则演化为《环球经纬》；随后，在特区还被人们争论的时候，推出了全国第一份关于特区的新闻专栏《特区信息》，影响深远。从电视文艺节目来看，广东电视台推出的《万紫千红》是当时全国第一个电视综艺节目专栏，电视剧《谁是姑爷》是最早的国内电视剧之一，至于后来摄制的《情满珠江》、《公关小姐》、《商界》、《外来妹》、《英雄无悔》、《和平年代》等，"都分别从不同的侧面，不同程度地反映了岭南人的改革开放意识和改革开放带来的人与事的新面貌"（同前）。

　　而从电视传播者的思想意识和办节目的措施和方法上看，开放性和兼容性的特征也非常突出。这表现在：一方面，广东电视在办节目上，所采取的"内引外联"方针，不仅在相当长一段时期里在全国"招招领先"，而且运用纯熟，效益显著。广东电视台早在 1979 年就与香港无线电视台合办了春节节目《羊城贺岁万家欢》，随后在社教、文艺（包括电视剧）、专题、新闻乃至员工培训等许多方面，都开展了不同规模的双边或多边合作，直至 1998 年春节，由广东电视台在美国主办、两岸三地联手参与的创纪录的《跨越大洋庆虎年》春节文艺晚会，把这种联合推向了极致，推上了高潮。另一方面，文化上的开放性和兼容性使得广东电视每个阶段的改革事业都能走在全国的前列。我们仍以具有拉动效应的电视新闻为例。广东电视台新闻改革的序幕是在 1981 年元旦正式拉开的，至今仍在不断地进行着。从"新、短、快、多、活"新闻节目观念的提出，到"面向群众、面向生活、面向社会"三个"面向"的大力提倡，"新闻节目栏目化"和"滚动播出"的正式实行，"系列台"的设立，再到"制片人制"的实施、"节目制作公司制"的试验和"产业化、集团化战略"的制定，虽然每一步前进都是在探索、实践，有时成功——挖到了"第一桶金"，喝到了"头啖汤"；有时失误——惹怒并失去了某些观众群落，或在节目的生产运作过程中走了弯路，付了学费。但无论如何，这种建立在开放性、兼容性和创新性特性等基础之上的探索和实践，对于广东电视新闻改革和电视文化建设发展的意义是积极而重大的，即使对于兄弟省市的电视新闻改革实践，其借鉴价值也是毋庸置疑的。

二、鲜活性与通俗性

感性型的广东文化所特有的非思辨性和强劲的生命活力，对因袭而来长期扼制我们民族文化生机的独断的理性主义价值系统，具有一种与生俱来的反叛意识。当我们应答着时代的召唤，以民族文化的创造与新生为己任，争取民族生命魅力在就要到来的新世纪里得以充分展示的时候，这样的文化，尤显气息清新、活力四射、感人奋上，具有革命性的意义。而这，正是广东电视文化鲜活性和通俗性的社会文化根源。

社会发展规律表明，大凡市场经济发达、商品意识浓厚、消费水准居高的地区，其文化的精神层面，表现在社会经济生活中多重实惠，讲效益，反映到娱乐生活圈中，则常为寻求要么轻松、舒适，要么刺激、开心，仿佛视"深沉"、"沉重"等命题为文化生活的"天敌"、"死敌"。这样的文化显然是感性型而非思辨型的。广东文化明显具有这样的特点。其根源就在于随着历史上岭南生产的发展、航运的发达、经济的富足和商业的繁荣，广东文化逐渐演变为越来越独具一格的市井社会。与此相适应，其文化就是商品意识浓重、重实惠、重消费的感性型的市民文化。生活在这样的文化环境里，人确实容易被浅薄的感官享受和实惠心理所左右，从而远离深沉的灵魂拷问式的思考，因而浓郁的软性的追求趣味性、猎奇性、情节性和形象性的小市民情调一直是广东文化娱乐的主旋律。这样的文化与黄河流域和中原地带所产生的具有民族主流文化色彩和内涵的"精英文化"、"中央文化"相比，显然缺乏一种"中心意识"；与漂洋过海而来的或以港澳为跳板入境而来的西方文化相比，又缺乏一种理性力量和思辨色彩；即使与有血脉相连的海外华人文化相比，也明显缺乏海外华人文化那种根深蒂固的迫切的寻根意识。

但这并不意味着广东文化就比上述文化层次低或者缺乏品位。恰恰是广东文化的这种特性所赋予广东电视文化的同类特质和价值取向，使得广东电视有能力发现并把握收视群落的兴趣中心，从而主动组织生产并适时适量地提供"适销对路"的电视作品，满足大众收视与审美欲求。前面我们说过，广东电视台开办的《万紫千红》是全国首创的电视文艺专栏，在国门初开时期曾以超前的内容、鲜亮的色彩、活泼的形式而深得观众的喜爱和专家的认可，因此在全国节目评比中榜上有名。在同类栏目在全国已经遍地开花的时候，广东电视台又推出了普语综艺栏目《共度好时光》和粤语参与性游艺性栏目《观众大广场》，后来又推出了互动参与式娱乐性的粤语电视栏目《今日你好彩》和普语新综艺栏目《欢乐无限》。沿着这些节目的发展路线探寻，我们就会发现这一节目丰富发展的过程，实际上也是广东电视文艺节目向着通俗化、大众化、娱乐化不断发展的过程。再以规模较大、实力较强的城市电视台之一——广州电视台为例。在通俗化、鲜活、大众娱乐的价值取向作用下，不仅它的文艺节目贴近观众、贴近生活，就是经济类节目，也具有浓郁的生活色彩和轻松活泼的风格形式。该台早年推出的经济专栏《经济新视角》就是这样的电视栏目。在这个栏目里，没有枯燥的数字，没有难懂的术语，没有板起的面孔，只有轻松杂志式的版面、及时实用的资讯、朋友交谈式的话语，就连记者出身的主持人徐志勖也大胆追求俏丽活泼的风格，一扫传统经济节目的古板刻板。因此，它虽然是一个新栏目，但收视率直追传统名牌。而在全国较早开办的民生电视新闻节目《新闻日日睇》，由于深深扎根于本土文化，无论是节目收视率还是市场效果，都可以作为成功个案加以剖析，其经验对于城市台节目策划与编导都有较高的借鉴价值。

办节目如此，在办台上广东电视也深谙此道。广东电视珠江台的前身是创办于1983年的第十四频道，1988年正式改为"广东电视珠江台"。由于创办于中国改革开放初期，因此决策者将其宗旨定位为通过粤语节目来满足不同地域、不同层次的观众需求，覆盖潜在受众，从而拓宽收视层面，提高收视效率。1997年，该台再一次进行全面改版。改版后的珠江台，更明确地强调其岭南大众台的特色，即导向性、大众性、接近性和娱乐性。在"四性"中，娱乐性可以说是被提升到了一个空前的高度来认识："说到娱乐性，则是电视媒介竞争的焦点之一，也是香港电视吸引观众的成功因素之一。不错，人们在一天紧张的劳作之余，总需要放松，总需要娱乐，但这只是从一般意义上谈及娱乐性。我们所说的娱乐性还有另外一种含义，与北方相比，广东地区（包括港澳地区）的民众不是那么注重思辨、注重理性和注重历史感，而更要求通俗、明快、敏捷，更追求趣味性、形象性和情节性……因此，我们不能不正视广东民众的这种文化特征、文化心理，我们要因势利导去达到我们的目的。所以，我们的珠江台就要千方百计让观众多一点轻松，多一点欢快，多一点笑声。"（广东电视珠江台改版小组：《导向性·大众性·接近性·娱乐性》，《南方电视学刊》1997年第3期）珠江台这次改变后推出的新栏目，如《珠江档案》、《经济你我他》、《观众大广场》、《电影红茶馆》及《体育世界》，不仅节目内容鲜活，讲究平民特色，而且在形式上也尽最大可能贴近生活、贴近观众。实践证明这样的办台方针是行之有效的。改版后的珠江台不仅得到了广东本省观众的喜爱，还受到了海南、广西、湖南、江西和福建等周边省份部分地区观众的欢迎。从广播宣传的角度看，这一地域上的覆盖，效果是明显的，对宣传广东功不可没；而从文化传播的角度看，它直接构成了广东电视文化对外辐射的第一轮势头强劲的冲击波。

总之，这种高扬感性旗帜，不避通俗，追求鲜活、生动的电视意识，对激活传统文化活力，建设新广东文化和作为中国改革开放前沿阵地的精神文明，都具有不可低估的深远的意义。

三、边缘性与多元性

属边缘性的广东文化因长期疏离于文化核心而呈现出显著的自主格局和自在形态。随之而来的自由、自在、多元、多彩等特性，赋予了广东电视文化以最大最自由的表现空间和最灵活最实用的表现途径、手段和方式。这是广东电视文化赖以生存的一个重要基础，也是广东电视文化得以迅速发展壮大并在社会上发挥积极作用和产生重大影响的又一社会文化根源。

按照地区文化内核、边缘二重结构的原理划分，以儒家文化为核心的中原文化与广东文化分属中国传统文化这一总体系中的内核型文化和边缘型文化，前者是"文化核"，而后者则是远离或疏离于此"核"的典型的"边缘文化"。但"边缘文化"不等于"无为文化"或"荒漠文化"。无论是传统的，还是现代的，广东文化的积极性和创造性精神历来都被世人所公认。在它的发展进程中，虽然它一直受着核心文化的制约（一种松散性的制约），但它仍能凭借特殊的自然和文化地理条件，凭借着明清以来它发达的对外贸易和外向型手工业，凭借着文化上的"八面来风"，成功地减弱和淡化了中原文化的辐射与影响，从而赢得了自主的格局和相对自由的发展空间。与此形成巨大反差的是，传统的核心文化之下的内地，由于长期处在农业自然经济和宗法社会形态的束缚和禁锢之中，而发展为一种重整体轻个体、重人际轻自然、重伦理轻功利的人生观和价值观，一种纳入和谐、中庸、统一的基调之上的，具有封闭性、单向性和趋同性的思维模式。而广东文化的价值体系，则突出强调其求新、求异、自由、开放的观念和思维方式，讲求进取性和独创力。在中国近现代史上，这是构成产生洪秀全、康有为、孙中山等思想和革命领袖的文化结构的一种重要基础；而在当代中国，它一方面成为在广东进行改革开放试验的一种重要的思想和文化基础，一方面则成为广东电视事业和电视文化建设、发展、繁荣的一种指导性价值观念和文化基础。

在这样的价值观念之下，广东电视成了最直接的受益者。广阔而自由的表现空间和灵活、实用的表现途径、手段和方式使得广东电视节目能够一直引领时代先河，尤其是实行改革开放以来，广东电视节目更是频拔头筹。仅从通俗电视剧生产上，我们就可以管窥一斑。广东电视近年来通俗电视剧的生产可以说是获得了全面的丰收。多姿多彩且极富动感的社会现实生活和别具情趣的

"港味儿"、"岭南味儿"的艺术表现，将广东电视剧生产推上了一个又一个高峰。名单我们可以列出长长的一串来：《商界》、《家庭》、《外来妹》、《公关小姐》、《情满珠江》、《农民的儿子》、《英雄无悔》、《和平年代》、《姐妹》、《一个叫许淑贤的人》、《小巷情话》、《泥腿子大亨》、《深圳人》、《风生水起》等。这些电视剧几乎每一部问世后都曾在当地、在全省甚至在全国的范围内引起不小的轰动，有的甚至在一段时期里独领风骚。如《公关小姐》（1987年），当它在广东电视台播出的时候，收视率竟高达90%以上，随后在"飞天奖"和"金鹰奖"评比中分别金榜题名，好不风光。而《情满珠江》（1994年）在中央电视台一套黄金时间播出后，立即轰动全国，并囊括当年"飞天奖"、"金鹰奖"和"五个一工程奖"三大奖项。1997年推出的《和平年代》更被认为是"代表着广东也代表着我国电视剧创作的新水平，或认为它是近年来军事题材电视剧的扛鼎之作"（刘扬体：《扣住时代的脉搏》，《电视研究》1997年第9期）。这些剧集的成功，肯定各家有各家的"法宝"，但如果我们把它们放在一起，从广东电视电视剧生产这一系统工程的角度加以考察，就会发现它们获得成功的最根本的原因，即坚定不移地"打广东文化牌"，或者如戏称自己为广东电视剧"生产队长"的原广东电视台副台长张木桂先生所说的那样，走"岭南电视艺术道路"。他还说："大家认识到，广东电视剧应该有鲜明的'广味'，广东电视剧应该使外省观众还未看到片尾制作单位时，便可以认出是'广东产品'。"（张木桂：《谈广东电视剧的定位与走向》，《南方电视学刊》1998年第1期）广东电视人对"广味"这种自觉的、有意识的和不懈的追求，体现在电视剧上，使广东电视剧在当代社会题材的选取（广角、鲜活）、时代主旋律和广东文化通俗性娱乐性关系的处理（柔化而不是弱化或淡化）、"广味"与"港味"的融会贯通（学习、借鉴而不是照搬）和现代叙事风格的把握上（务求轻松好看），甚至在生产的组织运作上（广东省委曾提出要"把电视剧作为重要的文化建设工程来抓"、"要上升到从香港那里把观众'请'回来的高度来认识和对待"），都打上了广东电视文化的深深印记。"这种岭南电视剧的风格，是与广东得改革开放风气之先的社会观点相适应的，是鲜活的观念形态与务实的风格。正是这样的岭南特色使广东电视剧令全国同行刮目相看，同时也吸引了全国的电视观众踊跃收看，甚至得到中央领导同志的赞许。"（同前）但是，今天的广东电视剧生产如同整个广东电视事业一样，正面临着来自多方面的而且是越来越严峻的挑战，因此，今后的广东电视剧生产，正如《通俗电视剧艺术论》一书作者指出的那样，"在积累资金与人才的同时，一定要努力开发表现本地地域独特的风采人情、生存方式的电视剧，形成鲜明的'岭南特色'"（曾庆瑞、郝蓉：《通俗电视剧艺术

论——世俗生活的神话》，北京广播学院出版社 1997 年版，第 202 页）。当
然，这也是广东电视剧决策者和生产者在实践和探索过程中所达成的有着深远
影响的共识。

第三节　广东电视文化的最新使命

当前，通过探讨来认清广东电视文化对广东地区的双文明建设，广东文化
的继承与发展，中国电视文化乃至世界华语电视文化网络建设所要承担的使命，
对于制定新的世纪时期的广东电视文化发展战略，对于广东电视人在广东电视
文化建设中的自我策划与定位，无论怎样看都是一件很有意义也很必要的事情。

社会和电视自身越来越迅猛的发展变化，使得人们为广东电视文化制定跨
世纪发展战略的工作困难重重，因此与其耗费笔墨制定空泛的"战略"，不如
首先认清广东电视文化建设发展的当务之急，认清广东电视文化所应承担的社
会使命，然后不遗余力地付诸行动。

进入新世纪的广东电视文化所要承担的使命是多方面的，而且是光荣而艰
巨的。

一、促进广东双文明建设

我们承认广东电视文化的种种特性，但这并不意味着我们就此否认广东电
视作为中国电视事业的重要组成部分的根本属性。我们的主张是坚定不移地当
好"喉舌"和"桥梁"，牢牢把握正确的舆论导向，无疑是电视台根本的社会
使命。特别是，当我国的改革开放进入社会转型期的时候，情况更是如此。
"以科学的理论武装人，以科学的舆论引导人，以优秀的作品鼓舞人"是电视
台责无旁贷的社会责任。因此，在这里我们理直气壮地要求广东电视文化承担
起促进广东双文明建设的艰巨的社会使命。

这一社会使命是急迫而又具体的———一方面，它要求广东电视要凭借自己
的文化优势、传播优势和经济优势，在第一时间里敏感地发现、敏锐地捕捉南
粤大地改革浪潮中人的思想的变迁和社会风貌的变革里程，并以电视手段加以
细致、认真、真实的表现，记录和弘扬真善美，揭露和抨击假恶丑；另一方
面，它要求广东电视不但要有对改革实践的真实记录，还要以电视手段对改革

实践中所产生的各种现象和理论焦点进行研究和探讨，从而真正做到"鼓舞人"、"引导人"和"武装人"。广东电视在这方面的努力及其所取得的成就是广大观众有目共睹的。就新闻节目来说，既有以"汇天下之精华"的《广东卫视新闻》、《630》等为代表的各级各台日常型优秀新闻节目，又有《社会纵横》、《今日关注》、《城市话题》、《今日一线》、《新闻日日睇》、《第一现场》等一大批调查评论型、民生型的电视新闻栏目，因此无论是新闻的广度、密度还是深度、力度，广东电视都不乏可供与其他地区比较的佳作。但若论在全国的地位和影响，广东的通俗电视剧则更加突出，《商界》、《公关小姐》、《外来妹》、《农民的儿子》、《英雄无悔》、《和平年代》等，在问世时，都曾成为全国电视观众收视和议论的中心，有的剧目对中国电视剧史来说，甚至具有开创性意义，譬如广东电视台摄制的千集情景短剧《外来媳妇本地郎》，南方电视台以多种形式与其他电视节目制作机构联合推出的《亮剑》、《潜伏》等，不仅"叫好"，而且"叫座"，在赢得观众口碑的同时，还赢得了市场，对于中国电视媒体电视剧生产来说，具有示范价值。尤为可喜的是，广东的电视政论片、纪录片的摄制收获也颇丰，如《世纪议程》、《我们见证》、《春风绿南粤——邓小平理论与广东实践》、《世纪飞越》、《珠江潮》等政论片，《水乡梦》、《阿八姑》、《房子》、《中山影杰》等电视纪录片，前者将思想性、思辨性寓于多层次的画面和其他多种形式的语言之中，后者则以镜头忠实记录广东经济建设和社会发展的流程，不仅收视效果理想，还为外界认识广东、了解广东提供了活动的、真实可信的影像资料。应该说，广东电视在对内促进双文明建设，对外宣传广东改革开放成就、传播岭南优秀文化等方面，都立下了汗马功劳。

二、建设和传播广东文化

电视文化的特性之一，就是它不但传播文化，还创造文化。在中国改革开放之初，借先行一步的优势，广东的经济发展成绩斐然。然而与此同时诸如"中国的文化沙漠"、"经济巨人，文化矮子"的灰色帽子也扣到了广东的头上。也许在某一特定时期里文化建设没有被放在中心工作的位置上，但广东从没有放松文化建设工作。站在一个较为长远的角度来看，雄厚的经济实力恰恰成了广东今天文化事业迅猛发展的坚实基础。而对于广东电视文化建设发展来说，文化事业的发展也在以下几个方面给它带来了巨大影响：第一，广东文化的硬件建设为广东电视的节目制作、现场转播创造了优越条件。"遍布岭南各地的艺术殿堂、文化活动中心，为多姿多彩的大型活动的转播、大型文艺节目的制作提供了良好的硬件设施。"广州电视台曾与中央电视台成功地制作了一台"万人大合唱"的节目,场面盛大,气势恢弘,如果没有天河体育中心提供舞台,其效果就要大打折扣。第二,"优秀的文化产品,为岭南广播电视节目提供取之不尽用之不竭的源泉。"蜚声中外,具有强烈时代感的岭南派音乐、戏剧、舞蹈、杂技、曲艺艺术作品和其他艺术精品、传世之作,极大地丰富了广东电视荧屏。"广味"MTV 曾在全国独树一帜,这与广东流行音乐的发达和市场的火爆是分不开的,毛宁、杨钰莹、李春波、艾敬、林依轮等明星的推出,就是文化界与电视携手合作的成果。第三,活跃的广东文化活动使广东电视荧屏更加丰富多彩。一方面,频繁的国际文化交流,为广东电视荧屏增添了异域风采;另一方面,"地方特色浓郁的民族民间艺术之乡,五级文化网络,多姿多彩的本土文化和活跃的文化艺术活动,将为岭南广播电视节目制作提供更为广阔的天地"(方六等:《岭南广播电视文化的特色及发展》,同前)。电视专题节目《龙之舟》、《醒狮》等,由于出色地记录了岭南民间的龙舟赛、南派舞狮等文化活动,发行后在海外受到华侨观众尤其是粤籍侨胞的由衷喜爱。因此,电视在建构文化大厦时,即使作为一种回报,也理应把为广东文化建设发展服务放在重要的"发展战略"的地位和高度来抓,更何况彼此永远是一种互利互动的关系。

那么,怎样才能使广东的电视文化发展促进广东文化的建设?我们认为至少要把握好以下三个方面:

其一,发挥电视传播优势,发掘、整理、记录和反映岭南传统文化和现代文化精髓,从而使之发扬光大。如广东音乐近年来在全国掀起的鉴赏热和粤剧艺术家红线女的"老来放彩",就与电视的广播密不可分。这样的工作,从地域甚至民族文化发展的角度来看,我们只嫌其少,而不嫌其多。

其二,发挥电视的产业功能,宣传、促进、推动和拉动广东文化向现代产业化方向发展,从而与全国民族文化建设乃至与世界文化建设的大趋势接轨。走产业化之路,是传统文化和现代文化在社会发展的新时期里面临的新课题,国外经验和我们自己在若干领域进行的探索已经证实这是一条切实可行的道路。广东的划龙舟表演在商业运作之下已经在荷兰找到生存和发展之路,南派舞狮经由组织也已经由娱乐发展成初具规模的文化产业。这当中有电视的功劳,但还远未"做足"——酝酿之中的广东电视产业集团,有没有为发展广东文化的子公司预留一把交椅,或者筹措好在广东文化发展公司中投资入股的资金呢?

其三,发挥电视的创造天赋,创造新文化,从而使广东电视文化成为当代广东文化大家庭中最重要、最耀眼、最富实力与活力的成员之一。要做到这一点,广东电视除了要加快自身改革进程,加速产业化集团化步伐外,还应有意识地强化电视的文化观念，把电视的文化建设提高到媒介发展战略的高度来研究、认识和对待。只有这样，建设当代广东文化的光荣使命才能得以全面完成。

最后，广东电视还要勇敢地承担起"让广东走向世界"的历史使命。这样的提法乍看起来似乎远离了本节一直谈论的"广东电视文化"这一主题。其实不然。站在广东电视发展史的高度来看，在当前甚至今后一个相当长的历史时期里，"让广东走向世界"这一历史使命制约、决定着广东电视文化的建设目标和发展方向，不仅是必然的，而且是必要的。

有两本与我们的论题有所关联的专著在这里值得一提，因为当其在中国"登陆"的时候都曾经是那样"危言耸听"，这就是《人的延伸——媒介通论》（*Understanding Media：The Extensions of Man* by Marshall McLuhan）和《传播媒介的垄断》（*The Media Monopoly* by Ben H. Bagdikian）。前者在书里说因为现代传播媒介的出现，世界已经变成了"地球村"，后者的副标题本身就已够"触目惊心"——"一个触目惊心的报告：五十家大公司怎样控制着美国的所见所闻"；前者引起了多少传媒业者的热望，期待着"地球村""土地革命"的早日到来，以便凭借新近积攒的实力，在新的"圈地运动"中一显身手，而后者则激起了传媒业者的无限"斗志"，发誓要在世界传媒领域发出"自己的声音"。建立和发展"世界华语电视网"的想法就是在这样的大背景下萌生出来的，并在举办于广州的两届"华语电视周"（1993年，1995年）的理论研讨会上得以论证明确。

由于建立和发展"世界华语电视网"的想法与广东电视"让广东走向世界"的传播任务高度契合，加之海外华语电视观众的70%属于粤籍粤语收视群体，是一个有待开发的有着巨大潜能的"潜在收视群体"。它的开发，将十分有利于广东电视的未来发展，因此，广东电视愿意自觉地把它作为自己责无旁贷的历史使命来完成。但广东电视的文化传统使之在事业发展的问题上形成了"求新"、"求变""求快"却"务实"而不"好高骛远"的思维定式。

第四节　全球化语境下的广东电视文化发展策略

2007年12月26日在广东省委十届二次全会分组会议上，中共中央政治局委员、省委书记汪洋先后参加了深圳、广州的分组讨论。他在讲话中表示，解放思想要有胆有识，要有世界眼光。（记者田霜月、周炯：《南方都市报》2007 - 12 - 27）在汗牛充栋般的谈论新一轮思想大解放的话语和文章里，汪洋书记这句话最值得我们学习品味：这里有源自广东三十年改革开放积淀起来的自信，有对短视与狭隘思想观念的真切批评，更有对推动广东经济社会新一轮大发展的热切激励。

一、审视

先看两则关于广东电视的报道：

"…… 6 月 16 日，在人民大会堂举行的由世界品牌实验室和世界经理人周刊联合主办的 2006 年（第三届）世界品牌大会上，广东电视台以 37.5 亿元的价值，在电视传媒品牌中位列第五名……对广东电视媒体来说，来自北边的央视收视瓜分固然严重，但来自南面的'港风'劲吹而造成的压境争食则更为惨烈。香港两大中文台——翡翠台和本港台在毫无语言设防的广州粤语地区抢占高达 72.5% 的市场份额…… 到 2003 年下半年开始，两军态势开始发生逆转。翡翠台和本港台的市场份额降幅达 68.3%。在这期间，南方传媒集团以 20.4% 的升幅大踏步攀升，到 2004 年底，以广东电视台为龙头骨干的南方传媒集团在全省终于以 67.1% 的收视市场份额超过了香港无线和亚视的市场份额，跃居广州地区和全省境内外所有频道排名首位。"①

还有一则 3 年前的报道更是充满自豪：

"南方网讯：2005 年春节长假，恐怕是近年来电视荧屏最红火的一周。央视的春节晚会创 20 年来的收视最高峰，各地丰富多彩的迎春节目让观众过足了瘾，而广东各家电视台也纷纷组织了一批具有南派色彩的节目大闹荧屏，制造了影视剧和综艺节目的欢乐海洋，整体收视率和市场占有率均创历史最高纪录。

而更有意义的是，作为广东电视唯一辐射全国的广东电视台卫星频道，收视率不仅在本省成倍飙升，而且其富有南粤特色的节目在全国各地热播：据不完全统计，广东卫视在抚顺、湖州、南京、无锡、北京等地收视势头强劲，而在毗邻的湖南长沙和衡阳，收视率升幅超过 10 倍！"（记者丁冠景、通讯员肖欧：《南派电视北方飘红　广东卫视全国化战略显成效》，《南方日报》2005 - 02 - 23）

这些都没错。广东电视这些年，尤其在走上集团化发展道路后所取得的成绩是有目共睹的，若不论结果，只看过程则更让人敬佩，从省级台到市级、县

---

① http://www.baoye.net/bbs/2006 - 08 - 03

级台，其"折腾"劲儿从来就没松懈过。不幸的是，电视这玩意还就以"成败"论英雄。

仅以广东电视军团中的"龙头老大"——广东卫视为例。上星之初，依托着广东经济社会发展的"排头兵"地位和港澳及海外文化"桥头堡"的地缘优势，秉承着广东优良文化传统和开放精神，广东卫视在全国观众中的影响力和号召力曾"后来居上"，风头一度"盖"过独守一隅的上海而与北京卫视并驾齐驱，而今天那些在星空里长袖善舞的诸多兄弟台当时只能"望"其项背。然而电视行当里从没有"终身制"一说，哪怕是荣誉，而只见"沉舟侧畔千帆过"，只认"优胜劣汰"、"弱肉强食"，昔日的荣光若未转化成前进动力，便成为足以"沉舟"的沉重压力或消磨斗志的温床。

仍要用研究结论说话。在一篇名为《2007 年省级卫视覆盖形势年终盘点》的研究文章里，提到"广东卫视"仅 1 处，如下：

"相比之下，作为后起之秀的省级卫视则选择以本地区的高覆盖率为依托，步步为营。以华北地区的北京卫视，东北地区的辽宁卫视、黑龙江卫视与吉林卫视，华东地区的江苏卫视，中南地区的广东卫视、广西卫视、河南卫视，西南地区的重庆卫视，西北地区的陕西卫视表现较为突出。"

而据调查显示，2007 年我国大部分省级卫视的覆盖水平再创新高，可接收人口均实现较大增长，其中山东卫视、浙江卫视、安徽卫视、湖南卫视与四川卫视名列 39 家省级卫视覆盖前五强，全国可接收人口均达 7 亿人以上，其中，山东卫视一举突破 8 亿大关，成为省级卫视中唯一一家覆盖人口超过 8 亿的频道；四川卫视覆盖人口增量超过 9 600 万，在前五强中居覆盖人口绝对增长量之首。而 2008 年汶川大地震，四川卫视凭借其"得天独厚"的地缘优势、出色的专业表现和国内外民众的"情感加分"，相信在理论收视和实际收视率上都会再创新高。

表1　省级卫视在全国可接收人口和可接收率（前五位）

2007 年排名	频道名称	2007 年		2006 年	
		可接收人口（万人）	可接收率（％）	可接收人口（万人）	可接收率（％）
1	山东卫视	82 612.7	65.2	77 863.4	61.7
2	浙江卫视	79 829.2	63.0	76 561.1	60.7
3	安徽卫视	76 990.2	60.7	70 668.8	56.0
4	湖南卫视	75 525.1	59.6	75 742.0	60.0
5	四川卫视	73 206.6	57.7	63 569.1	50.4

即使我们再退一步，将目光锁定在本地区，在前 5 名的榜单上也找不到我们希望找到的身影——广东卫视、南方卫视、深圳卫视：

表2 六大地区覆盖率居首位的省级卫视的可接收人口和可接收率

地区	省级卫视	可接收人口（万人）	可接收率（%）
华北地区	北京卫视	10 572.2	70.4
东北地区	辽宁卫视	8 036.5	75.5
华东地区	山东卫视	26 997.8	72.2
中南地区	湖南卫视	22 539.2	63.1
西南地区	四川卫视	15 782.1	84.3
西北地区	陕西卫视	6 644.0	71.7

（王丽霞：《2007 年省级卫视覆盖形势年终盘点》，《北方传媒研究》2008 年第 1 期）

在另一份研究报告里，研究者以包括栏目竞争力、电视剧竞争力、大型活动竞争力、节目创新力等多项指标考核中国卫星电视频道竞争力，前三项指标中，在前 20 位的榜单里广东三家卫视均榜上无名，只在节目创新力这一项的前 20 名名单里广东卫视敬陪末座：

表3 全国 50 个卫星频道节目创新力排行 TOP 20

排名	频道名称	节目创新力（%）	排名	频道名称	节目创新力（%）
1	中央电视台三套	18.4	11	中央电视台新闻频道	2.5
2	中央电视台一套	17.3	12	安徽卫视	2.5
3	湖南卫视	14.8	13	中央电视台十二套	2.1
4	中央电视台五套	10.5	14	云南卫视	1.7
5	中央电视台二套	9.8	15	北京卫视	1.4
6	中央电视台八套	3.7	16	凤凰卫视中文台	1.2
7	中央电视台十套	3.5	17	中央电视台七套	0.7
8	中央电视台六套	3.3	18	中央电视台十一套	0.7
9	上海东方卫视	2.8	19	江西卫视	0.7
10	中央电视台四套	2.6	20	广东卫视	0.6

（徐海亮：《中国卫视品牌竞争力提升报告》，全球品牌网 2007 - 07 - 05，http://www.globrand.com/author/ListAuthor8371/）

二、解剖

广东电视，何以如此？何以如此影响力不再？

暨南大学董天策教授曾撰文作如下分析论述：

为什么广东电视的影响力未能随着广东经济实力的不断增强而相应地提升呢？业界人士给出的解释往往这样：广东电视的媒介生态环境十分复杂，竞争压力超乎国内其他任何省份。其一，广东毗邻香港，同属粤语文化圈，广东民众可以毫无障碍地收看香港电视，广东电视面临同香港电视的竞争；其二，中央电视台和国内各省、直辖市卫星电视台覆盖广东全省，广东电视面临同国内各电视台的竞争；其三，广东报业十分发达，分流了广东电视的观众与广告市场，使广东电视面临巨大的竞争压力；其四，2001年以来，广东又成为外国电视在我国落地的唯一内地省份，广东电视面临同国外电视的直接竞争。因此，广东电视要脱颖而出，自然十分困难。

应当说，这样的解释道出了广东电视进入新世纪以来所面临的媒介生态环境。然而，把媒介生态环境说成是广东电视缺乏全国影响力的原因，却是难以成立的。

在董天策教授看来，广东电视节目缺乏全国影响力的主要原因，首先是主观能动性发挥不够。广东电视界是思想解放还是思想保守，是胸怀远大还是目光短浅，是深谋远虑还是只顾当前，是开拓进取还是得过且过，必将对广东电视的发展产生极其重要的影响。由于得改革开放风气之先，广东电视节目应当说办得不错，加上广东经济发达，广告市场份额巨大，广东电视的市场回报率较其他省市相对较高，经济效益自然不错。国家广电总局2007年2月15日公布的《2006年全国各地方卫星电视台综合竞争力排名》显示，广东卫视位居第六，相当靠前。而广东卫视同年的收视率排名相当靠后，连前二十名都未进入，之所以能在综合竞争力排名中居于前茅，一个重要原因在于综合竞争力排名的依据是收视率、广告效应等综合性指标，"广告效应"显然大大地"提升"了广东卫视的综合竞争力排名。由此可见，只要节目办得"不错"，广东电视的经济回报就可能"相当丰厚"。这样一来，"小富即安"的思想自然就占了上风，缺乏追求卓越的理想，缺乏奋发创新的激情，难以突破自己、超越自己，自然难以产生大手笔，难以产生顶呱呱的电视节目。又由于主观能动性发挥不够，"小富即安"，广东电视未能充分形成不断创新的"企业文化"与运作机制，从而导致经营管理出现诸如"对原创品牌节目的投入支持有限"、"缺乏准确定位"、"缺少有影响力的媒体人物加盟"、"（内部管理）挣不开'关系'的那层网"等种种问题，这也是导致广东电视节目缺乏全国性影响力的重要原因。①

　　我们首先要有敢于面对的"胆"，然后再去"识"——更加深入地查找导致如此的"因"。对于从前的电视传媒来说，是"百舸争流"，"不进则退"；而如今，在竞争日趋白热化的情境下，则已是"缓"进或"慢"进则退——不是我们进步慢，是别人进步太快了。

　　黄树森先生在他的文章中已经分析出了致使广东电视裹足不前的根本原因，其对广东文化和观念 DNA 畸变的分析很是切中肯綮——

　　其一，是"小富即安"的心理满足。不止一次有业界朋友善意地说我们这些所谓的学者总是杞人忧天。你看，广东电视哪一家日子过不下去了？你总说广东电视"狼来了"，"冰期"到了，可人家不照样"舞回金莲步，歌转玉堂春"吗？没错。作为广东电视航母的南方广播影视传媒集团近 30 亿人民币营业额度在国内拿到除央视以外的任何地方都能把人吓到和羡慕得半死，但是揣着这几颗子弹你敢跟境外传媒巨头叫板吗？近的不说，早在十几年前时代华纳—美国在线当年的营业额度就达 55 亿美元，而当年中国电视传媒老大央视只有不到 50 亿人民币，仅相当于对方的 1/11，也就是说，如果拆掉篱笆和天棚，对方只需拿出 1/10 就能把我们的老大哥打个稀里哗啦。而这还是十几年前。今天，广东电视，仍未完全拧成一股绳的广东电视，若想像汪洋书记鼓励广州、深圳那样"要敢于向国外叫板"，那就不是"胆识"的问题，而是"胆量"的问题了。所以，还是静下心来，"先把自己做大做强"。

　　其二，是浅尝辄止的"羞涩"和只看脚下的"短视"，还有颇显狭隘的"务实"。这与文化相关。广东文化历来主张"兼收并蓄"的开放、"闷头苦干"的务实和"敢为人先"。对此，黄树森先生有一句话我很欣赏，他说："广东文化的'敢为人先'，理应包括不护短、自省、正视弊端的'敢为人先'。"而我们呢？说来实在令人汗颜——毗邻港澳，我们却把桥头堡的角色拱手让给了远隔万水千山的湖南电视，理由简单到"太近、太熟，不好意思学人家"，果真"羞涩得美丽"，哪怕因此饿肚皮；我们的"短视"例证就更多到俯拾即是——砍《每周一书》"10 万年薪挖主持人"初衷不错，气度不小，随后却将从其他省市"挖"来的主持人扔进早已暮气沉沉的栏目里任其自生自灭，而不是根据其强项打造全新栏目使其再攀新高。结果呢，"古今将相今何在？……"我们很务实，"说"新闻好"卖"，我们就一窝蜂地"说"，民生新闻叫座我们就连夜跟进。不是反对这样做，只是想说大家这样做的时候千万不要忘了锻炼你赖以长久翱翔下去的另一只翅膀——自主创新的节目，否

---

　　①　《广东电视的影响力何在?》，中华传媒网，http://academic.mediachina.net

则你凭什么"搏击长空"？在这个意义上我们疾呼"务虚"，即提倡更新理念和呼唤理性，正如黄树森先生所说的那样，"区域文化中过于务实，就会导致狭隘、偏执，只看到脚下土地的短视"。

其三，是团队精神的缺失和品牌意识的薄弱。前者大家心知肚明，不必浪费笔墨，要不然我们何必跨越千山万水去重庆、贵州搞"联合"，而不是在广东电视这样的范畴内打造诸如"体育节目制作中心"、"公共教养节目制作中心"、"综艺娱乐节目制作中心"。然后，哪怕是南方传媒集团成员对内共享，对外营销，这岂不是摒弃作坊式节目生产，降低成本、提升质量、打造品牌的一种上佳途径？然而难。后者有很多话可说，也想说。从《情满珠江》、《和平年代》的"精品年代"到后来"专心作节目"的"平和年代"，再到今天"红海"、"蓝海"的"多元年代"，广东电视对品牌节目的渴望从未衰减过，因此才有老牌的《社会纵横》、《城市话题》、《广东新闻》、《广州新闻》、《深圳新闻》，才有新生代的《今日关注》、《今日一线》、《新闻日日睇》、《第一现场》，才有《超模》、《空姐》、《生存》、《魅影》、《美在花城》，等等。但是我们的品牌总是没法成为中国电视节目的"昂立1号"。在当今复杂多变的广东电视媒介生态环境下，个中原因很多，但抓住人才、物力、财力和理念这四个关键点才能查出症结所在，就能开出药方。而这也正是广东电视未来的上升空间和努力方向，此不赘言。

三、抉择

"杀出一条血路来。"这应该是今天广东电视的共识和集体信念。

广东电视不应自恋，只该自强。

广东电视当下首先要做的就是要看一看自身所处的环境，是"杨柳岸晓风残月"，还是"黄洋界上炮声隆"。这其实涉及的是对媒介生态学的把握。广东电视生态环境其实其严酷性在全国都可谓绝无仅有：从前的"兄弟"肌肉越来越发达，蚕食自己的地盘那是他们长久以来的愿望，如今终于可以跃跃欲试了；近邻港澳凭借语言渊源和"绥靖"政策，多年来在毫不设防的广东电视版图上公然攻城略地；境外频道作为国家交换条件也携带着精良装备登陆广东。在战场上腹背受敌已足以让人命悬一线，更何况三面受敌。

广东电视需要奋斗。然而奋斗不等于蛮干，古典小说中光着膀子抡板斧的英雄造型在今天的动漫中都很少见。本着科学发展观审视自己、盘点自己、整理自己，从宏观、中观和微观三个角度和制约节目生产运作的多种因素上客观地评估自我，给出准确评价，作出精确定位，制定科学战略，才是理性决策。

首先，在我看来，广东电视是一个超级联合舰队，理应展现出一支超级联合舰队的气势与风范，理应在国内外日趋激烈的竞争中来几次大手笔。国际传媒巨头发展经验已经反复证明，在当下经济全球化的时代背景下，对于某一传媒，甚至某一地区的传媒来说，单一依靠小农经济式的自我发展，从长远来看，其生存尚成问题，更不要奢谈怎样发展壮大。走区域性联合发展，走国际化、规模化并购道路已成为任何有"野心"的传媒必须作出的选择，只有这样才可能实现超常规发展和跨越式发展，才可能"弄成气候"，才可能不仅牢牢守住"疆土"，还能大大扩展事业"版图"。我们欣喜地看到，在广电总局发展研究中心《2008年中国广播电影电视发展报告》中，广东电视在全国广播电视产业年收入过50亿元的省份名单里赫然名列前茅（上海、广东、浙江、江苏、北京、山东、湖南7家）。既然已具备这样的整体实力，就应该来几次大手笔，做几件与"经济大省"和自身经济实力相符的"举动"来，至少我们希望在下一次香港无线寻找买家时，我们能在谈判桌对面看到默多克、李泽楷、刘长乐这些叱咤风云的老面孔，还能看到广东电视领军人物的身影。套用一个地球人差不多都知道的句式：广东电视领军人物迈向国际传媒并购谈判桌的一小步，将是广东电视历史发展的一大步。

在新一轮思想大解放的语境下，广东电视要有再夺排头兵地位的信心并积极付诸行动，这就是努力打造品牌，勇于竞争；多元发展，壮大实力；解放思想，释放生产力；在全球粤语电视传媒中争做"产业基地"，积极参与新闻传播和文化产业国际分工，承担起自己所应承担的地方和地区软实力建设的传媒责任，举起"广东电视"的大旗，在发展中探求，在探求中进步，力争再振广东电视之"雄风"。这些，每一点都不应仅仅作为领导报告里的口号或者各家电视台宣传栏里的标语，而应该作为实实在在的努力目标和方向。其实，对于今天的广东电视来说，影响事业发展的"人力"、"物力"、"财力"都不是问题，或者退一步说都不是关键问题，其关键问题在于观念，在于能否从观念上真正来一次思想大解放。其中主要包括：

（1）确立以观测与响应受众需求为核心的节目制作观念的转变。

（2）以多媒体联动品牌整合营销为核心的媒介经营理念上的转变。

（3）以推动、整合和创新构建付费收视系统为核心的媒介盈利模式上的转变。

（4）以打造复合型、创新型电视媒介人才团队为核心的人力资源管理上的观念转变。

……

正所谓"置之死地而后生"，今天的广东电视需要的是"杀出一条血路"的信心、勇气和能力，需要缔造一种全新的电视文化，而这也正是新一轮思想大解放所大力提倡的一种奋斗精神。

思考题：

1. 广东电视文化的特性及根源是什么？

2. 广东电视文化的特性对电视节目创作编导具有怎样的影响？

3. 以本章为参考，试分析你所在地区电视文化发展的文化地理背景。

4. 新时期广东电视文化应承担怎样的历史使命，其发展策略如何？

第三章

电视新闻节目编导的创新思维与实践

本章提要

电视新闻一向是中国电视的支柱性节目，许多电视台都以"新闻立台"作为战略性口号和目标。本章侧重研究在当前电视新闻节目创作与编导、编排中具有决定性作用和重要影响的编导者素质构成问题，以及城市电视新闻专题节目、镇区电视新闻节目、深度报道类新闻节目、深夜时段电视新闻节目、早间时段电视新闻节目的编导与编排艺术。

第一节 电视新闻特性与编导智能

一、电视新闻的传播特性及其影响

电视新闻是以电视技术为传播手段，以声音、画面为基本传播符号，对正在发生或从前发生但对现在仍有影响的事实的报道。电视新闻节目一向是中国电视节目三大支柱之一，而且在三者之中一直稳居第一的位置。这样的地位既不是电视事业的决策者行政规定的，也不是电视新闻的从业者主观意愿所决定的，而是由电视这一现代传播媒介的特性、中国电视事业的性质、电视新闻的使命共同决定的。

（一）电视新闻的特性

认识和把握电视新闻的特性对于电视节目的策划和编导具有重要的意义：一方面，它可以使策划更符合电视新闻规律，另一方面它可以使策划更具有针对性，使据此生产的新闻节目有较高的质量，所进行的有关运作产生较大的效应和理想的效益。

（1）从传播速度来看，电视新闻具有时效性。我们所说的时效性，是指一个新闻事件从发生到报道再到产生应有的社会效果的时间限度。今天，电视新闻传播的观念已由原来的"TNT"（today's news today，即今日新闻今日报），发展到了"NNN"（now news now，即现在新闻现在报）。因此我们在进行电视新闻节目摄制时，应该顺应这一发展潮流，多策划和编导一些像"三峡截流"、"黄河小浪底截流"、"香港回归报道"、"香港回归十周年"、"北京奥运"，甚至包括"五百年一遇日全食"这样的现场直播式的大型新闻节目，以及像"直播巴格达"、"岩松看台湾"、"中俄联合军演"这样的具有全球热点性的电视新闻节目。

（2）从传播对象来看，电视新闻具有广泛性。电视新闻传播对象的广泛性，是其他媒体新闻包括互联网络在内的所有新闻媒体在相当长一段时间里都无法超越的。据荆楚网报道，在2007年的党的十七大会议期间，《新闻联播》的收视率比平时翻了一倍，11月21日十七大闭幕，《新闻联播》时长60分钟，它的平均收视率超过了 83%。这样广泛的人群覆盖，广播、报纸和互联网在短时期内是无法超越的。

（3）从传播功能来看，电视新闻节目具有综合性。电视的包容性和声画一体的特征使电视新闻在传播功能上具有综合性的特点，即除了有传递信息和引导舆论的功能之外，电视新闻还具有传播知识、文化娱乐、服务观众等方面的功能。这一点，在全国遍地开花的民生电视新闻节目里表现得最为充分，诸如江苏电视台的《南京零距离》、安徽电视台的《帮女郎》、浙江电视台的《1818 黄金眼》、广东电视台的《今日关注》、南方电视台的《今日一线》等节目，尽管软性的味道比较浓，在尽"解决问题"之职的同时，同样具有传递信息、引导舆论、传播知识和提供娱乐等多种功能。

（4）从传播的形象来看，电视新闻节目具有传真性。电视依靠媒介的优势，运用画面和声音把具体的、可视可听的新闻形象通过电视终端传送给电视观众，使观众不必发挥想象力就可以直接获得新闻形象，不仅做到了"闻其声，见其人"，还由此产生"身临其境"之真切感。以往的战争新闻，是报纸、广播新闻报道的天下，而美国在伊拉克发动的旨在推翻萨达姆的战争中，却实现了人类有史以来的第一次"战争直播"。全世界的观众安坐家中，却比战场上的士兵更清晰、更全面、更及时地目击了这场战争。这就是电视新闻节目的传真性，它不但使电视新闻节目较之其他传播媒介的新闻更具吸引力，还满足了电视观众的求真、求实的收视心理。因此，在进行电视新闻节目策划和编导时，应把它作为孜孜以求的努力目标。

（二）电视新闻的功能

电视新闻节目的功能与电视的功能密切相关。首先，它承担了电视"喉舌"的使命，发挥着传播信息、引导舆论、监督社会的功能；其次，它同时担负着诸如普及知识、提供娱乐、服务社会等社会教育职责。

（1）传递信息。作为现代化传播媒介，其特性和优势使电视新闻在传播信息方面具有自己得天独厚的优势：其一，信息量大。不仅仅表现为数量多，还表现为因电视语言丰富而带来的信息含量大。其二，传播速度快。电视传播的优势使电视新闻的信息传播具有同时性的特征。在信息共享上，真的实现了"天涯若比邻"。其三，传播面广。互联网在信息传播上虽然也有自己的优势，但在广泛性上却无法与电视相比。社会成员不论年龄大小、知识多少、职业如何，只要打开电视，就可以轻松地接受电视的信息传播。正是从信息传播的角度，人们才这样宣布：今天的世界，已变成了地球村。

（2）服务政治。电视新闻具有政治色彩，具有为一定的政治体系、政治机构、政治团体服务的功能，这早已为中外电视实践所反复证实。但电视新闻为政治服务必须讲究电视手段，而不应不顾及收视效果，把自己变成简单的政治"传声筒"。自党的十一届三中全会以来，我国的电视新闻在为党和国家的政治利益服务上，在报道重大的党务、政务活动方面，在报道党的路线、方针、政策和报道政治领导人重大活动方面，不仅成绩显著，还探索出了一条有中国特色的成功之路。如对十五大和江泽民主席访美的报道，都产生了强烈的社会反响和政治效应。

（3）引导舆论。舆论是社会生活中一部分群众或一定团体对某种事态发展所持的大体一致的意见，是一种社会思想、社会思潮，对人的行为道德有一定的支配力和约束力。在 2002 年 1 月召开的全国宣传部长会议上，胡锦涛同志明确指出：新闻宣传"必须进一步唱响主旋律、打好主动仗，充分发挥舆论宣传的重要导向作用"。在 2003 年 12 月召开的全国宣传思想工作会议上，胡锦涛同志进一步从舆论导向的角度指出："新闻工作要牢牢把握正确的舆论导向，坚持团结稳定、正面宣传为主的方针，唱响时代主旋律，在全社会形成和发展积极健康的主流舆论。"

电视新闻和其他新闻媒介一样对社会舆论的形成具有重要作用，这种作用是通过传播学意义上的议题设置发挥和体现出来的，具体表现在：第一，设置议题，进行有效的舆论引导。第二，发挥职能，实施有效的舆论监督，即对党和政府在工作中的不足与失误予以指出并进行批评；对社会上的不正之风和不良现象进行揭露和抨击；对违法乱纪现象进行曝光和打击。在这方面，中央电视台的《时空报道》、《焦点访谈》、《新闻调查》、《社会经纬》等栏目都有出色表现，地方台的一些"拳头栏目"，如广东电视台的《社会纵横》、上海电视台的《新闻透视》、辽宁电视台的《热点透视》及广州电视台的《城市话题》等在发挥社会监督这一社会功能中，都有"重拳"出击，都有显赫战绩，并与中央电视台的新闻节目一起构成了严密而有效的社会舆论监督网络。

（三）电视新闻节目的主要类型及特性

电视新闻节目对于电视媒体的重要性是毋庸赘言的，"新闻立台"多年来已成为中国电视媒体上上下下的共识。从事电视新闻资讯节目采访、编导、拍摄、编辑制作、节目编排和营销管理等环节工作的从业人员对电视新闻节目的类型及特性都应有明确而深刻的认识。但在理论界对电视新闻节目类型的梳理、论述和争论却仿佛是西西弗的神话，永无终结。在林林总总的论著中，中国传媒大学徐舫舟教授等编著的《电视节目类型学》一书中的相关论述颇有参考价值。该书将电视新闻资讯节目划分为以下七种类型：

1. 消息类电视新闻资讯节目

此类节目是以现代电子技术为传播手段，以多元素的图像、声音为传播符号，迅速、简要、客观地报道新近（正在）发生、发现的事实的电视新闻资讯节目。从长度上划分，电视新闻消息一般被划分为短消息和长消息，短消息时长在 1 分 30 秒以内，长消息则一般不超过 4 分钟；从观众角度所看到的消息类节目一般都以新闻栏目的形式出现，如中央电视台的《新闻联播》、《新闻 30 分》、《晚间新闻》以及各省台、市台滚动播出的《整点新闻》等。此类节目具有时效性强、形式简要、题材广泛和讲求主题、角度、表现手法等特性。

2. 评论类电视新闻资讯节目

此类节目是通过对新闻事实的深入调查采访，在获取丰富的新闻资料的基础上，客观分析论证、表达见解并力争给人以启示、启迪的电视新闻资讯节目。央视《东方时空》早期的子栏目《面对面》，现在的《焦点访谈》、《新闻 1＋1》中的大部分节目都属于这一类型。归纳起来这类节目一般具有以下特性：其一，具有新闻评论类节目的共性要求，即新闻性、社会性、政治性和指导性；其二，是电视手段上的个性化，表现为报道与评论并行，评论融于采访调查的过程中和评论的多元性、多向性和互动性，在许多节目中出镜记者或节目主持人往往作为调查者、发现者和评论者之一，而一些重要的、有特色、有分量的评论话语则交由报道所涉及领域的权威人士来表述。

3. 深度报道类电视新闻资讯节目

深度报道类电视新闻是以现代电子技术为传播手段，以多元素的图像、声音为传播符号，对新近发生的新闻事件所做的解释性、调查性、分析评述性等具有思想内容深度的报道，如中央电视台的品牌栏目《新闻调查》。作为一种相对独立的电视新闻类型，深度报道类电视新闻资讯节目承担着提供深度信息，反映、解释和分析新闻事件的多重功能，在电视新闻的多种类型中有着独特的魅力，它与广播、报刊等的深度报道不同，和其他类型电视新闻的报道方式相比，在表现方式上也有着本质的区别。

其一，理性分析的特点突出。较强的理性分析色彩是深度报道类电视新闻的显著特质。

其二，全景式的立体报道。多侧面、多角度的全景式立体报道，是深度报道类电视新闻的又一显著特质。

其三，运用多样的表现手法。表现形式的选择是为揭示和深化主题内容服务的，内容与形式相结合是节目成功的基础。

其四，拥有相对稳定的受众群。深度报道类电视新闻节目大多是根据社会需要设置的，与现实生活结合紧密。

4. 杂志类电视新闻资讯节目

杂志类电视新闻资讯节目是采用杂志式的专栏化分类编排方式，由节目主持人串联播讲的综合性电视新闻资讯节目，如中央电视台《东方时空》、广东南方电视台《今日一线》等。这种电视新闻资讯节目形态借鉴杂志的编辑手法，将长短不一、表现形式各异的新闻性稿件，按栏目的宗旨加以取舍，有机地组成一个定期定时播出的单元。它融信息、舆论、知识传播于一炉，杂而有序，内容上中心突出，形式上灵活多变，既有信息量大的众多简讯，又有一定的深入报道，是电视节目栏目化的具体表现，也是主持人栏目的一种。

杂志类电视新闻资讯节目最突出的特质就是在节目结构上的分类编排，这种板块模式使杂志类新闻资讯节目在传播上占据了独到的优势，具体表现在：

其一，节目内容丰富广博。杂志类电视新闻资讯节目视野广阔，能够在一期节目里满足不同层次受众的不同需求。

其二，节目形式灵活多变。应该说，有些新闻类型在形式上也具有多样性和灵活性的特点，但杂志类电视新闻资讯节目在体现这一特点时有自己某些特殊的做法，使其优势更加明显。

其三，节目各部分协同"作战"。杂志类电视新闻资讯节目包括若干部分，每个部分都有预先设定的功能或意图，各部分内容、观点如能有机地结合在一起，互相配合，可起到相辅相成的作用，其价值将大于各部分的简单叠加。

5. 谈话类电视新闻资讯节目

谈话类电视新闻资讯节目是当今社会比较"火爆"的电视节目形态之一。谈话类电视新闻资讯节目是指以面对面人际传播的方式，通过电视媒介再现或还原日常谈话状态的一种节目形态，如央视的《实话实说》。这类节目通常围绕新闻事件、社会热点等当前群众普遍关注的问题，在主持人、嘉宾和观众之间展开即兴、双向、平等的交流，它本质上属于大众传播活动。谈话类电视新闻资讯节目的特点不在于对新闻事件诸要素的具体报道，而是通过主持人与参与者的访谈，一方面可以传播思想、观点，另一方面还可以通过采访时的对话，对新闻事实进行更深入的挖掘和探询。作为编导，应牢牢把握的元素主要包括：节目主持人、谈话话题和主题、作为参与者的嘉宾和现场观众等。

6. 资讯信息类电视新闻资讯节目

按照"资讯为先"的业界原则，从字面上讲，广义的资讯信息类电视新闻资讯节目是指提供简要新闻及各个方面、各种类型动态的集成化电视形态，它甚至可以放大成为独立的电视频道。目前比较有代表性的如凤凰卫视资讯台，它以整点和半点滚动播出的时事新闻节目为主干，插以财经及时事深度报道节目，特别以每隔30分钟播出的世界各地的天气情况预报为代表，彰显资讯台的个性特色。而更为媒体及受众广泛接受的狭义的资讯信息类节目，则指以不同行业及不同形式构成的集纳式专业信息板块。比如CCTV－2经济频道的《经济信息联播》、《中国财经报道》、《全球资讯榜》等经济节目，以及每家电视台都有的《天气预报》、《节目预告》等节目。从某种意义上讲，广告板块也是资讯信息的节目形式。其传播特质主要体现在资讯至上、适时传播、功能彰显和价值最大化等几个方面。

7. 直播类电视新闻资讯节目

直播类电视新闻资讯节目是在新闻事件发生发展过程中，运用摄录和传播设备同步报道、同步播出的新闻节目形态。直播类新闻节目的传播内容大致可分为三个类型：第一种是可以预知并能事先准备的大型新闻事件，如港澳回归、长江三峡截流、重大会议报道等；第二种是不可预见的突发性新闻事件，如"9·11"恐怖袭击、美英联军突然轰炸伊拉克等；第三种是日常的新闻事件，这些内容进入直播类新闻节目的视野应当是直播类新闻节目的发展趋势，即直播常规化。

直播类电视新闻资讯节目的主要特质为：

其一，零时差，同步传播。

其二，零距离接触，信息零损耗。

其三，记录过程、传播过程与接受过程"三位一体"。

（徐舫舟、徐帆：《电视节目类型学》，浙江大学出版社2006年版）

二、电视新闻节目创作与编导者智能结构

电视新闻节目编导是电视新闻节目策划方案的落实者和实施者，他的素质、能力和水平在某种程度上直接决定着策划目标能否顺利实现和实现到哪一阶段或哪种程度。因此，他的学识结构、技能水平和对编导工作的认知度，即编导个人的总体素质被提到一个相当高的高度来要求和加以衡量。在现代化和科学化管理方面一向全国闻名的上海东方电视台早在1993年1月18日，就明令颁发了《编导职责条例》，其中的第一和第二条是这样规定的：

编导要宣传党的方针、政策，努力反映广大电视观众的愿望和要求，坚持正确的舆论导向，注意节目的社会效果。编导要对电视节目的政治、艺术质量负有主要责任。编导应不断提高自己的思想修养和文化素养，要以丰富的知识，敏捷的文笔，巧妙的构思，活泼的样式办好电视节目。[①]

---

① 上海东方电视台《规章制度汇编》，第36页。

　　而此前发行全国并为国内众多广播电台和电视台所广泛引用的《广播电视岗位规范》，对新闻编辑部和新闻采访部负责人的政治素质、知识素质和能力素质的要求更高："具有一定的马克思主义理论水平，具有坚定的共产主义信念；坚持党的'一个中心，两个基本点'的基本路线，自觉贯彻党的各项方针、政策，在政治上、思想上、行动上和党中央保持一致；坚持新闻工作的党性原则……"，"大学毕业或具有同等学力，掌握马克思主义的基本原理，有较高的政策水平……"由此可见，电视新闻节目编导的素质对于电视新闻节目的编辑和编导来说具有多么重要的意义。那么，电视新闻节目编导要具备哪些基本素质呢？

（一）喉舌意识

　　"喉舌意识，就是电视是党和人民的喉舌的意识，自觉地同以江泽民同志为核心的党中央保持一致。"（杨伟光：《跨世纪电视丛书·总序》，北京出版社 1998 年版，第 18 页）其实，早在 20 世纪 50 年代末期，即 1959 年 6 月，毛泽东同志在同人民日报社负责同志谈话时就明确地提出，在我们国家"要政治家办报，不要书生办报"，这是我国社会主义新闻事业一项最根本的原则。30 多年后的 1994 年 1 月 24 日，我们党的第三代领导人的核心江泽民同志，则在全国宣传思想工作会议上指出："宣传思想工作部门的同志在学习理论方面应该起带头作用，学习得更深一些，运用得更好一些。同时还要着重做好宣传和研究邓小平同志建设有中国特色的社会主义理论的工作。要充分运用报纸、广播、电视、出版物等媒体，深入宣传这一理论，教育我们的人民，教育我们的青年。"1996 年 9 月 26 日，江泽民同志在视察人民日报社时再一次强调指出："历史经验反复证明，舆论导向正确与否，对于我们党的成长、壮大，对于人民政权的建立、巩固，对于人民的团结和国家的繁荣富强，具有重要的作用。舆论导向正确，是党和人民之福；舆论导向错误，是党和人民之祸。"把政治思想宣传提高到关系我们的党、我们的国家、我们的人民的前途和命运的高度来认识，这样就必然要对包括电视新闻宣传在内的政治思想和舆论宣传工作者提出更高的政治要求。因此，作为中国的电视广播工作者，尤其是作为电视新闻宣传工作具体实施环节的重要角色——新闻节目编导，就更应该自觉地把学习邓小平建设有中国特色社会主义理论——不但要从联系全党全国工作大局的角度，而且要从如何发挥我国电视新闻重要作用的角度——作为重要的理论学习和业务学习任务，保质保量地予以完成，在学习、研究和不断的实践中，武装自己的头脑，提高自己的政治素质，从而做一名业务素质过硬、政治素质过硬的合格的电视新闻节目编导。

（二）社会意识

所谓电视新闻节目编导的社会意识，一方面是指编导对社会的认知能力，一方面则是指编导通过作品表现出来的一种社会责任感。作为电视新闻节目编导，必须具有强烈的社会意识，否则无法编导出具有积极社会意义和能够引起观众强烈的正面反响的电视新闻作品。因此，每一个有追求、有社会责任感的电视新闻节目编导，都应在自己的新闻实践中，真正做到对党和政府负责。而作为电视新闻节目编导，要让自己的行为对党和人民负责，首先必须在政治上和思想上都做到与党中央保持一致，自觉地、旗帜鲜明地宣传党的路线、方针、政策，时刻坚持电视新闻的正确的舆论导向。社会意识的另一方面，也是与上面所述同等重要的一个方面，则是电视新闻节目编导的观众意识，就是为人民服务的观念。作为电视新闻节目编导要在自己的节目中，重视反映群众的要求、意见和呼声，注意回答广大群众最关心的各种热点、难点和疑点问题，通过电视的报道，达到保护人民群众切身利益的目的。

（三）新闻意识

张君昌先生在《电视新闻摄制》一书中对电视新闻意识是这样界定的："所谓电视新闻意识，是指电视新闻工作者在党性原则基础上，通过对电视媒介性质及其传播规律的正确认识，表现在把握舆论导向和处理新闻技巧方面能动的反应。它包括导向意识、法律意识、时空意识、纪实意识、创新意识等几个方面。"（中国广播电视出版社 1997 年版，第 43 页）缺乏新闻意识的编导，不但对选题缺少敏感，对于现成选题也很难通过紧紧抓住观众的心理和利用电视新闻节目的特殊规律来开掘、拓展和纪实表现。

三、电视新闻节目创作与编导技能

电视新闻节目的特性和其特殊的影响力，要求编导除具备一般电视新闻节目编导的技能外，还必须特别锻炼和培养一些自己的特别技能。

（一）发现的能力

这种能力，要求新闻节目的编导者在抓取新闻线索，选择表现题材，使用节目素材上，凭借自己的政治素养和新闻敏感，能够发现并抓取到有意义、有价值、有影响力的新闻节目线索，及时选择独家、新颖、有说服力的表现题材，拍摄并用活真实、可视、富有冲击力的节目素材。北京电视台《今日话

题》栏目 1995 年 11 月 6 ~ 7 日播出的《种草药　患心病》（上、下）和 1997
年 7 月 20 日播出的《冷漠是一种病》，都可被认为是"发现"出来的新闻佳
作。前者是编导凭借敏锐的视觉和强烈的社会责任感，对不法分子"坑农"
新动向的全面曝光；后者则是编导凭借细致的观察和深刻的思索，对社会不文
明现象的无情鞭挞。该片以孕妇挤公共汽车为切入点，通过对那些"视而不
见"的乘客的真切扫描，最终"发现"在当今的社会里，冷漠不但存在，而
且极为普遍；冷漠不但是社会的一种病态现象，而且是一种能够互相"传染"
的社会病态现象。长此以往，必然会败坏我们的社会风气。

　　另一个例证，虽然不是电视台记者所为，但也很有启迪价值。美国《星
条旗报》的一位记者就曾凭一双利眼发现新闻。20 世纪末叶，迈克·W. 哈格
（Micheal W. Hagee）被任命为美国第 33 任海军陆战队司令，在即将宣誓就任
前却遇到了大麻烦：他此前荣获的几枚象征着至高无上荣誉的勋章的证书找不
到了。虽然不会有人怀疑他勋章的真实性，但对于有着视荣誉为生命传统的海
军陆战队来说这的确不能说是小事一桩，而且完全有可能成为构成丑闻的
"要件"。后来他决定拍摄官方照时不佩戴这几枚没有证书的勋章。照片登出
后，《星条旗报》的那位记者通过和之前的照片细心比对发现了这一细微差
别，认为其中一定大有文章可做，并准备大干一番，此前美国海军总指挥、海
军上将杰瑞米·麦克·包尔达（Jeremy Mike Boorda）就曾因为牵扯进类似事
件而自杀。后来哈格是通过危机公关小组的帮助才总算"逃过一劫"。（［美］
特里·克拉克：《说出真相》，东方出版社 2008 年版，第 7 ~ 10 页）对于这一
事件本身和美国记者的出发点我们不去评价，但这种于细微处找新闻的本事却
值得我们从事新闻工作的记者、编导们好好学习。其实，只要肯深入生活，用
心去寻找去发现，即使是看似平常的日常生活题材，也同样可以编导出有影响
有力度的优秀之作。

（二）挖掘的能力

　　如果说发现侧重的是对电视新闻主题的一种横向拓展的话，那么挖掘则侧
重在纵向的深入，即对电视新闻主题的深入开掘。这种能力在新闻节目的编导
中主要表现在这样几个方面：

　　其一，"于无声处听惊雷"的能力。这其实是对电视新闻节目编导在素质
和能力两个方面提出的一个非常高的要求，它要求记者和编导必须善于"在
无新闻处找新闻"。珠海广播电视台的记者和编导们就曾这样做过，而且取得
了很好的效果。

电视短消息:

歼 10 首度公开亮相

【导语】今天是第七届中国航展的第一天,备受关注的国产战机歼 10 首次公开亮相,向世人揭开其神秘的面纱。

【同期】歼 10 飞行表演,观众看表演。

【同期】观众:感觉很激动很兴奋,我为中国感到骄傲。

【同期】陈福炎(本地老人):激动,我差不多流泪了。

【正文】心情激动的陈伯,就住在航展馆对面。(那里)50 年前曾经是侵华日军的军用机场,执行轰炸我国华南地区的日军战斗机都在那里起降。

【同期】陈福炎:(以前)听到(日本人的)飞机,心里就跳,马上走了,去避难。

【正文】让陈伯为之骄傲的歼 10 是我国第一架具有完全自主知识产权的战斗机,它的研制成功表明中国已经有能力生产世界最先进水平的战斗机。

【同期】严锋(歼 10 飞行员):作为一个歼 10 的飞行员参加表演,不光是我们飞行员的骄傲,更是我们民族航空工业的骄傲,也是我们中国人民的骄傲。

【同期】李玉海(中国航空工业集团公司副总经理):它的爬升率已经和美国第四代的战斗机 F22 相当。相信一旦有需要它的时候,我们航空人说首战用我,用我必胜。

【正文】本台记者报道。

这是一条简短的新闻,只有 1 分 23 秒。令我们感兴趣的是,珠海航展对于珠海台的记者们来说可以算是司空见惯的老题材了。那么,面对这样的老题材,记者们是怎样通过深入挖掘而出新的?我们看见,在片子短短的 1 分 23 秒时间里,却承载了两种历史情感—— 一种是侵华日军飞机在珠海人心中留下的无法抹去的阴影;一种是国产歼 10 亮相在珠海人心里引起的无比自豪。

同时,这又是一条摄制精美的新闻:从画面拍摄,到人物采访,再到剪辑制作,都极其考究。从作品来看,我们可以看出这是精心策划之作。选题、采访对象及画面拍摄都不是信手拈来,而是事先就做好了策划和拍摄准备,这样的付出和努力果然得到了回报,让记者们拿到了值得经营的题材和素材,从而为后面的再加工打下了基础。

这部作品获得成功,或者说之所以能够成功还得益于记者们"发现"之后深入"开掘"的本领。按常规拍摄这样的新闻一定要采访航展观众,难得的是该新闻的记者却能在大量的采访对象中抓住 位有"历史"的老观众,他见证过眼前这个机场不同年代起飞的不同的飞机——抗战时期是侵略者的飞机,而今天是我们自己设计、生产的先进的飞机,这种对比和由此产生的沧桑感和自豪感正是这条新闻的亮点和价值核心点。

由此看来,找到新闻的关联对象,并借此加以深入开掘,将新闻的信息量加大,将新闻本身的社会和历史元素激发出来,赋予冷新闻以温度和历史厚重感可以说是这条新闻给我们提供的可资借鉴的最宝贵的经验。

其二，"大题小做"和"小题大做"的能力。"大题大做"固然是有气魄之举，但对于以"新、短、快、深"为特长的电视新闻来说，"小题大做"则更易于把握题材和突现主题。保护野生动物在目前我国的国情下，恐怕一时还算不上是"大题"，但中央电视台的编导董志敏却"小题大做"地拍摄出了系列报道《为了大自然的生灵》。该片播出时正赶上联合国教科文组织的一个野生动物保护状况考察团在我国考察，代表们看过后，不仅消除了原来的偏见，还主动把片子带回联合国，用它"去堵住别有用心的人的嘴巴"。"大题小做"成功之作就更多，如《弹指一挥间》（CCTV，1989 年），《展示新成就，迎接十五大》（CCTV，1997 年）。这些成功之作的成功之处，就在于它们能把共和国建设成就这样的大题，化解在一件件与国民密切相关的、可视、可知、可感的建设成就上，加以电视化表现，从而让观众认可，并为之深感自豪，深受鼓舞。

2007 年 12 月 31 日，甘肃省广播电影电视总台电视新闻中心《今日聚焦》播出了《惠农政策"惠"了谁》。这几年，国家实施了一系列惠农政策，目的是减少农民的支出，增加农民的收入，减轻农民的负担。但是，一段时间以来，记者连续接到定西、天水、武威等地农民投诉，反映国家下拨的粮食直补资金和退耕还林款被一些地方政府通过各种手段随意截留、抵扣，农民所能享受的惠农政策严重缩水。记者针对这个普遍性问题，和甘肃省农民负担监督管理办公室联系，掌握了全省各地具有代表性的事件，深入各地采访，并根据一年来所关注的情况，通过"算账"、"对比"等细化手法做了这期节目。"节目播出后，在全省各地引起了很大的反响，记者又接到各地反映类似情况的电话和信件，随后，记者将所有情况反映给甘肃省农民负担监督管理办公室，通过相关部门的努力，类似现象已经得到很大纠正。针对存在的问题，省委省政府表示，2008 年，将在全省范围内对惠农政策执行情况进行调查，确保惠农好政策落到实处。"（中国记协网 > 记协评奖 > 08 新闻奖公示 > 电视目录 > 评论）

其三，"楼上盖楼"的能力。所谓"楼上盖楼"就是编导在编导实践中，并不回避他人已经做过的题材和已经挖掘、表现过的新闻主题，而是凭借其政治高度、思想深度、表现精度和结构力度，以高屋建瓴之势，进行主题上的再开掘，从而引导观众对新闻现象或新闻事件的思索认识再上新台阶。在第二次海湾危机中，国内外媒体关于巴格达的报道可谓连篇累牍、铺天盖地。然而，中央电视台的声音和形象并没有被其他媒体所埋没和遮掩，这是因为由水均益等 8 人组成的赴巴格达报道小组，在报道中采取了既非伊拉克式的俯视，也非美国式的仰视，而是在其他媒介报道所提供的客观资料的基础上，采取了一种与中国政府立场相吻合的平视式报道视角。因此我们的报道与有些国家媒体的报道相比，除具有迅速及时的特点外，还在主题上具有客观、真实、深刻、尖锐的特点。

（三）表现的能力

从总体上看，电视新闻节目少有鸿篇巨制，篇幅一般都比较短小。但短小并不意味着简单，有时还恰恰相反，越是篇幅短小，表现起来难度越大，因此要求编导人员具有更强的编导能力和更高的编导技巧。1994 年，由盖晨光和水均益编导的《和平使沙漠变绿洲》一片曾给观众留下了深刻的印象，在随后的评比中，该片先后荣获"中国新闻奖"二等奖和"全国电视新闻奖"专题类一等奖。这应该算是对该片编导人员为之付出的努力的一种回报。据水均益介绍，当初他们并没有像现在这样设计结语和标题，原方案只是让水均益在结尾时说出"和平"在阿拉伯和西伯来语中发音相似，两个民族对和平的追求是同样执著就行了。但编导们觉得这样的设计似乎意犹未尽，于是推翻重来，"终于在深夜两点的时候，从《圣经》中翻出了一个古训，这就是该片后来的标题和结尾的串场词——和平：使沙漠变成绿洲"。正是因为有了这样一句串场词，全片的主题才得以深化，所用素材才有了生命和结构上的附着点——灵魂。该片的成功经验告诉我们：尽管电视是当今社会最先进的传播媒介之一，但作为其节目的具体生产者，编导们还是应学一学古代诗人们那种"语不惊人死不休"的精神，还是应磨炼一把属于自己的"金刚钻"，为了更多的"瓷器活"——电视新闻精品节目的诞生，而"'片'不惊人死不休"。好的电视新闻片子是拍出来的，更是做出来的！

第二节　城市电视新闻节目创作与编导

在中国有多少座城市，就至少有多少家城市电视台。而在城市电视台电视节目的大观园里，城市电视新闻专题节目有着举足轻重的地位。研讨城市电视新闻专题节目，必先弄清其所赖以生存与发展的母体——城市电视。

一、城市电视及其定位

城市电视在电视学术领域里是一个相当惹麻烦的概念，因为它在节目的外在形态与生产运作上既无法严格区分于"央视"或"省视"，也缺乏相对应的所谓"农村电视"。因此关于城市电视说法颇多：有人认为它是指城市电视台开办的电视节目；有人认为是指反映城市生活、以城市居民为传播对象的节目；有人认为就是指城市电视业；还有人认为索性就是指中国电视。综合各种说法，我们认为，所谓城市电视其实主要就是指由地市级城市、计划单列城市和省会城市开办的以本市观众为主要服务对象的电视事业。

在为"跨世纪中国城市电视发展与展望研讨会"撰写发言综述时，俞虹和李远建指出：城市电视无疑在一座城市的文化建设、经济发展的现代化进程中起着不可低估的作用，深刻认识城市电视的功能，是提高城市电视节目质量、增加传播效果的动因所在。如何更大化地发挥其功能作用，合理开发利用有效资源，减少负面影响，注意电视业的可持续发展问题，尤其值得深入研究。每一个城市不同的人文环境在一定程度上影响并塑造着这个城市的传播者和接受者。作为传播者既要顾及接收市场的需要，又要不失去主体意识，起到积极的导向作用，这是媒介责任使然。城市居民与农村居民相比，从职业选择、知识层次、价值取向等方面，都表现得更加复杂化、多元化，而农村相对而言较为单一。因而有必要深入研究城市电视的传播特征（俞虹、李远建：《走向新世纪的中国城市电视》，载《跨世纪中国城市电视发展与展望》，中国广播电视出版社 2000 年版，第 13 页）。

那么，中国城市电视到底有怎样的传播特征呢？或者说，它的传播定位是什么呢？这一点我们可以从以下几个方面进行分析：

第一，是城市电视媒介基本功能的定位。其中包括：

（1）传播信息：包括新闻信息，也包括一些服务类的信息、知识性的信息，城市电视新闻传播在大的信息传播范围内。

（2）提供服务：电视媒介在提供服务上有自己特别的优势，包括教育、知识方面的服务与人们日常生活需求的服务，包括金融、市场方面的服务，包括社会生活方面的服务。城市电视所提供的服务往往更直接，更到位。

（3）娱乐消遣：这是电视媒介和其他媒介相比处于优势的另一种功能。而对于城市电视观众来说，这种娱乐消遣服务要求往往更高，更多样化。

（4）传承文化：可通过新闻性、文艺类、知识类、社教类的节目表现出来，包括体育类节目。这一点城市电视应该承担更多的责任，因为它原本就深深扎根在城市所处地域的文化土壤之中，传承文化、创造文明责无旁贷。

第二，是城市电视媒介受众定位。受众定位必须考虑自己受众的需求，包括受众的职业、文化程度、心理需求、文化偏好，都是必须考虑的指标参数。城市电视台必然要以城市人作为自己的主要对象，城市新区的农民、城市中固定市民和流动外地人应该如何安排定位，是应当思考的。

第三，是城市电视在一个城市诸多传媒中的基本定位。城市电视在一个城市中往往是所谓的"强势媒体"，但是强势媒体并不等于是强大的或有深刻影响力的媒体。以广州来看，广州电视台经过多年的努力，无论是在广州的双文明建设还是在自身的发展壮大上，都令人赞叹。但是，在同城媒体中，《广州日报》的发展更令人咋舌。作为一家市委机关报，其发行量名列全国各大报纸前茅，广告额在 1998 年就已经是广州电视台的 5 倍多。从这个角度看，城市电视仍任重而道远。

二、焦点式新闻专题：城市电视新闻的重型武器

在《城市电视的基本定位》一文中，涂光晋教授指出："一个电视台，包括城市电视台之所以能在媒介竞争中有自己的一席之地，它应该有自己的主打栏目或主打节目，这种主打栏目、主打节目就是这个电视台的品牌。"在论及电视新闻节目时，她又指出："一般来说，包括国外的电视媒介，其新闻节目的质量优劣是一个电视台的总体质量优劣的显著标志，新闻节目在整个城市电视台节目中可能占的比重不大，但它在整个形象中所占的比重却是相当大的。城市电视台有没有自己的能够抓住受众的节目或者栏目，是这个电视台能否在竞争中体现自己质量的显著标志。新闻节目的好坏，包括一些主打的新闻栏目的质量高低、优劣，是城市电视台定位中非常值得重视的。"（载《跨世纪中国城市电视发展与展望》，中国广播电视出版社 2000 年版，第 25 页）

的确如此，任何一家城市电视台要想在城市传媒中占得一席之地，要想在观众心目中取得地位，并在该城市的双文明建设中作出较大贡献，都要首先打造自己的新闻节目，尤其是影响深远的焦点式新闻专题节目。仍以广州为例。广州电视台建台较晚，但起点高、进步快、影响广泛。这除了因为它所依托的城市在全国具有特殊地位和较大的影响力之外，还与它的一系列新闻节目的大胆推出和迅速成熟密切相关。

中国改革开放的进程进入 20 世纪 90 年代后，随着社会的发展变迁，广州这片热土日新月异，半个小时的《电视新闻》已不能反映火热的社会生活，于是开辟了《社会立交桥》栏目。它反映党和政府的重大举措，反映社会热点，反映老百姓的呼声，这在广州地区的广播电视界先声夺人地树起了一面旗帜。但是作为时政类栏目，仅仅"反映"是不够的，为了沟通舆论、影响舆

论、体现栏目的深度，台里提出办《城市话题》栏目，并由此派生出《羊城论坛》、《法庭直击》、《政协之声》和《理论访谈》等栏目，构成了一个布局合理、各有侧重、形式互补、综合配套的时政性栏目群，不论是在焦点式、深度式专题的开拓方面还是在电视的表达形式方面，都体现出主旋律与多元化的有机统一。长时间的收视积累，使得以《城市话题》为核心的广州电视台新闻节目群逐步具有公信力、影响力和亲和力。

三、城市电视新闻专题节目编导艺术

下面我们就以《城市话题》及相关节目群为例，探讨一下城市电视焦点式电视专题的编导问题。《城市话题》是广州电视台的一个老牌、名牌栏目，以它为核心的新闻节目群是广州电视台无形资产的一个重要的组成部分，也是广州电视台社会公信力的一个主要来源。从编导的角度看，《城市话题》栏目群收视不凡，总结起来有以下几个方面值得我们重视、借鉴：

（一）集群式结构

1. 《城市话题》

该栏目从创办以来一直以纪实性专题片结合栏目主持人（或演播室或外景）为主要形式，纪实性专题片运用电视语汇、采用大量同期声、适当配合一些长镜头，通过真实地记录和再现现实存在的某些片断，告诉观众专题片所要表达的主题和内涵。

2. 《羊城论坛》

该栏目是广州电视台与广州市人大常委会办公厅联合举办的，属于《城市话题》栏目群中的一个重要成员。它主要是就广大人民群众普遍关心的社会热点，组织人大代表、市民和政府官员以及专家学者进行讨论和对话。它逐渐成为广州人表示意见、参政议政的讲坛，成为市民与政府双向交流的桥梁，具有公开性、平等性和议论性三大特点。

3. 《法庭直击》

与《羊城论坛》一样，由广州电视台与广州市中级人民法院联合主办的《法庭直击》也是《城市话题》栏目群中的重头戏。这个节目将法庭审理案件的全过程用现场直播的形式传播给观众，其突出之处就是纯客观的纪实，同期声不能有丝毫的取舍，现场不能有丝毫的调度，主持人不能有丝毫的介入，只能与特邀嘉宾（往往是司法界人士）对案件的背景作简单的介绍，以帮助观众了解案情，以纯客观的结构与纯客观的语言传播纯客观的信息。1996年2月14日，《法庭直击》完整直播震惊全国的"12.22"番禺特大劫钞案，在社会各界引起强烈反响，当天珠江三角洲几百万台电视机的画面全是《法庭直击》对劫钞案庭审的现场直播，广州许多电器城、商店、发廊一向被港台歌星垄断的电视画面，这天都转到了直播的法庭现场。

（二）自己的风格特色

以《城市话题》为代表的社会时政栏目群以其特有的表现形式体现了典型的岭南特色。

1. 重情感、重直观

在这样一个原生型的世俗文化区域，传统上岭南人往往更加注重事物的表象，通过自己对事物的直观感受来认识和把握周围的世界，在思辨、抽象和深邃的历史感不占主导的情况下，广东文化表现的真实、生动、通俗、富有个性的极具形象的风格往往更加迷人，而展示和挖掘这种迷人的风格便是《城市话题》不变的追求。多年来，《城市话题》绝大部分节目坚持取材于广州及周边地区，将社会热点、改革成果等重大主题与广东文化浓郁的地方风情融汇在一起，使观众在收看这类节目时，既能领略到时代气息，更能窥见岭南文化的风韵。旧城改造、老城区，此地区居民搬迁新居是广州人谈论的一大热点，西关——广州最典型的老城区居民的大批迁徙，成片的古老街道和建筑将永远消失，西关人那种既眷恋故地又渴望现代新居的复杂心态很难用语言表达，《告别西关》便将镜头对准几个在西关居住了半个世纪以上且即将搬迁的老人和家庭，传神地记录了面对粤剧的式微、传统工艺的失传、邻里关系的重新定位的种种感叹，全片贯穿着粤剧的鼓声、琴声和锣声，粤剧票友告别演出时飘逸的水袖，堪称中西合璧建筑艺术精华的西关大屋的门、檐、廊，以及默默的天井、悠悠的小巷。

2. 平实、质朴的平民味

相对于中原文化而言，广东文化带有更多的人情味和世俗生活的色彩，外在形态上追求平实、质朴的风格。

（1）《城市话题》的编导们将视点对准社会大众——广大普通的工人、机关干部、教师、学生及其他市民。像《花季少年在花季离去》中的张云峰、《牵手》中的曾宪均、《粤海情融天山雪》中的阿不都、《陈忠辉和他的亲人们》中的主人公等，他们的境遇、生活片断、喜怒哀乐都得到真实的再现，展现给电视机前的你我他。英雄自然是《城市话题》的主角之一，但凡人的精神世界更是《城市话题》所要努力表现的主题。

（2）《城市话题》关注社会大众的生活。《城市话题》是大家的话题，大家的话题就是《城市话题》。广州市社会治安情况一度非常严峻，市民普遍缺乏安全感，纷纷呼吁政府加大社会治安综合治理力度，严惩罪犯。面对广大市民的这一呼声，《城市话题》重拳出击，连续推出关于社会治安综合治理的系列报道，采用隐蔽拍摄方式真实记录和再现了歹徒作案的过程，节目播出后引起社会的强烈反响，经过有关方面的大力整治，目前社会治安面貌已经焕然一新（朱毅：《说不尽的"城市话题"》，载于《电视无限》，广东教育出版社1999 年版，第 615～622 页）。

3. 电视时事杂志的精髓

《城市话题》问世后迄今已经历多次改版，但不论怎样改，其焦点新闻、深度新闻报道的精髓都一直得以保留并不断强化，每期节目所推出的主打新闻专题始终是观众关注的热点、焦点。

（三）《城市话题》的编导困境与突围之路

进入新世纪后，随着广州本地电视民生新闻市场的做强做大，广州电视台的《城市话题》栏目渐渐有被边缘化的趋势。要从"群雄"围堵中突围而出，就必须从最根本的节目定位出发，对栏目内各板块的结构进行重新编排，注重选题平民化的同时也要具有特别的观察视角，以期让栏目重回主流之路。

《城市话题》自创办以来，由一开始的周播，到后来的每周三次，再发展到现在的日播（每周周一到周五，分五集播出），现共有《现场》、《群议》、《查笃撑》、《快评》、《影像》和《专栏》六个板块栏目。创办之初，台里原本着意将其与之后相继派生出的《羊城论坛》、《法庭直击》、《政协之声》和《理论访谈》、《查笃撑》等栏目相互补充，构成一个布局合理、各有侧重、形式互补、综合配套的时政性栏目群。经过六次的调整改版以后，《城市话题》逐渐更偏重于对民生新闻的报道评论，甚至在新闻播报中加入了表演、演说、Flash 等艺术手段。不难看出，《城市话题》走的也是新闻平民化的道路。

经过 20 世纪末最辉煌的一段时期，进入 21 世纪后，《城市话题》的收视率逐渐下降，现在一般保持在 1.5% 左右的水平。根据央视索福瑞的最新数据显示，在 2009 年的 1 月 12 日到 16 日之间，《城市话题》（20:00 新闻频道首播）的收视平均值为 1.37%。

可以说，现在在广州甚至在广东地区的民生类新闻节目都不缺乏，有时候甚至供过于求。我们虽然不能唯收视率而论，但收视数据在《城市话题》上的确反映了这一问题。换一个角度来说，广州地区缺乏的其实是一类相对冷静和有深度的新闻专题节目，虽然现今一般认为晚上 8 点属于工作后的休闲娱乐时间，但这一时间的电视屏幕上仍然需要一个能深度观察报道的新闻节目。《城市话题》不仅应该挖掘那些属于广州本地城市的新闻热点，更应该深度调查，将那些能够影响社会、促进社会进步的话题搬上屏幕。同时投入更多的理性思考，利用城市中的新闻话题，折射出广州这座城市的真正风采。那么，《城市话题》在编导上有哪些新的追求，又是怎样实现突围的呢？

1. 节目选题

从选题的角度来看，"硬新闻"指内容较严肃，侧重思想性、重要性和知识性的新闻，主要是政治、经济、军事、科教等方面的重大新闻或重大事件，强调的是时效性，重在传递信息的快捷。"软新闻"指强调趣味性、有较浓的人情味、形式活泼、容易引起受众共鸣和兴趣的新闻，主要是社会新闻，如社会生活、情感、艺术、人生等。与"硬新闻"不同，"软新闻"强调的是受众的兴趣和情感。既然《城市话题》的定位指向了"民生新闻"，那么主打板块《现场》的选题也主要是从"软新闻"里面获取。就算是那些符合栏目定位的"硬新闻"，栏目组同样会对其以"硬新闻软化"的方式进行处理。以下是2009年1月12日至16日连续五天的《城市话题》开场环节《现场》的选题：

日期	板块	新闻内容	选题地域与硬度	贴近受众程度
1月12日	《现场》	春运筹备	本地/★★★	★★★★★
1月13日	《现场》	偷拍设备风行	本地/★★	★★★★★
1月14日	《现场》	老人被骗炒金	本地/★	★★★★★
1月15日	《现场》	金融海啸下的家政行业	本地/★★	★★★★★
1月16日	《现场》	假币案	本地/★★	★★★★★

从上表中不难看出，节目选取的话题基本上是广州本地的社会新闻，符合其城市电视台的定位，选题中分别涉及广州的经济、生活、安全等方面。在上述五个样本中，有三个新闻属于负面信息。其中，在这一时间谈及春运筹备，应该属于市政要事，但记者主要从气温突降的角度进行编辑，已经对新闻进行了一定的软处理。在对内容的选择提炼上，类似偷拍设备这类触犯他人隐私的问题本来就已存在，并没有很强的时效性。但专题记者在采编过程中却依然没有对其进行深度挖掘，而是将重点放在了市民对于这类情况的态度上，这种操作手法是向当前流行的民生新闻靠拢，却不能凸显节目的竞争价值。在新闻的报道处理方式上，如《老人被骗炒金》，节目运用了新闻故事化的手段，以贴身跟拍的平民视角来解读新闻。故事化的处理更贴近生活，这样的处理方法对于社会新闻是值得肯定的。但对于一些涉及宏观经济和生命安全的新闻，单凭故事化的处理是远远不够的。对于"硬新闻"的处理，应该直面现实、深度观察、剖析隐情。因为受众对于生活中的重大事件，不仅希望通过媒体及时、

准确地了解事件的发展动态，而且必须通过媒体的报道来得到最新的消息，并根据报道来作出自己的认识与判断。

再如《金融海啸下的家政行业》，在报道中，编导将广州的家政行业放在当前全球金融危机的大背景下分析，从微观切入观察宏观，可以让人们更深刻地体会到当前的国际经济环境。另外，节目中还采访了相关的社会学者，分析了当前家政行业发展的特别形势。主持人的引导语，镜头再次切回接受采访的家政行业经营者，通过一个公司成功摆脱困境走上成功之路的例子，来指出金融危机下家政的应对之策。在随后的《群议》栏目中，记者在街头采访普通民众，请他们就自己对于金融危机的感受发表看法。整个报道张弛有度、节奏分明，给人们留下了深刻的印象。而在《老人被骗炒金》的报道中，则只将新闻重点对准被骗老人，倾听他的申诉，对事件产生的原因、爆发和处理都是画外音浅显带过。随后，就此事件反应民众心声的《群议》经剪辑，新闻强度也大大减弱，采访话题在节奏轻快的背景音乐下快速越过，不知不觉中节目已经走进尾声。

2. 栏目结构

如果说《现场》还带有专业电视新闻评论的影子，那么在《查笃撑》中，则是完全走上了"亲民"路线。广州话中，"查笃撑"是粤剧开唱的过门音乐，也就是"做大戏"的意思。从名字上就可以看出，这个环节是以"戏说新闻"的形式来讨论近期城市中的热点话题。如果单就其节目形式来说，将时事评论和情景短剧融合于一体，特别是将背景对准极有岭南特色的"茶吧"，本身就不失为一种创新。类似节目如凤凰卫视的《铿锵三人行》也做得很成功。但将这样一档节目放入《城市话题》，不免给人哗众取宠、喧宾夺主的感觉。特别是在节目话题的转换上，经常是硬生生地从"茶吧"转入现场正式主持人的评述，利用主持人的话语过渡，再重新切回"茶吧"进行讨论。整个节目被分割开来，整个节目里风格稳重的主持人如同被强行加入到崇尚嬉笑怒骂的市民风中，显得有些浮夸甚至滑稽可笑。

在《查笃撑》中特别采用了音乐 MV 的形式。通常是在话题结束之后，插入一首歌的几句歌词，配上 Flash 或相关影像来调侃新闻。笔者认为，这样的安排在单独的娱乐评论节目中是可行的，但因为涉及新闻的真实性等问题，特别是作为《城市话题》的一个板块栏目，这样的安排似乎有些不妥。在平淡的生活中确实不乏趣味横生的事情，当新闻将这些事情搬上荧幕时，其本身就充满了戏剧性。但如果只是为了满足人们的娱乐心理，为盲目追求收视率而将新闻夸张、娱乐化就只会适得其反。所以说，并不是所有的节目都要走娱乐化的路线，新闻节目更要慎重。

《快评》环节值得商榷的地方比较多。《快评》采取的是一位特约评论员对《现场》中的新闻进行专门评论的形式。首先，栏目主持人在《现场》的最后一般已经对其内容发出简短的点评，因此《快评》中的评论应该与此有明显的区分。其次，作为专业评论员，必须有一定的专业身份、角色定位，而就算是属于媒体评论员的一类，也应该有非常突出的个人特点，这样才能给观众留下深刻的印象。再次，《快评》的画面组织也有所欠缺，基本上只是评论员加演播室背景，关于评议内容的一幅定帧的画面仅会偶尔出现。

3. 播报形式

《城市话题》播出之前，会将每日的话题做一个小的片花，在节目正式开始前播出。随后，镜头就切进摄影棚，主持人站在讲台旁开始主持节目。开场节目都为《现场》，即主持人引出话题，随后加上外景采访，再切回摄影棚内主持人进行评论。一般情况下，《现场》之后是就当日话题采访街头观众的《群议》。《群议》的节奏很快，一般是剪辑成每人一句，连续播出几个人意见的形式。

节目对于字幕的处理较为贴心。由于《城市话题》采用方言播报，为方便非粤语观众收看，节目全程都打上字幕，在突出地方特色的同时，吸引了更多的观众。另外，每个话题都有清晰明确的小标题，字体多为大红色的艺术字，鲜活明亮。但小标题停留时间过短，常常是一带而过，观众无法从容阅读。

场内的主持人给人的感觉是稳重务实，评论也在铿锵有力中体现出正义感，表明了节目鲜明而坚定的立场。但改版后，主持人背后的背投电视在整档节目中基本上定格在同一画面，而仅仅在节目画面从演播厅转接到记者录像时才使用不到一秒的淡出效果。既然《现场》中同样采用主持夹叙夹议加记者现场画面的播报形式，占据画面篇幅如此之大的背投也应该在主持评议的时候派上用场。

不可否认，从"领头羊"到"追赶者"的角色更替为《城市话题》带来很大的影响，借用产业经济学的一个专业术语，这种变化可以成为"路径依赖"。一方面，台里新闻生产模式的影响，《现场》部分无论从采访到编辑都含有明显的《广州电视新闻》（34 频道，18:30 播出）的痕迹。而《快评》板块的添加、背投电视的放置，同样可以看出是对新闻频道主流节目《新闻日日睇》的跟风。另一方面，竞争对手的民生新闻节目特色同样给了《城市话题》巨大的压力，特别是同时段的三档"今日"节目争霸（《今日关注》，广东电视珠江频道；《今日一线》，南方电视台；《今日报道》，广州电视台），分流了《城市话题》相当一部分收视人群。

《城市话题》要突围，首先就是定位的改变与环节的明晰化。近年来，广州市电视台似乎有意把《城市话题》塑造成又一个民生类新闻节目。但广州本地的民生节目其实已经趋于饱和，而且当前所有民生新闻节目都强调从普通百姓的视角出发，难免会越做越雷同，千篇一律。没有专门的编排和独特的视角，要在同类定位的节目中突围并非易事。其次是板块的明晰化和整体衔接问题。虽然"栏目群"的设定让同一档栏目更具特色，但让人感觉《城市话题》这条"小船"并不能承受如此超负荷的"装载"。在所有板块里，风格完全相异的《查笃撑》应该脱离出来，而沦为鸡肋的《快评》要么去掉要么强化，甚至可以考虑重回以前《城市话题》＝《现场》的模式。最后，必须强调或者提醒编导们的是，《城市话题》之所以存在的逻辑基础是"城市＋话题"，而其所追求的最高境界应是"城市×话题"。

四、城市电视及电视新闻专题节目的努力方向

（一）城市电视的发展方向

在"跨世纪中国城市电视发展研讨会"上，由吴红雨、斯佳提供的论文对城市电视的发展提出了这样的思路：

第一，与省级上星台相比，城市电视台节目设置应更加平民化。它在政策宣传和舆论引导上所承担的任务要少于前者。这有些类似近些年深受群众喜爱并得以迅速发展的都市报和党报的区别。前者在某种程度上可以说更贴近生活，更接近市民，少了一些高瞻远瞩的政治色彩，多了一些琐碎的百姓家事。同样，城市电视台的节目精神更具有平民意识，在传递信息的同时体现出更平实的服务态度，在选择题材和确定主题时更带有都市生活化倾向。其实，也只有当城市电视台放人和张扬这种平民化、通俗化、服务性等特点时，它才可以在同一城市内和其他台一样满足受众不同层次的需求和不同层次受众的需求。

第二，节目具有明确的地域性是城市电视台的主要特征，这一点不但不应淡化，还应大力加强。每一个城市电视台都必须把传递当地信息和反映当地市民生活的各种节目做足、做好，从而完全占领当地电视消费市场。这是城市电视台最大的优势和发展的依托。

第三，城市台相互间的节目交流与合作是其共同发展和应对竞争的关键手段。比起中央电视台或省级上星台，城市台各方面的资源都不能与之相提并论，因此，只有互相联合，才能补充资金、挖掘人才，在节目交流上取长补短，充分发挥地方优势，以强强联合来发展自己，并逐步形成自身的节目个性和风格（吴红雨、斯佳：《论城市电视台概念与传播理念的定位》，载《跨世纪中国城市电视发展与展望》，中国广播电视出版社2000年版，第33～34页）。

（二）城市电视新闻专题专栏节目的努力方向

其一，拓展视域。处在转型期的大小社会（全国、广州）为《城市话题》这样的节目提供了取之不尽用之不竭的话题。但是，综观所能把握并予以表现的话题，却少之又少。不必与北京台《今日话题》、上海台《新闻透视》、辽宁台《今晚直播》等节目相比，就是与同城兄弟传媒相比，比如报纸，比如广播，电视新闻专题节目的选题也缺乏中心城市电视传媒"总汇"和"大观"的含量和气度。由此可以认为，传媒的视野已制约了《城市话题》一类节目的发展。开阔视野的关键在于开拓视域，即将广州这个城市本身所产生的话题作为永恒的母题性话题，将广州这个国际化大都市所应关心的话题作为经常予以表现的话题。国务院前总理朱镕基在为 CCTV《焦点访谈》专栏赠言时，希望这个节目能够成为"舆论监督，群众喉舌，政府镜鉴，改革尖兵"。但是，在正在健全法制的社会主义初级阶段的社会条件下，媒介进行舆论监督是何其难也。近年来在进行舆论监督中媒介这个"尖兵"所遇到的"坚兵"，常常是业外人士所无法想象的，有时这种斗争的残酷性甚至不亚于一场战争年代刀光剑影的肉搏战。所以说，拓展视域需要勇气；选择话题本身，有时就需要有"堵枪眼"、"趟地雷阵"的献身精神。

其二，深度与锐度。其实作为一个办给大众看的新闻专栏节目，《城市话题》本可以有多条轻松之路可供选择，比如记记民间传奇，讲讲爱情故事，谈谈风花雪月，或者索性去吃金钱的"软饭"，都可以赚钱"过日子"，没准还可以赚到大钱而大富大贵。但是，多年来《城市话题》一类的城市台重量级新闻专题专栏节目却每每选择沉重之路，这已经为多年来它的多次重大专题报道所证实，并且已经形成了自己独有的传媒品格。那么，以往的《城市话题》一类节目为什么愿意也敢于去"硬碰硬"？作为一个有传媒良知的电视新闻栏目，积极主动地去为民众、为民生、为城市的良性发展服务，是我们为其找到的第一条理由。正是基于这样的出发点，我们才在以往的节目中看到一期又一期打假的、维权的、扶弱的、除恶的报道，有的甚至是旷日持久的规模盛大的新闻战。这些都是为了什么呢？说是为了"匡扶正义"显然言轻了。其实，此举的真正动机和动力就是为了以自己传媒的力量，高扬传媒舆论监督大旗，为铲除种种社会毒瘤，整治经济环境，促进社会健康发展服务！在这个意义上，我们完全可以说，《城市话题》一类的节目做的是社会大文章。也正是在这个意义上，它们才得到了社会各界的认可和广大观众的喜爱。对于今天的观众来说，选题的新与旧并不是主要问题，他们对节目的喜好已经由猎奇走向了对深度、锐度的追求，即要求每期节目都能"刀刀见血"，并且"见血封喉"。"钝刀割肉"或"隔靴搔痒"式的节目只能赶跑观众。

其三,时事新闻杂志就要像时事新闻杂志,但要有主打专题环节。

(1)在节目形态上,我们认为向美国《60分钟》或《20/20》靠近并不是不可行的,尤其是后者,我们可以学习和借鉴的可能性和可行性更大一些,即改变目前每期单一话题的孤立和枯燥,改由双话题共同支撑一期节目。双话题间,要么是同向的,可以相辅相成;要么是反向的,可以相映成"趣"——挖出节目的内涵,调动观众的趣味;也可以不相干,以表现社会生活的多面性。

(2)在节目叙事风格上,我们主张采取纪实+访谈+多向互动式述评的话语方式。

(3)在节目主持上,我们建议用资深记者担任主持人。形象上,求老成持重;气质上,求腹有诗书,心有万象;性格上,热情、热心,关心社会,关怀人生;语言上,要么机智犀利,要么风趣幽默,总之就是不许平庸。

(本节由广州大学新闻与传播学院07级研究生王弘参与文稿撰写与修订)

第三节　镇区电视新闻节目创作与编导

镇区电视机构是电视新闻节目生产的最基层单位,他们生产的电视新闻节目的质量不仅决定着他们在政策允许范围内所办的当地"新闻联播"水平的高低,而且,作为一级记者站,其采集制作并向上级电视机构提供的电视新闻节目的质量,直接影响着上级电视机构新闻节目的质量。

一、镇区电视新闻的地位和作用

所谓镇区电视新闻,是指由镇区(或县)所属的电视新闻台(站)主要针对当地所发生的新闻事件采访拍摄、编辑制作并供自己播出和向上级电视机构提供的电视新闻节目。镇区电视新闻节目的地位与作用是由镇区所处的社会环境决定的,是由镇区电视新闻节目服务的对象所决定的。当地政府需要镇区电视新闻节目的"鼓与呼",是镇区电视新闻重要的服务对象;当地的人民群众除了关注国内外的重大事件,自然会对本镇区的政治、经济、文化及身边的衣、食、住、行等信息表现出极大的兴趣。因为这与他们的生活直接密切相关。因此,当地的观众也是镇区电视新闻节目重要的服务对象;同时,作为最基层的电视记者站，镇区电视新闻还担负着对外报道本地经济与社会发展的使命。因此，做好当地政府与人民群众在信息沟通上的桥梁和纽带，或对外宣传与信息传播的"窗口"，正是镇区电视新闻节目地位定位的坐标；促进当地物质文明和精神文明的同步发展，记录、报道和宣传当地的经济与社会发展进程，则是镇区电视新闻节目不可推卸的使命与应发挥的作用。

二、镇区电视新闻的特点

我国的镇区电视新闻是随着镇区经济与社会的进步而出现的。在发展的过程中，全国各地不仅时间不等，而且水平也极不平衡。在经济发达地区，设备先进，人员智能构成合理，所生产出来的电视新闻节目水平就高一些；而在经济发展相对落后的地区，情况则往往相反。但总体来说，通过不断的改革发展，镇区电视新闻节目形式已从单调走向多样，内容也从浅白走向深入，镇区电视新闻节目的个性特征也在这一过程中，在同城市电视新闻、省级甚至是央视电视新闻的对比中得以彰显出来。

（一）基层性

基层性是镇区电视新闻节目的首要个性。随着农村城市化步伐的加快，改革开放的深化，促进了镇区电视新闻的发展，镇区的行政区划特性和人文特性赋予镇区电视新闻节目以镇区的特征。镇区电视新闻面对的观众主要是镇区居民和镇区所属农村的农民，而在经济发达的东南沿海地区，还有一个特殊的收视群体——企业外来的各类员工。例如广东东莞市厚街镇，常住人口才8万多人，但流动人口却有30万至40万人，因此厚街镇的电视新闻节目除了报道当地两个文明建设新成就、当时当地各种时政新闻外，报道社会治安综合治理、各类企业生产生活动态及其员工的文化娱乐生活，包括劳资纠纷等方面的新闻，也是本地新闻的重要内容。为此，《厚街电视新闻》于2001年在原有粤语新闻节目的基础上增设了普通话新闻节目，让全镇数十万外来人口也共同关注新闻节目，收到了良好的效果。

（二）地域性

镇区电视新闻节目具有传播的地域性和节目内容的地域文化特征。根据接近性原则，新闻节目对属地政治、经济、文化生活的报道更容易受到当地观众的关注，镇区电视节目必须按照当地观众的要求发展新闻节目的形式和内容，植根属地的沃土。在市场经济的条件下，特定的地理环境对一个城镇的经济格局起着重要的制约作用。因此，各个镇区的经济报道也越来越多地显示出地域的差异性。比如广州市花都区，优越的地理位置加上本地人的创业精神，使近年这里的经济和社会得到了迅猛的发展，并形成了以汽车、皮革皮具和珠宝首饰加工制造为核心的三大支柱产业。正因为如此，花都电视台的经济报道多以外资、民营企业、第三产业为对象，以三大支柱产业为题材。由于进行了多年的探索，加上对本地政治、经济、文化的透彻了解，花都电视台所做的电视新闻报道往往以其对题材的熟练把握、报道角度的独特、内容的新颖性和典型性而取胜，而这些，恰恰是上一级或更高级媒体最缺乏的。花都电视台的新闻作品也因此多次获得省市的新闻奖。

（三）贴近性

镇区电视新闻的强烈镇区性和地域性以及基层的地位，使得这种新闻节目更接近新闻源、接近平民、接近社会生活，从而具有贴近性的特点。如厚街镇新闻节目中关于"我镇换驾驶证收费为何这样高"、"校园摩托车需要合力共管"等报道都因为贴近当地民众切身利益而在当地引起了很大的反响。贴近性使镇区新闻节目注重典型报道，注重挖掘社会生活中典型人物和典型事件的典型意义，挖掘潜藏在身边普通人和事中的精神亮点。如厚街镇通过对省残运会两枚金牌获得者陈旺林、见义勇为好市民李大明等所作的报道，从典型人物和事件中体现他们积极面对人生的高尚情操，宣扬了社会新风，弘扬了人间正气，在推动当地社会进步中起到了形象化教材的积极作用。

（四）时效性

镇区新闻记者长年活跃在采访第一线，他们同当地社会各界保持着广泛的联系，离新闻源最近，可谓耳聪目明信息灵，再加上镇区交通便捷，因此一遇突发性事件就能紧急出动，进行现场报道，并以微波传送新闻到上级电视台并及时播出，使镇区电视新闻更具时效性。佛山市南海区经济非常发达，因此电视事业也得到了飞速发展。该区电视台与各镇的广播电视站已经实现了信号联网和节目资源共享，网上数字化节目传输已经取代了盒带式的物理传输。因此，发生在任何一地的新闻，都可以在第一时间通过网络传输到南海电视台新闻中心，再向全区实时播送，确保了新闻的时效性。

（五）互动性

镇区电视新闻作为镇区文化媒体特有的一种载体，必然与镇区这一级行政单位产生交互作用，交互影响，交互制约，从而形成一种互动的关系。从传播内容看，镇区与镇区电视具有共利性。镇区发展得健康、快速、百业兴旺，群众的物质、文化生活提高得快，镇区电视新闻的报道就有取之不尽的信息源泉。同时，镇区形象宣传得好，舆论导向正确，镇区电视的公信力就强，知名度就高，广告经营资源就丰富，发展的驱动力就强。从传播手段看，镇区与镇区电视新闻具有共时性。上级台因兼顾全市大局而不可能全面、立体地报道各镇区发生的新闻事件，镇区电视新闻却能真实地记录镇区发展的足迹，同步直播当地"此时此刻"发生的事情。从长远发展看，镇区与镇区电视新闻具有共生性。镇区的发展为镇区电视新闻的发展提供了坚实的后盾和丰富的物质保障。同时面对镇区不断的迅速的发展变化，镇区电视新闻只有不断发展、提高，才能更好地支持镇区的宣传，两者是共存共生的关系。

三、做好采编播，充分发挥镇区电视新闻的作用

近年来，我国的电视业随着经济的迅猛发展呈现出空前繁荣的局面，新闻节目播出量剧增，而且初步培养起观众现代新闻的收视心态，使新闻需要逐步取代娱乐需要。当前，电视新闻毫无疑问已成为受众从外界获取信息的最重要渠道。但对镇区电视新闻节目而言，这种繁荣局面带来的却是一种双重的效应：一方面是新闻节目受到观众关注的程度在不断增加，而另一方面则是受到地域狭窄、自身技术手段及采编制作能力和从业人员素质参差不齐的制约，电视新闻节目在满足观众需求上显得力不从心。为此，镇区电视新闻从业人员，需要在以下几个方面进行努力，做好采编播，从而充分发挥镇区电视新闻的作用。

（一）找准自己的定位，使新闻节目成为群众了解镇区的重要窗口

镇区电视新闻是城市台的必要补充和辅助，与镇区同呼吸、共命运，因此镇区电视新闻的定位必须是：立足镇区，面向镇区，服务镇区。其核心内涵有二：一是以特定的镇区为依托，使其具有鲜明的区域特色；二是以镇区受众为对象，节目镇区化，即以镇区生活为主题或背景。不要一味地模仿中央台、省台、市台，而要强调配合当地党委、政府的中心工作，强调新闻内容对本地工作的指导作用，同时不能忽略普通群众的需求，要使节目成为沟通镇区政府与民众、沟通外界与镇区的真正的形象窗口。只有镇区新闻关心群众的生活，群众才会关心镇区新闻，从而使镇区新闻节目成为群众了解镇区的重要窗口。

（二）提高新闻宣传质量，发挥新闻节目的重要舆论中心作用

要充分发挥新闻节目的正确舆论导向作用，就必须制作出收视效果好、宣传质量高的新闻节目。如今电视频道的选择性增多，凭什么让观众锁定本镇区

电视新闻节目？就是要靠高质量的节目，这是镇区电视站生存和发展的基础，是镇区电视站的生命。要提高新闻宣传质量必须转变旧有的宣传与经营理念，从旧的思路中解放出来，从内容和形式上进行全面改革，比如增强会议新闻的可视性，强化新闻节目的典型报道和深度报道，贴近社会、贴近群众、贴近百姓生活，拓宽报道的社会性，增加现场报道和采访，增强新闻的时效性和参与性，等等，都是镇区电视新闻努力的方向。当代大众传播学理论告诉我们，如今电视观众与传播者之间不可能是单向传播而是双向交流的关系，要实现电视新闻的双向交流，必须确立观众在新闻传播中的主体地位。而镇区电视新闻由于其本身的特性，更应该贴近社会、贴近生活、贴近群众，把新闻报道的立足点真正转移到面向群众上来。不断拓宽镇区电视新闻报道的社会性和贴近性对于镇区电视新闻来说相当重要。在报道中主要体现在关注百姓生活中的热点，从百姓的衣、食、住、行等方面选择具有典型性的事件，或对群众普遍关心的、有经验教训可吸取的、能帮助政府职能部门搞好工作的事件作出舆论先导的报道；另外，对涉及老百姓的合法权益受到侵害的问题，坚持一追到底，给老百姓一个"明确的说法"；还要为广大群众解疑释惑，排忧解难，实行舆论监督。虽然批评报道、舆论监督容易引起社会共鸣，但其实我们可以捕捉那些最能反映时代特色、站在时代潮头弄潮的先进典型进行报道，同样能引起社会的共鸣，只要坚持以正面宣传为主的宣传方针，加强社会热点引导，同样可以起到舆论监督的作用，同样可以使新闻具有社会性和影响力。

同时，还要增加现场报道和采访，增强镇区新闻的时效性和参与性。现场报道不仅可以充分发挥出电视的优势，增强新闻的时效性和现场真实感，而且可以突出和深化新闻主题，取得更佳的收视效果。由于镇区地域小，交通方便，记者获得信息的速度比较快，能迅速赶赴现场，因此镇区电视新闻要加强现场报道，另外还要注意报道的话语要有现场感，真正把观众的注意力引到新闻事件上来。

（三）精心编辑制作，加大镇区电视新闻的信息量

镇区电视新闻由于受众数量相对较少，加之当地党政部门对节目质量没有太高要求，因此容易"粗制滥造"，放松对新闻节目质量的要求，使得镇区电视新闻画面凌乱平淡，文字空洞乏味，有价值的信息量不足的现象十分突出。要解决这些问题，我们要在以下这些方面下足工夫：

首先，采访前优化选题：压缩一般会议新闻和经验性新闻，增加动态性新闻、解惑释疑新闻、事件性新闻、独家新闻和可供上级台选用且能够增强对当地社会与经济发展力度的新闻。

其次，采访中强化新闻的电视特性，主要表现在以下几个方面：①画面要丰富，画面不足或单调信息量就少；②突出重点画面，画面主题集中并与新闻表现的主题相符才有信息量；③运用长镜头画面，因为长镜头画面一般拍摄的是事件发生中最精彩、最有代表性的运动过程；④保留现场音响，多搞一些现场报道和现场采访，扩大信息量；⑤画面与解说要有机结合，相互补充和延伸。

两次，采访后要精化新闻编排。①在新闻栏目中压缩单条新闻的长度，增加每组新闻的条数。这样便于加大整档节目的信息量，也符合当今电视观众的收视习惯。②通过加大口播节目量，叠加字幕和穿插图像或图表等背景资料，运用特技对画面进行处理等手段，来丰富画面信息，增强表现力，加大信息量。③精心编排栏目，使整档节目硬性新闻和软性新闻、长新闻和短新闻结合，镇区内新闻和镇区外新闻结合，从而增强整档新闻节目的可视性。

新闻选题的大小，镇区的衡量标准与中央或省市台有很大不同。同样的新闻选题，对于上级台来说是必选的大选题，在镇区可能没人关注，如洪都拉斯政变，而有些上级台不入眼的选题，在镇区台可能"大过天"，如当地百姓久已盼望的"大"桥通车、商场开张、教学楼落成等。受制于传播范围、对象及本地特有的文化传统，长期以来镇区台在新闻节目的摄制和编导上形成了自己独有的风格和特色，尤其是对大题材的处理，镇区台就有自己的处理方式，这一点我们可以广州花都广播电视台的电视专题片《花都零"非典"》为例：

2003年年初"突如其来"的非典型肺炎犹如一场"突如其来"的抽查考试——从国家到个人谁都无可回避，谁都必须面对。《花都零"非典"》一片，抓的就是这样一个特殊时期的特殊题材，只是将选材范围限定在以广州为背景的花都区。

从总体上看，这是一部主题积极、鲜明的片子。片子紧紧抓住"非典"袭来，花都人民如何应对这一"结点"，将"结点"关联的各层面的"新闻人物"——摄入镜头，用客观性的第三人称叙事方式，以新闻故事节奏全面、深入、立体地表现"非典"袭来之际的花都，从而透过这一表现，凸显"抗非"中的花都人，彰显花都精神。

如果说这是同类题材都会做的，也许做得还会更好一点的话，那么《花都零"非典"》一片还有一些细活，可能恰恰是同类题材片子所遗漏或忽视的，譬如片中视点人物的布设。该片共使用可以算作视点人物的人物约为10人，共出镜约15人次。以13分30秒的长度来平均，密度不是很高，但点的布设还是可以看出编导是颇下了一番工夫的。在这里，面对镜头表述看法、表露心声、表达情感者的层次极为丰富，既有市、区党政领导，也有普通医务工作者、普通市民，还有来自海外的人士，包括重量级的外商胡应湘等。更可贵的是，编导的剪裁功力在片中得以充分体现，对大段话语的剪切使用，对特色视点人物话语的截取使用，既符合新闻专题的特殊要求，形成特有的信息密度和叙事节奏，又可借权威的视点人物自身所蕴涵的信息，传递全片信息。

该片对节奏的把握和氛围的营造也很到位。在节奏上，该片编导是有明确的追求目标的。片子有张有弛，有重有轻，很符合观众的收视心理。片子开头几句话由主持人导入："各位观众，今天是五一劳动节，从区卫生防疫部门得知，到今天上午止，我区没有发现一例'非典'患者，花都是广州地区 12 个区市中唯一的零'非典'地区。"话语十分简洁，却透露出几层信息：

其一，五一，公众节日；

其二，疫情中的节目；

其三，花都→公众节目→节日平安；

其四，花都为何平安？

接下来围绕"唯一"这个主题，层层剖析，直达主题。

在氛围营造上，编导是通过几个牵动人心的事件来完成的。比如："非典"干部大会、广州北站疑似病例追寻、花都非常时期的常态生活等。在这里，编导的理念是"事实胜于雄辩"。

此外，解说词在写作结构上对清晰层次的追求、编导对一手材料如音像资料的纯熟运用等，该片也有许多可取之处。

最后，是安全优质播出，这是提高镇区电视新闻宣传质量的重要方面。电视新闻从采访到播出是一个大的系统工程，仅仅新闻节目采编制做得不错还不够，播出环节也出不得一点差错，否则不但影响收视效果，更会带来负面的社会效应。尤其是镇区电视新闻节目，直接面对采访报道对象和电视观众，人际传播发达，就更不能疏忽大意。高新技术的大面积采用，已为广播电视节目的安全优质播出创造了物质条件，但事实上，安全优质播出仍有赖于精心管理与值机人员主观能动性的发挥。只有前期与后期、硬件与软件一起抓，才能真正把优秀的新闻节目奉献给观众。

四、关于镇区电视新闻发展的几点思考

（一）从业人员队伍优化和素质提高，是电视新闻发挥作用的关键

人是生产力中最根本的因素，人是电视传播的主体和最重要的资源，镇区电视新闻要提高新闻宣传质量，充分发挥作用，就必须重视电视从业人员队伍整体结构的优化和素质的提高。镇区电视新闻从业人员应公开招聘，虽然镇区电视站处于最基层，存在"业务水平高的人不想来，业务水平低的人不想要"

的情况，但通过公开招聘还是能扩大发现人才的视野，拓宽选用人才的范围，促进人才流动，增强人才竞争力度。由于镇区电视站制作的节目少，许多工种没有细分，对所有从业人员都要求一专多能，积极参与到采访、摄像、撰稿、编辑、图像剪辑和播音的一体化操作中去，并要求具备电脑操作能力。除此之外，还要经常采取"走出去请进来"的方式，定期进行业务和设备操作的培训。有的电视站每年花上百万购置设备，但从不花一分钱去培训人员。再好的设备，如果没有业务水准高的人员相匹配，它也很难发挥应有的作用。同时，对于新闻从业人员的职业精神教化也不可忽视。一个社会的道德水准要靠全社会来倡导，电视传媒的作用不可夸大也不可推脱，从业人员自身没有社会责任感、同情心和正义意识，就无法做出具有感召力的节目，要做这样的节目就首先要做这样的人，这是镇区电视新闻节目能够歌颂社会新风、鞭挞不良现象的保证。

（二）打造当地新闻"明星"，力争社会效益和经济效益双丰收

"新闻明星"是近年出现的新概念，若把电视新闻节目作为一种商品的话，那么"新闻明星"就是商品的品牌形象。镇区电视新闻要想提高收视率，首先要在公众中建立起良好形象，在观众心目中建立信誉，使观众乐于收看你的新闻节目，使广告客户乐于在此投放广告，从而获取良好的社会效益和经济效益，这就有赖镇区电视新闻播音员良好屏幕形象的建立。

"新闻明星"不一定是"俊男美女"，但要具有高尚或是不俗的人格魅力，这将超越业务能力所展示的魅力，这些人格魅力包括正直、善良、真诚等品质。另外表情、服饰、形体、色彩等非语言符号的运用也可展现人格魅力。她（他）除了具备个人魅力外，还要有亲和力、观众缘、说服力、可信赖感，甚至有权威性。镇区电视新闻播音员往往身兼主持人、记者、编导等多种工作于一身，因此要时时以高标准来要求自己，不能沿用高高在上灌输式的信息传递方式，要尽量用说新闻、讲新闻等观众喜闻乐见的形式，和观众更平等、更贴近；运用通俗灵活的口语，使观众容易听懂，增加认同感，还要恰当处理语言符号和非语言符号，发挥个人实力，吸引观众的注意，把政治、经济、文化和生活的方方面面向观众娓娓道来。播音员还要积极参与到采访的第一线进行现场报道和采访，不能做单纯的稿件播读者，没有投入就没有情感，就不能打动观众。播音员通过重视自身素质的修炼，充实内涵，重视形象和语言的直观效果，发挥独特的语言和个性魅力，不断提高业务水平，就能树立起一个立体的、可信的、鲜活的形象，达到"节目抬人、人抬节目"的作用，那么当地的新闻"明星"自然会被打造出来，从而拉动收视，促使社会效益和经济效

益双丰收。

（三）发挥新闻史料的作用，更好地为当地政府和群众服务

镇区电视新闻节目见证了当地社会文明建设和经济发展的全过程，真实记载了每个激动人心的时刻，成为当地的历史资料保存库。为使这些新闻资料能发挥更大作用，我们可以开辟一种新闻资料的查询业务，甚至是档案查询业务。"今天的新闻，便是明天的历史。"保存下来的新闻资料是珍贵的史料，也是一种宝贵的资源，理应开发利用。入了库的电视新闻节目播出带、存入电脑的新闻文字稿，可以向社会开放，除了可以复制外，还可以查询。再如，根据信息可以转换、再生的特点，利用新闻资料，可编辑出版类似杂志、报纸的合订本之类的出版物，或综合或分门别类，也可以是期刊、文摘报、资料集、文集等，定期或不定期出版。使镇区电视新闻节目进一步面向社会、服务社会。

在我国电视立体交叉的传播网络中，每一级电视机构都在社会功能等方面体现出自身不同的地位和作用。镇区电视新闻节目即使在"社会最底层"中生存和发展，但只要它存在一天，从业者就应以新闻工作者的使命感、责任感、正义感及敬业精神，把本镇区最新的消息、最有价值的新闻以最直接的方式记录下来，并以最快的速度和最好的形式传递给观众，使电视新闻节目在本镇区社会与经济发展中发挥出最大的作用。

第四节　长篇报道类电视新闻节目创作与编导

这里所论述的长篇报道类电视新闻节目主要指电视连续报道和系列报道。连续报道和系列报道是当前我国电视新闻节目中较为常见的、具有相当威力的、深受观众和报道者欢迎和喜爱的报道形式。在电视新闻的各类报道形式中，与消息类新闻报道相比，它所占篇幅长、版面多，显然不属同一"级别"；与调查评论式电视新闻节目相比，它历时久、涉及面宽、情节性更强、方式更为灵活，因此也具有自己的优势。鉴于此，人们才把它称作"次重量级"拳手——其杀伤力并不弱，但步法更灵便，出拳速度更快，打击点更多。

然而，较之短篇消息类和其他深度报道类电视新闻节目，连续报道和系列

报道自身的特长和所蕴涵的能力，在某种程度上可以说并没有得到充分的施展和发挥。表现在日常的电视屏幕上，就是连续报道和系列报道精品节目凤毛麟角，而费时费力制作并连篇累牍播出的往往是一些"没棱没角"、"缺心少肝"的大路货。究其原因，不外乎这样两点：一是精力投入不够，不肯真正"沉下来"做大文章，缺乏"铁肩担道义"的新闻良知与追求和"板凳甘坐十年冷"的吃苦精神；二是电视新闻节目生产部门和生产者的策划、编导意识相对滞后。这样一来，一方面，许多适合做成连续报道和系列报道的新闻题材被做成了其他报道形式，浪费了新闻题材；另一方面，许多连续报道和系列报道在编导过程中，由于编导意识的偏差和编导手段、水平的原因，既没有显现出报道形式本身的优势，也没有向电视艺术这一更高境界努力，反而限制了这类电视新闻深度报道形式的运用和发展。

因此，在这里，我们将从一些使新闻深度报道成功地向电视艺术靠拢的个案出发，力图发现对连续报道和系列报道编导实践具有指导意义的、至少能够有所启迪和帮助的编导要点，并加以探讨。

一、"这还说明了什么？"——选题的艺术性

电视连续报道和系列报道的选题，对于编导来说，一般有这样两个来源：第一，他人指派。电视台上级主管部门、台内编委会、部内对应领导及策划部门，都可以通过相关程序指派编导完成指定选题的摄制任务。譬如中央电视台《焦点访谈》的许多选题，就是由关部门和领导根据当前党和国家的宣传重心发出指示，或通过热线寻呼、电话或信函"报料"以及登门造访等形式，将线索集中到栏目主管手中，经过商讨和初步筛选，最终定下有拍摄价值并具备拍摄条件者，交由策划部门策划后（如果情况紧急，就免去策划一环，改由编导边拍边策划），再交给编导，由编导组织人马实施具体摄制。如中央电视台系列报道《弹指一挥间》（1989 年）、《展示新成就，迎接十五大》（1997年），广东电视台系列报道《增创新优势，再上新台阶》（1998 年），这些都属于"指令性"选题。在这类选题中，有些是突发性的，如广东电视台 1986年对台湾中华航空公司机长王锡爵驾机返大陆定居所作的连续报道。这就要求新闻部门的决策者、策划者和编导者具有快速反应能力和对选题的超强把握能力，否则就可能遗漏选题，或因对选题把握不准而浪费选题。

选题的第二项来源，是编导自己寻找来的，即编导根据自己对党和国家方针、政策的理解，通过对社会生活和社会现象的观察、分析、判断，最终确定选题，并通过相应程序报批立项，直至摄制完成。这样的选题在所播出的连续报道和系列报道节目中所占比例很大，而且因为发挥了编导的主动性和积极

性，更容易出新意和深度，更容易出精品，因此应大力提倡。如曾荣获 1994 年全国电视新闻一等奖的反映黄泛区今昔变化题材的系列报道《沧桑巨变》（中央电视台、河南电视台、河南周口电视台），曾引起"两会"代表高度关注的《来自大草原的污染报告》（中央电视台），以及新近荣获第八届中国新闻奖电视系列报道一等奖的《投资不增，成本不升，效益提高缘何而来》（辽宁电视台）等，都属于编导自寻题材并成功完成摄制的优秀作品。

　　但不论是哪一种来源的选题，在摄制之前都存在着对选题进行再论证的问题。选题如果缺乏艺术性，那么，做出来的节目将更加缺乏艺术性。一般情况下，选题论证的内容主要有：①认定。对"策划方案"所归纳的主题和所作出的选题立意、取材范围、摄制方法等进行确认、理解、消化。②发展。从可行性的角度对上述内容进行校正、修改、补充。③提高。编导任何时候都不应被动地接受"策划方案"中的建议和意见，而应调动自己的智能储备，从实施者和创造者的双重角度来深化主题、提升创意，从而将该选题的能量发挥到最大限度。

　　在 21 世纪即将到来之际，辽宁辽河电视台为配合当地"展示新成就"的宣传活动，将宣传任务分别下达给新闻部。在落实中，新闻部接到选题后并没有匆忙上马，而是召集部内记者编导与来自各行各业的不同年龄段的辽河人进行认真的座谈，最后在大家讲述的一个个生动的故事中，找到了一个系列报道的选题及其切入点——"衣食住行看变化"。这样，不但可以通过纪实镜头把一个个独立的"点"连成"面"，而且可以通过对"面"的剖析和透视，得出更为深刻的结论：经过几十年的开发建设，昔日的"南大荒"已是旧貌换新颜，人们的生活也是"芝麻开花——节节高"；更为可喜的是，辽河人思想观念和精神风貌的巨大变化，而这正是辽河两岸今后进一步发展的动力的根本源泉所在。经过这样的发展和深化，该片在辽宁电视台和中央电视台播出后，引起了较大反响。《辽宁日报》、《人民日报》、中央人民广播电台、新华社等随后都在显要的版面和时段刊播了同类报道，使辽河两岸一时间成为全国关注的热点，圆满地实现了宣传成就、扩大影响、提高知名度的目的。

　　中央电视台在连续报道和系列报道选题策划上确实显示出了国家大台的风范。以往的配合政治宣传的大型报道每年都有堪称里程碑似的大作、杰作推出。近年来在选题上又有新的突破。这表现在：其一，关注范围更广。举凡关系到国计民生的问题，不论是政治的、军事的，还是经济的、文化的等，都纳入它所关注和表现的范畴。比如《中国经验》、《深圳精神》等，在选题上都有新的突破。可以说，取材范围的突破是央视长篇深度报道发展进步的一大收获。其二，选题立意更高。与地方台区域立意相比，央视长篇深度报道的立意确实具有标杆性。以《落实科学发展观》系列报道来说，其立意点不仅仅是中国之中国、今日之中国，更是站在世界之中国、明日之中国的高度来透视和报道中国当今的经济建设和社会发展。其三，对选题的深度开掘。2002 年 10 月 28 日，中央电视台《新闻联播》推出系列报道《喜迎十六大》，这是继推出《新闻联播·走向辉煌》、《新闻联播·神州报捷》、《焦点访谈·在创新中发展》、《焦点访谈·新时代新生活》、《新闻 30 分·百姓身边看变化》、《晚间新闻·中国速度——从数字看变化》等以展示成就为主的系列报道之后，中央电视台在重点新闻栏目中又推出以动态报道为主的、迎接十六大的系列报道。如果在以往，这些每年必做的文章似乎换换数字、增加一些画面就可以出手了。但在这一年的报道中，我们却可以感觉到央视在"深"字上下足了工夫，尤其是《晚间新闻·中国速度——从数字看变化》，不仅有深度，而且讲究角度，传播效果确实可圈可点。其四，选题运作上的人本化。这方面的代表性节目和最大亮点就是《小丫跑两会》。这种以名记者、主持人命名的系列报道虽然还没有"蔚然成风"，但其代表的选题人本化趋势所具有的传播优势和发展势头却是不容低估的。

二、"确实都准备好了吗?"——艺术性的准备

在完成选题的再论证后，编导的工作重心便要转到如何实现节目的艺术性的实际工作中来。这一阶段主要包括以下两个方面的工作：其一，进行"软件"方面的准备，即撰写"编导提纲"。"编导提纲"不同于"策划阐述"或"策划方案"，也不同于后期制作中的"编辑提纲"和节目完成文本，它只是报道轮廓的一种粗线条的勾勒，和拍摄目标、手法的简单提示，在实拍中还将根据实际情况随机应变地进行修改、补充、完善。下面是辽河电视台和巨龙影视公司联合摄制的电视系列报道《走出辽河的辽河人》第五集《路之魂》的"编导提纲"片段：

画面内容	摄法	采访解说	音响
[1] 由大卡车、翻斗车、刮平车等各种车辆组成的筑路车队，浩浩荡荡驶出石油城；送行的人群，送行的场面。 [2] 城外公路上，行进的车队。 [3] 一组采访。 ……	纪实抓拍 跟摇车上主观	[解说] 继物探、钻井、测井、采油之后第五支走出辽河的队伍，也是曾经为油田的开发建设立过汗马功劳的筑路大军。在这支队伍里，既有参加过修建辽河第一条"油字号"公路的如今已是年过半百的老筑路工人，也有今年刚刚披上辽河筑路战袍的应届毕业的大学生、中专生和技校生…… 　　此一去，前方等待他们的将是两千里征程的跋涉，和从未面对过的高等级公路修建战场上的残酷而近乎无情的激烈竞争。对此，我们这些只是在全国各油田里转战南北的筑路汉子们，做好心理准备了吗？ 　　[采访筑路公司总经理]（在车队行进的车上）谈筑路公司的选择和信心。 　　[采访一老筑路工人] 说真实想法。 　　……	现场声 同期声

其二，进行"硬件"方面的准备。包括人员——撰稿人、摄像师、采访者、灯光师、录音师，乃至采访车驾驶员；器材——摄像机、采访灯、同期声收录设备、三脚架、场记单、采访本、足够的磁带、电池及充电设备、镜头纸、便携式维修工具等；资金——"穷家富路"至少目前还是没有过时的至理名言。对于一个有经验的编导来说，有关摄制的种种事项，没有哪一项不算重要。这是因为实践早已无数次证明，在采访摄制的关键时期，无论哪一方面出问题，都会影响全片的拍摄进程和节目的总体质量。因此出发前，在采访车上坐好后，编导最后应再问一声各个工种的工作人员："确实都准备好了吗？"——这并不多余。

笔者在电视台做编导时就曾出过"糗"。当时笔者带着摄制组正在辽河入海口一带拍摄中央电视台《神州风采》栏目的《苇海》一片。为了拍到芦苇荡夕阳西下的画面，摄制组早早就来到预先选好的拍摄点等候。黄昏时，随着太阳西沉，理想的光影效果出来了。

"开机！"我放下正在整理的文稿，跳出面包车冲摄像师喊。

"开，开，开不了了！"我最信任的、说话不很流畅的、性子特慢的摄像师不紧不慢地回答我。

"为啥？"我急了。

"没，没，没……没有磁带。"

"赶紧装啊！"虽然入海口秋风很凉，我的汗却出来了。

"在，在，在宾馆，忘，忘……忘拿了。"

我晕。要知道，拍摄点离摄制组所入住的宾馆有近 3 个小时车程，离最近的电视台——大洼县电视台单程也要一个多小时，苦等半天的美景彻底泡汤了。

这一幕在今天已经成为笑谈，但对于有志于电视节目摄制编导的年轻电视工作者来说，恐怕还真是个值得吸取的教训。

中央电视台编导在做《来自大草原的污染报告》时，第一个动作就是查找大量相关资料，制定路线，再选一位"身体好"、"会开车"的摄像师，带上大量的矿泉水、面包，还有各式风格的预备打发路上寂寞时光的大量音乐，然后驱车 1 200 多公里来到偏远的内蒙古大草原展开报道。而辽河台《走进浮土地》摄制组在塔里木盆地拍摄过程中就曾发生过摄像机与录像机连线受损而无法拍摄的情况，幸亏从部队转业到地方的老摄像师是个有心人，出发时多带了两条视频线和音频线，才使得整个拍摄没受影响。不然，即使专程派车走出沙漠去维修，最近的 SONY 设备维修点也远在乌鲁木齐，来回至少要一个星期，等维修回来，"黄花菜都凉了"。

三、"让我再拍个特写！"——声画摄录的艺术性

在采访和拍摄中，编导可以兼摄像师，摄像师也可以兼编导，或者编导、主持人互兼。但无论如何，调动摄像师的积极性，刺激并抓住摄像的创作灵感，都应作为采访和拍摄过程中编导全部工作的重中之重，也是整个报道能否具有艺术性的基础。作为电视新闻节目的摄像，仅能够保质保量地拍摄合理的图像素材并不能算是一名优秀的摄像师。真正优秀的摄像师，不但能按照要求完成编导交给的声画的摄录任务，还能在工作中发挥主观能动性，抓住稍纵即逝的画面，从而出色地完成自己的任务。

这就要求摄像师在摄像时，对以下几个方面要特别留意：第一，要摄录下那些具有代表性的画面和声音。以上面所举《路之魂》为例，既然是要表现"路之魂"——不畏艰难勇闯市场的筑路人，那么，摄像机的镜头就不应该离开人，工作时的、休息时的、开心时的、难过时的……筑路人。第二，要拍摄那些具有象征性的画面。纪实报道虽然反对虚假的画面，但是并不反对具有象征性的画面。对于《路之魂》这一集来说，象征性的画面就是荒原、荒原上的路基、钢铁构筑的机械、向远方延伸的现代化高速公路……此外，那些与之形成鲜明对比的乡间小路、老牛破车等也不应遗漏。第三，要拍摄那些具有冲击力、感染力、震撼力的画面。要做到这些，一方面取决于摄像的角度，另一方面则取决于摄像师个人情感投入的程度。如果一个摄像师是带着崇敬的情感

去拍筑路工人的劳动场面，那么，在一个大全景之后，他会把更多的近景、更多的特写，留给那些挥汗如雨的工人，留给那一双双长满老茧的劳作的手。《路之魂》的摄像师在赴长春—四平高速公路辽河标段拍摄过程中，就常常被辽河筑路人的精神所感动，每次扛起摄像机就感到无法放下来。正因为如此，在一次次烈日下的拍摄中，他才抓到了一个个感人至深的、渗透着汗水却又充满灵感的画面。而对于曝光题材的连续报道和系列报道节目的摄像师来说，他的智慧、反应、灵感、勇气，有时不仅完全是整个节目成败的关键，而且是节目能否在艺术方面上一个台阶的关键。在拍摄《来自大草原的污染报告》时，镜头紧紧抓住的是一种震撼人心的反差：美丽的大草原和肆无忌惮地污染大草原的造纸厂排污管、蓄污池，还有被污染的寸草不生的土地、麻木的官员、企业主和求告无门的牧民。

　　长篇深度报道无论是在深度上，还是在可视性上，对电视摄像的艺术能力都有很高的要求。对于长篇电视报道来说，镜头的艺术表现力远胜过任何文字的语言。这一点在央视产生过巨大社会反响的系列报道如《青藏铁路行》、《红色之旅》、《寻找香格里拉》、《品牌中国》、《3·15 系列报道》，关注农民工的《在城里》，军事题材的《向祖国汇报》等成功作品里，都得到很好的印证。

四、"谁还有别的编法？"——后期创作的艺术性

　　后期里的创作与前期策划、中期采拍具有同等重要的地位。如果说前期策划和论证是绘制高楼大厦的蓝图，中期采拍就是准备砖瓦钢筋水泥一类的建筑材料，后期的编辑制作则是高楼大厦的具体营建。因此，负责的编导花在后期编辑制作上的时间和所下的工夫决不会比前两阶段少。电视连续报道和系列报道后期创作中追求节目艺术性主要包括以下几个方面的工作：

　　第一，"砍块儿"和"分段儿"。也就是重新调整和最终确定节目的总体结构。虽然在节目的"策划方案"和"编导提纲"中都有对节目总体结构的设计，但这样的设计毕竟带有相当的主观的"想当然"的色彩，因此在后期编辑制作中，必须根据采访拍摄的具体情况予以重新调整，以便使节目的结构更加合理、更趋完美。从总体结构上看，电视连续报道的结构安排最主要的工作就是"分段儿"。电视连续报道是用若干篇章来完成一个新闻事件或一个新闻人物事迹的报道，尽管各篇都有自己相对完整的结构，但在总体上各篇必须分别承担对事件发展的某一阶段的报道任务，这就需要合理地进行"分段儿"和集内"砍块儿"。电视系列报道是用若干相对独立的篇章，从多侧面、多角度来反映同一重大新闻事件或主题，因此如何"砍块儿"就显得十分重要。

十集电视系列报道《走出辽河的辽河人》基本是按走出辽河的辽河人的各个工种来"砍块儿"的，但记录走出辽河的辽河人对家的思恋以及家属们的默默奉献精神事迹的第九集《辽河小夜曲》，和综合报道走出辽河的辽河人成就及对未来展望的第十集《路在脚下》，却是后来在编辑制作中调整出来的新篇章。通过这样的调整，使原来分散地掩藏在各篇之间的爱的主题和创业信念得以突显和张扬，效果明显比搅在一起好得多。黑龙江电视台荣获第十届中国新闻奖一等奖的电视系列报道《消失的哈拉海》是一组跨度较长的系列报道，为此记者和编导将一个严重破坏生态环境的重大新闻事件"切"成了三大块来进行报道，即第一篇《我省西部地区发现一块保持原始风貌的湿地》，第二篇《走进哈拉海》，第三篇《哈拉海湿地遭到破坏》。这样，不仅原原本本地交代了事件的来龙去脉，而且步步紧逼，直至使令人痛心的事件大白于天下，引起世人警醒。

第二，寻找一个理想的切入点。切入点的选择往往决定着一集节目的结构走向和开掘深度，因此，编导在节目的后期编辑制作中，无不为此费尽心机、绞尽脑汁。《走出辽河的辽河人》一片的编导，为了给《辽河小夜曲》和《路在脚下》两集寻找理想的切入点，甚至在台内"悬赏"，最后是从一个真实故事那里找到了《辽河小夜曲》的切入点。这个故事说的是，由于工地工作忙，一名队长很长时间都没有回过家。有一次好不容易有了回家的机会，可是刚从爷爷家接回来的已经三四岁的儿子却说什么也不准他这位"大胡子叔叔"上床睡觉，搞得夫妇两人哭笑不得。《路在脚下》的切入点则是从高速公路宣传画上宏伟壮观的、盘旋式的立交桥得来的灵感。对突发性的新闻事件所做的连续报道或系列报道，同样也需要寻找好的切入点。

荣获第十届中国新闻奖一等奖的电视系列报道《北约空袭南联盟》是中央电视台记者们冒着生命危险采拍回来的优秀新闻节目，其中包括《北约开始空袭南联盟》、《贝尔格莱德市民悼念遇难南电视工作者》、《北约悍然轰炸我驻南使馆》、《朱颖父亲痛悼女儿女婿》和《母亲不要战争》五篇新闻报道。这组报道，其新闻题材本身无论是从新闻记者的角度，还是从电视观众的角度来看，都是可遇而不可求的。但记者和编导们并没有因此而"随意"处理。他们在整个报道中充分调动电视手段，力争及时、准确、真实、感人地进行这次报道。报道中所抓取的"揭露北约暴行"和"记录当事人真实情感"等切入点，对于揭露北约以"人权高于主权"为借口推行的新霸权主义，反映南联盟人民不畏强权、维护主权的决心，表达中国人民反对战争、呼唤和平的坚强意志，凸显报道主题，都起到了至关重要的作用。

第三，调动多种电视技术手段，进行精心的艺术化的节目包装。关于人的形象，老百姓有一种说法，叫做"三分长相，七分打扮"，电视节目也是如此。虽然我们不提倡学习某些西方新闻节目那种无逻辑的、五花八门的、令人眼花缭乱的包装方法，但这并不意味着我们就一定要用最原始、最朴素的方法来包装我们的电视新闻节目。《弹指一挥间》、《展示新成就，迎接十五大》、《风雨兼程话京九》、《走马上任新部长》、《汉川骗买骗卖事件》、《北约空袭南联盟》（中央电视台），《王锡爵驾机返大陆定居》、《增创新优势》（广东电视台），《6 000万元巨额亏损为何无人知晓?》（上海电视台），《敢向国际名牌说不》（海南电视台），《投资不增，成本不升，效益提高缘何而来》（辽宁电视台），《消失的哈拉海》（黑龙江电视台），《秀美山川从这儿起步》（陕西电视台），《帕米尔之子——吴登云》（新疆电视台）……这样一大批优秀的电视连续报道和系列报道之所以能够取得成功，除了选题立意到位，采访摄制用功外，还应该看到，记者和编导们从追求电视艺术的高度而进行的精心的、巧妙的、得体的包装，也是这些节目获得成功的一个重要原因。

总之，电视深度报道的"深度"不是这种电视新闻节目样式"与生俱来"的特征，而是策划者、编导者和所有参与节目生产的人从精神到体力不遗余力付出的结晶。

第五节 调查评论式电视新闻节目创作与编导

关于调查评论式电视新闻节目选题策划和编导艺术，笔者在《电视节目策划与编导》一书里已有详尽论述，而且国内相关论著也较多，但同笔者一样，大家都喜欢以央视的《焦点访谈》和《新闻调查》为主要研究对象。因此，这里将换一种方法，尝试用数据统计分析和对比的方法来研究这种类型节目的策划与编导艺术。

《新闻调查》栏目开办至今已有13年之久，作为一个电视深度调查性节目，自有其成功和值得借鉴之处，一个节目成功与否的关键在于选题。本节拟从2006、2007、2008年这三年里《新闻调查》的选题着手，将节目选题进行分类，以探讨《新闻调查》栏目在这三年里节目选题的宏观与微观变化及总的变化趋势，并从中得出关于《新闻调查》栏目选题和编导理念的启迪。

一、《新闻调查》概述

《新闻调查》栏目组组建于 1996 年初，正式开播于 1996 年 5 月 17 日。在中央电视台晚间九点时段节目竞标中，《新闻调查》以排名第一的成绩脱颖而出，夺得周五黄金时段，从此《新闻调查》栏目成为中央电视台最具深度的调查类栏目。该栏目的节目时长为 45 分钟，每周播出 1 期。它以记者的调查行为为表现手段、以探寻事实真相为基本内容、以做真正的调查性报道为追求目标，崇尚理性、平衡和深入的精神气质。截至 2008 年 12 月 31 日，《新闻调查》共播出 575 期。

开播初期，《新闻调查》有过这样的定位口号："三性"，即新闻性、故事性和调查性。一个《新闻调查》的选题，应该同时具备这"三性"。但是在当时的操作中，这样的定位常常被割裂地认知和套用。在这样的思维惯性下，后来又产生了《新闻调查》选题的四种分类方式：主题调查、舆情调查、事件调查和内幕调查。通过梳理、选择这些观点和以前的四种分类发现，四种节目当中有一种东西是重叠和共有的，那就是调查类节目的核心特征：对问题的探究和内幕的揭露。对于调查性的报道，国外新闻界早有定论：所谓调查性报道就是揭露被某些个人或组织故意掩盖的、损害公众利益的内幕。结合国情，《新闻调查》提出了"探寻事实真相"的口号。探寻事实真相，不但包括所谓的内幕调查，也包括对复杂问题的深层探究。①

在早期"主题性报道"的取向下，《新闻调查》有了《家庭暴力》、《三问张家港》、《社会主义初级阶段》这样的节目；在稍后的"提供决策参考、影响有影响力的人"这样的选题取向下，《新闻调查》有了《冷链》、《刺桐大桥》、《火车也能承包》；在探索如何强化记者调查、表达记者调查路径的选题取向下，有了《从市长到囚犯》、《黑脸姜瑞峰》、《挑战神话的人》；在追寻新闻背景、追求历史厚重感的选题取向下，有了《恢复高考 20 年》、《探询东方马其诺防线》、《揭秘日本军国主义》；在记录"正在发生的历史"的选题取向下，新闻调查留下了《大官村里选村官》、《第二次生命》；在舆论监督和"探询事实真相"的追求过程中，新闻调查留下了长长的、令人心生敬意的播出目录：《透视运城渗灌工程》、《探秘传销大本营》、《眼球丢失之后》、《天价住院费》、《业主维权故事》、《沉重的矿山》、《救助站的困惑》、《李尚平之死》；在追求调查性报道的证人证言和实证魅力的选题取向下，《新闻调查》

①　央视《新闻调查》：央视《新闻调查》简介［W］．　http：//www.sina.com.cn 2004 年 12 月 7 日 14：18

播出了一系列由当事人自揭内幕的节目，如《戒毒者自白》、《药品回扣内幕》、《艾滋病人小路》，等等。（杨继红：《品质的坚守：从〈新闻调查〉选题结构透析新闻栏目竞争力》，《中国电视》2008 年第 1 期）

本节拟从 2006 年到 2008 年三年所播节目的总量入手，来探究《新闻调查》栏目选题的变化趋势。所得历年节目表以央视网站新闻频道《新闻调查》的往期播出节目单为准。

综合分析《新闻调查》从 2006 年到 2008 年三年播出的节目，在参考前人研究的基础上，按照每期节目属性和大的范围趋向将节目选题分为五类，五种选题类型是根据节目的大体范围划分，有时它们之间也存在交叉重合的地方。如下所示：

第一类：主题性新闻，国内重大新闻事件调查和新闻背景分析，报道国家和地区建设的巨大成就。

第二类：社会舆论监督性节目，社会转型期中出现的问题和现象，重在调查幕后重大问题的实质，探询事实真相。

第三类：在一定历史条件下，个人和特定群体的人文背景故事。

第四类：展现社会发展和进步的热点新闻事件调查报道；关乎人类的道德良知问题的调查。

第五类：国际重大时事和国际人文历史追踪调查。

二、《新闻调查》栏目选题分类（2006—2008 年）

（一）2006 年共播出 39 期节目（表 1）

表 1

选题分类	节目标题	各类选题数目
第一类	1. 文明城市的诞生。2. 奥运的脚步。	2
第二类	1. 等待救助的孤儿。2. 长大未成人。3. 乡镇负债。4. 以公众的名义打官司。5. 医保疑团。6. 西安交大——开元之困。7. 等待真相。8. 汽车维修陷阱。9. 业主维权故事。10. 1 · 11 缉毒行动。11. 尴尬的致富路。12. 吉林：玉米的困扰与突围。13. 谁为爆炸负责。14. 走私车链。15. 化隆寻枪。16. 走向谈判的工会。17. 地贫患儿死亡悬疑。18. 过度采煤致土地塌陷　160 户村民无家可归。19. 致命职业病让矿工肺部变成"石头"。	19

（续上表）

选题分类	节目标题	各类选题数目
第三类	1. 洋山港。2. 崛起的新唐山。3. 抗旱。4. 海南发展和谐社会　建设文明生态村。5. 200 家136 栋别墅　兴十四村如此传奇。6. 三峡的变迁。	6
第四类	1. 被开除的女大学生。2. 业主维权故事。3. 申纪兰代表。4. 举报人李文娟。5. 长风二村。6. 一只猫的非常死亡。7. 教授村官。8. 回归之路。9. 留守儿童。10. 文明的呼唤。11. 原生态：历史与现实。	11
第五类	军国的背影。	1

各类选题全年所占百分比如图 1 所示：

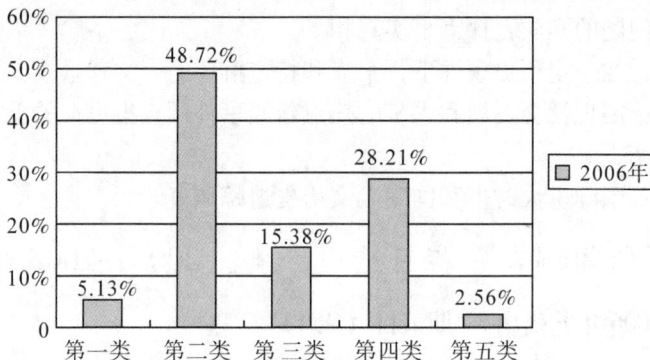

图 1

分析表 1 和图 1 可知，在 2006 年 39 期节目中，所占百分比最高的选题种类为"社会舆论监督性节目，重在探寻事实真相"，其次为"展现社会发展和进步的热点新闻事件调查报道、关乎人类的道德良知问题的调查"。"主题性新闻"、"个人和特定群体的人文背景故事"，以及"国际重大时事和国际人文历史追踪调查新闻"所占比例均在 16% 以下，居次要地位。第一类和第五类选题最少，分别仅占 5.13% 和 2.56%。

2006 年是《新闻调查》栏目开播的第十年，在这一年中，《新闻调查》栏目将舆论监督性题材放在首位，重在调查幕后重大问题的实质，记录社会转型时期出现的问题和现象。如《医保疑团》、《走私车链》、《地贫患儿死亡悬疑》、《致命职业病让矿工肺部变成"石头"》等，这些都是在 2006 年播出的对事件背后黑幕调查的颇具影响的节目。

（二）2007 年共播出 46 期节目（表 2）

表 2

选题分类	节目标题	各类选题数目
第一类	1. 安徽：面对洪灾。2. 重庆：橙色预警。3. 走近残奥会。	3
第二类	1. 艺校学生陪酒事件调查。2. 亿万"富"翁现形记。3. 谁动了我的隐私。4. 国资流失之谜。5. 上海某楼盘房价虚高内幕。6. 葛优曾代言的亿霖木业非法集资 16 亿。7. 揭秘网络色情行业内幕。8. 公交之痛。9. 虎照疑云。	9
第三类	1. 反"流氓软件"之路。2. 管教"问题少年"的"魔鬼训练营"。3. 深圳故事。4. 奇瑞之路。5. 电动自行车的禁和放。6. 持续抗旱。7. 保定：新能源之路。8. 绿色奥运对北京环境提出挑战。9. 杭州市民历经 10 年终圆购房梦。10. 谁该为卡拉 OK 版权费埋单。11. 健康快车。12. 为了 69 个矿工的生命。13. 麻柳乡的民主之路。14. 山西：断臂治污。15. 服务型政府。16. 为了食品安全。17. 锁金社区的幸福指数。18. 朗琴园物业变局。	18
第四类	1. 孤独症儿童。2. 面对癌症。3. 建国后五代团员谈青春岁月。4. 谁来保障刑事被害人的权利。5. 探寻买卖儿童背后的生命观。6. 走出经济困境　回望香港十年。7. 军魂凝聚在八一军旗上。8. 中国工人善待美国战俘。9. 行走草原。10. 清理党政机关违规楼。11. 信访干部张云泉。12. 寻找平民英雄。13. 创业梦想。14. 社工行动。15. 心灵教育。16. 南京：记忆七十年。	16
第五类		0

各类选题全年所占百分比如图 2 所示：

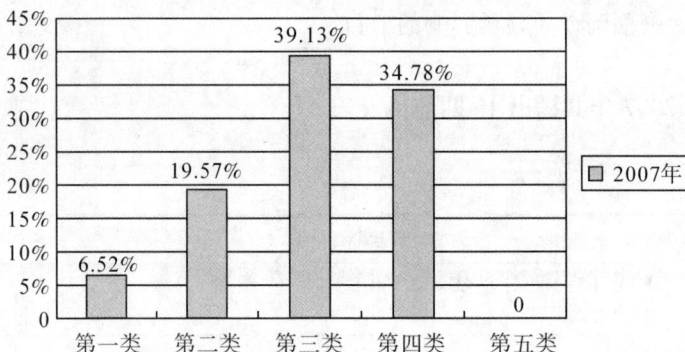

图2

分析表2和图2，可知在2007年里，所占百分比最高的为"在一定历史时代条件下，个人和特定群体的人文背景故事"这类选题，其次是"展现社会发展和进步的热点新闻事件调查报道、关乎人类的道德良知问题的调查"这类选题，而第二类选题"社会舆论监督性节目，重在探寻事实真相"则退居第三位。第一类和第五类选题所占比例最少，分别是6.52%和0。可见在2007年，社会舆论监督性节目已不再是《新闻调查》栏目的选题重点，而展示"在一定历史时代条件下，个人和特定群体的人文背景故事"和"展现社会发展和进步的热点新闻事件调查报道、关乎人类的道德良知问题的调查"则成为这一年度该栏目的选题重点。与2006年相比，选题变化趋势相当显著，个人和特定群体的人文历史和故事背景逐渐得到栏目的重视。

（三）2008年共播出35期节目（表3）

表3

选题分类	节目标题	各类选题数目
第一类	1. 羌族杨柳坪村震后七日生活纪实。2. 成都：亲历5·12。3. 为了奥运的安全。4. 奥运之行。5. 奥运：吃在北京。6. 探营轮椅橄榄球队。7. 奥运瞬间。8. 铁西的变迁。9. 成都的实践：统筹城乡发展保护农民利益。10. 破冰第一集——走向开放。11. 破冰第二集——招商引资。12. 破冰第三集——村民自治。13. 破冰第四集——民营历程。	13

（续上表）

选题分类	节目标题	各类选题数目
第二类	1. 开平违法批地案调查。2. 南京：破解看病贵与难。3. 许霆的罪与罚。4. 麻柳的民主之路。5. 中国征地破局。	5
第三类	1. 聚焦《劳动合同法》。2. 汽车新动力。3. 危机与机遇——发展之路 始于足下。4. 农民工律师。5. 平亚丽导盲犬 Lucky 之旅。6. 台商三十年。	6
第四类	1. 重建圆明园之争。2. 没有赢家的官司。3. 旧西藏的封建农奴制。4. 透视东西方农奴制。5. 拉萨二中的非常记忆。6. 不可分割的领土。7. 国家救援队。8. 向峨乡纪事。9. 汶川：重建的选择。10. 永远的火炬手。11. 漫漫回归路。	11
第五类		0

各类选题全年所占百分比如图 3 所示：

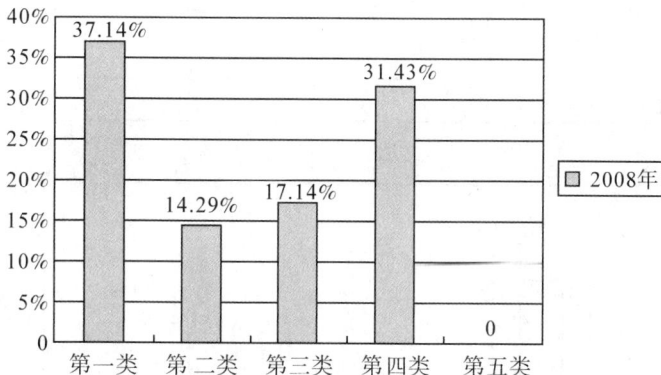

图3

分析图 3 和表 3 可知，这一年《新闻调查》栏目的选题重点分别落在第一类选题和第四类选题上。与前两年相比，可发现第一类选题"主题性新闻，国内重大新闻事件和新闻背景分析，报道国家和地区建设的巨大成就"飚升至第一位，其次是第四类选题，"展现社会发展和进步的热点新闻事件调查报道、关乎人类的道德良知问题的调查"也占了 31.43%，与 2007 年相比相差不大。第二类和第三类选题所占比例较之 2007 年均有所下降。第五类选题仍然是 0。

2008 年既是北京奥运年，也是我国改革开放 30 周年，因此《新闻调查》栏目的选题重心很大一部分放在了主题性新闻上，着眼于国内重大新闻事件和新闻背景分析，报道国家和地区建设巨大成就，如关于奥运的节目就制作了 5 期：《为了奥运的安全》、《奥运之行》、《奥运：吃在北京》、《探营轮椅橄榄球队》、《奥运瞬间》。2008 年末关于我国改革开放 30 周年纪念的节目《破冰》也做了 4 期。5·12 汶川地震这一国内重大新闻事件，《新闻调查》也投入大量人力做了影响较大的节目。

三、三年里《新闻调查》栏目选题变化趋势综合分析

（一）三年各类百分比对比表（表4）

表4

选题分类	2006 年	2007 年	2008 年	总百分比
第一类	5.13%	6.52%	37.14%	48.79%
第二类	48.72%	19.57%	14.29%	82.58%
第三类	15.38%	39.13%	17.14%	71.65%
第四类	28.21%	34.78%	31.43%	94.42%
第五类	2.56%	0	0	2.56%

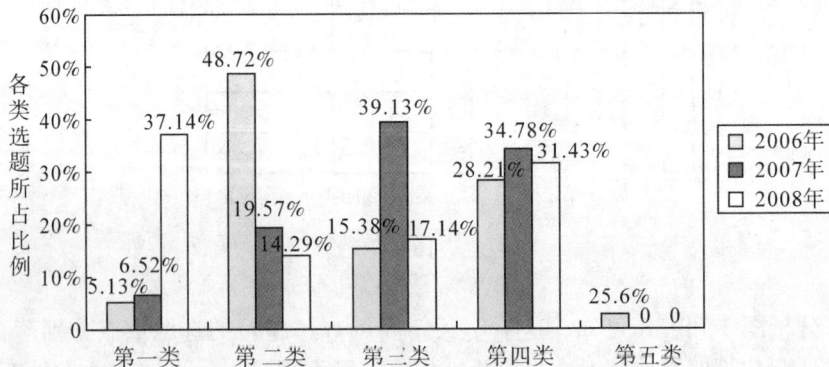

图4

分析图 4 可知，《新闻调查》栏目从 2006 年到 2008 年这三年来选题的变化总趋势是：

第一类选题逐年增加，到 2008 年呈显著增长趋势。

第二类选题逐年减少，尤其从 2006 年到 2007 年降幅最大。

第三类选题 2007 年占有百分比最多，2006 年和 2008 年的比例相比之下份额也不少。

第四类选题在五种选题中平均占有量最多，变化幅度不大。

第五类选题是所有种类中占有比例最少的，2007 年和 2008 年里甚至看不到这类选题的踪迹。

由此可看出，这三年来《新闻调查》选题变化的总趋势：

（1）主题性报道的重要性明显加强，到 2008 年表现尤其显著，侧重于调查报道国内重大新闻事件和新闻背景。

（2）社会发展和进步的热点新闻事件、关乎人类的道德良知问题的调查始终是报道重点。

（3）逐渐看重对个人和群体的人文故事的调查报道，注重展现人类社会的人文历史，承载记录历史的作用。

（4）与上面趋势相反的是，对于体现媒体和社会舆论监督功能的调查报道则逐渐减少，这一类最能体现《新闻调查》的锋芒的选题——揭露问题实质，探寻事实真相，调查幕后重大问题的实质，进行社会舆论监督的选题正在悄无声息地减少。

再如图 5 所示，横向看每一年里各类节目选题所占比例的比较：

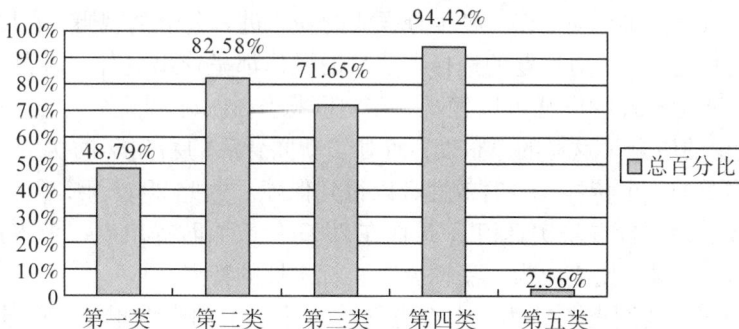

图 5

分析图 5 可知，三年里占总比例最多的节目选题是"展现社会发展和进步的热点新闻事件调查报道、关乎人类的道德良知问题的调查"选题。其次是"社会舆论监督性节目，社会转型期中出现的问题和现象，重在调查幕后重大问题的实质，探寻事实真相"选题。然后是第三类"在一定历史时代条件下，个人和特定群体的人文背景故事"选题。最后是"主题性新闻"选题和"国际重大时事和国际人文历史追踪调查"选题。由此可知，对个人和群体的人文故事的调查报道，注重寻找人类的道德良知，承载记录历史的作用这类选题所占分量越来越大，有呈主导的趋势。

第二类选题"社会舆论监督性节目，社会转型期中出现的问题和现象，重在调查幕后重大问题的实质，探寻事实真相"，虽然在逐年减少，但是三年的总体节目数量也不少，这说明虽然此类选题的数量逐年减少，但在总量上还是有一定控制的，毕竟《新闻调查》栏目重在"调查"二字，调查事实背后的真相、揭露黑幕，始终是观众感兴趣的新闻话题。

第一类选题"主题性新闻，国内重大新闻事件调查和新闻背景分析，报道国家和地区建设的巨大成就"，虽然在 2008 年有显著增长，但是三年来总体节目数量并不占优势，尤其在 2006 年和 2007 年，所占比例均在该年位列倒数第二。这说明，《新闻调查》栏目对国内重大新闻事件的调查和对国家和地区建设巨大成就等主题性新闻调查有所缺失。

四、由以上数据统计分析所得到的启示

《新闻调查》栏目开办至今已有 13 年之久，作为一个电视深度调查性节目，自有其成功和值得借鉴之处。但是通过对 2006、2007、2008 年三年的节目个案分析，可发现《新闻调查》在选题上的曲折之路。

开播之初，《新闻调查》的定位是"正在发生的历史新闻背后的新闻"，透着一股意气风发的感觉，以一种十分强势的姿态进入公众的视野，它以深度报道为主要报道形式，对选题的选择和节目的操作都呈现出一种"精品"姿态。然而，经过几年的运作就可以发现，在实际操作中，不可能每个题材都拥有"正在发生的历史"这样的厚重度；而对"新闻背后的新闻"的执著，也使得新闻最本质的一个特性——时效性难以得到保障。因此 2000 年，《新闻调查》的定位改变为"探寻事实真相"，进而在 2003 年改版时提出以"调查性报道"作为栏目的主体，使之成为《新闻调查》标志性的特点。

最初《新闻调查》认为，一个选题能否称得上调查性报道，必须具备三个条件，首要的一个便是：调查的内容是损害公众利益的行为，但是随着栏目的开展和时间的推移，《新闻调查》越来越多期的节目偏离了这一条件，很多期节目调查的并非损害公众利益、被掩盖在事实背后的负面新闻，而是转向了其他方向。通过前面的选题数据统计可看到，中性的和正面的新闻题材，展现社会发展和进步的热点新闻事件的调查报道；对个人和群体的人文故事的调查；对人类的道德良知的寻找和报道，以及对厚重人文历史这类题材的调查报

道，呈上升趋势，如《保定：新能源之路》、《走出经济困境　回望香港十年》、《旧西藏的封建农奴制》、《透视东西方农奴制》、《寻找平民英雄》、《探寻买卖儿童背后的生命观》、《军魂凝聚在八一军旗上》、《心灵教育》、《南京：记忆七十年》等，都是这类题材的节目。由此可见，一个栏目想要保持始终如一的风格和主题，是有相当难度的。从《新闻调查》多期编导和记者手记来看，很多调查事件背后黑幕的题材，拍摄好了，剪辑好了，但是未能播出，如同《新闻调查》开拍的第一个没能播出的节目《西古县村纪事》一样胎死腹中。因为关系到太多方面的利益和权力，这些调查事件背后黑幕的节目最终没能出现在观众的面前。而能在电视上播出的，我们能看到的这方面题材的节目，也是顶住了层层压力才得以播出的。

　　《新闻调查》从创办伊始一路走到 2002 年，这一年栏目提出了"探寻事实真相"的创作理念。① 但是之后发现这条路并不好走，从节目播出的现实情况来看，只能达到 50% 的播出率；尤其在 2002 年中，"有真相被隐藏的地方就应该有新闻调查"变得更为艰难，有十多期节目被毙，那一年类似《"东突"揭秘》、《与神话较量的人》（刘姝威）这样能够代表《新闻调查》品质的标志性节目，仍是凤毛麟角。竭尽全力调查真相的《新闻调查》发现"一期一个真相"在当时的环境下几乎是一个不可能完成的任务。就如我国的《新闻联播》、《晚间新闻》一样，总是正面新闻占绝大多数。

　　可以看到，到了 2003 年，《新闻调查》只好转变观念，最后把调查性报道作为栏目终极追求目标和核心竞争力。调查性报道，从字面意思来看，"调查类报道"产生于美国，由揭露黑幕而兴起。它的特点是"以暴露或揭丑为核心，以社会的腐败现象、犯罪、政府官员的错误行为、内幕新闻以及被某些人企图掩盖的事实为主要目标"（张威：《调查性新闻报道：对中国和西方的观察》，《国际新闻界》1999 年第 2 期）。《新闻学大辞典》将它分为两类："一类是针对某人某事进行的'单项揭丑式'；另一类是针对某一方面存在的问题而进行的'综合分析式'，也称'新型调研式'，前者重在揭露政府和公共机关里某些人的违法活动及腐化丑闻，最典型的如对尼克松'水门事件'的报道；后者重在分析研究政府和公共机关及整个社会体制中存在的弊端。"（甘惜分：《新闻学大辞典》，河南人民出版社 1993 年版，第 153 页）如此看来，调查性报道应该是以调查负面的、关系国计民生的新闻事件为主。《新闻调查》此后的节目虽然也有些遵从这一定位，如《厦门特大走私案》、《药品

---

　　① CCTV. com：探寻事实真相——中央电视台《新闻调查》栏目 [W] . http：//news. cctv. com/20070727/113737. shtml. 2007 年 7 月 27 日 17：28

回扣内幕》、《南丹矿难内幕》、《黑哨内幕》等有较大影响的节目，但是《新闻调查》显然没有完全贯彻"调查性报道"的本义，还是有很多期节目并不符合"调查性报道"的要求，如《海南发展和谐社会》、《建设文明生态村》、《三峡的变迁》、《崛起的新唐山》、《洋山港》、《农民工律师》等，这些节目都是属于非负面性新闻事件，像《三峡的变迁》、《崛起的新唐山》似乎更适合做成纪录片，并没有在多大意义上呈现调查性报道的主旨。

当然，《新闻调查》开办十多年以来，不可否认它的成绩，很多节目的高度和产生的效应是其他栏目无法企及的。我们不可能要求一个电视栏目始终如一地保持一个难以企及的高度，就像白玉总有微瑕，《新闻调查》的栏目选题之路也是在不断探索中摸着石头过河，难免会有一些节目无法承载这个栏目原定初衷的厚度。但是我们还是希望它能够多做出好的调查性报道节目，毕竟这样的节目才是观众想看到的，才是这个栏目的生命力所在。其实，仅凭其示范价值该栏目就已经可以在当代中国电视节目史上"彪炳史册"了，更何况它还是一个始终保有探索激情的栏目。

【附录】

CCTV《新闻调查》栏目解析

央视国际：首页 > 新闻频道 > 新闻调查 > 正文

（2005 年 5 月 20 日 22：40）

《新闻调查》是中央电视台最具深度的调查类栏目，节目时长每期 45 分钟，每周一期。它以记者的调查行为为表现手段、以探寻事实真相为基本内容、以做真正的调查性报道为追求目标，崇尚理性、平衡和深入的精神气质。

一、《新闻调查》的创办

央视新闻战略布局三步走：从《东方时空》到《新闻调查》

20 世纪 90 年代以来，中国电视媒体的发展呈现出三大趋势，对此专家用三个走向进行了概括：走向娱乐、走向财经和走向调查。而"走向调查"则是以 1996 年 5 月 17 日中央电视台《新闻调查》的创办为标志的。

如果说 1993 年 5 月，《东方时空》的问世是中央电视台新闻改革的第一步，那么 1994 年 4 月 1 日推出的《焦点访谈》则是中央电视台进行新闻改革的第二步。而《新闻调查》的创办则是第三步。逐步走向深入的新闻栏目改革，标志着中央电视台正向国际大台迈进。

正是由于这个栏目的重要性和特殊性，所以对从业人员的要求也就特别高。

1996 年年初，当时的评论部主任孙玉胜找到了时任《焦点访谈》一组制片人的张步兵和《东方时空·音乐电视》的制片人王坚平来担此重任，《新闻调查》最初的两个领军人物顺利会师。

很快，中国电视界最优秀的一批电视人逐渐汇聚在《新闻调查》的大旗之下，他

们有:

张洁:从《东方时空·东方之子》加盟《新闻调查》,编导的节目《生命》获第36届亚洲—太平洋地区广播联盟特别奖,2003年起任《新闻调查》第四任制片人。

夏骏:1996年加盟《新闻调查》,《改革开放20年》总导演,1998年任《新闻调查》第二任制片人,曾任民营银汉电视公司总经理。

赛纳:1996年加盟《新闻调查》,2000年任第三任制片人,2003年创办《面对面》并任首任制片人,现负责新闻评论部的节目研发。

王利芬:1996年加盟《新闻调查》,任出镜记者和编导,代表作有《透视运城渗灌工程》、《跨世纪的握手》,后创办《对话》、《经济信息联播》,曾任CCTV广经信息中心资讯节目工作室主任。

刘春:1996年加盟《新闻调查》,曾任执行制片人,编导了《山顶上的希望》、《成克杰腐败案》等,现为凤凰卫视中文台副台长。

钱钢:著名报告文学作家,1996年9月加盟,任记者、策划,后任《南方周末》主编,现任上海大学和平与发展研究中心学者、香港大学新闻及传媒研究中心"中国项目"负责人。

王志:1996年加盟,任出镜记者,代表作《与神话较量的人》。现任《面对面》出镜记者和第二任制片人。

……

但是《新闻调查》到底要做什么?刚刚汇聚到一起的这个团队并不是特别清晰。

后来,时任新闻评论部主任孙玉胜和副主任袁正明明确提出:"我们要做中国的《60分钟》",让大伙明白了要干什么,并由此自然而然地构想出未来节目的形态。

《60分钟》是美国哥伦比亚广播公司的王牌节目,是美国历史最悠久、收视率最高的10个节目之一,曾经连续22年高居全美收视排行榜前10名。在分析研究《60分钟》节目的过程中,达成了把《新闻调查》做成调查类节目的共识,并提出用调查的方式来做这种深度新闻节目的设想,对理想中的节目形态作出了初步界定。比如采用纪录式的双机拍摄方式,使用专任出镜记者,节目既是拍摄采访对象,也是拍摄记者的活动,这在当时的中国电视界是具有开创性的。

第一期开拍的节目:《西古县村纪事》

1996年4月,中央电视台对晚间9点段实行竞标,共有十几个栏目参加招标,有新闻类的、文艺类的、社教类的,其中《新闻调查》为全台上下所瞩目被寄予厚望。为了迎接这次竞标,制片人张步兵确定了两个选题作为样片开拍,一个是西古县村纪事,一个是宏志班。《宏志班》由夏骏负责,《西古县村纪事》由张洁负责。

西古县村距北京不到200公里,是河北易县的一个贫穷的移民山村,当时村民的生活很大程度依靠各级政府的救济。就是这样的一个村子,村干部却贪污了全村人的口粮30多万斤。村民出于生计的迫切需要,强烈要求撤换村干部,却受到了当时乡政府和县政府的打击报复。

接到群众的举报后,张洁受命带领摄制组前往调查事件的真相,这是《新闻调查》筹备期间开拍的第一期节目，也是《新闻调查》第一次调查性报道的实践，时间是 1996 年 1 月。在《西古县村纪事》开拍的时候，《新闻调查》到底应该以一种什么样的方式去做，大家的脑子里只有一个模糊的概念，并不是特别清晰，因此《西古县村纪事》和《宏志班》还被寄予了另外一种任务：通过这两个样片，在实践过程当中形成节目操作的基本形态和流程，探索《新闻调查》到底应该是一个什么样的节目。

在张洁带领摄制组出发前，制片人张步兵交代了三句话：《焦点访谈》的题材、《东方之子》的采访、《生活空间》的拍摄方式。对于《西古县村纪事》来说，题材一是村干部贪污 30 多万斤粮食事关腐败；二是村民要求重新选举村干部，涉及民主；三是县乡干部压制群众民主要求，具有很强的矛盾冲突。所以题材属于焦点之列自然不在话下。

所谓《东方之子》式的采访，则是强调平视、客观和带有一定质疑色彩的访问态度。

而《生活空间》的拍摄方式，就是要把生活场面原生态地记录下来，把纪录片的魅力应用到片子中。正因为要原生态地跟踪记录，张洁带领摄制组先后去了四次西古县村，历时数月。在几个月的拍摄时间里，摄制组总共使用了 80 多盘磁带。80 多盘对张洁来说是个什么概念呢？摄制组回到北京后，这些磁带铺满了他的宿舍。这样高的片比，是当时一般节目所罕见的。

诞生于 1996 年的《西古县村纪事》，她的命运注定是多舛的。

由于节目涉及上访，涉及三农，涉及基层民主这一尖锐的矛盾，并且当时还出现过类似节目播出后成百上千的人上访的现象，所以《西古县村纪事》在当年未能播出也就不奇怪了，更重要的是它使《新闻调查》不得不转换路数。

首播节目《宏志班》

《新闻调查》开拍的第二个样片是《宏志班》。

节目讲的是北京市广渠门中学为救助北京地区成绩优秀而经济困难的学生，将这些学生编在一个班里，取名宏志班。宏志班选择学生的原则有两个：一是北京市月收入不足 200 元的家庭中的孩子；二是品学兼优。被招收的学生，学校免全部学费，并在高中三年每年给予 1 500 元的生活补助。

几个月以后，《宏志班》节目面世，制片人张步兵和王坚平意外地发现，节目比他们想象得要好。首先《宏志班》对主题挖掘得丰富让人感到意外。节目从一个小角度切入，在理性层面上做出了多层次的剖析：既有心理层面，又有社会层面；既有理性透视的层面，又有孩子和老师情绪的一面。有故事，有情感，更有深度思考。另外，作为调查记者的白岩松，对题材的把握能力及现场评述能力也极强，他的现场调查、现场评论与夏骏对理性层面的剖析很好地结合在一起，让大家顿觉眼前一亮。

《宏志班》这样一个小的题材，做出了特殊的味道，让人感到丰富饱满、入情入理，不乏情感和故事，更闪现出理性的光辉。这给《新闻调查》的创作提供了一种思路：小选题也可以从理性的角度进行多层次透视，也可以做得很丰富。而这种多层次的深刻理性，又可以通过一些细节和故事来表达和展开。在结构上，编导夏骏将节目分成几个逻辑层次向前推进，在每一层次的结尾，通过记者串场进行总结，从而引出下面新的调查点，比如说到"宏志班"的学生受社会各界关注时，立即引到下一个层次：这些学生会成为明星吗？他们会感到自己与别人不一样吗？由这些问题引出下面的调查。段落的设置也别具匠心。每一个段落都不太长，隔 8～10 分钟打一个隔断，使整个节目张弛有度、抑扬有序，不是一个长长的段落让人感到沉重和疲劳。

由于《宏志班》强烈的形式感，从形式到内容上呈现出的独特形貌，所以这个节目一面世就奠定了《新闻调查》的基准节目样态：双机拍摄、记者现场采访、现场评述，对事件作多角度分析、递进式探究。

紧接着，《宏志班》作为《新闻调查》的样片参加中央电视台晚间九点时段节目竞标，以排名第一的实绩脱颖而出，夺得周五黄金时段。

1996 年 5 月 17 日，《新闻调查》正式开播，首播节目《宏志班》。

开播时栏目打出的口号是：正在发生的历史，新闻背后的新闻。

二、《新闻调查》发展的三个阶段

从 1996 年至今，随着中国社会的发展进步，《新闻调查》也经历了从多样化探索向调查性报道的飞跃，大致可以划分为三个时期：

第一阶段（1996—2000 年）——多元探索时期。提出"从现实到理想"的"三步走战略"：主题性调查——事件性调查——内幕调查，在以主题性报道为主的同时，也对多种类型的节目进行了探索。

第二阶段（2000—2002 年）——发展时期，提出"探寻事实真相"。

从 1996 年开播到 2000 年，《新闻调查》进行了多元探索，不断拓展了新的空间和领域，制作了一系列反响强烈的节目。但同时，也给人们留下了包罗万象的印象。如何解决《新闻调查》的栏目收视期待问题，解决节目内容个性化问题，这也是困扰《新闻调查》多年的一个问题。

第三个阶段（2003 年至今）——成熟时期，提出做真正的"调查性报道"，解决了栏目的核心竞争力问题。

调查性报道的全面推行，使得《新闻调查》栏目的收视率明显上升，在中央台一套精品时段的排名中名列前三名，在 2003 年全台所有栏目的综合排名中，名列第七，其中专家评价一项第一，并被评为中央电视台优秀栏目一等奖。另外，据央视公众资讯统计，自 2003 年第三季度起，《新闻调查》的观众会员量名列榜首。2004 年，在中央电视台所有栏目的综合排名中，满意度居第六位。

三、调查性报道创作的指导理论

2003 年当《新闻调查》旗帜鲜明地打出调查性报道的口号时，国内关于调查性报道的理论研究还不是特别深入，大多是在舆论监督的语境下进行的理论探讨。因此，在进行调查性报道实践的同时，《新闻调查》对于调查性报道的理论进行了较为全面和深入的梳理、研究，形成了自己的操作理念。

《新闻调查》认为，一个选题能否算得上调查性报道，必须具备三个条件：第一，调查的内容是损害公众利益的行为；第二，这种行为被掩盖；第三，调查是记者独立开展的。

只要符合这三个要素，就是调查性报道。

而电视调查性报道是调查性报道中的一类，从实现的过程来看，电视调查性报道有四个特点：

第一，独立的电视媒体调查。这是电视媒体自身进行的调查，并非报道他人的调查行为和调查结果。借助司法或者是纪委的力量所做的大案要案属于调查节目，不是调查性报道，因为它不是独立调查。

第二，个性化的调查记者。

对于电视调查性报道来说，出镜记者的表现尤为重要，他既是调查行为的主体，也是一个节目的结构元素，他是调查行为的实施者、调查过程的表现者，是栏目的外化标志和品牌形象，也是《新闻调查》最具调查个性和最具优势的语汇。《新闻调查》所记录和展示的，是出镜记者如何通过各种各样的手段一步步获取真相的过程。从这个角度上可以认为，《新闻调查》更多的时候是在"拍摄自己"。

因此，《新闻调查》对出镜记者提出了特别的要求：

首先，必须有质疑的精神。《新闻调查》的记者必须要有怀疑一切的介入态度和打破沙锅问到底的工作作风。

其次，要有平衡的意识。《新闻调查》的记者应该让事件中的冲突双方和不同的利益集团有同等的发言机会。

再次，要有高超的现场调查能力。"接近真相，从现场开始"，出色的现场调查采访能力对《新闻调查》的出镜记者来说至关重要。一篇电视调查性报道能否成立，关键在于记者在现场有无独家的发现，以向观众证实或证伪。

最后，要有独特的采访风格。

具备了以上四点，才能称得上是个性化的调查记者。

第三，深入的独家发现。强调的是调查记者必须有新的独家发现，这种发现对揭示事实真相具有推动的作用，能够深化节目的主题。比如在《运城渗灌工程》节目里，记者王利芬从蓄水池的地上拔出塞着木头的水管，揭开渗灌过程的造假真相；《死亡名单》中记者曲长缨在太平间核实死亡人名单、发现被隐瞒的死难矿工；《"非典"突袭人民医院》中柴静在北大人民医院发现把SARS患者写成普通患者的名单，甚至划出一条线就是隔离区，这些都属于新的独家发现。

第四，完整的调查过程。就是记者作为调查行为的主体，他的行为贯穿节目的始终。记者在调查当中，提出问题，求证问题，得出结论或者判断。得出结论完整地揭示真相是调查性报道的最高境界。比如《死亡名单》中，曲长缨通过自己的调查得出死难矿工人数被大量隐瞒这样一个结论，这是最高境界。但是在很多节目当中做不到这一点，能够得出的是一种判断，比如《派出所里的坠楼事件》。通过记者的调查分析，得出死在派出所的刘骏，死因可能并不是像官方报告那样是自杀，这也是一种判断、质疑，为观众提供了另外一种可能。

四、《新闻调查》的运作机制

为了追求节目的高品质和职业化，《新闻调查》设置了最专业化的细致分工，有制片人、记者、编导、摄像、录音、策划、秘书、制片、统筹、后期制作等工种。一个节目的完成，需要这些工种分工合作。制片人负责栏目的整体运作和日常管理，栏目实行制片人负责制。记者专司采访，编导整体把握结构故事，摄像实现内容的影像化，录音负责声音的纪录和表达，等等，每个人都把自己的专业特点发挥到极致，以确保这个栏目的高品质。以前中央电视台除了拍一些大的纪录片，一般很少用专业录音，都是摄像兼职，而《新闻调查》的录音全是电影学院录音系科班出身。如此专业化的团队，即使在中央电视台也是比较少见的。

在专业化分工的基础上，为保证节目生产运作的效率，从 2003 年开始，《新闻调查》在中国人民大学的人力资源专家的帮助下，在中国电视界首次引入资源管理的概念，建立了一整套有效的管理机制。

第一是建立了一套绩效评估体系。这个评估体系的导向非常明确，凡是制作调查性报道，节目的评分就高，摄制组成员拿到的稿酬也就多。只要是调查性报道，根据难度和对抗性，会分别加 10 分到 20 分。编导在确立选题的时候就知道，调查性报道的选题是能得高分的，而且如果收视率高，还能再加分。

第二建立了调查性报道的风险机制。此前，有些编导不太愿意做调查性报道，原因除了是报酬和一般的调查节目相比没有特别的增加，更重要的是调查性报道风险大，节目经常不能播出，摄制组的所有成员就拿不到稿酬。于是就出现了这样的现象：一个好的调查性报道选题，因为难度和风险比较大，有时候在题库里放了三个月、半年都没人去领。因此，在建立绩效评估体系的基础上，第二步又建立了做调查性报道的风险机制。凡是制作完成的调查性报道，经过制片人验收而没能播出的，摄制组可以拿到这个节目正常稿酬的80%，这 80% 的风险是由制片人承担的。这就打消了摄制组的后顾之忧。

第三是确立了记者中心制。长期以来《新闻调查》一直以编导作为节目创作的核心，先是编导领自己感兴趣的选题，然后看让哪个记者去采访，记者在创作过程中处于相对被动的位置。但是对于调查性报道来说，记者非常重要，往往起着主导的作用。因此栏目便考虑以三位出镜记者为中心建立三个团队，在个人意愿的基础上，每一个记者固定搭配三到五个编导，摄像、录音也相对固定。记者对自己团队的选题有一定的否决权，但同时对出镜记者的要求也大大提高了，不仅要胜任采访工作，还能对整个节目把握得住，善于组织整个团队的工作。

除了充分利用栏目内的智力、资源，《新闻调查》还非常注重借助外力。早在 1996 年下半年，就形成了一个外围的策划班子，成员包括中国社会科学院社会学所陆建华博士、原《三联生活周刊》的主笔方向明等资深新闻人和专家。后来著名作家、历史学者吴思、中国社科院社会学所科研陈昕等也先后成为《新闻调查》的专家策划。从 2000 年开始，《中国青年报·冰点》主编李大同、北京师范大学的于丹教授、中国青年政治学院的展江教授等专家，也先后做过《新闻调查》的专家策划。

五、生产流程

《新闻调查》的节目生产，从立项到完成整个传播过程，一般有七个流程，选题遴选——选题申报——前期调查与拍摄——后期制作——样片送审——节目播出——总结评价。

《新闻调查》选题的主要来源有：

- 观众来信、来电、来访、手机短信、电子邮件
- 通讯员及固定"线人"
- 自主策划
- 内参资料
- 各部委新闻办
- 各地联动媒体信息通报
- 互联网
- 报纸、电台等其他媒体

《新闻调查》选题申报程序为：

每周一、周四栏目定期召开选题会，栏目组成员将自认为符合选题标准的信息提交选题会筛选讨论，经制片人认可后，按照栏目规定的统一格式撰写选题报告，交制片人审阅，然后呈送分管台领导审批。批复后的选题报告是制片人安排拍摄任务、编导选择题材的依据。

《新闻调查》选题遴选的标准有三个：第一是调查性，第二是故事性，第三是命运感。调查性一方面是指事件与公众的利益密切相关，观众十分关注，另一方面还特指选题具有调查的空间，必须有等待揭示的真相。

故事性要求题材必须是充满悬念和冲突的事件，题材具有曲折跌宕的情节。对于一个45分钟的深度报道栏目来说，故事是形成拉动力的主要元素，题材的故事性张力如何，决定着节目好坏。

至于命运感，《新闻调查》的选题必须要有人物，不能只有事不见人，必须关注人物的悲欢离合、命运沉浮，并通过节目对人物的性格进行一定程度的刻画。人是节目中最重要、最深刻、最活跃的元素，是一切节目的出发点，传播理想的最终归宿。

前前期调查：

为保证节目的真实深入，立项的选题在摄制组进行前期拍摄之前，往往要进行先行调查，称作前前期调查，主要以编导或编导＋策划或者编导＋记者，以及编导＋摄像等方式完成。弄清事情的来龙去脉，确定哪些人可以在镜头前接受采访，选择调查方式和路径等。完成前前期调查后，如发现节目难以进行拍摄，应向制片人提交书面报告。如可以拍摄，编导应拟定书面拍摄方案，提交制片人。策划方案应该包括编导阐述、采访要点、拍摄日程、编辑结构、视听方案等内容，经策划会讨论制片人认可后进入拍摄阶段。

前期：

摄制组赴新闻事件发生地进行拍摄、采访。

开机拍摄前，摄制组应该召开会议，就策划方案的内容进行充分沟通，就调查重点、

影像化方案和可能遇到的问题做好预案。

拍摄期间，每天晚上总结拍摄情况，及时调整，安排第二天的工作。

剪辑：

后期剪辑是调查成片的关键环节。编导需要组织起画面、声音和语言等元素，重建事件的逻辑、展现调查的过程、突出调查的重点。

无论是调查某个具体事件，还是探究某种社会现象，节目都是在叙事。无论事件或现象多么重要，倘若观众感到节目形式单调乏味，就不会收到预期的传播效果。因此在后期剪辑中必须讲究叙事技巧。

目前，《新闻调查》常用的剪辑格式如下：

片头：在开始曲中出片头，色彩稳重，旋律昂扬。

精彩导视：撷取节目中精彩画面和同期声，不是内容提要，只求制造悬念，吸引观众。

片名：每期节目的标题要尽量保持中立。

演播室：演播室中主持人简单引入本期节目，一般是一分钟以内的导语，或交代播出由头，或简单勾勒背景，或关注人物命运，或预先提出问题，但是不做评论。

出镜记者现场调查：画面，同期声，解说，偶尔配乐——结构最好是悬念重重引人入胜。

隔断：回合之间有固定的片花隔断，再现片名，让观众歇三秒钟。

结尾演播室：不固定，视需要而定。一般在现场调查内容结束后，主持人在演播室简单总结，最多一分钟，或报告事态最新进展，或表明媒体立场，或提醒继续关注，但不下结论。

片尾：出监制和制作人员名单、联系方式。

六、节目营销

为了扩大栏目的影响力，提高节目传播效果，从2003年开始，《新闻调查》逐渐形成了一套节目营销的理念和体系。对于节目营销的目的，制片人张洁认为：一是使节目的传播效果最大化，使传播过程由过去的一锤子买卖转变为波浪式推进的复合式传播；在业内人士和未来新闻从业者中传播《新闻调查》的新闻理念和职业理想，扩大栏目的影响力；在与专家和受众的互动中，发现和解决栏目创作中遇到的问题，真正做到以观众为本。

为此，《新闻调查》确立了单期节目的营销、栏目的营销和重大活动的营销等多种方式。就单期节目的营销来说，包括节目播出前的预告、节目播出后的二次传播、与观众的互动交流等。节目预告的主要渠道是通过央视新闻频道《相约新七天》和每日滚动的导视以及综合频道的导视等窗口进行，充满悬念和吸引力的导视，让观众产生强烈的期待和收视欲望，使得节目的收视率和传播效果得以提高。另外，《新闻调查》与多家平面媒体和网络合作，优秀的节目会被一些平面媒体和网络再次传播，形成舆论热点。如果时机适合，还会组织节目的主创人员和网友交流。再者，每年，《新闻调查》都会把优秀节目结集出版，形成文本方便读者长久阅读。

为了提升栏目的影响力，《新闻调查》还开展了校园行活动，和在校大学生交流新闻理念和职业理想，并就栏目实践中遇到的问题与专家学者共同研讨。2003 年 12 月 12 日，在北京广播学院举行了第一次校园行活动——"电视调查性报道暨《新闻调查》栏目发展高级论坛"。2004 年 6 月 10 日，在北京师范大学举行了第二次校园行活动——"调查性报道暨《新闻调查》栏目研讨会"。2004 年 11 月，又在上海复旦大学、上海交通大学、浙江大学、南京大学、南京师范大学等华东地区的高校举行了第三次校园行活动。这些活动受到了大学生和老师的欢迎，专家们并就如何更好地开展调查性报道给予了宝贵的建议，极大地提升了栏目的影响力。

思考题：

1. 谈谈你对电视台"新闻立台"这一战略性口号和目标的看法。

2. 在当前电视新闻节目生产中编导者素质构成具有怎样的作用？

3. 城市电视新闻专题节目创作与编导的核心问题是什么？

4. 当前中国镇区电视新闻节目的地位、作用和问题是什么？

5. 举例分析当前我国深度报道类新闻节目的成就与不足。

6. 从策划和编导艺术角度分析"南海一号"直播的选题策划和环节设置，以及主持人和出镜记者的表现。

第四章

栏目型电视节目的创作与编导（上）

本章提要

栏目型电视节目以往总是被放在社教节目里一拢总给研究了。在这里我们且不作这些理论上的争辩，而是就栏目论栏目，分别研讨某种甚至某个栏目的创作与编导要点。

第一节　杂志型电视栏目创作与编导

杂志型电视专栏栏目往往被先入为主地认为是社会教育类栏目。

所谓社会教育类栏目，又称为社教栏目，是指广播电视的一种重视社会教育功能的栏目类型。社教栏目是我国的首创，它重视科学文化艺术的传播，拓宽了广播电视的传播内容，有利于提高人们的思想道德水准。社教栏目在实践"满足两头"——宣传党和国家政策以及公众教育——中扮演着重要角色。社教栏目分化出经济、少儿、体育、服务、健康、人物等若干种类。1991 年《曲苑杂坛》、1993 年创办的《夕阳红》等是老牌社教类栏目。CCTV－10 在2001 年开播的《探索·发现》；2005 年 7 月，江西卫视创办《传奇故事》；2007 年3 月5 日，江苏卫视创办《人间》；四川卫视创办《真情人生》，是近几年涌现的杰出的社教类栏目。

教养类栏目在西方公营体制电视媒体中普遍存在，其栏目形态多种多样，但是往往借生活服务、体育、游戏竞技、谈话等之名，侧重行社会道德、公民教育之实。在我国，公共教养类电视栏目是电视栏目又一庞大而重要的"家族"。对市县级以上电视台来说，是其覆盖观众群落，拉动收视上升，传承和创造文化必不可少的栏目样式。一般这类栏目在电视台由栏目中心、社教中心负责生产。当然，现在社会上的栏目制作公司也陆续加入进来，扮演着越来越重要的栏目生产者的角色。

杂志型电视栏目是一个很复杂的研究对象，因为它既与新闻、文艺、体育、经济等栏目在内容上有交叉，又与诸如对象型、直播型栏目等在栏目形式、播出方式上有交叉。这里首先要界定的就是它与对象型栏目的关系。杂志型电视栏目与对象型电视栏目实际上并不是一种并列关系，在相当大程度上它们是一种交叉的关系，即对象型电视栏目可能是以杂志型栏目出现的；杂志型电视栏目也可能是以有特定对象的对象型栏目形式出现的。中央电视台1993年创办的老牌知名栏目《夕阳红》，既是杂志型电视栏目，包括"百岁传奇"、"家有妙招"、"亲情小魔法"、"省钱大比拼"等多个板块，又是以老年人为收视群体的对象型电视栏目，而且是我国第一个以老年人为服务对象的电视栏目。我们在这里把它们作为并列关系放在两个小节里加以探讨，是从栏目形态和操作层面来考虑的。

一、杂志型电视栏目的定义

杂志型电视栏目，也叫电视杂志。湖北辞书出版社出版的《电视辞典》给出的定义是："杂志式电视专栏节目，将不同的内容和形式的节目编排在一起的专栏节目。类似定期出版的文章刊物——杂志而得名，集新闻性、知识性、文艺性等各种节目之锦，内容丰富多彩，结构灵活自由，形式多样活泼。"（转引自高鑫、周文：《电视专题》，中国广播电视出版社 1997 年版，第 177 页）

电视栏目杂志化，是继电视节目栏目化之后我国电视栏目发展进步过程中出现的又一趋势，是电视节目兼容性的又一具体而成功的表现。电视杂志直接借鉴了报纸杂志、广播杂志园地的节目类型，兼容了它们的性质和结构方式。如中央电视台 1993 年 5 月推出的《东方时空》，就直接宣称自己是"电视新闻杂志"，1996 年推出的《万家灯火》、《社会经纬》、《健康之路》、《中华民族》，上海电视台推出的全国最早的电视新闻杂志式新闻栏目《新闻透视》，辽宁电视台不同时期推出的《老百姓》、《黑土地》、《东北风》、《社会大观》等，广东电视台的《环球经纬》、《时尚放送》、《南粤大地》、《摇钱树》等都是杂志型电视栏目。

二、杂志型电视栏目的特征

杂志型电视栏目与其他类型的栏目相比，特性非常明显，这主要是因为它兼具了"杂"与"专"这两种看上去似乎矛盾的双重特性。具体说来，有这样一些特性值得我们关注：

（一）专一性

杂志型电视栏目的首要特性是"专"，即该栏目在选题上是专一的，要么是新闻性的，要么是资讯性的，要么是娱乐性的。在这个前提下再"杂"，同一期节目中，有人物，有故事，有评论，也有专题报道。如早期的《东方时空》就下设了《东方之子》、《音乐电视》、《生活空间》和《焦点时刻》这样几个子栏目。后来，《音乐电视》因为放在里面显得栏目不够"专"，不久就被《面对面》这一评论性小栏目所取代。

《摇钱树》是广东电视台一个老牌农村节目，该栏目以面向"农村、农业、农民"为服务宗旨，立足于广东，面向全国，是集服务性、信息性、知识性和可视性于一体的杂志型电视栏目。开办十几年来深受广大农民朋友的喜爱，被广大农民朋友称为"致富奔小康"的良师益友。

《摇钱树》栏目设有《送你一棵摇钱树》、《乡村风景线》、《农民心声》、《国内外农民见闻》等子栏目，内容鲜活、丰富、实用，自1993年以来，该栏目连年荣获国家级大奖，是国内省级电视台开办"农村板块"栏目最早、资料最多、较齐全的一个栏目。

（二）庞杂性

这是杂志型电视栏目最重要的一个特性，也就是从内容到形式、结构等多方面的庞杂。东方卫视2003年开播的早间栏目《看东方》，经过近几年的不断改版，现在已经成为每天7:00到9:00播出的一档早间电视新闻杂志，其栏目板块构成如下：

· 东方日志：每天7:20，用影像回顾历史上的今天。
· 语　录：周一至周五7:40，记录时代话语，感悟成功人生。
· 人在东方：周一至周六7:50，时尚生活方式、张扬自我表现。
· 生活看板：周一至周四8:10，提醒、支招、诀窍，生活更美好。
· 菜里乾坤：周一至周五8:20，菜，以及关于菜的一切。
· 东 游 记：周日7:40，两种玩法，游遍东方。

《看东方》内容囊括了新闻、气象、路况、纪录短片、访谈、生活服务、观众互动等各种电视节目样式，充分体现了杂志型电视栏目的庞杂性特点。

杂志型电视栏目并不忌讳"杂"，但是要"杂"而不乱，而不是盲目拼凑，栏目各个板块要合理地编排整合。杂志型电视栏目的庞杂，有一个最著名的例子，这就是中央电视台1987年1月隆重推出大型杂志式电视专栏《九州方圆》，这是当时在《为您服务》、《人物述林》、《祖国各地》、《兄弟民族》和《电视纪录片》等七个栏目的基础上合并改版而形成的一个大型杂志节目，整个节目长达120分钟，以主持人为串联中枢，以大板块为构成形式。结果，栏目推出后并没能取得预想的效果，各子栏目"各怀心事"，从取材到表现都"各玩各的"，后来各子栏目只好"各回各家"，再次独立。我们举这样极端的例子，一方面，是要说明杂志型专栏的庞杂性，希望策划者能够放心大胆地进行策划；另一方面，则是在为现有杂志型栏目和正在策划之中的栏目敲警钟——庞杂不等于"杂芜"、"杂乱"。这里的杂，是在题材的总体范畴之内和大风格之下的杂；这里的杂，是广和多的代称，是内容的丰富多彩，是栏目内多种元素的协调兼容。

（三）灵活性

这是杂志型电视栏目的第三个特性，即结构灵活自由。我们可以把杂志型电视栏目比作中药铺的药柜，把子栏目称作装药材的抽屉，根据不同的配方和需求，我们可以拉开不同的抽屉，配制出不同的药剂——解决不同的问题。我们也可以把子栏目比作建筑工地的预制件，根据不同的图纸，同样的预制件是可以建成不同的建筑的——在高明的设计师和工程师手里，可以建出名垂千古的建筑杰作，而在蹩脚的设计师和建筑师手里，盖一栋平房可能还是"豆腐渣工程"。中央电视台的《健康之路》下设四个子栏目，即《健康视点》、《医林传真》、《养生之道》、《祝你健康》。四个子栏目在大卫生、大健康、大服务观念的指导下，既独立，又协和，相辅相成地承担着栏目的使命。

（四）多样性

杂志型电视栏目的第四个特征是形式活泼多样。从内在形式上看，杂志型的栏目可以兼容新闻、社教、文艺、体育、服务等所有节目的样式和精髓，也可以使用纪实、表现和虚构等多种手法；从外部形式上看，则可以采用各种各样的节目包装方式，如主持人式、戏剧式、纯粹式（字幕代替主持人）等。

三、杂志型电视栏目的策划和编导要点

杂志型电视栏目（包括其他所有专栏都一样）的策划和编导同样是一项极为复杂的系统工程。对于策划者来说，其首要的职责就是要为策划的服务对象——电视台、节目制作机构策划出有观众、有市场、有前景、有价值的电视栏目；对于编导者来说，就是要在充分理解策划意图的前提下，组织制作班底，实施采拍制作，并最终创造性地完成整个节目的生产任务，实现策划目标。

通过研究当前我国荧屏比较有影响的杂志型电视栏目策划与编导实践的得与失，有如下几个要点值得策划和编导者在节目的策划和编导过程中加以认真把握：

（一）了解实力，有的放矢

首先，策划和编导者要对节目制作单位的实力有所了解。不是每一个制作单位都有实力摄制杂志型电视栏目的。有些制作单位，即使有一定的经济实力，但人才储备却不一定能够满足大型杂志式节目的需求。只有两方面条件都具备了，才有生产电视杂志的可能。如全国省级电视协作体所属的汇视公司，在筹集到节目资金，且物色到相关人选后，便着手购买境外素材，经由编辑制作者精心包装，最终推出并广泛发行的大型电视杂志《视线》，获得了相当可观的经济效益和社会效益。广东电视台在确定节目素材、国际最新时事政治资讯等节目源有了着落后，才最终决定推出大型国际新闻杂志节目——《环球经纬》。

其次，策划和编导者还必须对同类和相近的节目有所了解，以便制定出科学的竞争策略——如果自己所服务的媒介实力雄厚，决策人又有争做"第一"的勇气和信心，那么，不妨制定一个"硬碰硬"的"对撼策略"。例如，广东电视台、南方电视台、广州电视台就在晚间黄金时段分别创办了《今日关注》、《今日一线》、《新闻日日睇》，三档同类栏目在相互竞争中都获得了发展。如果实力不济，腰杆不硬，底气不足，那么，采取迂回战术，避实就虚，韬光养晦，近求生存，远求辉煌，也未尝不是一策。例如，各地方电视台自办的新闻联播节目，为避开每晚7:00央视的《新闻联播》，纷纷采取提前的节目编排策略。要么与对手相安无事，各自发展，也许更进一步，搞一些取长补短、互通有无的横向联系，比翼双飞，其乐融融，也是好策。例如，东方卫视周一晚20:00播出的《深度105》栏目，获得中国传媒大学《媒介》杂志评选的"2006中国原创电视栏目20佳"，就是由上海文广新闻传媒集团（SMG）和新华通讯社联合制作的。栏目制片人李涛在2007《综艺》年度节目暨十大节目制片人评选活动中获得"年度十大节目制片人"称号。

最后，策划和编导者还必须对自己想干什么、能干什么、该干什么和环境与条件允许干什么有一个清醒的认识。这一点将在下面论及。

（二）明确职责，完成任务

策划和编导者，要明确承担并出色地完成自己在栏目生产和运作每一个环节中所承担的任务和职责：

其一，要确定栏目的宗旨。当策划一档杂志型节目时，策划者首先要考虑的，就是这个栏目的宗旨和目的是什么。换句话说，也就是这档栏目的终极目的是什么——是要获得社会效益，还是要获得经济效益？抑或两者兼而有之？《东方时空》创办之初的宗旨简单到只是要填补早间节目调整所空出的40分钟时段。今天它所承担的"中国电视新闻杂志"的种种使命，都是在节目发展起来后被逐渐赋予的。《人与自然》栏目的宗旨，则是要通过节目提高公众的环保意识，保护地球生态平衡。

其二，为栏目定位。其中包括栏目的内容定位和收视对象定位。中央电视台1996年11月29日创办的《中华民族》栏目，与以前开办的《兄弟民族》、

《民族之林》在内容和对象上都是一脉相承的，即以宣传党的民族政策，集中反映各民族的生产生活、文化艺术、民俗风情、自然风貌，促进各民族的团结与发展为栏目内容；以全国各少数民族和所有关心国家民族事务的观众为收视对象。

广东卫视曾红极一时的《时尚放送》就把观众定位在当年月收入在 2 000 元以上的白领及以上的阶层，并由此而选择和编排相应的时尚性的节目内容。而《社会经纬》则定下这样的宗旨：

· 适应新形势电视栏目的发展和满足观众对世界政治、经济、科技、文化等多方面了解的需求。

· 是国际栏目大发展、大扩充后的综合性大板块杂志型国际专栏。

· 突破以往开办国际栏目的传统框架，从中国走向世界的实际需要出发，从联系、了解、借鉴、探索的角度突出"中国与世界"的方方面面的内容。

· 力求做出有新视角、内容丰富、实用性和可视性强的节目，为各层面观众全面了解世界、走向世界服务。

2006 年，东方卫视开播时播出的《看东方》，则是受众定位细分化的成功案例。作为早间新闻栏目，致力于"打造中国原创晨间节目"，通过设置诸多板块，对受众进行精确细分，并且不断通过改版进行受众目标调整，栏目已经成功地在早间并且是在我国电视收视边缘时段的情况下打造出了主流电视新闻节目。2008 年元旦创下上海本地收视份额 65% 以上的好成绩，对央视的《朝闻天下》、北京台的《北京您早》等同类节目改版产生了较大影响。

其三，划分栏目的板块。栏目板块的划分没有固定的模式，也没有统一的规则可遵循。有的只是这样两种比较行之有效的思路：一是按人、事、现象来切块，如有一阶段中央电视台的《东方时空》的主要板块就是这样划分的：

· 《东方之子》——写人
· 《生活空间》——叙事
· 《时空报道》——关注
· 《直通现场》——发现

另一种思路是按照栏目的性质来划分，如《中华民族》：

· 《一方水土》
· 《春风化雨》
· 《民族话题》

中央电视台的另一个栏目《社会经纬》有一阶段的板块划分则要复杂得

多，可以看作是两种思路的综合：

- 《举案说法》
- 《经纬专递》
- 《法在身边》
- 《是非公断》
- 《法系人生》
- 《目击》
- 《视线》
- 《你说我说》
- 《百姓寻呼》

广东电视台海外中心制作的《环球经纬》的子栏目设置也很有特点：

- 《国际时事热点评述》——分析、点评、追踪、背景透视、海外直击。
- 《中国与世界》——中国人看世界、外国人看中国、东西方文化比较、中国人在海外、华人与华侨。
- 《经济论坛》——国际知名经济人物成功之道、国际经贸。
- 《科技时代》——涉猎网络潮流、时代科技前沿。
- 《环球采风》——纵览世界、社会剪影、异域采风、列国纪行、军事瞭望、艺术万花筒、交际礼仪。
- 《台湾传真》——关注、传播台湾最新时事资讯。
- 《港澳视角》——近水楼台，先得"信息"。

除以上所设小栏目外，还可根据具体情况增设其他栏目，并特别制作各种大型专题片、系列片播出，产生轰动效应以扩大栏目知名度。

其四，为栏目选题。栏目，尤其是杂志型电视栏目的选题是有自己的特殊性的，这种特殊性在于它的选题是一个长期的过程，其他节目可以一次性完成选题工作，但杂志型电视栏目的选题必须要有长期规划，要细水长流。中央电视台《东方时空》的子栏目《东方之子》的选题在开始时就曾因为缺乏策划而出现过偏差，甚至几乎达到枯竭的边缘。后来，在"有主题、成系列"的选题方针指导下，才陆续推出了"政要系列"、"著名科学家系列"、"大学校长系列"和"著名企业家系列"等，从而使栏目真正承担起了"浓缩人生精华"的社会和历史使命。除了在选题上要"有主题、成系列"外，电视杂志的选题还要适当考虑季节性和节庆等因素，如"国庆系列"、"春节系列"、"历史上的今天"等。

其五，为栏目确立风格。栏目的风格是能够设计的，但要真正体现出来并得到观众的认可，却需要有一个过程。北京电视台《北京特快》推出后，大多数观众和很多评论者认为"大信息量"和"快节奏"是它的风格。这并没错，但不完全。其实，常常被大信息量和快节奏所掩盖的新闻评论性的话语，才是能够长久托起这个栏目的真正风格元素。策划和编导者一般可以从这几个方面来确立栏目的风格：

（1）节目内容。

（2）包装形式。

（3）主持风格。

（4）采拍制作。

总之，杂志型电视栏目，要求策划和编导者能够调动并发挥子栏目的"团队效应"，从而让所策划和编导出来的整档节目越来越受到观众和市场的重视和欢迎，力争获得社会效益和经济效益的双丰收。

第二节　杂志型电视栏目策划与编导实例

杂志型电视栏目在国内各级电视台的节目版面上，往往占据着重要的、醒目的位置，在电视节目收视"分众化"趋势愈来愈明显的今天，杂志型专栏节目的地位和作用也显得越来越重要。因此，各台的节目生产部门往往都调集精兵强将来从事杂志型专栏节目的策划与编导工作。

一、杂志型电视专栏节目策划实例

军事全接触
（策划方案）

（一）创办宗旨

在新世纪初创办《军事全接触》这一杂志型军事题材电视专栏，我们所遵循的办栏宗旨是：首先，以先进的电视传播手段，为"深入开展国防教育，增强全民国防观念"贡献力量。我们庆幸我们生活在和平年代。然而生活在和平年代并不意味着我们就可以"刀枪入库，马放南山"——世界每个角落时断时续的纷争、时明时暗的烽火，无时无刻不在警示着我们：战争的阴云并未完全从世界上空散去，国弱就会被欺，落后就要挨打！因此，党和政府一方面带领全国人民抓住和平时机，加紧经济建设，以增强国力；另一方面则不断加强国防教育和宣传力度。前总理朱镕基在九届人大三次会议上所作的《政府工作报告》里，就明确地指出要在全国"深入开展国防教育，增强全民国防观念"。《军事全接触》最根本的努力方向，就是力图通过放送广大观众喜爱的丰富多彩的军事题材电视节目，从而使观众足不出户便能纵览军事风云，并在潜移默化中增强对国防事业的了解和热爱。

其次，以全新的电视专栏节目，为广东电视拓展观众层面、提升媒介影响力贡献力量。在我国，电视界，军事题材专栏节目不但历史悠久，而且一直是名栏迭出，有些军事专栏甚至被经营成与新闻、社教、文艺、体育等类栏目齐名的"拳头产品"，譬如 CCTV 的《军事天地》、《人民子弟兵》，LNTV 的《北疆兵歌》等。至于作为军事栏目的代表性节目，如纪录片《女特警雷敏》、《伏击》和大型电视系列片《中华之剑》等，则早已为电视圈内外人士所认同，成为一个时期的代表作。正因为这些优秀节目的存在，才使得军事节目在观众中的收视率一升再升，这块阵地也成为各台节目部门纷纷摩拳擦掌急于占领的"山头"。

广东电视媒介多年来虽然对军事题材节目屡有涉猎，但都没有形成规模或名牌效应，从而导致喜爱军事题材节目的电视观众白白流失。我们创办《军事全接触》的一个重要的出发点，就是要让喜爱军事题材的"老"观众回流，让"游离"状态下的观众找到乐于归属的精神家园，从而在广东有线电视信号覆盖圈里，培植、培育一个数目庞大、层次丰富、情感充沛的军事节目观众群体。

最后，本栏目还希望在节目的生产和运作实践上，为广东电视传媒当前"制播分离"及"买片制"等项改革事业贡献自己的力量，亦即希望在素材的购买、自拍，节目的策划、编辑制作、外包装和播出销售上能有新的探索。

（二）节目素材来源

（1）节目编辑所用素材的主要来源是向中国人民解放军电视宣传中心购买，也就是"中心"向各地公开发售的可用于播出的国内外军事题材节目素材。这些资料已经过有关部门严格审核，可用于地方电视台播出使用，因此不存在宣传尺度把关等方面的问题。尽管我们的节目素材无法做到"独家拥有"，但我们可以通过节目的再加工和精心包装来打磨节目的收视和市场亮点。

（2）《军事全接触》自拍素材。根据节目需要，尤其是在栏目运作一段时间，在人力、物力和财力上有所积累以后，我们将适当增加更具策划色彩、更符合栏目内容和风格的自拍节目的比重。

（3）选择合适的、有观众缘的节目主持人，将上述两种素材加以科学的、富有创意的包装、加工、组合，最终合成每一期的《军事全接触》。

（三）栏目编导方案设计

（1）栏目长度总长拟设计为每期 30 分钟。

（2）播出频率每周 6 次，其中 3 次首播，3 次重播。

（3）鉴于节目长度和播出频率，《军事全接触》的栏目性质拟设定为大型杂志型电视专栏，这样既可以容纳大量鲜活生动的素材，又可以包容新闻性、专题性和纯纪实性节目样式，从而确保节目内容能够做到浅近与深入相结合，节目样式也灵活多变。

（4）观众定位所有对军事题材节目感兴趣的电视观众，其中驻粤军人（现役、预备役和退役）及其家属、校内外青少年和儿童观众将作为本栏目重点培植培育的观众群落，但"老少咸宜"将作为我们永远孜孜以求的目标。

（5）栏目卖点方面，我们认为与其他节目相比，《军事全接触》具有这样一些特殊卖点：

其一，军事题材的普遍性和神秘性。将以往严密封锁的素材，在解密后以最快速、最形象、最逼真的方式放送给电视观众，其"大揭秘"的特性无疑会引起广大观众的好奇和收视欲。

其二，战争战事的故事性。硝烟散去，征尘落定，留下的是故事，是神话，是顶天立地的英雄，是无坚不摧的战神。而这些恰恰是最适于《军事全接触》挖掘和表现的题材宝藏。

其三，军事科技的尖端性。军事科技发展日新月异，其前沿性、尖端性是非业内人士所难以想象的，加之高科技在近年内几次局部战争中所扮演的"致命的"、"决胜于千里之外的"突出角色给观众留下难以磨灭的印象，这类节目一定会深受欢迎。

其四，由于世界的动荡不安，尤其是台湾政局的更迭和我国政府对于维护祖国领土完整的坚强信念，使得电视观众必将随着对国际和两岸局势的发展而越来越关注我国的国防实力、我军的作战能力和国际间军事风云变幻。由此，节目很容易形成报道焦点和收视热点。

（6）栏目设置既然是杂志型电视专栏，《军事全接触》的内容就必须具有杂志的特点，即尽可能地"包罗万象"。但这种"包罗万象"并非是凌乱的或无重点的，而是针对观众收视兴趣和我们所占有的优势素材来编排设置的。根据目前我们手中已掌握的材料，我们拟以以下这些"子栏目"分别组合，构成《军事全接触》——

·《世纪烽火台》——以系列片的形式，记录和反映两次世界大战和现当代世界局部战争经典战事、战史、战例，以及所有值得回味的关于战争的故事。

·《军事大百科》——系统介绍有关军事的知识和常识，例如军队的攻击、侦察、防御以及装备和保障系统等，侧重知识性和趣味性。

·《科技新视野》——介绍各国各兵种高科技战略战术指挥系统、各式各类高精尖大威力新式武器、装备等，力争期期有新"货"，总能令人耳目一新。

·《长城互联网》——"长城"乃我军的象征。此板块与其他地区兄弟台或其他媒介联手，综合报道我军在新时期发展建设和国防事业上所取得的成就，及允许报道的各类鲜活动态消息。

·《军营风景线》——深入国内外军营（国外部分使用购买的资料），透视、扫描、追踪报道热点国家、地区、兵种、人物和事件，满足观众强烈的"探营欲"，反映当代军人风采风貌。

· 《军界英杰录》——以专题片的形式或访谈的形式,重点向广大观众推介古今中外军界精英豪杰,尤其要重点向观众宣传介绍我党我军在各历史时期涌现的伟大的军事指挥家、英雄的战斗员,用他们的感人事迹,感染和熏陶今天的电视观众,尤其是青少年电视观众,培养其爱国、奉献的思想情怀。

(四)版面时段

(1)版面申请在广东有线电视都市频道或信息频道(也可根据财力申请广州有线相关频道,如 GZCATV-2)设置播出窗口;在广东有线其他频道(或广州无线频道和广州有线其他频道)上播出跟进式宣传片。如条件成熟,还可同时策划设置专门的军事题材网站,在报纸上开专栏,以实现媒体互动,收得更大的传播效果。

(2)时段申请每周二、四、六 22∶30—23∶00 为首播时段;每周三、五、日 17∶00—17∶30 或深夜 12∶00—12∶30 为重播时段。

(五)经营方式

(1)《军事全接触》节目组以提供节目的方式与签约台建立关系,接受广东有线(或广州有线电视台)统一管理。

(2)按所签订的经营合同规定数额,按时缴纳管理费用。

(3)以广告的方式自筹资金用于购买节目素材。

(4)自筹资金组织前期拍摄和后期包装、制作及宣传等。

(5)作为支持,申请台里每期节目给予前后共约 2 分钟的广告经营权。

(6)节目组将首先与台里签订一年经营协议,视节目收视效果和经营状况再决定期满后是否继续经营。

(7)节目版权、经销权归经营者所有。

(六)广告补偿(另附)

执行策划:张静民
《军事全接触》电视专栏筹划组
××××年××月××日

二、南方电视台《城事特搜》栏目编导个案解析

如果从中央电视台推出沈力主持《为您服务》算起,中国电视主持人栏目的历史要比当今活跃在荧屏上的许多主持人的年龄都要大许多。但这似乎并没有什么太多可自豪的,因为迄今为止,整个中国电视,乃至整个华语电视圈,除去那些滥竽充数的,能够凭实力、靠业绩毫无愧色写进华语电视史,或者降格以求——能够写进华语电视节目发展史的主持人节目和主持人节目的主持人仍是凤毛麟角。这样说或许有些苛刻,但我们的本意是要提出更高的要

求，并无抹煞中国电视主持人节目及其主持人劳动成果之意。毕竟，历经近30年的努力，中国电视主持人栏目中主持人的成长、壮大已成为不争的事实，其总体主持风格也几经演变，由最初的单一化、模式化、刻板化，发展到了今天荧屏上的百花齐放、异彩纷呈的总格局。尤其是近年来，经过电视民生新闻和新一代娱乐新闻栏目的发展，其红火势头更是锐不可挡，衍生出一种较"说新闻"更轻松的说话体主持方式，这更为主持人在电视栏目中的发挥拓展出更大的空间，这种极富个性的新型语言文体不仅深得电视观众喜爱，学术界也以包容的心态和发展的眼光开始予以关注并给予初步认同。广东南方电视台粤语主持人陈星凭借其在粤语电视栏目《城事特搜》中的主持表现而获得"2006年中国播音主持金话筒奖"就是一个最好的佐证。

（一）创新者乐园——与南方卫视共同成长的《城事特搜》

2001年12月，以原广东有线广播电视台和广东经济电视台为前身合并而成的广东南方电视台全新启动。在广东这片"开放的天空"，电视媒体的竞争环境异常惨烈，而南方电视台却异军突起，应该说这与南方台不拘一格办电视、鼓励创新的思路是密不可分的。2002年6月17日，《城事特搜》栏目开播。这一年，国内电视媒体中"民生新闻"尚在萌芽阶段，只有北京台的《第七日》一枝独秀。而《城事特搜》的岭南特色及丰富的生活资讯内容与《第七日》的节目定位完全不同。在香港，早年曾有亚洲电视台的《今日睇真D》和无线电视台的《城市追击》两档极具港味的城市资讯栏目，但后来因节目资源的匮乏及其他各种原因而停办，在广东再开办这样的生活资讯节目能否得到观众的认同，又可以走多远呢？

但事实证明，创新就是节目的生命力。这档极具岭南文化特色的新型栏目得到了观众的接受，并经受住了市场的考验。新鲜的形式和生动的讲述使栏目在开办之初便迅速吸引了观众的眼球，栏目收视率不断攀升，不久便跃居本土资讯类栏目的收视第一名，最高收视曾达10.98%（AGB – NIELSON 数据），五年来一直稳坐广东省所有境内外兴趣资讯类栏目收视第一把交椅。《城事特搜》出现后，带动了广东一批本土民生、资讯类栏目，"特搜"这一名称也被不少媒体"借鉴"、"引用"，甚至将这股风气带回香港，香港亚洲电视台本港台也于2007年开办了与《城事特搜》类似的节目《第一搜真相》，可以说该栏目开辟了广东电视媒体的又一轮创新潮。

（二）《城事特搜》栏目定位和子栏目设置解析

《城事特搜》在开办最初节目长度为25分钟，以突破传统的"搜"的手法报道粤港澳三地的"新、奇、趣",每期约有 5 ~ 8 条专题,没有子栏目设置。栏目内容涵盖了民生热事、奇闻趣事、风俗古事和潮流趋势等多个观众关心的方面,具有鲜明的岭南文化特色。

经过两年的发展,原来大一统的制作方法已经不能适应"资讯王"的节目定位,25 分钟更不能满足观众的需求。于是《城事特搜》于 2005 年扩版,节目时长扩展至 45 分钟,分设 5 个子栏目:

《第一搜》——以独特的创意、新颖的策划、另类的角度、幽默的手法,追踪城中公众关注的第一手热门事件、热点话题。

《DV 搜记》—— 让观众当"特搜"记者。长期征集观众自拍 DV 片段,突显处处有"特搜"的生活画面。观众作为见证者、参与者、陪伴者、调查者。举办贯穿全年的观众 DV 大赛。

《搜通天》—— 搜罗天下奇闻趣事,展现奇人奇技、特异功能等。

《有段古》—— 揭示百姓身边具有传统文化内涵的另类故事,如《城市路数》、《盏鬼方言》、《觅食地胆》、《隐世绝活》等,强调民俗性、故事性和独特性。

《犀利眼》——从新鲜的角度搜罗生活资讯,服务百姓。如特色搜店、特色玩点、特色生活百科等。

通过扩版,《城事特搜》进一步成长为本土资讯王。扩版第二周在广州地区的收视率就达到 6.8%,对频道的整体收视占有贡献率增加了近 1/4。而且,通过子栏目的设置,也更明确了节目的以下一些特色:

其一,海量信息、多样文体。

从体裁来说,栏目的不同板块融有消息、特写、深度报道、评论、谈话、音乐电视,甚至小品、动画等多种文体,而且这些文体不是单独孤立的存在,而是通过主持人的串联有机地融合为一体,成为整个栏目不可分割的组成部分。丰富的资讯满足了观众对信息的需求,多样的形式更符合观众求新的心理。

其二,扎根本土文化土壤,大打本土文化、资讯、参与和服务王牌。

岭南文化是中华文化宝库中一枚绚丽夺目的瑰宝,也是《城事特搜》取之不尽、用之不竭的宝藏。但在如何"搜"和如何呈现上,《城事特搜》没走其他电视栏目的老路子,而是大打本土文化、资讯、参与和服务四张王牌,通过调动各种电视手段和观众参与积极性,尽力拉近本土传统文化与节目观众的距离,拉近本土传统文化与当下潮流时尚的距离。由此,《城事特搜》不仅聚拢了人气,提高了收视率,还培养了一大批忠实"拥趸者"、铁杆"DV 搜记",使栏目走上良性互动、循环的轨道。

其三,不拘一格的编辑手法。

轻松活泼、节奏明快、动感十足已成为《城事特搜》栏目独特的风格与个性。精致的画面，生动灵活的字幕，幽默风趣的解说词，以及恰到好处的音乐配搭，多种元素的组合运用，令观众能够欣赏到更为立体化的电视节目。值得注意的是，该栏目把"特搜"的本色发挥得淋漓尽致，开创了一种全新的电视表现手法，从观众的角度思考问题，提出问题，层层深入，由表及里，带领观众逐步剖析疑团。这种"搜"的表现手法，能够增加观众兴趣，同时启发观众思考，将新闻的表现形式推向新的境界。

（三）《城事特搜》主持人角色定位、主持艺术表现及其智能结构解析

这样一档完全创新，甚至在开办之初无法归入任何一种传统分类的栏目，给了主持人一个极大的发挥空间。栏目的特色也决定了主持人的主持方式必须创新、不拘一格。开办之初此栏目共有 8 位主持人，分为粤语版和普通话版，每个人的风格都各有不同，这也是节目一开始给人以生动印象的原因之一。

今天《城事特搜》所具有的鲜明的主持风格，是在一段时间历程里"锤炼"出来的：

起步期：摸着石头过河。像任何节目在开始时一样，《城事特搜》也经历了开创时期的摸索阶段。当时粤语版采用双人站立式对播，普通话版采用单人坐播。播报、对话、演绎等各种形式都曾进行过尝试。最极致的一次发挥是 2002 年的国庆特别节目，3 对主持人分赴广东省各地，介绍各地的特色游乐。其中"玩转番禺"由陈星和容伟斌两位主持人搭档，介绍番禺的宝墨园和香江野生动物园两处景点。25 分钟的节目，两位主持人基本都是以剧情演绎的形式出现，介绍宝墨园来历时模拟演绎了"包公怒沉墨砚"的故事，在转场串联野生动物园时模拟了"野蛮女友"电影中的片断……节目播出后收到了良好的反应，更为节目及其主持人树立了轻松幽默的品牌形象。

发展期：夸张、绕弯的表达方式。2003 年上半年，当时整个栏目组分为三个大采访组，内容多是奇闻逸事和潮流资讯，由于录串词时很多片子还没有制作完成，所以主持人对节目内容缺乏通盘的了解，在这种状态下，主持人为了兼顾节目的奇趣招牌，采用了另一种串联方式——绕弯，例如：

串词：最近贝克汉姆可谓红透半边天，从体育版到娱乐版，甚至头版，都看见他的身影。这是体育商业化操作的一个成功范例，而且我们对贝克汉姆的关注点也不仅仅限于他的脚上功夫，同时包括了他的头——也就是发型，因为他每次出场都会变换发型，而小贝的发型总能引领潮流。接下来这位老汉，他的头，也总能吸引大家的目光。

以此引出《奇闻》：头上长角的老人。

这种主持方式在当时颇为新鲜，观众的反应却走向两个极端，喜欢的猛说好，批评的声音也毫不客气。鉴于此，《城事特搜》对内部人员结构进行调整，节目内容开始向偏重民生的新闻方面倾斜，节目主持人的主持风格也随之变化，进入全面调整期。

调整期：回归平实的叙述话语模式。2003 年下半年，《城事特搜》策划制作了许多大型专题，如《踢爆街头气功骗局》、《揭秘走鬼烧烤卫生黑幕》、《直击都市丐帮》、《夜半猪头香》、《色情影吧起风波》等。大量社会新闻的报道使得节目的风格朴实了许多，这既是一次调整和回归，也是国内民生新闻大潮的提前演绎。

与此相适应，《城事特搜》的主持风格也收敛了许多，两位主持人从站播改为坐播，言语不再夸张，而是紧密结合内容，更注重实在的串联。这次回归以贴近生活为宗旨，使节目在普通老百姓中奠定了更亲民的基础。2004 年 7 月 28 日，南方卫视成功上星，以国家外宣平台的姿态覆盖海外，栏目在延续原有"新奇趣"的特色及关注民生的同时，加大了文化类题材的开发，开设了"盏鬼方言"、"广州路数"等新环节，使"岭南文化"成为节目的一面新旗帜。

成熟期：轻松流畅的对话，贴近生活的讲述。2004 年是主持人风格步入稳定成熟的阶段，栏目也首次得到专家的认可，《城事特搜》获得了 2004 年度广东省社教节目主持一等奖。这个时候的"特搜"主持人成熟、睿智、轻松、风趣，总是以新近发生的相关新闻为由头引入和串联，通过观众有兴奋点的信息引入节目内容。这种风格既延续了"特搜"一贯的轻松幽默，又朴实、贴近生活，尤其是陈星与骆伟瑜二人流畅的对话，节奏轻快，主题鲜明，这主要表现为：

第一，环环相扣的对话。《城事特搜》从开办以来一直是无稿录制，主持人录制节目时，只有记者提供的内容大纲作为参考，需要主持人在短时间内提炼出整期节目的主题并通过对话串联起来。长期的锻炼造就了两位主持人的默契。无论什么话题，二人都可以对答如流，而且因为是二人的真实感受而非背稿，所以对话过程环环相扣，紧密流畅。

第二，句式短小、简洁流畅。《城事特搜》节目中，极少出现艰涩难懂的词汇，也少有长篇大论的话语。不管是双人对话还是单人讲述，都用简短的句式表达。但是也讲求用借代、反语、夸张、移用等修辞手法加以趣味化改造，偶尔还穿插些俏皮话、打油诗，使节目更有趣，充满节奏感。如：

A：听说有人同一时间内在四十多个地方违章。

B：孙悟空 72 变啊？

A：那是过去，现在叫克隆。

第三，方言增加趣味性。《城事特搜》节目内容本土化，用地道的粤语也是其更具地域特色的原因。"盏鬼方言"系列从南方卫视上星之日起开始推出，至今已播出数百条，介绍了许多有趣的方言俚语故事，增加了节目的知识性，而主持人对这些俚语的灵活运用，也增加了节目的趣味性，增强了岭南文化特色。如：

真是湿水棉花——无得弹！边个不服的可以来找特搜，我们帮你安排与陈先生过过招。不过我敢说，你是秀才手巾——包书（输）！输到头耷耷眼湿湿，喊苦喊忽（又哭又喊）就认沙湾灯笼——何苦（府）了。

第四，加强观点新颖的理性点评。进入 2005 年，各地民生新闻如井喷般爆发，更涌现了不少以点评出位的主持人。同样的，与时俱进的《城事特搜》节目中，点评的分量也在不断增加。然而，点评是为了让观众更好地理解新闻内容，主持人一定要认真掂量"话筒"的分量，绝不能为"一鸣惊人"而刻意发表另类言论，以此博得部分观众的掌声甚至换取收视率。

比如陈星送评"金话筒"的代表作中《窗台露体狂人》一片，报道的是广州某社区中有人三年来长期对着窗口裸露身体并做出猥亵行为，对附近住户造成骚扰一事。对此种人和事，主持人可以义正词严地批评这一不道德的行为，也或许可以揪住"裸露癖"的话题多说几句，满足大家的窥私欲，或许可以博取高收视。但是陈星却在善意提醒这一行为的失当后说到：

医生说"裸露癖"是一种心理疾病，而这样的疾病是羞于启齿的。所以我想，相关机构看过报道后，能不能主动与他联系，帮他排解难题，也算是帮附近街坊一个忙！毕竟构建和谐社会，更多的是需要主动的支持和帮助啊。

这样便将矛盾缓和下来，让原本针锋相对的双方坐到一起，让大家一起来解决问题而不是将矛盾推卸给某一方。节目播出后，观众对知性的陈星有了更新更深的认识，也得到了更多的认可。

主持人与主持人节目是一种相辅相成的关系，主持人与主持人节目的制作团队亦如此，但互动关系更为明显、重要。主持人节目的主持人必须通过不断提高自身修养、调整自身智能结构来适应和提高节目水平、提升节目质量，而节目制作团队也应无条件地为把自己节目的主持人打造成名牌、王牌主持人而不懈努力。只有这样，才能擦亮节目品牌，实现节目内容的广度和深度传播，从而在激烈的节目竞争中实现生存和发展的远大目标。在这方面，南方电视台的《城事特搜》和"金话筒"主持人陈星的共同成长历程，是颇值得同行们借鉴的，也颇值得学者们作为个案予以认真的总结、研究。

（本节与南方电视台《城事特搜》节目主持人、全国"金话筒"获得者陈星合作撰写）

第三节　杂志型电视栏目解说词写作技巧

一、杂志型电视栏目编导职责

杂志型电视栏目由于往往选用现成素材或半成品节目素材作为编辑材料，因此编辑工作的重要性常常被忽视，以为只要将材料填塞进栏目中串联到一起就可以了，其实并非如此。作为杂志型电视栏目编导，其职责与建筑工地上的工程师极为相似——面对一堆建筑材料和一张图纸，其水平的高低将直接影响着建筑物的质量。对于此类节目的编导职责，我们可以简单归纳如下：

（1）参与栏目策划，深刻领会策划宗旨，组织协调前期采拍工作。

（2）精心选择素材，科学安排子栏目，确保节目信息适时适量。

（3）提出编辑方案，组织后期编辑制作，撰写栏目串词和短片解说。

（4）提交审查样片，组织修改完善，制作本期节目包装宣传片花。

二、杂志型电视栏目解说词写作要点

杂志型电视栏目解说词写作工作可以分为两大部分：其一，撰写栏目主持人片头、片中、片尾串联词；其二，撰写栏目当中每个子栏目短片解说词。当然，这两项工作也可以由他人完成，但作为最了解本期节目宗旨和内容的编导如果不亲自撰写，而由他人捉刀代笔，如果截稿时间又比较紧急而没有时间深入了解和认真准备的话，那么难免会急就章，轻者词不达意、隔靴搔痒，重者文不对题、混乱不堪。因此，我们主张每期节目都由节目编导和节目主持人共同来完成串联词和解说词的撰写工作。在串联词和解说词的撰写工作中，有这样几个要点需要把握：

（一）撰写串联词的基本要求

（1）开篇词的撰写一般要简洁明快，开门见山，并且讲究口语化、个性化。笔者在电视台文艺部工作时曾策划和编导了一档名为《文体大世界》的大型板块栏目，其中一期以"五一劳动节"为核心内容的节目的开篇词是这样写的：

> 文体大世界，有你也有我。大家晚上好！今天是五一劳动节，因此这期节目的内容也都跟"五一"有关：退休老工人走上了《竞技场》，一条绳子争高低（拔河比赛）；《魔方舞台》无奇不有，王老师傅吹喇叭省下嘴巴用鼻子（绝技绝活表演）；《说你说我》说不完当年铁人创业故事（铁人王进喜战友追忆铁人故事）；《中华大家唱》唱一唱《咱们工人有力量》。

（2）片中段落与段落之间的串联词的撰写，则要求能够承上启下，无论是过渡、转折还是引申，简洁而不烦琐，平实而不花哨、故弄玄虚，这是最起码的要求。如果所撰写的串联词在语言风格上能够与栏目总体风格和短片内在风格及片中人物语言个性相吻合，使整档节目浑然一体，就更完美了。这一点在本节后面为大家提供的参考范本中得到了很好的体现。

（3）片尾串联词如何撰写没有固定模式，一般都是对前面节目里所播的内容予以言简意赅的评点，在评点中往往要带有一些启迪意味和哲理色彩，给人一种意味深长的感觉。片尾串词忌讳"直白浅露"，也忌讳"假大空"或死板生硬教训人的口吻。浙江钱江电视台的《大家》是一个很受观众欢迎和喜爱的杂志型栏目，但是1997年7月31日那期子栏目《众生相：让座》的结尾值得斟酌：

> 给老弱病残孕等特殊乘客让个座，看似小事一桩，但从一个侧面也体现了一个城市市民的文明程度，素以见义勇为著称的杭州人，在让座这件小小的事情上难道就不能做得好一点吗？

（二）撰写解说词的基本要求

关于解说词的撰写，并没有固定的模式或准则需要遵循，无论是杂志型电视栏目，还是其他专题节目，撰稿者如果一定要遵循什么原则的话，那么只有一个，就是要配合画面把要讲述或表述的内容讲述或表述清楚，如果再能"有些味道"就更好了。根据《电视写作》（赵淑萍、高晓虹：《电视写作》，北京广播学院出版社2000年版，第257~264页）一书的说法，在电视节目解说词写作中，有这样一些事项需要撰稿者加以注意：

（1）解说词为了与具体的电视画面相配合，一般应从具体的事物逐步写到抽象的概念，从看得见的事实逐步写到看不见的道理、思想和观念。

（2）数字的表达应选用合适的视听元素。

（3）注重细节，用解说词点化细节，深化和升华细节，讲述与细节有关的方方面面的内容。

（4）每段解说词可以具有相对独立性。电视片往往是由若干段解说词构成的，就每一段解说词而言，有着自身的相对独立性，段落之间不需要必然联系。

（5）解说词的顺序应依据画面场景的变化而定夺，画面在组接时往往遵循同一场景的镜头相对集中的原则。这样做能够与人们在实际生活中的真实情景相吻合。

（6）解说词是为"看"而写，解说词要为观看留下思考的时间和空间。解说词有别于一般的文章，普通文章是为了给读者阅读，所有信息都要借助于文字表达，而解说词是为了促使观众看画面、帮助观众读懂画面、引导观众思考画面而写的。主要信息应依赖于画面传达，当画面受到某种局限时再借助于解说。画面已经表达清楚的，解说词再说就显得多余。一段恰到好处的解说，不仅会补充画面的不足，延伸画面的意义，而且能有效地吸引观众观看屏幕，使解说与画面相得益彰。

（7）如果是地方电视节目，还应考虑地方文化、习俗、一级方言运用等因素，目的无非是增强节目的亲切感，从而达到传播效果。

三、杂志型电视栏目主持人串词和节目解说词实例

城事特搜

南方电视台 2005 年 9 月 26 日播出　　主持人：陈星

主持人　开场：

《城事特搜》，生活资讯第一搜。大家好，我是陈星。

台风"达维"今天驾到，节目开始前，提醒大家出门要多加小心。

事实上，这几天因为台风前的影响，天气真是闷热难耐。天热，人就容易心浮气躁，说话出格，做事过火。

最近李敖在国内的多场演讲，出格的话就没少说。但有人说，"讲得真痛快"、"比喻得真有水平"，甚至有人翻出他若干年前读书时的一张裸照说："裸露都裸得性感过人。"

李敖的独一无二，可以让有的人为他的裸露竖大拇指，但是今天要说的这位先生，他的过火行为，换来的就是警察上门了。

片断一　窗台露体怪人

解说：

锦龙中路居民向我们反映，说他们对面这栋楼里住了个怪人，每天早上都会裸露着身

体站在窗边。

采访　附近居民1：早上六点多他就站在那里了。

　　　　附近居民2：脱光衣服在那里走来走去。

解说：

听说这种现象，已经持续将近一年了。近来，那位老兄的行为更是越来越放肆。

采访

附近居民1：一年前他就这样了，但没这么严重，没有脱裤子，只是脱衣服而已。

附近居民2：谁知最后连内裤也不穿了。

附近居民3：看见有女人他就会出来，男人的话他就不出来。

附近居民4：还吹口哨吸引你看呢。

解说：

居民说，那个男子通常是一大早或者深夜才会出现。当晚11点，记者果然在窗边发现了一个身影，他一边望着这边的居民楼，一边做着一些古怪的动作。虽然由于光线太暗，我们看不清楚状况。但是这名男子的行为，确实显得十分古怪。

第二天早上，记者等候在老地点，但那名男子似乎有所察觉，并没有出现。

到了第三天早上，记者六点前来到大楼前。这回，他再次出现了。只见他穿着内裤，站在窗前不断东张西望，接着他竟然将内裤也脱掉，全身赤裸地站在窗口。特搜叫一名男子走出楼梯，那人一见便穿上内裤迅速离开了窗边。但是过了一会，他又赤条条地站了出来，还不断做着各种不堪入目的动作。

采访

附近居民1：感觉很恶心。

附近居民2：别说小孩，大人看见也感到不舒服。

解说：

心理医生说，这个人的行为，属于性变态的一种。

采访

黄全　广州市红会医院心理医生

按照精神医学角度的鉴定，他属于一种露阴癖。因为你越惊恐他就越满足，所以你要镇定然后迅速离开。

解说：

附近的居民终于忍无可忍，拨通了报警电话。

现场同期声

民警：你有一种行为，据别人反映，说你经常脱光了衣服站在窗边。是不是有这种事？

男子：我经常是这样的。

民警：你经常这样？

男子：我一个人洗完澡就是这样的了。

民警：你要知道这个窗对面是看得很清楚的，你在这里走来走去到处都是很敞亮的。你说可以这样吗？你要讲点道德，你也不是小孩了。

男子：我接受。

解说：

这位老兄，其实你在自己家里做什么别人确实无权干涉，但是如果你的行为违反了社会公共道德，对别人的生活造成滋扰，那可就不成了。文明社会讲究文明行为，最低限度，就是马上给你窗子安上层窗帘吧。

主持人：

真是神台猫屎——神憎鬼厌！这样的做法佛都有火啦！所以有人说：警告处罚太轻了，应按照《治安管理处罚法》第四十四条规定：在公共场所故意裸露身体情节恶劣的，处 5 日以上 10 日以下拘留！

不过话分两头讲，医生说"裸露癖"是一种心理疾病，而这样的疾病是羞于启齿的。所以我想，相关机构看过报道后，能不能主动与他联系，帮他排解难题，也算是帮附近街坊一个忙！构建和谐社会，更多的是需要主动的支持和帮助啊。

――――――――――― 片花 ―――――――――――

主持人：

广州天河城广场门前公交车挡路的情况由来已久，由于是商业旺地，客源多，几十条公交线路都在这里设站，有时候等进站的车队可以占三四条车道。

最近有观众向我们报料，说这里建起了港湾式停车站，公交车分流进站方便多了，但是进站的时候笑眯眯，出站时又变成嘴撅撅。

片断二　瓶颈公交车站

解说：

这个车站设在广场里，从路边进来真的像个停靠的港湾一样。车站共有四条车道，三十多路公交车停靠。车流分车道进站，秩序井井有条，再也不用抢道了。

采访　报料人：以前那些车都挤在路上，现在好多了。

解说：

为什么进站容易，出站会成为问题呢？很简单，进站一分四，出站时就变成四合一了。特别是第四车道的车，还要绕个大弯，公交车身躯庞大，转向自然麻烦。更加火上浇油的是，旁边正佳大街的车流也来搅和。

采访　报料人：这个正佳大街上车很多，正好又顶住车站的出口，就变成新的瓶颈了。

乘客：有时候在车上等很久，也出不了站。

解说：

等得久也没办法啊，因为心急的话可能更糟糕。

采访　报料人：公交车车身大，绕出来很困难，加上和正佳大街的车抢道就很容易发生交通事故。

解说：

（拟人）：喂！兄弟，你横在路上叫我怎么走啊？

　　　　　喂！你招呼都不打就冲出来，让我们这些公交车怎么走啊……

主持人：

这种港湾车站就像个大肚酒瓶，肚子大瓶口小，当然容易消化不良。

不过有港湾总比没港湾好，瓶颈问题一时解决不了，考验我们的，尤其是对于各位司机大佬来说，就是需要多多理解和互相谦让了。

口播：人行天桥修好了。

事实上可以解决的问题有关部门还是很尽力的，比如我们上周提到过有座人行天桥的单车道，因为用的是铁皮，容易出现打滑的安全问题，昨天我们收到一位观众拍摄的 DV 片段，他说发现这个星期铁皮路已经换成了水泥路面，上面还加了防滑沟，单车走在上面就不用再怕滑啦。

老百姓的心水是最清的，你做了什么事，大家可都是看在眼里、记在心里的。

第四节　杂志型电视栏目创作与编导个案解析

本节我们以广东电视台《南粤大地》为个案，通过全面了解和深入分析，探讨杂志型电视栏目创作与编导规律与技巧。

《南粤大地》是广东电视卫星台 1996 年 6 月开播之初推出的重点栏目之一，是广东省各市县台优秀专题节目播出的窗口。多年来，它凭借广东改革开放前沿之地利，携上星广泛传播之优势，在全体编创人员的努力之下，较为迅速地完成了自己诸如价值取向和风格定型方面的进程，推出了一批受欢迎、有力度的电视作品，获得了观众的好评，并得到了专家的认可。然而，《南粤大地》也遇到了来自内部与外部的双重困扰：一方面它要完成再发展、再进步的突破；另一方面它必须面对来自台内台外诸多同类栏目的挑战、竞争，而这种挑战、竞争随着内部改革进程的加快和卫视家族的急剧扩大而愈来愈激烈。

那么，《南粤大地》应该怎样认识自己的过去，今后又要朝怎样的方向继续努力呢？我们认为，既然《南粤大地》的产生、发展和成熟得益于其运作、传播方式，得益于其作品蕴涵并揭示的社会价值、表现上的真实可信和独特风格的追求，那么，"解铃还需系铃人"，也就是说，《南粤大地》迎接挑战、竞争能量的积淀将来自内涵潜能的发掘而不是依靠外延式发展。具体地讲，就是《南粤大地》在今后的运作与发展中，编导们首先要强化以下几种意识：

一、卫视意识

我国中央电视台的上星及山东、浙江等部分省级电视台的陆续上星，使电视人和电视理论工作者更多的时候注意到的似乎只有随之而来的覆盖率、收视率的增加，传播实效的提高及社会作用的加大却没有注意到，至少是没有重视节目上星对于节目生产者素质要求的根本变化。直到广东、辽宁以及北京、上海等一批实力派电视台节目上星参与"星际大战"，卫视意识的重要性才被人们感受到并时有论及。

那么什么是卫视意识呢？笔者认为，所谓卫视意识其实就是随着卫星电视的发展而给电视节目生产者思想观念及组织方式带来的变革，它主要表现为这样两个方面，即节目生产的精品意识和节目生产的团队精神。

精品意识和团队精神单独来说可谓老生常谈，但合在一起则成为办好电视尤其是卫星电视的核心意识。且不说精品意识已被呼唤多年，单是整体优势也早已为电视界领导和前辈所提及和提倡。中央电视台原台长王枫 1990 年为《诱惑与回响——〈地方台 50 分钟〉解说词暨评论选》一书作序时就说："我一直认为，注意发挥我们广播电视系统的整体优势，是关系到办好具有中国特色的社会主义的广播电视事业的原则问题。"而在 5 年之后《诱惑与回响》第二版的《序》中他已把"系统意识"作为《地方台 30 分》栏目所以办得比较成功的重要原因之一。广东电视台的决策者和节目的编导者们对此则有更为深刻的认识。《南粤大地》牵头组织的"走进云浮"、"走进韶关"这样大型易地采访拍摄活动，就是对这种团队精神的一次检验。其实，整个《南粤大地》也是团队精神的结晶——没有各市地台的支持，就没有今天的《南粤大地》；同样，没有《南粤大地》，各市地台的许多优秀节目，也就失去了在更广大传播空间播出的窗口。

近几年来，如果说它的优秀作品在观众中产生了影响，它的实绩也为广东卫视在国内国际的电视"星际大战"中增添了实力，那么我们就不能不把这一切归功于它的全体编创人员的卫视意识，即以自己的电视精品，在国际文化交流的大背景下，在努力跟上国际文化大趋势的同时，使自己本国本土的文化模式引起域外的兴趣和关注。正是在这种卫视意识指导下，《南粤大地》才以视野开阔的选题，深入细致的挖掘和自然真实的表现而推出了一批优秀作品，在各地观众中产生了相当的影响，并且在节目生产过程中培养锻炼了一批优秀的创作人才。譬如由《南粤大地》组织的以梅州为主题的易地采访，就为各参加台以新视觉、新感受、新发现而创作出一批较有力度的电视作品创造了条件。由此看来，卫视意识不但是《南粤大地》优秀节目生产的前提，而且是办好《南粤大地》乃至广东卫视的指导性电视意识。

二、社会意识

正如广东电视台 20 世纪末重点推出的春节文艺晚会——《跨越大洋迎虎年》不是为展示卫星传输、卫星电视本身技术优势一样，《南粤大地》作为全省共办的电视专栏也不是为显示其题材、人员与模式的优势，而是一向以"从不同的角度，反映省内各市、县的经济建设，报道家乡日新月异的变迁，介绍当地的民生民情，述说本土的人文风俗"为栏目宗旨。由此可见栏目强烈的社会意识。这种强烈的社会意识作用在节目生产上，就突出表现为价值取向的多元化，即题材选取、主题挖掘和艺术表现上的对新闻价值、社会价值和文化价值有意识的追求。

三种价值取向从概念上看存在着一定程度的交叉，但这并不妨碍我们对《南粤大地》已经播出的具有代表性的节目进行认识归位。若加以区分，在较有影响的节目中，惠州台的《渔家婚礼》、汕头台的《贵屿街路棚》这类节目指向的是南粤风土民情和群众文化事项，而《话说白戏》（湛江台）、《粤北采茶戏》（韶关台）、《汕尾渔歌》（汕尾台）等则可被认为是纯文化范畴的电视作品；《张斌和她的西藏学生》（中山台）、《丹心》（阳江台）、《寻访彭海潋》（汕尾台），以及《离散 60 载，团圆在 97》（中山台）、《中华名人迎香港回归》（珠海台）等节目，其价值取向则偏向题材本身的新闻价值，但编导者也没有忽略对题材本身同时蕴涵的社会价值即思想认识价值的开掘，只是没有像《白发老人办学堂》（汕尾台）、《一个农民和他的农机梦》（阳江台）、《淑潮姐》（中山台）、《乡村医生》（梅州台）、《告别煤油灯》（惠州台）、《面塑老人》（湛江台）等作品那样把社会价值作为第一要义去刻意追求、阐发、弘扬、光大。

应该看到，多元化价值取向对于《南粤大地》内涵构建与风格营造所起到的作用是相当重要的。它不但使《南粤大地》在内容上显得积极厚重，还使之以丰富的文化色彩和浓郁的地域特色而为观众喜爱、专家认可。

《南粤大地》社会意识的形成并非栏目编创人员主观意志的规定，而是他们应答社会与时代呼唤、满足观众审美欲求的必然结果。广东电视台作为中国改革开放前沿的广东的省办电视台一向拥有得天独厚的条件，"得地理之便，得风气之先，得潮流之顺"，因此，作为这样一家电视台的编创者，用自己肩上的摄像机追踪广东改革开放的步履，记录南粤大地火热的现实生活，展现南粤文化特有的底蕴和个性色彩，从而满足各地观众了解广东、认识南粤的收视欲求，这不仅是必须完成的使命，还必须把客观存在发展成一种社会意义上的集体意识。因为正是这种电视意识，不但使《南粤大地》作为杂志性专栏在内容上积极厚重，而且所承载的新闻价值、社会价值及文化价值也可以满足广大电视观众多方面的收视需求。因此，笔者认为，对于《南粤大地》来说，即使把社会意识提到办栏目的根本意识这个高度来认识也不为过。

三、审美意识

之所以特别提出《南粤大地》编创者要有审美意识，首先是因为观众在收视节目时所表现出来的强烈的审美欲求。如果说抱着"我要了解广东"这样的目的收看《南粤大地》的观众不会少的话，那么以"我要看节目受点教育"这样的动机收看《南粤大地》的观众可以说几乎没有。而真正的教育作用往往产生在观众的审美过程中，即观众在收看、欣赏过程中往往自觉或不自觉地为节目内容所吸引——也许是人物及其言行、命运，也许是一幅画面一个场景，从而受其感染并且让情感参与其中，并以自己积淀下的审美标准对节目提供的审美内容作出接受与排斥的选择，最终使节目的教育和认识作用得以实现。其次，是因为节目制作者的审美意识决定节目的审美价值，这也是我们强调要强化《南粤大地》编创者审美意识的主要原因。《南粤大地》的美学表现再一次证明：电视节目之所以能引起观众情感上的愉悦、精神上的升华，从而在观众和节目之间，从思想上、情感上达到契合一致，发生共鸣，是由于电视节目具有审美价值，而电视节目的审美价值，主要是节目反映的现实美创造出的艺术美。

《南粤大地》的"现实美"已毋庸多论，从改革开放到家乡巨变，从助人为乐到老有所为，从科技下乡到农机梦圆，从乡音乡曲到民风民俗，这题材本身就具有审美价值。但对这审美价值极为丰富的题材加以艺术表现，并在表现中赋予其更多更深的审美因素则离不开编创人员个体审美素质。鲁迅曾说："一件艺术品，表面上看是一幅画、一座雕像，实际上是艺术家人格的表现。"可以这样认为，如果编导在自身由真善美构筑的人格上存在缺陷，那么《张斌和她的西藏学生》这样表达爱心、赞美真情的题材就是送到眼前他也会视而不见，即使选取了也开掘不出其真其善其美，更不会抓住动情点做出使我们因感动而落泪的片子来。

因此，我们可以说，节目编导的审美倾向不但决定自己作品题材的选取，而且影响主题的提炼；同时，节目编导的审美能力对作品表现上的节奏的把握、叙事安排和声画两种语言意义叠加的效果的预见，也起着决定性作用。最后，我们还必须指出，节目编导的审美意识还决定着观众欣赏节目时的美感的产生及其程度的深浅。这是因为节目制作者制作的节目的魅力在于通过节目制作者深刻理解过、体验过的东西唤起观众的共鸣。徐悲鸿曾说："凡美，所以感动人心者，绝不能离乎人之意想，意深者动深人，意浅者动浅人。"电视界流传这样一句话：要想打动别人，首先打动自己。《南粤大地》栏目曾播出的《一个农民和他的农机梦》就是这样，据编导介绍，他之所以花那么大的力气去拍去写去编这部片子，完全是因为在采访中他自己首先被这位几乎是抛家舍业追寻自己农机梦的农民的执著精神所打动。也正因此，这部片子出来后我们在欣赏时才会被吸引、被感动。

从这一点上说，节目编导者的审美意识不但对于作品的生产至关重要。而且对于观众的美感培养、心灵的塑造也起着积极作用。因此，对于欲发展求进步的《南粤大地》来说，把审美意识提到战略性高度来认识也是应该和必要的。

四、风格意识

风格对于栏目的价值是不言自明的。中央电视台的《东方时空》、《焦点访谈》、《新闻调查》，上海电视台的《新闻透视》，辽宁电视台的《热点透视》，浙江电视台的《文化公园》等一大批栏目不但内容充实，而且都有着显著的风格。广东台是全国电视节目栏目化较早的电视台之一，其所办栏目风格也相当显著，如《社会纵横》、《南粤大地》、《环球经纬》、《女性时空》等，有时不见栏标观众也可凭内容及表现方式辨认出来。但作为卫视专栏，我们要求《南粤大地》的似乎在风格化上要较之其他栏目更多更深刻些，即从里到外的充分个性化、风格化。

栏目的个性化、风格化其实并不玄妙。从栏目内容来看它要求从题材选取到主题挖掘，从艺术表现到语言（声、画），都要有自己的方式、自己的个性。《南粤大地》在这方面是有追求的，它曾专门行文下发，对于栏目风格提出要求。如要求《家乡写真》的是："用平和的心态对具有典型性的某人、某事或某种现象进行报道和评述（必要时可连续追踪报道），以此来反映当地的社会风尚、经济建设、民生民情、家乡变迁和人的精神面貌。"而要求《五味人生》的则是："它站在平视的角度，去采访各行各业中的大人物和平民百姓……"

仅有这些还不够，作为卫星电视的重点栏目，我们还特别要求它外部的包装意识。中央电视台《生活》栏目不仅美观精致赏心悦目，而且其包装与节目内容间还有一种和谐美。谭希松的一篇文章揭示《生活》使用的是英国QVANTEL公司的全数字特技制作设备和技术制作的片头片花，其字幕也达到了醒目、韵贴的效果。谭希松在这篇文章里还说："栏目包装在整体节目流程中，是对节目的一种补充、一种延续，是节目不可缺少的重要组成部分……在电视制作手段不断提高的今天，大批为观众所喜爱的名牌栏目无不注意整体包装的精美。"其实这种技术性包装还不是栏目包装内容的全部含义。应该说，对于《南粤大地》这样采取地方台供片运作模式的栏目来说，更为重要的包装一是子栏目与子栏目之间的有机衔接，二是要有一位如赵忠祥为《人与自然》的象征、灵魂，崔永元为《实话实说》的象征，姜丰为《文化视点》的象征、灵魂这种层面与意义上的《南粤大地》的主持人，而这位主持人的特点是由栏目内容与风格决定的，即既要亲切可信，又要睿智得体，同时还要富于爱心和文化修养。也许这样的主持人一时难以发现，但可以断定，他出现的那一天，也就是《南粤大地》再上新台阶的一天。

在当代中国，南粤大地是充满活力生生不息的，那么作为一向"引领一代潮流"的广东电视台的重点栏目之一，《南粤大地》也应充满活力，也应敢为"栏目先"。相信在强化上述几种意识后，在新世纪荧屏的天地里，必定会有《南粤大地》营造的一道绚丽的引人注目的风景线。

思考题：

1. 杂志型电视栏目有什么特性？
2. 杂志型电视栏目策划和编导要点是什么？
3. 根据本地电视节目设置现状，试策划一档杂志型电视栏目。
4. 杂志型电视栏目解说词写作有哪些特殊要求？
5. 根据所学知识，试为本地一档杂志型电视栏目撰写解说词。

第五章

栏目型电视节目的创作与编导（中）

本章提要

系列片型电视栏目是公共教养类电视节目另一种不可忽视的类型。这种栏目在当前不仅因受到媒介追捧而越来越流行，而且佳作、力作迭出。本章研究的重点是系列片型电视栏目策划、编导以及系列片型电视栏目中解说词的写作技巧。同时，以凤凰卫视《千禧之旅》为剖析对象，透过个案总结创作与编导的成功经验。

第一节　系列片型电视栏目创作与编导

一、系列片型电视栏目及其特征

系列片型电视栏目是当前电视节目的一个重要样式。这种栏目的特点可以用"前店后厂"来形容。也就是说，它往往是根据已经生产出来的，或正在策划生产的一套或数套系列片而设立的。从策划与编导的角度看，这类节目有着很显著的特点，而这些也正是策划和编导者们必须着力加以把握的：

（1）在策划过程中，栏目往往依所掌握的片源——节目而设立。广州电视台《时代纪录》如今已经成为一档颇受欢迎的节目。但这个节目设立的初衷，在当时却是为了"消化"这些年来陆续库存下来的一套套电视系列片。这些片子，单独播势单力孤，引不起什么反响；放在那里不播，又是对电视节目资源的一种浪费。在这种情况下，为了盘活资源，由总编室牵头，根据这些系列节目的纪实特点，策划设立了《时代纪录》这一专栏，并且放在晚间的黄金时段里播出。

（2）策划、摄制、编播的同时性。广东电视台 2000 年推出的大型生存体验式电视系列节目《生存大挑战》在全国产生了很大的反响，电视理论界尤其看重这个节目，认为它是国内体验纪实式电视系列节目的开山之作。这个节目在策划创意产生后，经几个月的筹备便紧急上马——三名精心挑选出来的选手，必须在半年的时间内，走完中国的陆路边境，所能依靠的仅仅是摄制组提供的每人 4 000 元人民币，其余则要自谋生路。摄制组则一路跟踪纪实拍摄，直至到达终点。在挑战开始后，节目的半成品或素材通过微波线路、卫星线路，甚至是特快专递陆续传回到后方的编辑手里。

这些节目或素材，经过再加工后，通过专门策划的同名栏目——《生存大挑战》予以包装播出，同时，在珠江台的另一重点栏目——《相聚珠江》中也作为骨干内容予以播出。这样，就形成了一种共时性的摄制流程：策划——生存体验——编导——拍摄——编辑制作——播出——再策划……

（3）对策划、编导、编辑的高要求。由于这类节目的庞杂性、共时性和现场性，因此，对策划和摄制的各个环节的从业人员都有很高的要求。对于策划者，要求他既能高瞻远瞩统揽大局，又能把握现象、流向、节奏，从而做出切合实际的具有相当的可行性的跟进式的策划方案，以便编导指挥拍摄。对于编导，则要求既有全局观、电视意识，又要有相当高的现场指挥、调度、协调、应变和即兴指挥创作的能力。这是由拍摄过程中真实事件的不可预知性决定的。

对于前方和后方的编辑们来说，则要有抓取细节、提炼故事，甚至是点石成金的本领。前方拍摄回来的节目或素材，很难按预想的那样"要风得风，要雨得雨"，总会有这样或那样的不足或缺陷，这就要求编辑们"巧妇'能'为无米之炊"——凭借电视优势，化不利为有利，将有利因素和有用材料发挥到极致，并最终做出具有吸引力和艺术价值的节目。

实际上《生存大挑战》的成功，正是各环节发挥主动性、创造性和团结协作的结果。

二、系列片型电视栏目创作与编导个案

（一）撰写宣传片文案

《看世界》是广东电视台在 1999—2000 年近两年时间里推出的长达百集的大型电视系列片，笔者参与了该节目的策划，还为其中的 60 多集节目撰写了解说词。下面是笔者策划、撰写的该节目宣传片的文案——刊载于此，仅供参考。

《看世界》宣传短片

序号	画面内容	旁白·解说·同期声	音乐
☆	[背景] 转动的地球。 画面如闪耀的星星般沿切线方向飞出、绕回、归于一角，直至满屏。 材料：曾经播出的《看世界》节目小片头、精彩画面或其他相关素材。		
1	[抠像·全景] 竺宇亦如小星星般沿切线方向由小而大飞转出来。（平时主持节目时的坐姿）	[同期声]"《看世界》作为一个国际题材的电视专栏，是我们苦心经营的一个精神家园。"	

（续上表）

序号	画面内容	旁白·解说·同期声	音乐
2	［抠像·近景］ 竺宇自屏幕左下角向对角方向眺望。	［旁白］"面对缤纷的大千世界，我们《看世界》不求其全，但求其新，也就是希望每期都能有一个新发现。"	
3	［抠像·近景］ 竺宇自右屏步入，转身，推近。	［同期声］"在我们的节目里，你会结识到方方面面的朋友，大家畅所欲言谈天说地，见解不一定有多精辟，但话语和情感却一定是真诚的。"	
4	［抠像·特—全］ 由竺宇仰望特写降——拉至全景。	［同期声］"主持这样的节目，对我来说也是一个挑战。如果有时候你觉得我的主持有点像个导游，那么带大家走上的，也一定是文化之旅！"	
5	［字幕］ 将人以半球形划至一边，出字幕：广东卫视 星期一、星期二 21点30分	［旁白］"相约《看世界》，广东卫视，每周两次，不见不散！" ……	

（二）策划选题

以下是笔者为百集大型电视系列节目《看世界》策划的一个系列选题。因为要上报部门和台主抓节目的领导，所以行文要特别简约，但又要具有文采，且要作恰到好处的提示和说明。种种技巧，从以下选题报告单上文字的字里行间可见一斑。

寻找失落的文明
《看世界》系列选题

第一篇　砌进石墙的岁月（上）
第二篇　砌进石墙的岁月（下）
　　［此上下二篇探寻非洲"大津巴布韦"——巨石遗迹之谜：谁建了它？为什么修建？怎样修建？今天它的存在有什么历史意义和文化价值？］

第三篇　重归"文布希"（上）

第四篇　重归"文布希"（下）

　　["文布希"是一座几乎已被世人忘记的古迹。但在非洲巨石遗迹群里，它却是唯一有确切建造者的文明古迹。今天，建造者的后代，在被迫离开这片故园30年后又回到了这里，他的心情久久难以平静……]

第五篇　柏拉图与亚特兰斯（上）

第六篇　柏拉图与亚特兰斯（中）

第七篇　柏拉图与亚特兰斯（下）

　　[在希腊哲学家柏拉图的著作里，曾经提到了一个在一天一夜之间便完全毁灭消失的城市——亚特兰斯。随着考古发现，这座谜一般的古城，已渐渐"浮出水面"。]

第八篇　爱琴海，说不完的故事（上）

第九篇　爱琴海，说不完的故事（中）

第十篇　爱琴海，说不完的故事（下）

　　[爱琴海是历史文明的缔造者、见证者，同时也是毁灭者。在它宁静的海面下，埋藏了多少人类文化文明的故事。在这三篇里，我们就要循文学的、绘画的、雕刻的和考古发现的蛛丝马迹，探寻古代文明，谛听历史故事。]

（三）撰写拍摄提纲

　　以下是笔者执笔策划、撰写的一部大型电视系列片前3集的拍摄纲要（摘要），刊载于此，仅供参考。

粤海问茶
——中国茶文化·岭南篇
（拍摄纲要）

　　中国是茶的故乡。

　　千百年来，勤劳、智慧的中华儿女不但向世界奉献了茶——这一"灵魂之饮"，为人类的物质文明做出了突出的贡献，而且在历史的进程中创造出了格调高尚、思想深邃、内涵丰富、系统完整的中国茶文化，从而为人类的精神文明诗篇书写了华彩的乐章。

　　本片是中国茶文化的形象经典。

　　在这里，既有史的钩沉梳理，也有实的精工采撷，更有人的风采素描、精神写照。举凡茶史、茶路、茶品、茶神、茶仙、茶人、茶艺、茶道、茶典、茶哲、茶具、茶趣、茶贸……尽在本片的采拍视野，尽是本片的表现题材。

　　《粤海问茶》是大型电视系列片《中国茶文化》的一个重要组成部分，正如岭南茶文化是中国茶文化的一个重要的、不可或缺的、光彩熠熠的组成部分一样。因此，《粤海问茶》的摄制与编导原则是：在岭南文化的大背景下，采拍与纪录岭南茶文化的诸多事项，张扬与凸显岭南茶文化的特性及品格，思索与探寻岭南茶文化的过去、现在与未来。

《粤海问茶》拟分8集，以下便是其中3集的拍摄纲要。

序篇

从广东茶名闻天下说起，再说到康有为、孙中山、鲁迅与广东的茶的历史渊源与情缘。最后，由毛泽东给柳亚子先生的诗句——"饮茶粤海未能忘"引出本片的片名：《粤海问茶》。

第一集　茶史溯源

1. 岭南，茶文化的神奇沃土

以三维地图、航拍资料、图文典籍介绍岭南的地理概貌、历史沿革、人的精神。

2. 茶的传入

采访专家、翻阅文献求证何时？何处？何人（传说）？

3. 茶的"普及"

（1）为何茶到岭南便很快就根深叶茂？采访农林学院专家，希望他能从土壤、气候及岭南农业传统的角度给出科学答案。

（2）借助各类资料、史料，采访专家探讨茶何时起成为岭南达官显贵文人雅士的文化事项？何时何因又成为岭南百姓的开门七件事——柴米油盐酱醋茶？

4. 经过千百年的发展，茶如今已融入了岭南人政治、经济、生活、文化、艺术等方方面面

（1）海上丝绸之路中的茶贸（码头茶担图）。

（2）鸦片战争的原始起因——英国茶贸递差。

（3）茶是广东外贸的支柱项目之一；广州人均年茶消费1 660克，居全国之前列。

（4）"饮茶"、"叹茶"是广州人居家生活必不可少的生活与文化事项……

（5）采访国内权威的茶文化专家、学者：岭南茶文化在中国茶文化中有怎样的地位？其特性、成因及其价值是什么？

（6）在西关大屋的住户家里，在各式各类的茶市上，在茶叶店、茶艺馆，采访各层次的茶客，谈"茶与我的生活"。

第二集　茶品撷英

茶是茶文化的依托，同时也是茶文化生存与发展的基础。

如果没有广东各地各式各类的茶，那么我们很难想象岭南茶文化今天会是什么样子，甚至就连今天我们所看到的这样风格独具、自成一统且支系庞杂的岭南茶文化能否出现都还是一个问号。

（1）广东的茶品，种类比较齐全。像拍摄艺术品一样用最好的角度、最好的、最有效果的灯光拍摄广东代表性的茶品。

（2）请茶艺专家、采茶、制茶、售茶与买茶、喝茶的人在各种场合和环境、背景下介绍岭南各式茶品的产地、个性、成因及其"业绩"。

（3）拍摄与采访相结合，介绍这些代表性的茶叶品种在岭南"安家落户"、养育种植的历史过程。

（4）讲述这些代表性的茶品名称的来历传说与民间故事。

（5）找到并拍摄"岭南茶树王"，渲染茶王树"子孙满堂"的壮观景象。

（6）借助专家或史料、资料，讲述岭南茶品的兴衰流变。

（7）介绍当今具有代表性的岭南茶品在全国的地位、影响和价值。

（8）指出广东茶品的优势与不足——迄今为止还没有任何一个茶品像龙井茶那样成为"国茶"；虽然所创效益较多，但在全国的响度却不够，更不用说有多大的世界影响了。

第三集　茶技观奇

茶技者，茶叶采摘制作技术者也。

（1）采访、拍摄熟悉茶叶采摘制作过程的人士，谈论采摘时间、方式对于一种茶的重要性。

（2）讲述名茶采摘制作过程与习俗的来历、典故与动人传说。比如潮州地区的凤凰单枞等。

（3）在保证技术保密的前提下，演示性地拍摄、介绍岭南几种著名茶叶的采摘与制作的时间、过程。

（4）采拍介绍某一岭南名茶特殊的采摘习俗。如对采摘人员数目、身份、身体条件的种种限制等。

（5）在岭南流行的《采茶小调》。

（6）采拍介绍某一名茶制作技艺上的特性。比如粤北的英德红茶、粤东的乌龙茶、粤西的连州绿茶等茶品的用料、配方、工具、手法、流程等。

（7）采拍介绍制作过程特有的行规、习俗、传说、典故与故事。如某项手艺传男不传女，传家不传外等。

（8）要有针对性地通过对比指出当今世界茶叶采摘制作的现代化手法、先进的工具与潮流性的观念；通过事实辩证地解析我们的茶叶采摘与制作工艺、手法、工具、观念的先进与落后所在。

第二节　系列片型电视栏目解说词写作

系列片型电视栏目解说词的写作与整个节目的编导工作密不可分。从严格意义上讲，节目的编导最好能够承担起撰写解说词的任务。退一步讲，即使不能全部承担，至少也应参与撰写。理由很简单：在整个节目组中，没有任何人比编导更了解节目的方方面面。因此，由他撰写解说词最容易切中肯綮——将节目的主旨、能够掌握的画面和解说完美地结合起来。

一、系列片型电视栏目解说词写作首先要考虑全片的内容和风格

对电视片风格的把握，是对撰稿者能力的一种考验。解说词的撰写者不能信马由缰，不论是承担全部解说的撰写，还是承担其中的若干集解说词的撰写，撰稿者首先必须了解全片的风格，了解编导手中所掌握的素材，否则就会南辕北辙、缘木求鱼或者是"巧妇难为无米之炊"。比方说这是一期关于西班牙旅游、经济、文化方面的节目，那么撰稿者为了多给观众一些信息，又是写斗牛，又是写西红柿节，等等，但是编导者手中并没有这些素材，或者素材不够多，不够新鲜，都会使所撰写的解说落空。因此，科学的做法，是"看菜吃饭"，"量米下锅"，即根据已有的材料撰写解说词。同时，还要考虑全片的风格。如果全片都是一种严肃的科学探索，你却将喜剧的、浪漫的因素加进节目里去，那么你撰写的解说词就会很难被编导和主持人接受。《贡多拉》是广东电视台百集电视系列片中的一集，在撰写解说的过程中，笔者就是在反复观看素材，并确定可以从中梳理出本集节目结构、提炼出要表达的主旨与情感，再动手写作的。

| 6 | 短片："贡多拉" | [解说]
有水的地方，人们的生活自然就离不开船。在今天的威尼斯人们可以见到各式各样的各种用途的船，什么交通船、垃圾船、邮政船、轮渡船、远洋船……数也数不清，但最富有威尼斯特色、最受来自世界各地的游客们青睐的，则非贡多拉莫属。
贡多拉是威尼斯特有的而且有着悠久历史的代步工具。人们多少年来一直称它为"贡多拉"，其实就是一种船身狭长、黑色平底、两头尖翘的单桨木船。数百年前，贡多拉曾经是威尼斯城市生活的一部分，在最鼎盛年代，威尼斯的贡多拉多达上万艘。可以想象，那时的威尼斯，大街小巷满是一艘艘载着王公贵族、市民商贾的贡多拉，你来我往，川流不息，其情其景，好不热闹。
然而今天威尼斯仅剩下四五百艘贡多拉了。就是这四五百艘贡多拉，也失去了往日的功用，转而变成威尼斯文化和历史的一种象征，成了每一位来威尼斯的游客首选活动项目，开始在旅游和文化宣传领域大显身手。 |

（续上表）

7	[采访] 游客	"非常浪漫。我认为到威尼斯来的人都应该坐坐这种名字怪怪的交通工具，否则你就等于没来过威尼斯，根本感受不到威尼斯真正的美。"
8	[解说]	可是，今天的人们已经开始担心再过若干年，游客们也许再也没有现在这样的福分了，因为制造贡多拉的手艺正面临着失传的危险。这一点都不是耸人听闻，不信让我们听听这位叫罗伯特的船厂老板怎么说：
9	[采访] 造船者	"每一只贡多拉都是一件艺术品，它是用眼睛和经验做出来的，虽然有固定的方式、模型，可是每一只又都是不相同的，因为我们要按船夫的身高体重身定做。 "造一只贡多拉要用取自12种木材的200多块木板，想要成为一名熟练的造贡多拉的手工工人，至少需要10年时间。现在的年轻人很少有人愿意吃这种苦下这种工夫了。 "不过总会有办法的，贡多拉不会消失，它和威尼斯早已密不可分。" 让我们再回到船上。造船的难，这划船也不容易。这贡多拉又长又窄，没得过真传的人别说划着穿街过巷，就连站在上面保持平衡都困难。
10	[画面] 贡多拉在水上划行	这位年轻的船工据介绍是一个划船世家的传人，划船水平是没得说。可是不知道从哪一代起，这船工的活里又多了一项内容——除了要运送游客，还得当导游，负责向游客介绍景点——又动手，又动口，看来这饭碗还真不那么容易端。尤其是到了水道的交叉路口，船工还得扯起脖子吼上两嗓。知道为啥吗？这叫文化。当然了，顺便还能充当一下贡多拉的人造喇叭，保证行船安全，还真是一举数得的事。 这种享受的的确确是乘坐贡多拉所特有的，换了别的交通工具，就是再先进，也肯定不会有这样的味道，不会带你进入这种带有文化色彩的意境。
11	[画面] 年轻船工……	
12	演播厅：主持人	[串词] 坐上贡多拉，在威尼斯那举世无双的街巷中徜徉，看两岸风光，抚水中倒影，听远处钟声……你会忘记时间，忘记地点，甚至忘记了自己的存在。 这就是威尼斯，一座看不够、说不完、道不尽的世界历史文化名城。

二、系列片型电视栏目解说词写作最基本的原则就是清楚明白

系列片型电视栏目由于受众面定位比较宽泛，追求大众传播效果，因此，

其解说词的撰写必须以各阶层电视观众都能接受的大众化为标准。过于文绉，普通阶层的观众会反感；过于直白，缺乏文化色彩，知识阶层又不认可。因此，度的把握就显得十分关键。比如下面这段解说，就力求将接受面拓宽：

	［短片］	［解说］	
4	介绍威尼斯及其玻璃工艺品。 威尼斯城俯瞰。 圣马可广场逗鸽子的游客。 海堤边浪漫情侣。 船上看姆拉诺岛。 图片或素描的相关情景。 叠印炉火、工匠吹制的慢动作。 《威尼斯商人》的插图。 大兵追堵逃跑工匠的素描画。 叠印炉火、工匠吹制等慢动作——渐显：现代工匠生产场面。 生产"玻璃鱼"的过程。 叠：一组精美的玻璃工艺品。	一个以旅游收入为主要经济支柱的城市不但要有引人入胜的景点景观，还要有许许多多让人边游边谈津津有味的话题。威尼斯就是这样的一座标准的旅游名城——当你和游伴在它的圣马可广场与群鸽嬉戏，或者漫步在细浪轻拍的海堤，你无法不对另一个地方魂牵梦萦——姆拉诺，威尼斯的玻璃世界。 姆拉诺距威尼斯本岛仅有 1.5 公里的水程，十二世纪前这里只是一个默默无闻的荒岛，是后来的一个偶然的机会，使它得以名扬四海。当时，玻璃制造工艺刚刚从叙利亚传到威尼斯，可是威尼斯传统的木制房屋根本不起玻璃生产中的烟熏火燎，一时间城里城外火警不断，居民们更是人人自危怨声载道。就这样，在公众的压力下，市政当局作出了一个决议，决定把玻璃作坊全部搬迁到姆拉诺岛。当然，作出这样的选择还有另外一个不便告人的原因，那就是为了玻璃生产工艺的保密。因为这时原本从外面传来的玻璃生产工艺，到了聪明能干的威尼斯工匠的手里，已得到了很大的发展，形成了自己独特的工艺，可是，当时的威尼斯是一个国际性的商都，来自世界各地的同行们，学的学，偷的偷，使得威尼斯工匠们所创造出来的玻璃生产工艺根本没法保密，这也迫使有关当局作出搬迁的决定，并且明令规定：威尼斯的工匠，谁也不许离岛出逃，对胆敢违抗者，将派重兵追捕，格杀勿论。 是什么样的工艺值得威尼斯当局如此大动干戈？让我们先来看一看一块玻璃坯在这位如今全岛最年长的玻璃工匠手里是怎样变成一件精美绝伦的工艺品的吧—— ——看见了吧？这一烧一烤一吹一拉一剪，一件价值不菲的玻璃工艺品就这样诞生了。怎么样，是不是真有点点石成金的味道？	155″

（续上表）

5	［标版］《看世界》		5″
6	［演播厅］ 　　主持人串联之二。	［串词］ 　　玻璃工艺品为威尼斯带来了赫赫声誉，更带来了一批又一批慕名而来的国内外游客。游客的到来，为原本人丁稀少的小城带来了勃勃生机，当然也带来了滚滚财源。因此威尼斯人更把玻璃工艺品当作珍宝，并由此而把这份挚爱延伸到了一位声名远播的玻璃工艺大师——威尼斯的身上。	30″

三、系列片型电视栏目解说词写作中对专业知识的把握

系列片型电视栏目注定要将题材界定在某一专业知识领域，比如国家地理，比如南极探险，比如北约轰炸后的南斯拉夫局势等，都具有相当专业的色彩。因此，在撰写解说词时，首先必须对该专业领域有相当广泛和透彻的了解；其次，要对专业知识进行甄别，哪些适于传播，哪些不适合传播，撰稿者必须做到心中有数。比如在《看世界》中，关于巴厘岛一集，笔者在撰稿时就特别注意使节目内容与当时节目的外部环境相协调、相适应，只强调其浓郁的地域文化氛围，而不是凸显其几乎完全覆盖了生活各个层面与角落的神秘的宗教色彩，以免被别有用心者利用：

巴厘岛的舞

撰稿：张静民

序	画面内容	串词·解说
1	《看世界》片头。	
2	［演播厅］ 　　主持人串联之一。	［串词］ 　　观众朋友，您好！我是主持人竺宇，欢迎您和我一起——透过荧屏，看世界。
3	［出片名］ 　　大型电视系列节目《看世界》——巴厘岛的舞	来到巴厘岛，只要你细心观察，你很快就会发现这里有几"多"几"少"：首先是这里庙宇多，没有庙宇的庭院少；其次是这里祭祀活动多，不热心于此的岛上居民少；最后是这里聚会的场合多，聚会而不跳舞的时候少——可以毫不夸张地说，在巴厘岛，有多少居民，就有多少出色的民间舞蹈家。

（续上表）

序	画面内容	串词·解说
4	［短片］ 　巴厘岛椰林、寺庙剪影。巴厘岛特有音乐由弱变强。巴厘人各种场合舞蹈的精彩片段。 　岛上风光、建筑和奏乐、舞蹈画面交叠。 　大海。	（此段无解说）
5	绘画和雕刻作品中的舞蹈。 ［暗场］	"巴厘岛"在印度尼西亚语里的本意是"诗歌之岛"，但根据我们的印象和感觉，倒觉得叫"音乐之岛"或"歌舞之岛"更为恰当一些。
6	田间如舞蹈般劳作着的人们。	千百年来，是音乐和舞蹈伴随着巴厘岛迎风送雨，走过春秋冬夏。 　就像我们的生命中不能没有阳光空气和水一样，巴厘人的生活和生命里也不能没有音乐和舞蹈—— 　巴厘岛的舞是从太阳升起的时候开始的。在这种巴厘岛特有的打击乐的伴奏下，巴厘岛人开始了他们一天的劳作之舞——
7	（吓鸟用的竹器） 聚会。	而在村民聚会，或祭祀神灵的日子里，巴厘岛的舞则一定是通宵达旦——
8	村民集体舞蹈。 ［字幕］ 柯卡猴舞	这是巴厘岛200多种舞蹈中具有代表性的一种。它的名字，是因为舞蹈者合唱时一起学当地的柯卡猴叫而得来的。
9	［字幕］ 巴朗舞	而在巴厘岛上，舞者百跳不厌，观者百看不厌的，则是一种叫"巴朗舞"的舞蹈。这种舞蹈演绎的是岛上妇孺皆知的一则神话传说，说的是圣兽巴龙为保护众人而与魔女朗达拼死相斗，并最终取胜的故事。
10	舞蹈者服饰身段表情特写。	和巴厘岛所有艺术形式一样，巴厘岛的舞目也十分单纯，那就是用来取悦心中的神灵以祈求自己和家人的幸福平安。 　正因此，巴厘岛的舞服饰才那么鲜艳，舞姿才那么优美，而表情却又格外平静，甚至带有一种梦幻般的色彩。

（续上表）

序	画面内容	串词·解说
11	祭祀中和劳作中的巴厘岛人和日月星辰、花鸟树木变速交切镜头一组。（《满月的日子》一集中有些镜头可用） 可体现巴厘岛人精神的群体场面镜头。 ［演播厅］ 主持人串词之二。	毋庸讳言，巴厘岛上的人，个个都是泛神论者，在他们的眼里，天上的日月星辰，地上的花草树木，甚至地上的溪水和林间的风，也都是神。这样看来，与其说巴厘岛上的人是在崇拜神灵，还不如说是在崇拜自己，因为他们在创造诸神的同时，更用智慧和汗水创造了巴厘岛的美丽世界。 　　因此，巴厘岛的人才要唱歌，才要跳舞，才要在音乐和舞蹈中体现精神的充实，表现灵魂的跃动！ 　　［串词］ 　　为生活而歌，为灵魂而舞，当歌则歌，当舞则舞，这是巴厘岛岛民们在特殊的自然和社会条件下，所特有的文化生活方式。其实我们中华民族也是一个喜歌善舞的民族，在我们每个人的内心深处，也都常有舞蹈的冲动，所以，在我们《看世界》节目的"巴厘篇"就要结束的时候，请允许我提一个小小的建议——如果你听到了那富有节奏的鼓点，如果你听到了那动人心魄的舞曲，那么就让我们放开手脚，尽情地舞蹈吧！

第三节　凤凰卫视《千禧之旅》
创作与编导解析

　　《千禧之旅——从奥林匹克到万里长城》是凤凰卫视为迎接 21 世纪的到来而精心策划的大型传媒活动。该活动最终以系列片型电视栏目的形式与观众见面，并最终以著作版结集出版，在电视业界和社会上引起较大反响。因此在这里我们以其为个案，加以细致分析，以提高日后生产同类节目时策划、创作与编导水平。

　　如果我们仅仅从活动的规模、资金投入额度或参与活动的人数的角度来加以对比，那么，在我们已知的世界各地举行的庆千禧活动中，香港凤凰卫视中文台的《千禧之旅——从奥林匹克到万里长城》大型活动，无论如何都算不上出类拔萃。但是如果我们换一个角度，比如从活动的地域与时间跨度、历史与文明高度或者主办者的"级别"和原本的实力及影响力的角度来加以考察对比，那么与英国的兴建"千禧年巨蛋展览馆"、美国纽约的"24 小时普天同庆"、非洲国家的"万里击鼓接力"、日本的"乘船海上迎新千年"，以及我们国内的几种版本的"2 000 对世纪婚礼"之类的庆典活动相比较，《千禧之旅》就不仅仅是出类拔萃，甚至在某些方面是其他短期的临时的庆典活动所永远望尘莫及的。而这，归根结蒂是活动策划与节目编导上的成功。

一、香港凤凰卫视中文台一向精于策划

作为一家仅有百十来名节目生产人员的卫星电视台，在背后并没有什么可依托的条件下，能够在不到 4 年的时间里，不仅打开了频道的局面，还凭借节目的实力和整体形象把自己提升到了具有文化品位的精英级华语电视台的地位和高度，我们在肯定其员工的勤奋和敬业精神的同时，更要肯定的就是该台强烈的甚至是超前的媒介策划意识和能够抓住任何有利于自己发展的机遇的能力。

1996 年 5 月，刚刚开播还不足两个月的凤凰卫视中文台，就策划了与北京电视台合作联合向亚太地区现场直播"96 北京国际电视周"闭幕会盛况的大型电视活动。虽然这是开播后第一次与内地重要传媒合作，但是直播成功的结果和直播过程中凤凰卫视中文台员工所展示出来的良好的工作作风，却给内地的观众和媒介留下了深刻的印象，从而为日后凤凰卫视中文台的"北伐"——一步步打入内地奠定了坚实的基础。1997 年 6 月，该台又成功策划了与中央电视台联合直播《柯受良飞跃黄河》的大型活动。现在的一些电视研究者只看到了对于这次直播来说两家都是"赢家"，都取得了社会效应，却没有看到，这次合作直播其实是凤凰卫视中文台精心策划的又一个大型活动，其目的并不完全在"飞黄"本身，而是在为一个月后的香港回归直播创造收视率新高提前大造声势。果然，一个月后，凤凰卫视中文台所推出的"60 小时不停机"直播香港回归活动在所有媒介里变得比以前更加抢眼，更加受两岸三地观众的喜爱。随后，在朱总理世行会演讲、戴妃葬礼、中美元首高峰会，甚至埃及开掘金字塔这样一些大型的、重要的、有社会效应的活动中，在电视转播席上，凤凰卫视中文台从来不曾缺席过。至于其一贯施行的主持人策划包装政策，已经成为该台一项行之有效的"台策"。

所以，在迎新年、贺千禧举世同欢的日子里，凤凰卫视中文台策划并声势浩大地实施《千禧之旅》这样一个大型活动，其实是非常顺理成章的行为。

二、为什么上路——策划宗旨与编导手法解析

在《千禧之旅——从奥林匹克到万里长城》的策划词里，有这样一段很富有诗意的概括性的文字：

千禧之旅——

祈福世界之旅

探索神秘土地之旅

人类共同的梦想之旅

从 20 世纪走进 21 世纪之旅

一个文明古国对其他文明古国拜谒之旅

也就是说，凤凰卫视中文台之所以要组织这样大型的活动，目的就是"为了探索这块神秘的土地，传播和平、友谊的善果"，"为中国在跨入新世纪之时，增添精彩的一笔"。

余秋雨先生的认识则更具高度，他在日记里曾这样写道："如果说，世界本是一所文明的学校，那么，今年是这所学校盛大的校庆。我们中国，属于最早入学的那几届，因此需要在返校之日，拜访一下早年的同窗，捕捉几许远逝的钟声。年轻力壮的同学在那边热闹，我们上了年岁，有一些同龄人之间的话题。"又说："说是考察，其实是一次巡礼和祭拜。"（1999 年 9 月 27 日）应该感觉得到，策划书中所赋予旅行者们的这种旅行使命，是非常崇高而又非常沉重的。

再让我们看看《千禧之旅》的采访和拍摄内容。从已经播出的《千禧报道》、《秋雨录》以及《千禧之旅》网页透露的内容来看，《千禧之旅》关注的焦点主要集中在以下几个方面：

（1）古迹——透过摄像机镜头或主持人的视线来"发现"、"探索"古代遗迹。许戈辉在金字塔下和陈鲁豫在加沙城的采访都是这样。

（2）历史与文化——挖掘当地历史、文化内涵，了解当地风俗人情，探究历史与人、人与自然的千古哲理。这部分以《秋雨录》和《秋雨日记》最为典型。

（3）远在他乡的故事——一种是当地华人、中方工作人员及与中国有关的人士的生活、工作、生存、发展的故事，如对埃及首任驻华大使的访问；另一种则是《千禧之旅》的大队人马远在他乡的"故事"。这方面的内容在《千禧报道》每期都有，也很受观众及网友欢迎。

（4）《千禧之旅》的"副产品"——休闲娱乐、衣食住行、奇闻趣事方

面的内容，因为属软性新闻或娱乐新闻一类，所以也颇受观众和读者青睐。

如此之多的内容，几乎是包罗万象。这就带来了以下两"难"：

第一是采拍难。前方拍摄组有时"自身难保"，连看都不允许，更不用说拍摄和采访了。在巴格达的遭遇就是最好的证明。所以这就更需要采拍人员具有高度的应变能力，同时也要求策划者在策划时要充分考虑方案的可行性。

第二是播出难，或者说是"视窗"设置难。《千禧之旅》内容时少时多，有时甚至和前方断了联系，使每天的《千禧报道》"无米下锅"，几乎要断炊。因此常常惹得观众抱怨这个栏目内容单薄，形式单调。《秋雨录》则是舍长就短，把荧屏当书页，失去了电视传播优势，内容再精彩收视率也难上去，喜欢看文字的人，宁愿等余秋雨先生著作问世以后再一过眼瘾。《千禧之旅》的周末特别纪录片和汇编版内容倒还丰富，但是播出间隔太长，难以形成冲击。值得一提的是凤凰网站所开设的《秋雨日记》、《千禧报道》、《网友杂感》、《论坛》等，还可以弥补一下不足。这也从另一个角度给我们提供了经验：做电视的和生产产品有时特性是相通的——你光会生产产品不行，还要学会适时适量地展示，这样才会取得最佳结果和最佳效应。

三、关于"旅行者"的选择和安排的问题

"千禧之旅"不是人们日常生活中的长途旅游，而是凤凰卫视中文台这一现代媒介，主动代表我们这个东方古国对历史文明与人类情感的一次庄严祭拜。至少，是采用了访古探"友"和祭拜这种文化活动的结构形式。在余秋雨先生看来，这绝对是一次文明之旅，正如他在日记里所写的那样："我们正要去探访无数被告别了的文明，这中间曾有多少眼泪和欷歔？我们的车轮将要碾过的一切，远远多于眼睛所能看到的。对辉煌的遗迹喝彩，这是旅游，发现遗迹地下还埋藏着更多无以言表的东西，便是祭拜。"（1999 年 9 月 28 日）《千禧之旅》的最高目标就是："从时间看空间，从空间看时间。"

既然把《千禧之旅》当作一部大型电视纪录片来拍，既然把文明真谛的探寻、发现和人类面对远逝的文明而抒发的情怀当作纪录片结构的筋骨，那么，视点人物，也就是片中无处不在的"旅行者"的选择和设置就显得非常重要，甚至起着决定整个活动层次与成败的关键性作用。这里的视点人物，我们不仅要借用他的富有文化感觉和电视意识的眼睛，让他带领我们去看去发现，借用他的头脑去思索、感悟，甚至要借助他的声音来表达我们的感受和心声。

现在我们可以来看一看《千禧之旅》的策划和决策者们为我们选择和设置的视点人物们了。这里首先要予以充分肯定的是，《千禧之旅》的视点人物

层面设置是科学而得体的，可以看出设置者良苦的用心，但在人选上颇有可商议之处：

第一层面——电视台演播间里的梁冬。他的责任，一是负责在节目时间里与前方大队人马联系沟通，传递一些最新信息给电视机前的观众；二是要负责串联整个《千禧报道》这一专栏，包括说导语、讲内容、加一些个人色彩的关怀、评论、预告下次节目内容和说结束语，等等。在这个层面上，梁冬应该是尽职尽责，基本胜任。但如果这个角色换上资深传媒学者曹景行的话，那么有许多现在稍嫌平淡无奇的内容和环节经他的过滤加工，就可以化腐朽为神奇，至少在信息容纳和传递上可以"加倍"、"变厚"。

第二层面——前方主持人，包括吴小莉、许戈辉、陈鲁豫、李辉、曾静漪、孟广美等。接力的形式出现，应该说还比较新鲜，清一色女性面孔也可为古老色调的画面增些亮色。她们当中有些人在某些场合的访问、对话、描述、抒情也还比较恰当得体。让台里这些亮丽的"当家花旦"们面对历史遗迹而滔滔不绝地"借景抒情"，固然可以取得一种强烈构图上的审美上的反差效果，但是策划者有没有想到对于她们来说，却要承担着"生命中不能承担之'重'"呢？尤其是当她们与著名文化学者余秋雨先生对话时，往往都会露出思维层次上严重错位的痕迹，有时甚至让人感觉可惜、可怜。

试想，在埃及和中东一段旅程，如果由美籍犹太裔的方宝罗来主持，效果是不是会更好些呢？再试想，我们为什么不在探寻重大历史文明文化事项时借助一下当地或国际著名权威学者的视点呢？

第三层面——余秋雨先生。作为著名文化学者，余秋雨先生担任这次活动的特约嘉宾参与全程主持，能力上是绰绰有余，但与上面一点相关的是，他往往显得孤掌难鸣。当余秋雨先生因为追寻失落的文明而怅然时，他从来没有得到本应得到的思想与灵魂上的抚慰；当余秋雨先生因感悟到伟大文明的真谛而仰天长啸时，他同样没有得到适时的击节助兴——我们的主持人这时在哪里？为什么明明是电视节目，却只能让同样担任主持人角色的余秋雨先生那么多思想火花只能在《秋雨录》里迸射？那么汹涌澎湃的内心情感却只能在《秋雨日记》里奔突？

四、审视·审问

如果是媒介推广，应该说这项活动绝对是一次成功的策划，其成功程度，甚至可以超过决策者们的最高期望值。因为经 2 万公里的跋涉，将三大宗教发源地、四大文明古国和五大人类文明古迹及沿途各国自然与社会风貌尽收片中，这是当之无愧的"最漫长的拍摄旅程"和"最宏伟的拍摄活动"。

　　但是，如果是一次对人类文明的庄严祭拜，那么我们就有理由提出上面那么多的不满意来。正如《千禧之旅》网页上介绍文字所说的那样："我们已错过文艺复兴，我们也没赶上工业革命，现在，我们再不能和世界大潮失之交臂。既然如此，我们就更没有理由让本台 20 世纪最后一次大型活动和 21 世纪最初一次大型活动留下本来可以弥补的遗憾。"所以，笔者更愿意相信这是一次认认真真的、庄严神圣的文明巡礼和祭拜活动，是对已经逝去的人类历史若干个 1 000 年的精神与情感的大"盘点"；同时，也是搭 20 世纪末班车而进行的对凤凰卫视中文台，乃至电影台、欧洲台的一次盛大而隆重的媒介形象大推广。

　　思考题：

1. 系列片型电视栏目的特征是什么？
2. 系列片型电视栏目的解说词写作有哪些特殊要求？
3. 从活动策划、节目创作与编导角度解析凤凰《欧洲之旅》等电视节目。

第六章

栏目型电视节目的创作与编导（下）

本章提要

公共教养类电视节目是电视节目中充满活力的一个大家族，在当前一日千里的电视事业发展进程中，它总是能不断地推陈出新，不仅能"与时俱进"，而且常常引领新潮。本章重点研究的是电视益智节目、电视法制节目、电视时尚节目等几种具有代表性和影响力且深受观众喜爱的节目样式的创作与编导问题。

第一节　益智类电视节目创作与编导

所谓益智类节目是以知识为内容的问答竞赛形式的游戏节目，是自电视产生以来就有的一种常态性的节目。而新益智类电视节目则是近年复兴起来的益智类电视节目。说它"复兴"，是因为早在 20 世纪 80 年代，益智类电视节目曾一度火爆荧屏，成为观众所喜闻乐见的电视节目样式。最早产生全国性影响的是 1981 年中央电视台制作播出的《北京中学生智力竞赛》。当时这类节目叫做"竞赛节目"。"节目一推出，中央各大报、通讯社以及许多省市报纸，都进行了不同形式的报道和评论。称它'犹如异军突起，打破了文化教育、知识教育节目以纪录片和讲话为主的格局，使演播室的专题节目空前地活跃起来'。"① 随后，这类节目便遍地开花。至 20 世纪 90 年代初期，由于缺乏创新和过度克隆，竞赛型的益智类节目在国内荧屏上日渐式微。

一、境内外几档代表性的新益智类电视节目

就在我们的竞赛型益智类节目日渐式微的时候，境外电视荧屏上却渐渐吹起"新益智类节目"的清风。1998 年 9 月英国独立电视台（ITV）推出一档益智类节目《百万富翁》。截至目前，这个节目已在全世界 107 个国家和地区播出，几乎在所有播出国家和地区都创造了极高的收视率，成为有史以来盈利最高的节目。香港亚视原版引进《百万富翁》后，在收视率上曾一度压倒"老对手"无线电视热播剧集，迫使无线电视不得不仓促应战，原版引进英国广播公司（BBC）推出的用以与《百万富翁》抗衡的益智类节目《最弱一环》，并改成港味十足的名字——《一笔 OUT 销》；香港翡翠台趁热打铁又推出了益智类节目《智在必得》；2000 年 5 月 29 日，台湾电视公司模仿 ITV 版《百万富翁》推出《超级大富翁》，自 2002 年 8 月 3 日起，改名为《超级大富翁 开运大作战》。2002 年香港知名电视人蔡和平设计制作的《今天谁会赢》，2002 年相继在上海、香港、新加坡开播，是一档在亚洲具有一定收视率和知名度的益智综艺类节目。中央电视台在节目改革中也闻风而动，于新世纪元年

---

① 于广华：《中央电视台简史》，人民出版社 1993 年版，第 79 页。

前后推出了《开心辞典》、《幸运52》及《三星智力快车》等节目。国内省级电视台中动手虽不算最早，但影响较大的是广东电视台。广东电视台引进并加以本土化以后推出《步步为赢》通过广东卫视播出，在无法收视香港电视的内地观众中一直享有很高的收视率，广东电视珠江频道引进并打造的内地粤语版《百万富翁》原本有着很好的市场前景，遗憾的是在奖金数目和操作手法上与国家广播电视条例有所冲突，竟被通告停牌，使得广东电视可以借以与香港电视一争观众的未来的拳头节目竟胎死腹中。新近推出的《寻根问底》颇受知识观众的追捧。其他如广州电视台的《过关斩将》也不错，也培育了自己的收视人群，算是市级电视台同类节目中的佼佼者。2007 年 7 月 25 日，广东卫视推出《梦想前进》，是广东电视媒体益智类节目的新变化。

在我国电视益智类节目创办过程中，购买国外版权、模仿国外知名游戏竞技类栏目成为普遍现象。央视《开心辞典》借鉴《百万富翁》，陕西卫视《不考不知道》、湖南卫视《智在必得》借鉴了美国 Fox 公司《你比五年级生聪明吗》。南京电视台《智者为王》则是以 BBC《最弱一环》为蓝本。湖南卫视《以一敌百》也是从荷兰 Endmoel 公司购买的。

二、益智类电视节目复兴根源

以下几种因素，可以说是益智类电视节目在近年得以复兴的主要原因：

第一，从节目的本质来看，这种节目融知识、金钱、娱乐、竞争等几大元素为一体，在"眼球经济"、"知识经济"浪潮中很有吸引力。

第二，新益智类节目的"物质刺激"成为节目最新最大"卖点"和"观众参与、互动"的最大动力。100 万英镑也好，100 万港币也罢，即使是只有境外节目 1/10 甚至是 1/20 的奖金、奖品，对于"物质化生存"的人们来说，其号召力和吸引力都是十分巨大的，这一点不必回避。

第三，节目的竞争形态和气氛也是产生收视率的一个基础元素。当今社会充满了竞争，其竞争又充满了各种偶然的、必然的因素。知识与能力是在竞争中取胜的核心，谋略、机遇、运气、环境等因素也起着重要作用。新益智类电视节目以竞争为本性，可谓"小节目大人生"，人性中的优缺点在节目中都得到了充分展示。这也是这种脑力游戏在世界各地都受欢迎的原因之一。

第四，新益智类电视节目满足了人们的参与欲、窥视欲、求知欲。观众在看《百万富翁》等节目过程中，既可检阅自己的知识面，还可以通过摄像机清晰准确地看到参赛者回答问题时的各种疑惑、自信、紧张、高兴的神态。甚至可以直接参与到节目中去，如香港亚洲电视台正在热播的益智节目《各出奇谋》，电视机前的观众可以通过电话与节目现场的参赛者一起玩游戏，共同瓜分奖金。这些都促成了节目的收视率节节上升。

第五，各具特色的节目包装和魅力独具的节目主持人也是新益智类电视节目得以复兴并兴盛的一个重要原因。《百万富翁》成就了陈启泰，蹿红后的陈启泰又反过来成为节目收视率的一个有力保障；《开心辞典》、《幸运52》"捧红"了王小丫和李咏，同样，王小丫和李咏也成了这两档节目吸引观众的一个重要元素，许多观众明知奖品、奖金与己无关，他们锁定这两档节目，其实就是为了看这两个节目主持人。

三、境外益智类节目的策划与编导艺术

（一）目前世界上主要的两种益智类节目形式

国外益智类节目对我们产生重大影响的主要有两种类型：一是《百万富翁》型，一是《一笔 OUT 销》型。在英国，这两种节目自创立以来，几乎囊括了所有娱乐节目的收视率，为制作商赢得了巨额的利润。

《百万富翁》是一个由英国塞拉多制片公司为英国独立电视台制作的电视游戏节目，在 1998 年 9 月推出的时候已经创下 2 000 万人的收视佳绩。创办至今在全球已有 40 多个不同语言的版本，在 56 个国家和地区播放。单是在美国，收视者就高达 7 700 万，收益达 10 亿美元。已成为电视史上传播速度最快、影响范围最广的高收视率节目。

能成为《百万富翁》对手的是《一笔 OUT 销》，它始于英国，原名《最弱一环》，是当过医生的科伊尔和他的喜剧演员女友邓宁合力创作的。当时他们希望以"压力及带挑战性"的气氛，令节目别具一格，用以对抗英国当时最受欢迎的节目《百万富翁》。1999 年 11 月，两人将构想卖给英国广播公司，英国广播公司加入节目时间及奖金数目等细节。

事实上，两个节目均是世界性的受欢迎节目，各有各的特点。由于受民族文化等因素的影响，在这两个节目播放的地方，其受欢迎的程度亦有所不同。如在英国和美国，《百万富翁》较受欢迎，并且屡屡使当地收视处于弱势的电视台起死回生；而在澳大利亚、荷兰等地，《一笔 OUT 销》则较受欢迎。目前世界上流行的益智类节目大多由这两个节目衍生而来。

（二）境外同类型节目的发展动向

在美国，《百万富翁》每期都为美国广播公司带来 150 万至 200 万美元的广告收入。而美国广播公司更聪明地生产出《百万富翁》的网络版和光盘版。光盘以每张 19.99 美元的单价卖出，至今已卖了 400 多万张。该公司估计已经有 5 000 万人在参与网上游戏《百万富翁电视加强版》。另外他们还从《百万

富翁》的纸板游戏和掌上电子游戏机的制造商那里获得版权税。

而英国的《一笔 OUT 销》则设置了专门的网站，网民在上面可以下载"The Weakest Link"主持人 Anne Robinson 的桌面图片，访问者可以直接收听主持人最"露骨"的奚落出局者的语句，甚至可以把自己想象出来的最令人难堪的奚落话语 E-mail 给节目主持人 Anne Robinson。节目制作商以此来获得更多的广告收入。

英国的《百万富翁》至今已办了多年，观众渐渐地厌倦了这种揭露人性弱点的电视节目，收视率开始下跌，电视台趁机把节目版权卖向国外，以赚得高昂的版权费。像在加拿大每集就卖到 25 万美元。西方电视的商业性质使益智类节目得到长足的发展。

（三）新益智类电视节目的特点

1. 节目的心理诉求特点

从节目形态来看，知识、游戏和奖金是益智类节目的三大元素。这三个元素解决了四个可视因素，那就是悬念、参与、获得和真实。

悬念：既有知识问答、游戏的悬念，也有能否赢得奖金奖品的悬念。如《百万富翁》如果某集节目的录影时间已够，而参加者仍然在进行比赛，那么该名参加者会在下一集继续比赛。

参与：在整个过程中不仅现场观众全部参与，电视观众也是潜在的参与者。《百万富翁》中为参赛者设的"三个锦囊"中就有两个是涉及观众的。一个是"求助现场观众"，一个是"打电话问朋友"，让现场和电视机前的观众都有参与节目的机会。另外《智在必得》里的现场观众每个人都有参赛的机会，甚至可以和冠军共同瓜分几十万元的奖金。

获得：不仅是奖金奖品的获得，知识、信息、技能的获得更让人身心愉悦。

真实：有专家早就指出，从观众角度讲，观众喜欢"玩真的"，真实有趣的比赛，发真的奖金，真情实感，真实的现场效果等等。而益智博彩节目在这些方面都很接近观众的这些要求。

2. 主持人风格特点

《百万富翁》和《一笔 OUT 销》两者均以人性作为节目卖点，是两种不同风格的典型代表。两者虽同为游戏节目，但本质却迥然不同。《百万富翁》表现的是参赛者不会回答问题时的焦虑，以及如何与人合作等人性考验，主持人显得较为文雅；观众也是凭能力获胜，回答问题越多钱越多；节目强调"知识就是财富"，一般来说不会让观众空手而回，更多地展现人性善的方面。

而《一笔 OUT 销》则表现参赛者如何用计把其他人淘汰出局的残酷，节目强调"要想成为富翁，就必须冷酷无情"；再加上主持人尖酸刻薄的提问及嘲讽，体现的是人性丑恶的一面；游戏中各参赛者轮流回答问题，每一回合要淘汰一人；为了获得奖金，每人均会用计淘汰一些比自己强的参赛者，表现了人性自私的一面。

3. 节目舞美和灯光设计上的特点

《百万富翁》和《一笔 OUT 销》舞美设计最大的特色是都采用了半透明的玻璃舞台、钢铁布景。

灯光这种舞美配以蓝色调为主的灯光，确实可以创造一种冷幽、严肃、虚幻的艺术效果。灯光在《百万富翁》和《一笔 OUT 销》中发挥了很大的作用。节目进行中，问题愈深，灯光便会愈暗，颜色亦有改变。现场灯光和音响亦会配合比赛节奏而有所变化。为此《一笔 OUT 销》曾花费数百万元来打造现场灯光，订造灯光器材。在《百万富翁》中，当钱的数目加大、问题愈来愈深，现场的灯光亦随即调得愈加昏暗，营造出一种极为紧张刺激的氛围。

四、益智类节目中戏剧冲突元素的设计和运用

益智类电视节目策划、创作与编导工作中最关键的一环就是设计节目的戏剧冲突元素。这一点电视学者王亚非和别明源在其网络文章里有独到而详细的论述。那么，要设计哪些元素才能形成戏剧冲突呢？

（一）通过目标的设定形成竞争现场

戏剧冲突是建立在欲望冲突之上的。益智类节目必须为游戏设定一个争夺的目标，并且必须构成足够的诱因，诱使参赛者产生强烈的欲望去奋力竞争。一般来说，奖金越高，就越能成为参赛者及其亲朋好友、现场观众、电视观众的共同目标，参赛者就越希望获取。

（二）通过题目的安排构成悬念冲突

题目是益智类节目不可或缺的重要内容，其目的不仅仅是普及知识，更重要的是为了形成戏剧冲突。《百万富翁》要求参赛者答对 15 道题后才能获得 100 万奖金。与国内的许多益智类节目不同，《百万富翁》的主持人是不知道问题答案的。否则他的一个眼神、一个表情都会有意无意地暗示参赛者，削弱这场竞争的未知性、真实性和悬念感。

（三）通过节目环节的设计产生戏剧冲突

《百万富翁》规定参赛者每回答对一题可获得相应的奖金；如回答错误将失去一切；而放弃继续参与游戏则可拿走已获得的奖金。把选择摆在参赛者面前，面对挑战不同个性的参赛者会有不同的选择，不同的选择会产生截然不同的结果。每一个参赛者的每一次选择都将一次强烈的冲突摆在观众面前。《百万富翁》在环节设计上还规定：参赛者有三次请求帮助的机会。一是打电话向亲朋好友求助；二是向现场观众求助；三是在四个选择答案中去掉两个错误的以降低问题的难度。这些方式为游戏引进新的参与者，给剧情增加了不确定因素，使其出现意外的发展和变化。在俄罗斯《百万富翁》节目就出现了现场观众故意向参赛者提供错误答案的戏剧性场面。

（四）通过参赛者的选择揭示人物的性格

情节是人物性格发展的序列。益智类节目是一场仪式化了的人生戏剧。其中的机遇直接和参赛者的性格联系在一起。有什么样的性格就会产生什么样的情节，不同个性的人面对困难会有不同的反应，参赛者的个性越丰富，节目的戏剧性就越丰富。于是既有欣喜若狂的 5 000 元奖金获得者，也有不动声色的百万奖金获得者，观众的情绪也随之大起大落。

五、CCTV《开心辞典》的创作与编导

（一）《开心辞典》特色与追求

由长江文艺出版社编辑出版的《开心辞典》一书里对电视节目《开心辞典》所作的介绍是：一个集趣味、益智、知识、紧张、惊险、幽默于一身的有奖问答节目。这是一个引进国外先进电视形态由高科技网络、声讯手段支撑的游戏节目；一个现场气氛空前紧张激烈、引人入胜、扣人心弦的全新大型娱乐节目；一个从参与到收视完全面向普通百姓，参赛人数无限多，选手选拔机制更科学、更公平，决赛选手水平更高的平民化节目。

《开心辞典》与其他娱乐性栏目最大的不同点是将网络与电视这两大媒体紧密结合，实现了真正意义的节目与观众的互动。全国的电视观众可以通过网络或电话的比赛方式最终到中央电视台的演播室进行角逐，实现全家人的梦想。节目和相关网站的开播极大地调动了广大观众参与节目的积极性，有力地激发了人们提高自身知识水平、扩大知识面的学习欲望。

（二）《开心辞典》编导操作

《开心辞典》每期节目有 8 名备选选手，以最快速度回答正确的一名选手获得决赛资格。一名决赛选手将单独面对主持人，竞赛方法是大众生活中非常熟悉的基本技巧，复合式选择问答形式把无限的知识浓缩成简单选择，层层递进的问题难度对应步步升高的奖金额度，周而复始的环节安排使各期节目连缀成一体。而且答题中结合了更多的电子时代的游戏形式和手段，使答题过程的展开更加程序化、更加富有悬念。选手每正确回答三个问题便获得相应的奖励，连续答对 12 个问题获得本节目的最高奖励。上场比赛的选手回答问题时有三次机会使用不同的"求助线"求助。大屏幕显示场上进展及题目、计时、生命线使用等信息，促使选手每回答一个问题时，要使用多种的推理、判断、排除、自我否定等技巧，这对人们的思维定式和智力水平是一种挑战。

1. 《开心辞典》参与方式

登录 www.cctv.com 首先注册登记，然后轻松答题，得分累计将决定参赛者在本周英雄榜上的座次；或者换个方式拨打 16897888 热线语音服务电话同样可以答题积分排座次。通过答题方式的预赛和复赛方式公平决出进入现场的 8 名选手。

2. 《开心辞典》比赛规则

争取与主考官面对面的机会：每期节目有 8 名备选选手，依次同时回答声音记忆题、画面记忆题、排序题、ABCDEF 多项选择题及技能题中的一种题目，以最快速度回答正确的一名选手获得决赛资格。决赛中，一名决赛选手将单独面对主持人，选手每正确回答三道问题便获得相应的奖励，连续答对 12 个问题获得本节目的最高奖。

3. 三条"求助线"帮助度难关

上场比赛的选手回答问题时有三次机会使用不同的"求助线"求助，"降低难度"、"电话求助"和"现场求助"，每一种"求助线"方式只能用一次。在二选一时禁止使用"降低难度"这条"求助线"。

4. 一人努力，全家开心

《开心辞典》节目独创的"家庭梦想"概念完全由参赛者的家庭成员共同提出。与此同时，节目组还特别出资邀请选手的一名家庭成员来北京演播室现场助战。不难想象，在亲友团热切目光的注视下，帮助自己的父母、爱人和儿女实现梦想，为家人而战，是选手们调动智慧、鼓足勇气的动力。

（本节主要参考资料：www.cctv.com "电视文论"及《开心辞典》，长江文艺出版社 2001 年版）

第二节　电视法制节目创作与编导

中国在向法制社会迈进的过程中，法制建设日臻完善，法律意识渐入人心，法律和人们的生活发生着日益密切的关系。电视这一现代化的大众传播媒介，以其生动形象、具体直观的优势，在宣传、普及法律知识以及提供法律服务方面负有不容推卸的重大使命，成为法制宣传的排头兵。各地电视台先后开设了以法律题材为选题的各种各样的法制专栏节目，引起了强烈的社会反响，收到了良好的效果。

一、电视法制节目的界定及特征

（一）法制节目

法制节目，即以电视为载体，借助电视的制作和表现手段，以宣传法律为主题，以法制与社会生活方方面面的密切联系为切入点的各种节目形态，我们统称为电视法制节目。如中央电视台的《社会经纬》、《今日说法》、《法治在线》等，这类节目已成为当前电视法制节目的主体。广义的法制节目包括新闻节目、信息服务类节目、纪录片、系列片、专题片、法庭直播、谈话节目、影视剧等，狭义的概念则不包括影视剧这种表现形式。

目前我国法制类节目制作规模已经比较庞大，节目设置上多是频道栏目的形式，长沙电视台1999年5月17日开播政法频道，是我国第一个政法类专业频道。2001年3月开播的黑龙江电视台法制频道是全国第一家省级电视台专业法制频道，播出《说案》、《警察故事》、《法制在线》、《早安公民》、《现在开庭》、《法制周报》等多档法制类栏目。

（二）电视法制节目的特征

电视法制节目的本质特征，是新闻性和艺术性相结合的社会法制生活的表现。它既是一种节目形态，又是一种创作形态，由此派生出一系列相互关联的附属内容，构成一系列的基本特征。

1. 巨大的社会教育效果与示范性、导向性

我们之所以说电视法制节目具有巨大的社会教育效果，是因为电视屏幕所

展示的世界是形象的，电视的社会教育是潜移默化的。它可以在一瞬间跨越不同的地域、不同的民族、不同的国度、不同的阶层，使观众见多识广，思维活跃，于无形中接受了法律教育，获得了丰富的法律知识。正因为这一点，才使电视法制节目具备了高度示范性、导向性的特征。

2. 社会职能的两重性

电视法制节目既要满足人们了解法律、学习法律、认识法律以及运用法律武器保护自身权益的社会需要，又要适应人们精神上的美感要求。

3. 双重品格的真实

电视法制节目的生命在于真实，但是电视法制节目中真实的含义却具有独特的内涵。一方面，对于现实客体，电视法制节目要求无假定意义的事实真实，不允许虚构，不允许造假，不允许任导演摆布。另一方面，对于创作来说，电视法制节目所表现的现实已经是一种被中介了的现实，它与真实生活之间，存在着创作者、摄像机再现的作用与方式等因素。法制节目中呈现的现实，已经按照创作者的主观价值进行了组织。

4. 题材的人文性

题材的人文性，是指题材的性质应当蕴涵人类普遍的生存价值和道德标准，应该能引起人们普遍的情感体验和审美感受。如爱与恨、生与死、善与恶、忧与乐，对生命的追求与抗争，对人生的感慨与探索等等。

5. 全方位的服务功能

电视法制节目的设置和创作都要考虑到观众的一般需要和特殊需要，尽力使各类观众都能从中受益。电视法制节目不仅要向广大公民宣传法律知识，提供法律服务和法律咨询，保护公民的合法权益不受侵害，也要向执法人员提供服务，帮助他们更好地秉公执法。同时，也为国家制定法律提供事实根据和建设性意见。这些都表明应该加大电视法制节目的服务力度，全方位地向社会各界提供法律服务。

二、中国电视法制节目的勃兴、发展与成就

回顾中国电视法制节目的发展，大致可分为三个阶段。

（一）起步阶段：以普法为主要任务（"一五"—1993 年）

我国的电视法制节目，始创于"一五"普法期间，至今已有几十年的历史。由于当时许多观众对"何为法律"知之甚少，所以，初创的全国各省市电视台的法制节目，责无旁贷地担负起了向收视者普及法律知识的责任。山东电视台 1986 年创办的《道德与法制》节目是在全国开办最早、播出时间最

长、最有影响的电视法制专题节目之一。

（二）发展阶段：庭审节目的出现（1994—1998 年）

1994 年 4 月 1 日，南京电视台和南京市中级人民法院联合开办了法制教育节目《法庭传真》，开创了电视庭审直播节目的先河。20 世纪 90 年代中期起步的电视法制节目，多以庭审报道为主，比如广州电视台的《法庭直击》等。

（三）兴盛阶段：题材及表现形式呈多样化（1999 年至今）

1999 年对于电视法制节目来说是一个丰收年，也是一个改革年，这是社会发展的需要，更是我国法制建设的需要。随后出现的一些法制专题节目，多以纪实为主，节奏和速度明显加快，形式上以记录案件经过为主，同时加入了法律工作者或法律专家的点评，丰富了节目内容的知识性。

三、电视法制节目的类型及其编导要点

（一）以《今日说法》为代表的"快餐式"电视法制节目的编导

1999 年 1 月 2 日中央电视台《今日说法》栏目正式开播。该节目每天一期，每期 15 分钟，很有当下流行的"快餐式"特点——播出时限虽短，却精华浓缩、内容饱满、热量充足。《今日说法》编导上的最大特点是它一改往日电视法制栏目的制作样式，将案例介绍、专家点评与百姓看法限于 15 分钟内完成，适应了观众午间时段快节奏的收视要求。重点将嘉宾点评作为节目主件：举案精，重在"说"。力求深入浅出，着力剖析，依法点评。以个案的发生、发展从而探索法制的外延及探求法力的内涵，使得观众在观赏电视节目之余，让更多的人了解我国现行法制的基本概念、意义及适用范围，从根本上解决人们对法律概念不清、对条款不了解，乃至无从使用这一大问题，真正做到了寓讲法普法于案件的评析之间。

《今日说法》中的言论评述是其节目特色。言论评述，是电视法制节目一个很重要的组成部分，也是节目增强法律知识含量的一种有效方式。特别是一些法律专家的点评，点出案件的疑症所在，帮助观众扫除疑惑，正确理解法律条文和法规，保护自己的合法权益，在总结教训后避免同类事件发生。

《今日说法》将节目定位为"切入新闻事件、百姓参与、法学专家点评"，目的在于普法、推动立法和监督执法。栏目开播以来，其平均收视率达到2.44%，稳中有升。

（二）以《社会经纬》为代表的"专栏式"电视法制节目的编导

《社会经纬》是中央电视台开办较早的"专栏式"法制节目，该栏目始终坚持以"普及法律知识，提高法律意识，弘扬道德风尚，宣传精神文明"为宗旨。1996 年 5 月改版后，每周三晚播出，每期 45 分钟。与《今日说法》相比，其突出特点是强调案情过程的完整性。由于节目时限充足，因此能对案件的前因后果作进一步的法律分析与解释，力求对事件的报道更周详、更深刻。

改版后的《社会经纬》加强了对选题、结构、采访、技术等方面的管理，制定了保证节目质量的"四提高"原则。这四项原则，对于其他法制节目的策划与编导也有相当大的借鉴价值。

1. 提高选题水平

将选题的重点转向对违法事件的报道，这对保证社会主义市场经济的正常发展、社会秩序的正常进行起到很好的作用。由于选题既鲜活又实用，观众既爱看，又有所得，尤其是涉及新法律的出台，严格执法，公正司法，完善法律监督机制和提高公民的法律观念的内容更受欢迎。《社会经纬》曾播出了一期名为《110 元电话费引发的官司》的节目，这期节目从司空见惯的街头公用电话亭双休日电话收费不减半谈起，以丘建国为 110 元话费两次在北京打官司为例，教育观众作为一个消费者应如何维护自身的合法权益，给观众留下了深刻印象。

2. 提高节目的结构水平

衡量法制节目的结构标准，主要在于看它如何运用悬念。法制题材的节目常常涉及人物的命运和事件的发展变化。如果能充分利用这两点，稍加组织，就能吸引观众的关注。《社会经纬》曾制作过一个题为《致命的回扣》的节目，节目中的女主人公是一个 30 岁的硕士生，曾干过一番事业，而最终因为在吃回扣与受贿问题上的认识模糊，走上了犯罪道路。该节目通过人生命运和法律知识这两条线索，采用时空闪回的手法，讲述了女主人公由事业上的辉煌顶峰走向罪恶深渊的可悲历程。使观众从她的命运悲剧中获得了深刻教训，了解了法律知识。由此可见，结构的冲击力是可以令观众折服的。

3. 提高记者的采访水平

衡量法制节目采访水平的高低，主要看对被采访对象的背景能否了如指掌；能否选准问话的突破口；能否找到最佳提问方式和角度，以起到深化主题的作用。记者的采访技巧是提高节目质量的重要一环。

4. 提高技术水平

衡量法制节目技术水平的标准，主要是看摄影是否讲究，声音是否达标，剪接有无章法，光线是否合理。选题好，结构好，采访好，这只是达到了节目的内在质量要求。而节目的外在质量，如摄影、用光、音响、后期合成，直接影响到一个精品节目的诞生。因此，在注意节目内在质量的同时，也要特别注意技术水平的提高。

（三）以庭审节目为代表的"直播式"电视法制节目

近年来，对重要司法案件的开庭审理进行现场直播，已经成为电视法制节目新闻报道的一个重要形式，也是电视节目体系中引人注目、影响甚巨的节目样式之一。电视庭审节目是以法庭审理现场为主要对象和内容，通过对案件审理过程的报道以及一些相关背景情况法律知识的介绍，达到宣传法制、普及法律知识、提高公民法律意识的一类电视法制节目。它作为一种非常直观的"现场说法"的节目形式，将电视转播手段的优势与法制宣传特点有机地结合。

1994年4月1日，南京市电视台与南京市中级人民法院联合开办了法制教育节目《法庭传真》，开创了电视庭审直播节目的先河。庭审节目摄像机的镜头直接对准了庄严的法律实施现场，结合电视传真传神的优势，给人以强烈的震撼。该节目的开播，一方面体现了电视直播手段运用于法律实践本身的成功，另一方面体现了社会民主化进程加快、国家法制建设取得突出成就的巨大社会效益。特别是中央电视台继1998年7月以275分钟时间现场直播北京市中级人民法院审理十大电影厂诉天津某音像公司侵权案后，又于1999年3月对重庆綦江虹桥垮塌案的两次开庭进行全程直播，影响都相当大、相当深远。

在进行直播式庭审节目的策划与编导时，以下问题应引起策划和编导者的特别关注：

1. 选择直播案件的基本原则

第一，新闻性是确定直播庭审节目案件的首要条件。庭审直播节目应该说是隶属于新闻直播节目，因此，庭审直播的对象——案件的新闻性，应该是确定直播与否的首要条件，也就是说案件本身应该具备构成新闻的基本要素，如真实性、鲜活性等。1999年中央电视台对"重庆綦江虹桥垮塌案"的直播，其新闻性就是确定这次直播的首要因素。1999年1月，重庆綦江虹桥突然垮塌，造成几十人伤亡。人们在悲痛之余，对悲剧发生的深层次背景进行了反思，进而引发了全社会对近年来我国建筑施工中存在的种种违法乱纪行为的关注和忧虑。在这种情况下，案件本身的新闻性得到了强化，对这一案件进行庭审直播可以说是一个职业新闻工作者的必然选择。

第二，重大性是确定直播庭审案件的必要因素。庭审直播案件必然要有新闻性，但是是否具有新闻性的案件就能拿到中央电视台来直播其审理过程呢？答案是否定的。每年全国各级法院审理的案件不下几十万例，在这种情况下，取舍的标准要看案件的重大性，相反，对那些不具备重大性的案件滥用庭审直播进行报道，不但浪费人力、物力，最重要的是会使广大观众产生逆反心理，影响庭审直播方式的正常使用。

第三，合法性是保证庭审直播节目成功的构成要件。庭审直播节目的最大贡献在于在确保了公众知情权的前提下促进了司法公正，但也会带来对当事人隐私权影响的矛盾。如对未成年人的案件，涉及国家机密的案件、离婚案件以及法院认为案件公开会造成不公正、不安全情况，等等，都无疑不宜进行电视直播。因此，在直播庭审案件的确定上，最关键的程序就是要向法庭提出申请，在得到主审法官同意后方可进行直播。

第四，安全性是确定直播案件的重要条件。这里的安全性首先是指内容上的安全性和直播方式的安全性两个方面。由于庭审直播的当事人是在冲突十分激烈的情况下对簿公堂的，因此在庭审中存在很多不确定的因素。如果在确定直播案件时不加以综合考虑和认真研究，可能发生的意想不到的重大事件会影响直播节目的顺利进行，甚至会产生负面效应。在坚持正确的舆论导向的前提下，必须对内容上的安全性进行有效的调查研究。其次是直播方式的安全性。尤其是庭审直播，其政治性、连贯性要求较高，因此对技术保障的要求就更高了。

2. 电视庭审节目的最新走向

电视法制节目个性发展受到两个因素的制约：一个是电视传播手段，另一个是节目的法制内涵。好的电视庭审节目一定是既发挥电视传播手段的优势又具有高法律知识含量的电视法制节目，这应是电视庭审节目今后发展的方向——

· 传播手段由简单直播到录播，再到精心策划的重大直播。
· 传播理念由纯"法理逻辑"到电视的"报道逻辑"。
· 传播信息流程由法庭"场信息"转向案件"线信息"。

在庭审节目中，法庭审理现场是节目的中心组成部分，在信息传递过程中，法庭审理现场形成一个"信息场"，在这个信息场中有控辩双方的言语交流，有法官及陪审员的反应，有当事人的言语、目光、神态的交锋对错。这个信息场是相对封闭的，信息的双向或多向交流都是在一个相对固定的时间和空间内进行的。受众能从电视屏幕上感受到法庭现场的交流，但是这些对于案件本体信息的理解作用不大，所以电视庭审节目应由对现场信息转向对案件

"线信息"的关注。

所谓案件的"线信息"即指案件发展的线性过程中的信息，庭审在一般意义上说是案件发展的最后阶段，电视庭审节目虽然将庭审信息作为关注的中心，但是忽视了案件的整个线性发展信息的传播，不利于受众理解案件的全部经过，而且也不符合电视法制节目应以提高法制宣传质量为中心的标准。如河南电视台的《法庭内外》节目为了丰富栏目的信息量，使内容更丰富，形式更活泼，更具可观性，将该栏目设置了 5 个子栏目，即"案件摘要"、"庭审纪实"、"众说纷纭"、"法庭审判"、"观点评说"。将法庭审理现场作为了解整个庭审节目中的一个组成部分，以案件的线性发展串起庭审纪实信息，使节目信息更加有序。虽然从表面上来看，庭审的内容减少了，但是其信息含量得到了提高，传播的效果更为理想。

四、中国法制电视节目策划与编导的努力方向

我们认为，今后中国法制电视节目的策划与编导可朝以下这三个方面进行努力：

（一）选题策划

以更广阔的视野拓宽法制节目的题材，构建有"人文关怀"意味的电视法制节目新理念。电视法制节目创作的首要问题是对题材的选择，好的题材应具有时代特征，能及时追踪时代发展的新热点和焦点。

1. 法制节目的选题应重点关注法律方面的新热点

具体结合法制节目的选题，就是指那些涉及新法律的出台，严格执法、公正司法，完善法律监督机制和提高公民法律观念的内容。有些电视法制节目已充分把握了这一法制宣传的主旋律：《社会经纬》节目曾就新《刑法》中出现的对网络犯罪的规定特别制作了一期节目——《网络反击战》。但是类似的题材报道，在众多的电视法制节目中所占比例并不算多。尤其是在各地方的法制节目中，选题仍跳不出杀人、伤害等刑事犯罪以及一般民事财产纠纷的圈圈。这就要求节目的主创人员转变观念、紧扣时代的脉搏来选题。

2. 电视法制节目中案例的选择也应讲究

节目的选题确定后，运用案例来阐明观点是电视法制节目一个有效的直观手段。案例的选择直接关系到法制节目的播出效果。因此，法制节目所选择的案例首先应适合电视化的表现，因为电视法制节目中的案例大部分已时过境迁，实效性相对比较弱，在选择案例时如果条件许可，要尽量选择那些好出画面、脉络清晰的案例运用到节目当中；其次应尽量选择能以小见大的典型案

例，在人们的日常生活中不乏带有普遍性的小问题，抓住这些小问题做文章，往往能在观众中引起共鸣。像《社会经纬》的《110元电话费引发的官司》就是一个典型的以小见大的成功例子。

3. 适当加大法理法律内涵的挖掘力度

"探究法理、以案说法"是电视法制节目题材特征的基本要求。法制节目中的法律知识含量，指的是与观众相关的法律知识，或者说是法律信息的含量，而非法律原则或法律条文的含量。电视法制节目要保持其鲜明的个性，就应该在评述法理上加大力度，对抽象的法理进行理性分析。但是，加大抽象法理的评论力度并不是不顾电视的传播特性，一味地进行法理逻辑的推理，太专业化的内容往往会吓跑电视观众，使人看不懂，不愿看，不想看。因此，从电视法制节目的选题策划上来看，它应该将法律与整个社会的大背景联系起来，关注飞速变动的社会中人的命运，尊重人的价值，表达人的呼声，体现法理中"人"的因素，构建有"人文关怀"意味的电视法制节目新理念。

（二）编导制作

全方位开发电视表现手法，进一步拓展电视法制节目的内涵表达方式。现在有一些法制节目中的"猎奇"现象很突出，他们热衷于一些惊险刺激的血腥场面的报道和一些冗长无聊的追踪，以纯粹的感官刺激冲淡了对严肃法制内涵的探究。一个成功的法制节目应该是内涵与外在表现形式的和谐统一。

1. 用新闻的鲜活点切入话题

电视法制节目主要是宣传法制，内容上难免会让人产生枯燥感。如果将新闻节目的鲜活性运用到法制节目中，在采编过程中寻找观众关心、注意的焦点，利用生活事件中的悬念开篇、布局，便可引人入胜、发人深思。《社会经纬》曾播出过一个关于保险金索赔案的节目。节目平铺直叙地讲述了某年某月某日，一位老太太来到法院状告某保险公司，为孙子索要因其父母车祸身亡应得的130万元保险费的事件经过。受众看完了节目，虽然知道了事件的经过以及索赔的有关规定，但由于描述一般，而显得索然乏味。同样是这个题材，如果将切入点改为某年某月某日某地发生了一起车祸，死者为夫妻二人。继而引出一个3岁男孩在其监护人带领下，向保险公司索赔130万元的人寿保险作为悬念。然后逐步揭开。这样就会将观众引入一个扑朔迷离的人寿保险赔偿案中，从而达到教育世人的目的。这就要求节目编导首先应该具备一个本领——会讲故事，会抓住观众心态，由新、奇之处下手，把握悬念，引人入胜，从而达到"润物细无声"的宣传效果。

2. 用专题的深刻性去报道事件

目前，在法制节目中有一种倾向，那就是表面化，不深入。观众从这类节目中，往往只能获知发生了什么事，而不知如何提高法律意识，使此类事件减少发生或不再发生。也达不到警醒执法部门加强监督，加大执法力度的目的。因此，认真调查、系统分析、透彻研究、对问题的提出及解决都应从法的角度加以衡量和审视。只有这样，才能使观众从事件中得到正反两方面的教训，达到教育、启迪世人的目的。

3. 用纪录片的纪实手段描述情节

专题节目要体现事物的真实性、评论的客观性，运用纪录片的纪实手法则是最佳的选择。法制题材往往充满了矛盾冲突、悬念和错综复杂的变化，如果能运用纪实手法对这些情节作真实的记录，则可以更好地发挥法制电视题材的优势，增强法制节目的可视性、可信性和说服力。

4. 用故事片的叙述技巧结构全片

法制节目不同于新闻节目，它只要靠事件本身的吸引力并运用客观描述手法就可以获得观众的注意。为此，在法制节目中，利用事件本身的悬念，运用闪回、倒叙、插叙等手法来叙述其过程；在内容上适时运用夹叙夹议的方式；在表达和强化主题思想上运用音乐、声效、特技、字幕等表现手法，都会对作品本身起到事半功倍的作用。

（三）当前电视法制节目对主持人及电视法制记者的新要求

现在大多数的电视法制节目都设置了主持人。有些节目主持人与他所主持的节目一起已经深入人心，比如 CCTV 的肖晓琳、撒贝宁、崔志刚等。为了使节目更丰富，也更具说服力，节目往往会请律师、法官或是与案件有关的人员来做嘉宾。法制电视节目的主持人在与嘉宾讨论时，一定要找嘉宾熟悉的话题，这样交流起来才不费力；同时一定要找嘉宾喜欢的话题，这样才能让其有发挥的余地，当谈得投机时嘉宾可能会超常发挥，这时主持人的提问就是"针"——以有针对性的问题来规范嘉宾的思路，将"针"引出的"线"缠绕在主题之上，什么时候打结，要看节目的需要，在与导播沟通之后，打上一个完美、漂亮的结。

要当好法制专题策划、编导、记者、主持，除了要具备一般电视修养外，还必须具备特殊业务知识素养，其中包括以下几项：

（1）新闻素养，比如新闻的敏感性，主题的提炼，角度的切入，素材的取舍，细节的运用，甚至对精彩瞬间的捕捉等。

（2）法学素养，法制节目最主要的功能，就是通过对某一案件、某一类现象的剖析，通过对某一问题的讨论、回答，给人以法的教育、启迪或警示。要说法，就必须懂法。不懂法，何以说好、说透、说到点子上去呢？

（3）艺术素养，文学和艺术修养，也就是抓取素材、提炼主题、艺术构思、实施报道（包括叙事）的能力。

（4）制作、包装和宣传的能力。电视法制节目制作、包装、宣传推介是一项不容忽视的、可以为媒介带来多重效应的工作，从媒介的决策者，到节目的策划者、编导者，都应对此阶段予以足够的重视，切不可直播一完，便关机大吉。仅从宣传策划的角度来看，就有这样几项重要工作要做——

第一，适当增加电视法制节目的重播次数，照顾不同群体、地区、职业的观众的收视习惯。

第二，对已播出的、观众关心的、热点的节目，可进行追踪并将后续情况进行反馈。

第三，通过媒体联合运作，调动广播、报纸、杂志、网络、书籍等媒体手段，实现优势互补，以弥补电视节目传播效果的易逝性。

第四，不断策划、开掘栏目、节目的新亮点，策划媒介活动，在宣传法制的同时，提高栏目、节目自身的知名度、公信力和影响力。

我国正处于法制建设空前发展而又有一部分人法制观念仍很淡薄的时期，电视法制节目就应在努力推动法制建设的进程和法制观念的强化方面，担负起自己应负的责任，在这个方面电视法制节目是大有可为的。

（本节特约罗江萍合作撰写）

第三节　时尚类电视节目创作与编导

时尚设计师是时尚的生命线，是美的先觉者，就像原野里的一簇迎春花，总是最先突破世俗平庸而绽放。如果说时尚设计师是时尚界品位独到、欲望无边的潮流领导者，那么当今时尚类电视节目则是时尚界最敏感的触觉，它以一种先锋前卫的手法，运用电视语言迅速传递时尚资讯。时尚类节目在题材方面具有独特的优势，因此节目画面大多赏心悦目，内容轻松愉悦，使得该类节目在观众群中相当受欢迎。时尚节目前卫而不另类，它所展现的是社会潮流的现在时或将来时，它的内容包括人们的衣食住行、言行举止，乃至某种思潮，涵盖面几乎涉猎生活的每一个细节。因此，这类节目在各级各类电视传媒中，即使不是台里主流的主打的节目，也肯定是特色的亮点节目，往往被视作吸引时尚观众群的"杀手锏"。《美丽俏佳人》、《时尚魅影》、《美在深圳》、《魅力前线》是目前国内知名度较高的时尚类节目。《美丽俏佳人》则在 2008 年由《哥伦比亚新闻评论》中文版举办的媒体行业"中国标杆品牌"评选活动中获得"2008 年中国标杆产品（时尚美容类）"荣誉称号。深圳数字电视时装频道 2007 年改版，更名为深圳数字电视时尚生活频道，于 2007 年元月正式开播。

星空传媒卫视音乐台（Channel ［V］）的《时尚日记》《Dope》，日本富士电视台《完全时尚手册（F2）》，是境外比较知名的时尚类电视栏目。

一、《时尚放送》及其引领的时尚节目潮流

早在 1994 年广东电视台就大胆创新，推出了一档全新的以时尚为核心内容的节目——《时尚放送》。"时尚"即当时的风尚，而"放送"大致为播放呈送的意思，这是一个从日本引进的新名词，如日本一电视台台名"朝日放送"。广东电视台隆重推出的《时尚放送》节目，一炮打响，新颖的节目样式、缤纷的节目内容和前卫的时尚潮流令观众眼前一亮，该节目迅速风靡全国。经过几年时间的打造，《时尚放送》已经成为广东电视台的一个品牌节目。更值得关注的是该节目在诞生之初就致力于推动引领时尚潮流，并成功地承办、协办、报道各项大型时装节和模特大赛，因此《时尚放送》节目在时尚圈里尤其是在服装设计圈里有着举足轻重的地位，该节目的创始人之一区志航（原为该节目的节目主持人，现为该节目监制）更成为著名的时尚品评人。随着《时尚放送》节目的成功，在国内引发了一阵时尚类节目的风潮，目前较为成功的时尚类电视节目有凤凰卫视的《完全时尚手册》、中央电视台第四套节目的《东方时尚》、北京卫视的《时尚装苑》等，其他各大台大都设有相关节目。

二、《时尚放送》成功原因简析

《时尚放送》的成功，其原因是多方面的。

第一，制作实力。广东电视台凭借其强大实力，多年来在节目制作硬件设施投入上从来都肯大投入，这使得它的节目在制作技术和设备层面一直处于全国领先地位；在"软件"上，广东电视台引进和培养了一批懂电视艺术的制作设备技术人员，从而确保了节目制作中编导意图得以如实地、彻底地贯彻和落实。

第二，除了节目制作上的实力之外，强烈的包装宣传意识也是《时尚放送》取得成功的一个重要原因。该节目从1994年诞生之初就具备了自我包装、自我宣传的意识，为自己的节目做广告，这在当时是非常领先的做法。例如，制作本节目的形象宣传片，运用明星、名人效应为该节目做宣传推广。《时尚放送》在宣传推介中曾创造并成功运用过一个叫"名人蒙太奇"的节目宣传模式，其中的一个短片是这样的：

[不同时空跳接]

任达华："您现在收看的是……"

马艳红："广东卫视……"

余秋雨："时尚放送！"

迄今为止，已有数十位当红的名演员、模特，著名艺术家、作家为该节目做过类似的宣传。

第三，在相关活动中提升节目知名度、权威性和影响力，打造名牌，创造效应。《时尚放送》热衷于时尚界各类社会活动，而不是一味闭门造车。除常规节目外，《时尚放送》还成功地录制了众多的大型节目，近年来较为成功的节目有《首届中国（南海）内衣模特大赛》（60分钟），《世界超模大赛》（90分钟），《首届中山（沙溪）国际休闲服装节特别节目》（55分钟）。这些节目的推出，不仅使栏目"弹足粮丰"，更强化了《时尚放送》在观众中和节目市场上的品牌力量和效应。

三、《时尚放送》栏目框架

《时尚放送》采取的是"大衣橱"式节目设置方式，下设以下一些子栏目，每期重点选择3至5个予以播出：

(1)《新潮快递》放送最新的潮流及时尚信息。

(2)《人物剪影》名人及时尚人物专访。

(3)《时尚话题》社会时尚生活的热点话题探讨。

(4)《霓裳掠影》国内外最新时装介绍及展示。

(5)《美容资讯》美容美发及化妆方面的时尚动态及技法。

(6)《名车廊》介绍国内外名车及动态。

(7)《家居时尚》介绍家居，家具及装饰时尚。

(8)《时尚指南》时尚生活方式的介绍与引导。

(9)《闲情逸趣》介绍旅游及休闲时尚。

(10)《时尚食府》介绍新潮食府、新派美食等。

(11)《精品世界》国内外经典及时尚精品欣赏。

（12）《海外时尚》介绍国外时尚动态。

四、以《时尚放送》为代表的时尚类节目选题

时尚类节目的内容丰富，涉猎面广，以《时尚放送》1999 年到 2002 年的节目为例加以归纳总结，我们发现时尚类节目选题和题材大致可以划分为以下几类：

（一）时装类

每年除了"兄弟杯"时装设计大赛、中国服装节、全国师生设计作品大赛、香港时装周等大型的时装节外，还有大大小小的全国各知名设计师的专场时装发布会。因此全年时装盛会此起彼伏，大有应接不暇之势。

（二）模特大赛类

继世界超级模特大赛声名鹊起后，我国近年来兴起了一股模特大赛热，尤其是最近几年来模特大赛热持续升温，各式模特大赛推陈出新，如首届中国（南海）内衣模特大赛、中国男模精英大赛。

（三）珠宝钟表类

珠宝首饰对女人具有独特的诱惑力，即使不能拥有，也会不厌其烦地反复欣赏。而钟表则是男人们的至爱，在某种程度上，手表是男人身份的象征。国内著名的珠宝钟表展当属香港珠宝钟表展，此外戴比尔斯钻石展对女性观众有很强的吸引力。

（四）皮具皮革类

在时尚设计领域中鞋子、手袋、皮带等物品也非常喜欢争奇斗艳。著名的皮革展有亚太皮革展、意大利皮革展。

（五）美容美发类

在时装秀上，只要你的视线稍微往上移那么一点，就不难看到时尚新颖的发型设计和彩妆设计，原本在时装秀中甘当配角的发型师和化妆师现在也不甘寂寞，在时尚的舞台上越发活跃起来。每年乃至每个季度都会发布新的流行趋势。

（六）时尚人物类

著名设计师、模特、前卫艺术家、雕塑家、建筑设计师都是引领时尚的一族，他们的生活态度、意识形态、思维方式等都相当独特，走近他们你会呼吸到另类的空气。《走近羽西》、《新锐电影导演张元》、《环境艺术家米丘》、《服装设计师陈逸飞》、《关之琳》是较为成功的时尚人物专访节目。

（七）街头时尚类

这一类型的时尚散落在都市的每一个角落，它是新萌发的时尚生活潮流，虽然目前尚未火热流行，但却存在着流行的可能和潜质。此类选题往往更考验编导的预判断能力和提炼功底。

时尚类节目在选题方面，目前存在的突出问题是，时装类的节目内容几乎成为国内的大部分时尚类节目的主体。其原因很简单，时装在时尚界占据了主导地位，全国的时装秀此起彼伏，时装表演绚丽耀眼很有观众缘。但这一状况导致时尚类节目题材单一化，节目结构严重失衡。此外在选题方面还存在另一个问题，就是节目中展示的前卫服饰、名贵珠宝、珍藏版钟表、古董车等物品离现实生活太遥远，贴近人们生活的时尚题材却较贫乏。这一问题已经在《时尚放送》中十分突出，因此从 2000 年开始，《时尚放送》的编导努力变革，在生活中寻找新的题材，例如都市女孩崇尚的"卡哇伊"（源于日本，意思是"可爱的"）的 Q 时尚、广州首家雪糕餐厅及其雪糕火锅、KEEP FIT 头脑的头脑玩具、时下流行的网络情缘，等等，都是时尚类节目的新选题。总之，在题材的选择方面，时尚类节目编导首先应努力挖掘贴近生活的时尚节目题材；其次在每一期节目的内容搭配上尽可能多样化，追求"营养均衡"；最后应避免对题材进行零碎表象的报道，而应强化题材策划意识，制作专题性、系列性的时尚节目。

五、时尚类电视节目创作与编导艺术

时尚类节目自身的特点决定了它在创作与编导中更讲究技巧，更强调艺术性。下面我们就以《时尚放送》第 44 期《香港 2001 春夏时装节》为例，重点解析时尚类节目的几项具体的制作技巧和节目的艺术追求。

（一）时装秀的拍摄技巧

时装秀注重服装的动态展示，服装设计师运用舞台、灯光、背景音乐、模特造型设计、模特演绎等多种手段阐释服装的设计意念。时装秀的拍摄与新闻、纪录片、综艺节目、体育节目及其他的专题片的拍摄有着截然不同的要求。一般的摄像师哪怕是资深的摄像师在刚接触拍摄时装秀时大多有措手不及的感觉，使拍摄出来的时装秀生硬、缺乏活力。

解析《时尚放送》第44期《香港2001春夏时装节》节目，纵观各台的时尚节目，在时装秀的拍摄技巧上可归总出以下几个要点：

（1）明确拍摄目的。年轻的摄像师通常会不由自主地被模特秀美的面孔所吸引，无意识地将镜头集中在了模特的面部，而忽略了该场秀的主体内容。拍摄前应先明确拍摄的目的。如果是服装秀则以服装为表现的主体；若是鞋秀则以鞋子为主体，这时的服装只是陪衬；如果是发型秀目光就得往上移，聚焦在发型上；要是专门的模特大赛那就可以聚焦在模特身上。

（2）强调动感，灵活地运用运动镜头。如从模特的脚部开始由下往上摇或从头部开始由上往下摇；同景别前移的同时做小角度旋转；小景别拉出的同时做小角度旋转；小景别以一物体为前景作前移；中景或人全作跟镜头运动；倾斜45度角拍摄等。

（3）突出服装设计细节。服装细节上的处理往往可以彰显设计师的心思，而突出细节的表现可以使服装得到更细致的展现。另外，不可忽视的是每一场时装秀除了服装之外，化妆、发型、鞋子、背包、手袋、小配饰、身体彩绘等都会有别出心裁之处，在确保主体突出的同时略微带出一些小细节相信能为节目增加一些亮点。

（4）动态捕捉。无论是在T型台、一字平台，还是在四方台上表演时装秀，在场内调度上经常会出现几个模特同时或交替上下场的情形。为了不错过精彩的瞬间，在单机拍摄时摄像师必须具备预见能力、迅速判断能力和动态捕捉能力。无论是何种形式的服装秀都有它固有的规律，我们可以借助经验迅速判断模特上下场的出入口，模特走秀时行走的节奏、亮相的走位等一般规律。模特行走的脚步、转身抬头的瞬间及眼神的变化，这些动态镜头具有一定的视觉冲击力，后期编辑时有利于强化节奏感。

（5）一般的时装秀多为单机拍摄，抢占最佳机位很重要。一般的大型时装秀主办单位会在秀台的正前方设置一个约半米高的摄像台供各媒体的摄影、摄像记者使用。无疑这是最好的机位，但由于到会的记者众多，常常出现供不应求的局面，因此提前到场、抢占有利地形成了记者们的热身赛。但如果好位置都没了，只能退而求其次，在稍侧或正面低机位也可。如果条件允许，建议摄像师尽可能多变换机位拍摄，这样镜头才可以有更多样的变化。如果是多机拍摄，除了正常固定机位外可在T台左或右侧设一游动机，运用仰拍或跟镜头，这一机位若配合现场灯光可取得逆光或侧逆光的极佳效果。

（二）时装秀节目的后期编辑制作技巧

时装秀类的节目前期拍摄固然很重要，后期制作同样重要。拍摄不到好的素材，使后期编辑"巧妇难为无米之炊"；后期编辑制作水平不够或不想费力气，"萝卜白菜一锅煮"，也同样是对电视资源的浪费，同样是对观众不负责任的一种表现。

（1）在后期的镜头与镜头间的组接上，一般不主张用繁杂花哨的特技过渡，而提倡用最简约的手法，镜头与镜头之间直接用硬接或有必要的地方用叠化。

（2）在后期剪辑前建议先选择好适合该服装系列风格的配乐，然后以配乐为背景，按音乐节奏组接镜头。但要注意不可一味地追求画面节奏，因为节目本身在于展示服装设计，如果画面停留时间过短，节奏过快，不但让人看不清画面，更会造成观众视觉的疲劳，因此，后期编辑必须确保观众在舒适的节奏下看清楚每一款服饰。

（3）时尚节目整体包装力求风格统一，最简便有效的方法是整体包装格式化。如确定片头、字幕、片尾字幕、节目宣传片的固定模式。

（4）作为节目重要的象征符号，时尚类节目的主持人最好是青春亮丽型的主持人，至少应该是有一定时尚品位的节目主持人，如果主持人能具备高雅的气质谈吐则更佳。无论是外景主持还是演播厅主持都必须确立自我的时尚化形象。为了塑造主持人的外在形象，建议聘请专业形象设计师为主持人定位服装、化装、发型，绝不应放任自流。

（三）时尚类节目串联词和解说词写作技巧

时尚类节目的串联词和解说词并不会因为节目内容的"惹眼"而变得可有可无或无关痛痒。实际上恰恰相反，睿智得体的串联词或解说词不仅是至关重要的，而且其本身还可以成为时尚类节目亮丽的风景线上一道"赏耳悦心"的风景。从作用上看，时尚类节目的串联词和解说词不仅要起到串场、介绍和描绘的作用，还要起到引导观众的视线与鉴赏方向，交流观赏体会，感悟和把握时尚潮流，从而引领和创造新时尚的深刻的作用。具体来讲，在撰写的过程中有这样几点须加以把握。

（1）抓住电视特点。时尚类电视节目是以电视为传播手段的，而电视的最大特点就是讲究可视性。同电视体育节目解说一样，时尚类电视节目的串联和解说也应尽量超越简单介绍和描绘的层面，而在交流、探讨、引导、创造上多下工夫。

（2）把握传播需求。时尚类电视节目在撰写文稿时，应避免使用艰涩的专业词汇，尽量让观众听得懂，听得舒服。如《时尚放送》第44期《香港2001春夏时装节》节目中的一段：

> 总体看来，极富时代感的童话仙境般设计是这一季度的整体感觉。设计师喜欢运用女性的柔美雪纺、几何图形的丝质面料和立体钩针编织来演绎大自然的瑰丽。色彩以桃红、苹果绿、湖蓝色配以墨绿、黑白和金色。设计时运用较柔软的闪光面料营造浪漫悠闲的美态，简明的线条和精巧的细节突出绣花和水晶亮片的设计，散发着欢快的气氛。

相比于一般的时装类解说词，该段解说词已经有意识地进行了口语化、通俗化加工，但是仍然难免走进一个误区：对服装进行专业化介绍，这是时尚类节目编导很乐于犯的一个错误。之所以会乐于犯这种错误的原因有两个：一个是个别编导写稿时不假思索原文照抄时装发布会提供的文字资料；另一个原因是长期从事服装节目制作的资深编导，自身对服装已经有了很深入的认识，对于服装设计的面料、色泽、细节、工艺等方面的信息相当感兴趣，所以在写稿时会无意识地卖弄名词术语。相信有小部分观众还是会乐于了解专业方面的知识，但我们若以一个普通观众的状态去看电视，就会发现，观众在看时装节目时的注意力大多是放在视觉的感官享受上，相比之下在听力上的集中力较弱，艰涩的专业词汇只会被一带而过，左耳进右耳出，而且大段的专业性解说词会造成观众的听觉疲劳。

（3）每一种类型的节目，都形成其独特的风格，在解说词上都形成了特定的风格，同样时尚类节目也有其特有的文风。下面这段文字，颇值得我们玩味和借鉴——

> 香港2001春夏时装节围绕三大主题进行演绎，分别是聚会、自由、色彩。第一主题是21世纪新人类的聚会。年轻人正在寻找一个可以展示个人风格的地方，在他们的领域里，民族传统和旧日经典全部以崭新的时尚格调再次重现。在服装的简约潮流中，金色几乎被人遗忘，但在新世纪里金色将变本加厉地流行起来。光鲜耀眼的金色布料经过洗水处理之后，稍微有一点褪色，在陈旧中渗透着古朴，就像穿旧了的牛仔裤越发受人青睐……野性与活力是第二大流行趋势，在这里闪耀着缤纷的色彩，让人投入无拘无束的派对，享受浓厚的异地情怀和诱人的气氛，在这个永不见尽头的国度里尽情地炫耀成为理所当然。努力工作，尽情享受是新人类的生活态度，在脱下沉闷的工作服之后，你需要穿上具有活力的休闲装……自由的街头豪华装是对简约主义的极度反叛，也是第三大流行趋势，它从20世纪70年代铁骑士和摇滚乐中找到了灵感。反叛的街头豪华装、前卫的经典服饰、野性的现代休闲装形成香港2001春夏时装三大流行趋势，高级时装的绚丽璀璨只有品位独到和欲望无休止的潮流领导者才能演绎得最彻底。

（《时尚放送》第44期《香港2001春夏时装节》节目）

最后，我们要提醒时尚类节目策划、编导者们的是，时尚类节目绝不可一味地追捧潮流，表象地报道时尚简讯。一个成功的时尚节目首先必须是一个有品位的节目，一个具有独立思维能力的节目，时尚节目的编导应在某种程度上成为时尚潮流的批评者或引领者，绝对不能成为时髦的奴隶，戴着流行的镣铐舞蹈激情。丧失本我者，其本身是永无价值可言的。

（本节与广东电视台节目中心编导刘东霞合作撰写）

第四节　电视栏目剧创作与编导

《都市笑口组》是南方电视台 2003 年重点推出的原创节目，属于电视文艺类节目中极具广东特色的粤语电视喜剧小品，如果一定要套用荧屏上流行的哪个节目样式的话，那么它最贴近电视栏目剧。节目中抓取都市人日常生活中最关心的热点话题，粤语文化基础上的"广式幽默"，国内电视首创的电脑虚拟背景与电视小品表现手法的大胆结合等元素，使《都市笑口组》推出后收视率节节攀升，成为南方电视卫星频道乃至南方电视台的最具影响力的王牌自办节目之一。

一、《都市笑口组》产生的背景分析

（一）媒介背景

南方电视台卫星频道横空出世及其出世后不得不面对的竞争局面，是《都市笑口组》产生的最根本的媒介背景。2001 年 12 月 20 日，原广东有线电视台和经济电视台整合而成的一个全新的广东省级电视台——南方电视台正式成立。南方电视台拥有经济、都市、综艺、影视、科教和少儿六个频道，有很强的拓展能力，频道通过有线网络覆盖全省。2004 年 7 月 28 日，南方电视台第二套节目（TVS－2）都市频道正式调整为"服务粤港澳及国外粤语人群"的电视频道，通过卫星向覆盖区域全粤语 24 小时全天候播出，是中国大陆唯一获准上星的地方方言电视频道，也是全球第一个纯粤语播出的卫星电视频道。这一年，为聚拢本土收视人群，打造具有传播力和竞争力的本土节目，都市频道将原创节目《都市笑口组》，与《城市特搜》、《IN一派》构成"三驾马车"，驶上了与本土电视、境内电视和境外电视"拼争"的征程。广东特别是广州处在众多境外媒体和各省级卫星电视激烈竞争的环境下，本土的电视一路走来都十分艰难，南方电视台推出的《都市笑口组》是少数成功的本土节目中带有另类色彩的节目，研究该节目成功之道对广东本土电视节目的崛起具有现实意义。

（二）文化背景

广东经济与社会发展、本土文化意识的觉醒与娱乐风暴的席卷，共同构成《都市笑口组》产生、发展的文化背景。GDP 数据让广东成为社会公认的经济大省，同时，在全省发展战略高度上提出的建设文化大省的目标，也促进了广东各项文化事业的发展。这其中，广东广电发展快捷的步伐和卓然的成就都令人瞩目，而南方电视台的跨越式发展更为这一成功战略提供了强有力的佐证。在发展中，进入"后 WTO 时代"的人们比以往任何时期都更加明确地意识到本土文化的重要性，电视无论是哪一种节目样式，都自觉自愿地开始了"文化寻根"之旅。而此时，屏幕上狂卷的娱乐风暴也为本土文化的表现提供了艺术形式上的借鉴和创作表达上的动力。可以设想，抛却上述背景，《都市笑口组》肯定也可以产生，但肯定不会是今天大家所看到的这个模样。

二、《都市笑口组》定位策略解析

（一）定位坐标：境内外同类节目扫描

国外方面，我们可以把"洛阳铲"定位在情景喜剧上。情景喜剧最早发源于 20 世纪 20 年代的广播中。"二战"结束之后，情景喜剧搬上电视，并迅速蓬勃发展，如今已在世界范围内被广泛接受，特别是受到英语国家的喜爱。

国内方面，情景喜剧是在 20 世纪 90 年代才发展起来的，不过发展迅速，也出了很多大家喜欢的作品，其中犹以英达的《我爱我家》为国内开先河和定盘之作，后逐步勃兴，直至目前的《家有儿女》在多家省级卫视同时播出，虽算不上兴盛，但已得到观众的喜爱和认可。从表现上来看，《都市笑口组》的喜剧基因与国内外此类情景喜剧堪称一脉相承。

（二）定位策略：瞄准竞争目标、另类表现套路和差异化竞争

这一点，我们在节目组《打造本土幽默单元短剧可行性报告》中可以看得清清楚楚。这份报告说："从我们对本地竞争对手的认真分析，广东电视台和广州电视台抢占收视传统优势是依靠本土新闻，近年来具有浓郁本土气息的轻松生活短剧更增加了较大部分的收视份额。有鉴于此，2003 年南方电视台

要实现市场份额更上一个新台阶的目标，打造本土幽默单元短剧不失为一个锐意突破的尝试。经过都市频道的初步构想分析，我们有信心打造南方电视台自办电视短剧的一条新路。"这条"新路"有这样几个关键点——

1. 短小精悍

《都市笑口组》一集只有 10 分钟，可以说是十分简短。时间短的好处在哪里呢？第一，节目短，制作时间相对较少，录制的速度就比较快。剧本都是用广州地区的热点新闻作为原材料，经过编剧加工创作成幽默诙谐的小品喜剧，所以整个节目不仅搞笑，而且反映了当今社会的各种热点问题，让观众在爆笑之余静心沉思，从而"愉快地"实现节目的教益价值。第二，节目短，高度浓缩喜剧幽默元素，保证笑点数量和频率，没有机会拖沓冗长，在最短时间内吸引住观众眼球。第三，节目短，观众不需要花费很多时间来观看，比较适合忙碌的都市人。晚七点左右正好是吃饭时间，十分钟的搞笑小品喜剧是很受观众喜爱的，你不需要花费很多时间一直待在电视机前面，剧情还可以成为茶余饭后的谈资。第四，节目短，一旦观众喜欢收看，总觉得每集时间太短，意犹未尽，逢周一至周五的编播安排每晚可以吊观众胃口，刺激收视欲望，培养受众的收视习惯。

2. 虚拟背景，节约成本，释放艺术空间

《都市笑口组》首创了国内电视将虚拟背景与电视小品相结合的先河，利用虚拟动画作背景，不仅生动有趣，而且漫画风格的背景使短剧有了卡通味，在真人表演和虚拟背景的真假错位中制造新奇的幽默效果，与盛行网络的 flash 动画有异曲同工之妙，《都市笑口组》因此被导演朱晓铮解释为本土第一个真人 flash 短剧。一间约 100 平方米，恒温 16 摄氏度的虚拟演播厅，一面蓝色的墙，再加几台机器，就可以天马行空挥洒无限创意。古希腊最伟大的数学家和物理学家阿基米德说过："给我一个支点，我就可以撬起地球。"套用这句名言，《都市笑口组》可以说："给我一块蓝布，我就可以玩转电视。"整个节目都在演播厅录制，着实节省了场景、道具、摄像，在很大程度上节约了制作成本，而且两天就可出一集，真正做到了多、快、好、省。

《都市笑口组》不仅投入少还捡了个大便宜，剧中人物凭借诙谐表演和高曝光率，很快成为电视笑星。《都市笑口组》开播的时候只有刘汗、金桔、富贵三个演员，他们除了名字固定，剧中的性格、年龄、职业、相互关系甚至性别都是可变的，"一人分饰多角"是《都市笑口组》演员的特色，增加了喜剧效果，为《都市笑口组》培养了大批影迷。在大家的努力下，节目越来越受欢迎，参与的演员也越来越多了。新增加了沙糖桔、猩星、九两金、豆豆、招娣、毛忌、常满、秋香等演员，但是节目还是保持"一人千面"的表演风格。

3. 粤语喜剧，粤式幽默

全世界到底有多少人讲广东话？这个比较难统计，但可以肯定的是，南方卫视想让世界每个角落讲广东话的人都能看到一个讲广东话的频道，《都市笑口组》就是想让看到这个频道的人都能感受到粤式的幽默。

《都市笑口组》追溯到更远，可以看到更类似的节目——20 世纪 90 年代 TVB 卢海鹏等人推出的《搞笑三人组》。它开启了一个介乎情景剧与舞台剧之间的喜剧剧种，把针砭时弊等深刻的含义蕴涵在通俗的表演形式之中，这是香港流行文化最典型的特征：通俗性、平民化。其平民化有两层含义，一是反映民间，二是用平民视角解构社会。广州被称为"最平民化的城市"与此大有干系。《都市笑口组》以岭南文化中的流行文化部分为基础，虽然它的技术和表现形式比当年的《搞笑三人组》更加时尚和丰富，在本质上却是继承了这种微言大义、平民诉求的通俗风格，有着岭南文化的内核。

《都市笑口组》中的幽默更体现了平民时代的喜剧精神。刘汗、富贵、金桔就是普通市民的代言人：半分势利，一点虚荣，些许小聪明，有贼心没贼胆，老想占便宜但最后吃亏的一定还是自己，外表的玩世不恭，骨子里的人性本善，脑袋一热还会见义勇为……他们是小人物的喜剧代表。

南方卫视的受众主要是广东人和海外说粤语的华人。海外华人对家乡的语言、经典的粤式幽默感到十分亲切。广东地区这一代人都是在香港电影和文化的包围下长大的，在思维和语言方面自然也受到很大影响，粤式的幽默往往能引起观众共鸣。

4. 幽默诙谐，另类方式引导社会舆论

《都市笑口组》虽然是喜剧，但是故事的内容都来自真实的社会现象。它就像一面哈哈镜，折射出生活的形形色色、光怪陆离，触及人性的弱点、社会的弊端。演员夸张的演绎，往往令观众捧腹大笑，却具有讽刺的色彩，一针见血地把一些潜在的问题暴露出来。一笑之余，令人回味，令人深思，"寓庄于谐，寓教于乐"。例如有一集名为"课间奶"，故事内容是说小学要求学生自愿订购课间休息时间喝的牛奶，开始的时候很多同学都没有订购，结果学校就规定没有订购"课间奶"的课间不准休息，要抄写大量生词。最后所有同学都"自愿"订购，自然免去抄写之苦了。这其实是揭露、批评了学校通过各种手段乱收费的现象。

这些节目在讽刺社会现象的同时也表达了节目制作者的思想和舆论倾向，这其实是以一种轻松、诙谐的方式来引导社会舆论，潜移默化地改变人们的思想。

5. 编剧开放式，集合多人智慧

《都市笑口组》刚刚开播的时候由导演和演员担任编剧，随着节目越来越受欢迎，渐渐地，不但加入了很多新演员，编剧也开始从社会上发掘，只要点子符合《都市笑口组》风格就可以来当编剧，令剧情更加丰富和多样化。集合多人的智慧之后，节目的内容包罗万象，什么题材都有可能涉及，从讽刺虚假广告骗人到述说百姓人家平常生活，从虚拟室内外背景到引用经典电影的经典画面，从谈论高考问题到农民工问题……

正因有以上科学定位和差异化竞争策略，《都市笑口组》如今已经成为南方电视台特色频道系统内可持续的收视增长点，一个本土化的有较强亲和力、影响力和竞争力的电视品牌节目。

《都市笑口组》播出后的第一个月，收视率为0.3%，2006年5月16日至6月15日，收视率已达4.3%，增长了13.3倍，使南方卫视（TVS-2）成为中央一套《新闻联播》前10分钟内地最具广告价值的频道。在境内外电视竞争激烈的广东和拥有三大电视台的广州地区，短短十分钟的节目能够取得这样的收视率，真是个奇迹。

三、《都市笑口组》与传统情景喜剧艺术特征比较

《都市笑口组》属于虚拟背景的电视情景喜剧，但是对比传统的情景喜剧，又有很多创新之处。所以追溯起节目的源头，还得从情景喜剧说起。

第一部被引进并给中国观众留下深刻印象的是美国情景喜剧《成长的烦恼》。而中国第一部自拍的情景喜剧是由英达导演，1993年首播的《我爱我家》。到现在为止，我国情景喜剧发展了十多年，虽然起步晚，但是发展很快，相继推出了《闲人马大姐》、《东北一家人》、《炊事班的故事》等。南方电视台看到情景喜剧发展的空间，同时想到要改革创新需要出路，所以全新形式的情景喜剧《都市笑口组》就出现在观众面前。下面我们来简要对比一下《都市笑口组》与传统情景喜剧的不同之处。

传统情景喜剧往往具有以下几个艺术特征：

（1）每集时间短，有完整的叙事。

（2）有固定的人物，熟悉的场景，通常在室内进行。

（3）剧情围绕中心人物，其他人为配角。

（4）通常以家庭或工作地点为背景。

（5）传统的叙事结构：平静、冲突、皆大欢喜的结局。

（6）人物具有重复的动作、口头禅与道具。

与上述特点相比较，不难看出《都市笑口组》和传统情景喜剧的第（1）、

（3）、（4）、（6）点是相符合的，但在创作与编导上又有很多创新和突破之处：

其一，场景多样，不再局限在室内。因为《都市笑口组》是用电脑技术来作虚拟背景，不但节省成本，而且可以每集都用不同的场景。不仅室内、公园，甚至南北极、原始森林、外太空这些高难度的场景也可以轻松做出来。

其二，不再是固定的叙事结构，甚至不一定具备传统剧本必需的起承转合，往往只是若干片段，结局有喜有悲。《都市笑口组》的故事来源于生活，事情的发展总是很现实，结局也不是固定的模式，所以比起传统的情景喜剧内容更加丰富，涉猎的范围更加广泛。

其三，不固定的人物。传统的情景喜剧一般说固定的人物每天发生的事情，《都市笑口组》虽然每集都只有几个演员，却扮演不同的人物，不同的场景、不同的故事令节目内容更加新鲜。

四、发展构想：把王牌节目打造成品牌产品，把节目的艺术影响力变成市场拓展力

《都市笑口组》的超人气令它独特的节目形式成为竞相仿效对象，这样反而给予了该节目无限的创新动力，只有让品牌不断创新与拓展才能扩大节目的影响力、竞争力，并进而增强节目的市场拓展力，使其在创新中实现可持续发展。这方面《都市笑口组》已做过一些尝试——

1. 拓展真人秀节目

这几年来该栏目策划了为节目选角的真人秀节目《就是你最搞》，以2006年世界杯为主题的大型游戏竞技节目《胜者为王》等。这些拓展的节目每次亮相都让观众看到笑口组的品牌实力，令这些节目极具收视与市场号召力，这些无疑又增强了《都市笑口组》的创新动力。

2. 拓展为漫画集

《都市笑口组》剧组并不满足只是局限于电视节目。2006年下半年，南方卫视主张《都市笑口组》更要锐意创新。得到频道的全力支持，《都市笑口组》信心大增，乘胜追击，将节目编成漫画出版，将节目搬上舞台，一口气推出全国首部电视栏目漫画集与全国首个电视栏目形式的舞台剧，令品牌空间发挥到极致。《都市笑口组漫画集》在曾经播出的近1 000集故事中精选出40集，重新手绘，正式发行。由于市场反响热烈，已计划以此为模式，每季度推出一本漫画集，形成系列。

3. 拓展为舞台剧

2006年12月16、17日，《都市笑口组舞台剧》在广州友谊剧院上演两场，场场爆满，所以剧组决定2007年再进行全省巡演。

　　由于《都市笑口组》是全国首创虚拟背景情景喜剧，这次的舞台剧也是国内首个电视栏目形式的舞台剧。为了达到令观众惊喜的效果，节目组这次专门调用了目前国际上最流行的大型 LED，在舞台上加入电视制作的视频元素，以确保节目特色得以贯彻。为了使舞台效果更丰富多元化，舞台剧还融入歌舞剧、话剧以及晚会等综合元素，并利用卡通视频图像作为现场表演背景，使"笑口组"真人结合动画的演绎在舞台中体现。完全不是传统意义的舞台剧，它更像一场综艺节目，突破了传统舞台的表演方式，将《都市笑口组》最具特色的虚拟背景与真人的演绎完美结合起来，是一种全新的表演方式。

　　这无疑是一次大胆的、成功的尝试，《羊城晚报》的记者撰文说："……观众们很开心。记者身边的一群师奶从开场音乐响起、演员还没登台的时候就开怀大笑，而全场的观众也自始至终情绪高涨、笑声不断，仿佛被某种气场所感染，展示出一个电视栏目从现实到达荧屏、又从荧屏返回现实的可能性。"

　　4. 下一个目标：新媒体，亦或其他？

　　《都市笑口组》作为"真人 Flash 小品剧"，在形式上融合了表演、小品等各种表现手法，是全国首创。但南方卫视的兴趣显然不仅仅在栏目形式的创新上。如何从电视观众身上、从电视栏目本身衍生更多的产品线，是当今先知先觉的电视媒体最迫切的欲望之一。《都市笑口组》出了漫画书，很受人追捧，舞台剧演出了两场，省内巡演也在计划之内，几位主演成为"市民偶像"，开始在本土电视剧里担纲，"笑口组基地"已经开始输出人才。外地的电视台对《都市笑口组》很感兴趣，输出创作模式似乎也是题中之义。

　　在南方卫视总监杨湛心目中，"打造产业链、提高门槛、做尽做绝"无疑是在模仿日盛的电视界生存下来的法则。《都市笑口组》未来几年还有很多新创意要实现，有很多的方略要展开。节目之所以固守 10 分钟的长度，是经过深思熟虑的——娱乐时代，有什么比这个长度更容易让观众轻松接受呢？又有什么比这个长度更便于占领新媒体，让这个节目被网络、手机等多种新媒体传播出去呢？

　　无疑，作为"粤派"另类电视栏目剧，《都市笑口组》是一个成功的节目，也是一个富有发展野心的节目。我们确信，只要保有目前这种创新力、创造力，哪怕有一天满屏幕都是跟它学的"笑口组"，正宗的《都市笑口组》依然能笑到最后！

　　　　　　（本节与南方电视台《都市笑口组》编剧 导演 监制朱晓铮合作撰写）

思考题：

1. 益智类电视节目为什么近年来得以复兴？

2. 戏剧冲突元素的设计和运用对益智类电视节目有怎样的帮助？

3. 当前电视法制节目主要有哪些类型？编导要点是什么？

4. 对比分析时尚类电视节目和时尚类报纸杂志的异同。

第七章

大型真人秀节目的创作与编导

本章提要

～～～～～～～～～～～～～～～～～～～～～～～～～～～～～～～～

　　电视真人秀节目在国外已经是有较长历史的成熟而"叫座"的节目样式，《老大哥》、《幸存者》等节目的影响力已超出了一般电视节目范畴，人们甚至开始从社会与人生、道德与文化、传统与现代关系等高度来认识电视真人秀节目。电视真人秀节目进入我国将近有十个年头。本章将重点研究、介绍和探讨电视真人秀节目的兴起、电视真人秀节目的策划与编导艺术，以及电视真人秀节目编导的应变与协调能力等。

～～～～～～～～～～～～～～～～～～～～～～～～～～～～～～～～

第一节　电视真人秀节目勃兴动因解析

电视真人秀节目样式"西风东渐"的路途虽然漫长修远，但是来势却相当凶猛——它由欧美，以日本为跳板，在港台着陆，并生根开花，随后开始向沿海和内陆电视渗透、蔓延，最终开花结果，成为当今中国电视节目大家族中甚为醒目的一支，并且经由方方面面的努力，打着"中国制造"鲜亮标识的真人秀正昂首挺进大江南北的荧屏。追究其兴起的原因，对我们日后策划、创作与编导更多更好的节目大有裨益。

一、电视真人秀节目的起源

"真人秀"节目又称 reality TV，即真实电视，是指由普通的人（非扮演者），在规定的情境中按照制定的游戏规则，为了一个明确的目的去做出自己的行动，同时被记录下来而制作成的节目。

电视真人秀节目滥觞于 20 世纪 50 年代的美国。《美国家庭滑稽录像节目》、《这是你的生活》等都是"真人秀"的雏形，这些节目轻松又不低俗，夸张又不失真实，很受观众欢迎。其中《美国家庭滑稽录像节目》还曾作为大栏目的章节在中央电视台播出过。而真正称得上"真人秀"鼻祖的是 1973 年由美国公艺广播公司电视台追踪拍摄的《一个美国家庭》。这部片子反映的是住在圣巴巴拉的劳德一家的真实的生活故事，这一家人在一段时间里经历了许多意想不到的事情，最后差点导致这个小家庭分散。节目由克里格·吉尔伯特拍摄，共 12 部分，每周 1 次，每次 1 小时，从拍摄制作到放映只有 9 个月的时间。晚期的电视真人秀节目文本是 1992 年美国有线音乐台播出的《真实世界》，这时的节目开始将镜头伸向男女关系，偷窥意识渐趋明显。但在当时的社会文化背景下，人们还无法忍受这种赤裸裸的性窥视。所以，电视真人秀节目在当时并没有产生多大的影响。随着社会政治、文化、道德、舆论环境的宽松和标准的变迁，电视真人秀节目终于得到了生存与发展的最理想的条件，大有遍地开花之势。其中荷兰的《老大哥》（BIG BROTHER）、美国哥伦比亚广播公司（CBS）的《幸存者》（SURVIVOR）、法国 M6 电视台《阁楼故事》（LOFT STORY）、美国福克斯（FOX）的《诱惑岛》（TEMPTATION ISLAND）

一时之间各领风骚，《幸存者》更创下了 CBS 在该时段 13 年来的收视纪录，其收视率从美国四大电视网的最后一名攀升到了第一，《时代》杂志更是将它列为 2000 年十佳电视节目之首。《阁楼故事》在法国 M6 电视台的平均收视人数达到 520 万，创下 M6 的收视之最。《老大哥》是目前传播最为广泛的"真人秀"节目，被澳大利亚、德国、丹麦等 18 个国家购买了版权，分别制作成本土的真实节目。

于是，"真人秀就像一个席卷而来的潮涌，迅速占据了全球电视节目市场的重要区域。在其中心的主流区，是《老大哥》、《幸存者》、《美国偶像》、《交换配偶》这样一些特征明确的典型的真人秀节目；稍稍向外一点，是主动追随者或被裹挟的，具有真人秀的大部分特征也具有一些其他属性的节目，比如具有服务性的《超级保姆》，人文历史和纪录片特征兼具的《不同的世界》等；再向外，是被带动而具有了真人秀因素的节目，比如《交换空间》、《衣着禁忌》等；最后是更广泛的电视节目的海洋，它们或远或近地被这个潮涌所搅动，被其中的某些元素所渗透，比如《安全挑战》、《家宅线索》等。"（张小琴、王彩平著：《电视节目新形态》，中国广播电视出版社 2007 年版，第 75 页）。

在全球电视真人秀节目轰轰烈烈的影响下，亚洲电视也闻风而动。香港电视播出的由日本人"制造"的电视真人秀节目《电波少年》影响最大。我国最早开始动作的是一向喜欢开先河的广东电视台。2000 年广东电视台推出了第一届《生存大挑战》，随后北京维汉文化传播有限公司和四川电视台等单位联合制作了《走入香格里拉》，浙江电视台也在旅游节目的旗号下推出了真人秀节目。近几年来，国内各家电视台策划了各式各样的真人选秀节目，如湖南卫视的《变形计》、《超级女声》、《奥运向前冲》、山东卫视的《天使行动》、央视的《交换空间》，等等，这些都让国内的观众耳目一新。

二、电视真人秀节目勃兴背后的文化力量

任何一种电视节目的兴起与衰落都不是孤立的，它必然与电视节目所赖以生存的社会政治、经济、文化息息相关。电视文化作为大众文化的典型代表，将一切能消费、不能消费的资源都纳入了"快感消费"的范畴，包括我们的生存状态、我们的人际行为以及我们崇高的美感。在《老大哥》和《阁楼故事》中，我们看到的是对男女情感的消费；在《幸存者》中，是对人的生存状态和人际关系（而且勾心斗角、异常激烈）的消费；而在《生存大挑战》里，这种消费色彩已被精心"勾兑"——既有对两性情感的消费（第一届），也有对生存状态和人际关系的消费（第二届、第三届），同时，由于加进了诸

如走边关、长征路等文化的、历史的、社会的，甚至政治的色彩，使得我们的电视真人秀节目揭露人性的色彩被淡化，并借此巧妙地实现了节目的本土化、规矩化。《生存大挑战》的成功原因或许有很多，但是对中国文化的顺应和巧妙利用应该始终是一个重要的原因。

三、娱乐体验，电视真人秀节目的推动力

今天的电视其实是处在一种"全民体验"的社会心理背景之下的。这是电视走过泛娱乐阶段之后的必然趋势。以联欢综艺节目为代表的泛娱乐电视节目已无法满足今天的电视观众深刻的需求，今天的观众不仅要看，而且要"体验"——深层次的参与。或许每个节目几个或十几、几十个参与名额无法满足千百万观众亲身参与节目的需求，但是，"移情"作用却可以使电视中参与者成为观众的化身，在自身职业、年龄、文化、性情、审美观等多种因素的作用下，观众在参与者的经历和酸甜苦辣的感受中实现深层的娱乐，这种娱乐体验在美国的另一档冒险体验式的节目——《敢玩俱乐部》中也有完整体现。

《"真人秀"节目复兴的原因》（陆杨、王毅：《大众文化与传媒》，上海三联书店 2000 年版，第 50 页）一文，对电视真人秀节目的推动力也有深刻论述，认为其产生与发展的原因都在于商业文化、商业逻辑的浸淫。该文指出："如果说 20 世纪 50 年代电视文化追求的还是一种品位文化、一种教化文化的话，那么在今天传媒资本、市场力量的强大控制下，终于撕下她温情脉脉的面纱。对收视率的最大化追求使得电视文化沦落为典型的商业操纵文化。其实，西方的主流文化根子上就是一种商业性的娱乐文化和感官文化，电视和电影为大众文化提供着花样不断翻新而主题依旧陈腐的文本。虽然影视文本的内容没有本质变化（比如爱情、暴力、色情等等），但却一直为大众所喜欢，原因便在于这些影视文本掌握了受众消费的主要目的——休闲娱乐。"

既然要满足观众的娱乐体验，就要求节目首先具有娱乐性。这使得节目的策划者和制作单位不得不踏破铁鞋，走出演播厅，在广阔的空间里将最具娱乐性的元素呈现给电视观众：各具风采的参与者，节目主角，旖旎的风光，新奇的风土人情，曲折离奇的故事情节，等等。同时，为迎合观众参与体验的兴趣，节目还需要有惊险刺激的宏大场面、荡气回肠的叙事时空。正因如此，《幸存者》把舞台分别搭在了荒无人烟的南中国海小岛上，搭在了澳洲孤岛，甚至非洲荒原上。《生存大挑战》第一届徒步走边关，尽赏边关山山水水；第二届重走长征路，将传说中的雪山草地纳入镜头；第三届，则进一步把太平洋上的天宁岛、中国的黄河源、新西兰的异域风情作为生存挑战的背景，也算用心良苦了。

　　此外，传播手段的进步，也是电视真人秀节目新的推动力。例如，利用互联网与观众互动，湖南卫视的《超级女声》、《快乐男生》，央视的《梦想中国》等等，这些多位的明星真人秀节目都添加了互联网与观众互动的元素。电视观众可以通过网络选出自己本周最不喜欢的一个参与者，并将其驱逐，或者选出自己喜欢的选手留在舞台。这些所谓的真人秀都开辟了属于自己的网站，节目不仅在电视上播出，还放到国际互联网上。即将节目的影响由一国传向全世界，形成了"新—旧媒体"立体双向的传播方式。湖南经济电视台策划的一档真人秀节目，除电视记录外，还采取了以网上直播的传播手段，网上观众可以通过网络直接参与到节目中来，使节目的互动性更强，参与面更广。

第二节　电视真人秀节目的策划艺术

　　《交换空间》是中央电视台在 2005 年推出的国内首部家装式真人秀电视节目。该纪实电视系列片以跟踪记录两个家庭的装修故事，在固定的时间以固定的资产为主线，通过两个家庭与设计师的沟通，以及一些专业枯燥的装修过程、纷繁无序的装修过程，并且节目采用的是非常通俗易懂的叙述方式，在整个电视节目的叙述上都采用流畅、明了的语言，化专业为通俗，潜移默化地传达给观众。在装修过程中的所见、所闻、所感，展示出一个体验"人与空间"、"人与娱乐"、"人与文化"的生活状态。

　　该节目于 2005 年 4 月开始播出后，仅仅数月，收视率就节节攀高，在全国各地引起了强烈的反响，红遍大江南北。一举成为 2005 年度最受欢迎的财经生活服务类电视节目，这在电视真人秀节目中也算是一个先河。而节目播出后所产生的效应仍在继续，全国各地的媒体对此仍在关注和报道。

　　全国各地的学者和研究员也都对这一现象作了充分的研究，并对节目形态的研究作了详细的报道。同时，《交换空间》无论走到哪个城市，报名都相当的火爆，并且通过各种途径进行报名，同时也为节目的招商运作创造了良好的条件。几年时间里，《交换空间》的收视率一路走高。主持人王小骞说："我想是因为，我们面对的是普通人，上节目的选手也是普通人，我们给他们装修了一个更美好的家，按动他和她的情感按钮。"确实，《交换空间》抓住了当下人们都特别关心的问题：装修。凡是装修过、装修中、想装修的人，都会被这个节目牵引出复杂的情绪和回忆……

一、策划缘起

2005 年，真人秀节目《超级女声》刚出炉不久，就显示出蹿红的势头，已经在中央电视台工作了 16 年的张铁忠，这个一直在央视做着经济栏目的电视人开始疑惑：难道经济节目就不能做成真人秀节目吗？怎么样才能让人们看一档生活服务类的电视节目就如同看故事一般。但是具体怎样去做却一直令策划和编导们大伤脑筋——如果以国内普通节目模式，做出来未尝不可以看，也未尝不可以出精品，但要在激烈竞争的电视市场中达到轰动效应却没那么简单。

近几年，生活水平提高的人们更喜欢去追求自己想要的生活，诸如服饰的独特、房间的个性装修等，一些挑战独立、追求生活的生活体验类活动迅速兴起，类似这样的报道，也不时在媒体中出现。美国电视有一档热门的生活节目叫做《简单生活》，节目播出后在观众中引起了强烈的反响。可以说，近年来一些境外的生活体验类型节目的出现，给了策划者们很大的启示。一番思考谋划之后，在 2005 年张铁忠终于找到了困惑许久的答案。《简单生活》也是真实而普通的家庭，以比赛的形式相互装修对方家庭的房间，期间会穿插很多细节的生活故事以及相关有意思的花絮，而最终的胜利果实会让所有的观众都大吃一惊。"就这么干"，最后，张铁忠终于作出了决定，把《简单生活》的节目形式借鉴到中国，并且以"超女"的电视模式进行运作。

在电视节目制作上，这是一个很有魄力、极具温馨的电视选秀系列片。仅从摄制组要全程跟踪记录这两个家庭的装修过程和装修状态，从这个角度来说，就已表明它是一个连续性强、贴近人们生活的电视选秀节目，同时又是装修信息含量丰富的电视生活记录节目。作为一个时效性强、时尚性很强的电视节目，节目策划者们确定了以录制的节目形式播出。在主要策划人张铁忠看来，《交换空间》最讲究的是注重实用性，这也是这个选秀节目成长的关键原因。48 小时，8 000 元装修预算，随意挥洒个人的创意，等等，都是建立在实用的策划基础上。策划人在保证实用性的前提下，还更多地呈现了一种服务百姓的理念，这样，更容易被生活中的普通大众所接受。

《交换空间》制作流程类似《我的 E 家全家都来赛》。2009 年 6 月 29 日，为了迎接即将到来的上海世博会，东方卫视、新娱乐联手打造了《我的 E 家全家都来赛》，很快就受到了观众的热捧。周日版《全家》同样也是打出以"家庭"为单位报名参赛的要求。可见，以家庭温馨为主题的真人秀节目在现阶段大放异彩。

二、《交换空间》的编导技巧

（一）准确的栏目定位——突出大型电视真人秀节目的针对性

由于《交换空间》是一个具有强烈进行时的纪实性专题节目，两个家庭、两个设计师挑战者必须对房屋的设计和装修大胆出新，并且富有自己的个性。针对性强是这个节目一个最大的特点。为了充分体现《交换空间》不同于普通选秀节目的特点，《交换空间》的节目策划人员作出了准确的栏目定位，将所有将要家装的、正在家装的、已经家装的，热爱生活、热爱家庭的人群全部囊括进来，这无疑扩大了目标受众群体。中间穿插装修小插曲的点滴故事的形式策划，使节目更温馨、更吸引人。这样做是对节目摄制人员的水平和能力的考验，也是对当前电视真人选秀节目一个极大的挑战。《交换空间》于2005年4月在央视二套开播，这种贴近生活的节目形式，极大地增强了针对性、有效性。节目的播出给人的感觉就是正在发生的故事，观众随时都能了解两个家庭不同设计者的不同装修理念，跟踪两个家庭的心态变化，在不知不觉中被深深地吸引到节目中来。

"点亮空间、制造娱乐、提升感情"是《交换空间》的宣传语。节目倡导以节俭装修为理念，这正符合千百年来中华民族的传统思想，外加快乐装修的原则，倡导参赛者自主动手一起去重塑家居空间。

（二）节目段落和环节的巧妙编排——增大电视真人秀节目故事的推动性

仔细研究，我们就能发现，《交换空间》节目始终把选手作为节目的主体，他们必须遵守节目制定的相关规则，必须完成相应的任务，在这个过程中，也扮演着节目叙事者的主要角色，通过装修这样一个过程来推动装修故事的不断发展。更重要的是，通过编导的努力，电视机前的观众很愿意去接受电视节目中所传输的相关装修知识和装修理念。如此一来，节目便具有了知识性、故事性、趣味性、竞赛性，收视效果自然不俗。这也不能不说是策划者、编导者的高明之处。

《交换空间》的段落划分也是恰到好处的。编导对节目的段落划分使得整个叙事结构的表达非常清晰。以下是这个节目的五大段落：

所有成员的出场亮相（包括参赛家庭及各自的设计师）

第一天的装修过程

↓

第二天的装修过程

↓

第三天的装修过程

↓

家庭气象站

↓

收房

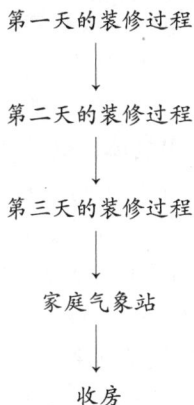

节目中，每一个段落都牵动着无数电视机前观众的心，每一个段落都会留下悬念。最后，所有的悬念都会慢慢揭晓，而这正是节目最吸引观众的地方。

（三）跟进策划——增强策划的现场性、可行性

虽然有了较好的前期策划，但一定程度上"闭门造车"的产物要具体操作起来，仍与实际拍摄的环境和条件有一定的差距，按部就班地拍摄有一定的难度。从节目的表现形式、表现内容和节目风格的定位，到与被拍摄对象的合作沟通等，大家还没有一个具体的概念，许多问题都是策划者事先无法预料的。比如被选中的两个家庭是相互认识的，参赛家庭与设计师之间的矛盾，参赛家庭成员内部的矛盾等等，这些在一开始的拍摄只是以客观真实的纪实手法去跟踪记录两个家庭的参赛者的装修行程和操作过程。正是这样一个真实简单的生活记录，充分体现了策划的现场性。一旦有在前期策划没有预计的矛盾出现时，作为一名优秀的策划人，必须善于把控现场并进行及时的跟进式策划，尽量作出具有可行性的方案，与编导和摄制人员沟通，与参赛者沟通，化解参与者之间的矛盾，使摄制工作顺利进行。而这反倒使节目给人以更真实、更自然的效果。

《交换空间》摄制的后半段，策划思路更为清晰，即确定了节目以装修的故事为主，参赛人始终是主体，体现真情，体现挑战精神的"点亮空间、制造娱乐、提升感情"的基调。

在节目播出之后，总会有观众对电视播出的家庭竞赛者的装修以及整个过程产生更深的牵挂，就如同观众自己身临其境一般。

三、《交换空间》节目策划与编导中的几点不足

《交换空间》推出后无论是在观众中，还是在节目市场上都受到了"追

捧"，产生了方方面面的影响。但是，从具体的策划和编导的角度看，还有不少需要加强的地方。

（一）策划方案应更完备、更具体、更具有创新性

如果策划方案更成熟完备，节目中两个家庭的参与者推动的装修故事会更扣人心弦，节目也会更引人入胜。但当时交到编导手中的策划方案文本并不成熟，方案中除了对行程的路线和时间，以及装修选择上有大致的轮廓外，对节目的形式、题材的构思、节目整体风格的定位、竞赛游戏规则的制定等设计并不是十分明确。《交换空间》的装修过程经过这么多期拍摄，有了既定的模式，很多时候在拍摄当中遇见突发事件，使策划方案调整不及，创作思路也无法全面展开，导致该节目没有完全达到策划者预先构想的效果。

（二）挑战者游戏规则应更加明确

游戏规则的制定是否明确关系到电视真人秀节目是否出彩，是否具有可视性和市场卖点。制定了游戏规则，制作单位和参赛家庭双方就必须严格执行，在规则内发挥各自的能动性。由于规则不够明确，在竞赛运行和拍摄过程中，参赛者经常能钻规则的空子。有时因为节目的需要，摄制组临时对参赛者提出要求，但挑战者并不十分配合，这种矛盾相当长时间内都存在着。如果游戏规则有详细规定，也许就不会出现这样的问题了，许多场景的拍摄也许就会更加从容到位。

（三）现场编导的能动性应得到更大发挥

《交换空间》的策划方案出台后，总编导就是节目策划的执行者，他要对节目的形式、题材的构思、节目整体风格的定位等作全面的把握和具体的实施。编导既要处理好与外界的联系和交往，还要协调好与拍摄对象的合作关系，同时还要发挥电视编导的能动性，在不同地点迅速挖掘具有悬念的故事，也要指挥拍摄。在尊重生活真实的前提下，我们提倡编导应该多发挥自己的能动性，有意识地、合理地设计一些情节，既不违背生活的真实，又能达到表现主题的目的。切记：真人秀固然追求真实，但它首先是电视节目，是一种"秀"。

（四）拍摄方式应更加灵活多样

要做到客观表现真实生活，摄像机的出现和存在势必会破坏生活的绝对真实，而且我们摄像机的存在有时会破坏家庭参与者与周围的和谐性。电视台的

形象多少会影响外界与这样一个家庭竞赛者的关系。因此，隐蔽拍摄就成了较为理想的拍摄方式。采用隐蔽的方法完成的拍摄，镜头显得更真实，也会出现意想不到的效果。如参赛者家庭的内部矛盾，矛盾冲突激烈，戏剧性强，达到了客观记录的自然效果。如果摄像机从一开始就出现在公众场合，这种生活中的真实场面还会出现吗？在隐蔽拍摄中，远调和近拍产生的效果也都是不一样的，运用好这些不同的拍摄手段，将为节目增色不少。

（五）后期制作应更精雕细琢

在《交换空间》拍摄和制作的过程中，前期拍摄和后期剪接的配合显得十分重要。而在这一环节上，就像整个节目的拍摄风格一样，也是一个不断调整磨合的过程。最初播出的几期，由于前后期工作人员对节目的风格还没有达成共识，导致摄制人员对后期剪接中一些细节的处理有不同看法，比如摄像认为一些为取景所作的猛拉、猛甩镜头不应出现在播出画面中，而编辑则认为这些镜头可以增强节目的现场感和纪实感。经过及时的沟通后，情况有了改变，前期摄制者开始为后期制作者着想，后期制作者也越来越能领会前期摄制者的匠心所在。

四、《交换空间》的多重效应

如今，人们的生活水平逐渐提高，现在大家的生活重点已经不再是柴米油盐酱醋茶，更多集中在房屋的购置、孩子的学习教育、健康保养以及休闲旅游上。但是，人们在忙碌的生活中渴望这一切都能有一个正确并且及时的消费指导。作为电视选秀节目更加应该与时俱进，紧密与时代结合，融合社会上的新理念，不断向更深、更广拓展思路，顺应人们这一实实在在的需求。

《交换空间》的推出正是顺应这一需求的结果。节目倡导"节俭装修"，那么如何才能做到"节俭装修"，这不仅是媒体的一种社会宣传责任，对观众而言更加具有指导意义。《交换空间》整个节目中潜移默化地传递着最新的生活资讯和理念，在千篇一律的钢筋混凝土中，给了设计师发挥想象力的平台。节目也深刻反映了在忙碌的生活和工作的压力下，人们内心渴望着自然和谐、追求安详温馨的一种现代情怀。

另外，《交换空间》在节目制作上丝毫没有忽视广告商的地位，节目的红火也获得了大量广告商的青睐，如今，"百安居"等大的家居用品公司蜂拥而来，希望自己能成为节目的赞助商，这样也填补了经济频道专业性家装的空白。更有趣的是，参加过《交换空间》的设计师在市场上都成为抢手人才，很多客户只要一听他们上过节目，就会非常愉快地和他们签约，他们在《交换空间》的成长经历也成了他们抢占市场的一个金字招牌。

既然节目能给参赛者带来这样大的"好处",那么反过来节目组所需要的参与者、竞赛者自然就会"取之不尽,用之不竭"了。

第三节　电视真人秀节目的编导艺术

在欧美国家荧屏上如火如荼的"真人秀"节目,在中国还处于学习和尝试阶段。电视真人秀节目也许就因为"真人秀"和"真实电视"的称谓,业内有不少人士认为它应该是一种原生态的节目,节目所展现的应该是一种纯自然流程的记录,而不应该有所谓的导演意识存在,甚至将其归到纪录片。虽然我国的真人秀节目已经形式多样,变化多端,有上节我们提到的《交换空间》,还有湖南卫视《超级女声》、《快乐男生》、《变形记》,东方卫视的《舞林大会》等,但严格讲对于中国本土电视真人秀节目策划、创作与编导来说仍处于艺术探索阶段。

一、"真人秀"电视节目与导演意识

"真人秀"不是严格意义上的纪录片,也不应该用纪录片的方式来制作。纪录片强调的是客观性,事件的发生发展呈随机方式流动,制作者不能控制事件的发展进程,他只是一个忠实的记录者。而"真人秀"的性质决定了它是主观的,节目是在一种虚拟的生存环境(相对参与者而言)中展开的,时间、地点、人物都是由制作者决定的,生活流程(规则)是由制作者控制的,活动背景是制作者设计好的,要说有客观性,那也是在主观意志下的客观,是设计下的真实。但我们并不反对真人秀节目借鉴纪录片拍摄的手法。

纵观欧美国家叫好叫座的"真人秀"节目,诸如《幸存者》、《大哥大》、《城堡探险》、《阁楼故事》、《学徒》、《孩子国》,以及央视的《交换空间》、湖南广电的《智勇大冲关》等成功的"真人秀"节目,可以发现它们都有共通之处,就是"真人秀"不仅采用纪录片式的手段跟踪拍摄,也采用电影式的手法进行摆拍以再现真实细节;不仅运用电视剧式的后期剪辑强调戏剧性,也运用纪录片的编辑手法强调游戏节目的真实性。

在欧美国家,"真人秀"节目是被划归在游戏类节目中的,它是一种综合性的娱乐节目。作为娱乐节目，对节目中兴奋点的布置、情节的设置、矛盾冲突的安排及节奏的变化都有明确的，甚至是量化的要求。一个成功的"真人秀"，就像是一出情景剧，在非常态的生活环境中，生命个体在相互融合与碰撞中踯躅前行，诞生出一个又一个引人入胜的故事。故事是"真人秀"的灵魂，一切都在围绕它而运作。故事是什么？故事就是人物冲突、事件冲突、命运冲突。对故事的高度要求，决定了"真人秀"需要导演意识作为支撑点。

淡化导演意识的纪录片制作手法，无法催化故事的产生，只适合对"真人秀"节目单独事件的运作，而不能统领整个活动。因为强调原生态的记录方式，往往会造成制作者重视记录而不重视设计，重视过程而不重视提炼。把故事的产生交给偶然，把兴奋点的出现交给等待。这种故作冷静的客观，无异于在枪杀"真人秀"的艺术生命。姑且不论在放任自流的等待中，偶然产生的故事有多少兴奋点，在一寸光阴一寸金的今天，作为投资方和制作者又有多少时间和资源去等待一个故事的偶然产生？

以广东台曾经举办过的真人秀节目《生存大挑战》之"荒岛求生"为例。这是一个野外求生的纪实节目。挑战者在岛上生存的第二个星期，由于摄制组之前故意不设计任何活动，让挑战者任意妄为，希望能捕捉到原生态下的真实，结果整整4天，挑战者日复一日地重复着相同的生活流程：除了捉寄居蟹吃，就是睡，然后聊聊天，在沙滩上吹吹风，没有任何值得一书的故事发生。如果说第一次捉寄居蟹让人饶有趣味，第二次也还勉强过得去，第三次、第四次呢？当时如果再待上10天，相信仍然是同样的结果。挑战者生活依旧，时间就在潮起潮落中悄然而逝，但是节目呢？投资呢？举办"真人秀"的目的，是为了制作吸引人的节目，而不是为了举办一个货真价实的活动。也就是说，"真人秀"首先是一个电视节目，然后才是一个活动。

既然如此，制作者首先考虑的当然应该是电视效果（主观能动），其次才是活动的真实性、公平公正性等问题。第二届《生存大挑战》，在从一个地点移动到下一个地点时，如果没有制作节目的安排，通常是让挑战者乘摄制组的大巴快速前进，省时省力。这看似违反了生存活动本身的真实性，但从节目制作者角度考虑，这时候让挑战者自力更生地前进（比如徒步等），又有什么意义呢？与节目无关的真实，谁又会在乎呢？第三届《生存大挑战》从红柳滩至三二家村的一段戏中，14公里的路，挑战者原本完全可以搭便车行进。但是因应节目的需要，摄制组强行要求挑战者必须在规定时间内，牵着羊徒步行进至目的地。单从活动本身来看，这样要求是完全没有道理的，但就是这样的不真实，使得沿途发生了许多让人印象深刻的故事，如挑战者向老乡借了一辆平板车，原本是为了驮运自身的行李，后来为了避免作为生存资源的羊受到伤害，把车让给了羊，结果挑战者背负着 40 多斤重的行李，驮着羊艰难地在崎岖泥泞的山路上行进。这干预生活真实的结果使得制作者有了节目需要的戏剧素材。所以说，成功的"真人秀"节目，不可避免导演意识的介入。也就是说，"真人秀"的节奏和生活流程应该掌握在制作者手里，而不是在参与者手里，这样才能确保节目在一定的时候出现兴奋点，在一定的时候发生吸引人的故事。

二、导演意识的体现

（一）认识策划要义

在"真人秀"中，导演意识是通过先期策划方案和实施方案这一过程来体现的。它既体现在战略层面也体现在战术层面上。战略层面体现在先期的策划文案上，战术层面主要体现在实施方案上。先期策划方案是导演意识在"真人秀"节目最先体现的地方，在科学的评估与定位后，它将从整体上决定节目的形式、内容、走向，决定节目在本土化下，道德标准和价值观所能游走的范围，从而确定了节目的生长环境。这一点我们可以从广东电视台曾经主办的第三届《生存大挑战》的策划方案中清晰地看出来。

第三届《生存大挑战》节目构想
（摘要）

"美女＋挑战＋巨奖"是本节目的热卖点。美女从来就是视觉聚焦的中心点，放在恶劣的生存环境下，危机四伏的洪荒大地与娇小柔弱的美女形成巨大反差，造成很好的审美情趣、巨额奖励的期待将使"哪位美女能成为生还者"这一巨大悬念贯穿节目始终。三个不同地域的人文地理，将使节目外延更为丰盈。将项目定位为《美女闯天关》，以利于吸引眼球及媒体的关注。节目以文明的演进作为生存活动的背景，以利益分配方式的演进作为生存活动的形态，以劳动工具的演进作为生存活动的手段，以女性作为生存活动的主角，以淘汰作为文明演进的象征。在非常态环境中，凸显人与自然、人与自我、人与人的冲突与合作。

《美女闯天关》在全国招募 12 名青春亮丽的少女，分三个地点和三个阶段进行生存活动。第一阶段为南太平洋某孤岛，第二阶段为黄河源头，第三阶段为新西兰。三个阶段的三个地点表征不同的文明阶段及不同的生存形态。第一阶段是在新石器时代环境下，以当时人类的生存方式进行生存活动和参与游戏竞赛。生产工具和生产方式每周都在演进，以制作出标志性的生产工具结束。历时 4 周，每周淘汰 1 人。第二阶段，家畜作为一个标志出现。在物物交换的生存背景下，挑战者与家畜唇亡齿寒。最终淘汰 4 人。第三阶段，以金钱作为生存支点，参与沿途安排的生存活动，可获一定的金钱维持生活。淘汰 2 人。

孤岛如盘古开天地，文明不断发展；黄河孕育和创造了灿烂的中华文明；国外（新西兰）代表异域文明，象征信息社会正使得地球如同村落，与不同种族的人交往将成为未来生活的一部分。

　　挑战者从封闭的小岛走向国际，意喻着文明在逐步从封闭走向开放。整个节目由意喻伟大母爱的女性来完成，使节目的内涵有更大的张力，也有利于媒体的炒作。

　　《美女闯天关》最后一集为现场直播"Face To Face"，脱颖而出的两名挑战者面对面争夺最后殊荣，以观众来信来电及网上投票的方式产生幸存者，增加节目的互动性，以最大的冲击力结束整个活动。

　　从第三届《生存大挑战》的先期策划文案来看，一出"真人秀"，从诞生的那天起，就充满了各种各样的设计。不但活动的时间、地点（路线）、人物、环境、方式（规则）等活动框架需要进行设计，节目形态、节目构架、节目播出集数、播出跨度、播出时间等电视效果也要进行设计。这是在战略层面上的设计，它需要对受众审美情趣、审美习惯进行分析研究。比如在第二届、第三届《生存大挑战》引入竞赛机制，就是因为考虑到人在危急时刻，无路可退的时候，为了求生所能迸发出来的巨大潜能以及所会采取的极端手段等有利于丰富节目内涵的因素。

（二）实施策划方案

　　对"真人秀"节目来说，提出先期策划文案和认识策划方案只是踏出了很小的一步，节目成败的关键在于战术层面的设计，即实施方案。实施方案是导演意识在"真人秀"中的具体展现，它决定了节目的命运。

　　作为"真人秀"节目的实施方案，首先要确立的是每一集节目的内容架构，然后就是如何在这架构上添砖加瓦，这就涉及活动的组织安排问题。其中很重要的一点是如何确保不同性格、职业、地域和年龄的挑战者，在特定的时候产生合作和冲突；如何将常态环境中的人与事导入到非常态环境之中，并在特定的时候将积聚的情绪完全迸发，以及设定怎样的活动规则，并使之导致的冲突与融合能在特定的时候产生兴奋点。只有解决了这些问题，制作者才能在拍摄活动开始后，做到有的放矢，避免将来节目出现巧妇难为无米之炊的窘境。

　　这里我们再以湖南卫视之前比较火爆的一个真人秀节目《变形计》第四季"他乡有爱"为例。"他乡有爱"是《变形计》第四季让人印象最深的记忆之一，这得益于故事真实的反映以及编导对情境的设计。当时节目组选择郑州问题少年张寓涵与湖南湘西贫困孩子孔小龙对调变形，并加以拍摄记录。在周边环境极度的反差下，友情、亲情、坚强、脆弱、希望、失望，百般情绪紧紧缠绕着整个变形行程，感人的故事一个接一个地产生。仅这一段变形过程，就提供了2集节目的素材。

不可否认，设计情境，设计任务，并不一定就能产生故事，故事的产生仍然存有一定的偶然性。比如在"他乡有爱"中，如果不是爷爷和张寓涵一起上山砍柴放牛时候，牛却意外地不见了，就不会出现爸爸对张寓涵说的一句话："农村里丢了牛就像是在城市里丢了工作一样！"于是，矛盾、挣扎、自责的心态也开始产生。如果没有类似这些情节的话，那么整个故事就会少了许多震撼力。但正是因为把两个孩子都导入了一种情境中，才给故事找到了突破口。

无论是设计情境还是设计任务，都只是活动流程中的催化剂，目的是催生故事，催生节目所需要的各种素材。结果如何还受制于偶然因素。那么，如何才能保证在特定的时候节目能产生故事？那就需要进行复合设计，即情节设计＋情境设计＋任务设计。

广东电视台第三届《生存大挑战》之"逐鹿新西兰"阶段在这方面进行了尝试。在"夜宿基督城"一节中，情节安排是挑战者深夜时分到达基督城，为省钱野外露营，没想到因此触犯了新西兰法律，被警察突袭，罚款150元，当晚，几乎身无分文的挑战者被迫露宿街头。在实际拍摄时，考虑到各方面因素，并没有预先告知挑战者警察将会干预的事情，而是以任务模式要求挑战者当晚必须搭帐篷露宿。就在帐篷搭好，挑战者准备入睡时，安排好的警察突然杀到，措手不及的挑战者完全手忙脚乱，对白与各种反应非常具有戏剧性，挑战者极不情愿地凑齐罚款，并匆忙离开。从拍摄效果看，非常成功。由于预先和警察有沟通，拍摄时警察故意对摄像机的拍摄进行干预，造成场面一度混乱，画面感觉非常真实，达到了很理想的效果。

新西兰拍摄活动计划表
（摘要）

时间、地点、拍摄活动内容、剧情简介

9月29日奥克兰

新西兰最大的城市，人口130万，占新西兰的1/3。自殖民地时代起就被作为新西兰的中心，发挥着重要的作用。

1. 挑战者在主干道截顺风车。

2. 挑战者在路边终于截到一辆顺风车，车主邀请他们到自己的船上做客。（预先准备，绝对保密）

3. 船主和挑战者出海钓鱼，船主下海捉扇贝。（保密）

4. 夜宿游艇。

5. 挑战者出发后，外景队拍摄奥克兰的空镜。

9 月 30 日

1. 早上 9：00 刘敏和郭婷制作三明治，中午上街贩卖。

2. 上午 9：00 李琳和刘露出门找工。

3. 李琳和刘露在街边遇到一位吉他弹唱者，沟通后一同在街头卖艺。

4. 拍摄挑战者的情绪镜头。

由于每人身上只有100元新币，挑战者决定在奥克兰挣一笔旅费再往前走。她们想截顺风车进市区。由于主干道不准停车，等了很久，都截不到车。就在她们彷徨无助的时候，突然遇到一个好心的司机，还邀请挑战者到帆船上居住，并和她们一同出海钓鱼。挑战者在摇摇晃晃的帆船上度过了在异国他乡的第一个晚上。

第二天上午，刘敏和郭婷积极制作三明治，中午到各处外卖，哪知很久都卖不出去。只好流落街头。李琳和刘露上街找工作，奔波许久，都找不到一份工作。后来见到一弹唱者在街上自娱自乐，很感兴趣，主动与其接洽，然后一同卖唱。

在设计情节的时候，考虑到挑战者未经训练的表演能力，提供剧本或台词给他们不是一个好的方法。最好的方法就是以任务的方式去要求他们完成某件事情，而设计好的突发情节必须在她们毫不知情的情况下，才会有真实的效果。因为在这种情境中，她们才不会有任何的做作成分，她们会因为任务在身而被迫想尽办法去达成目标。需要注意的是，这种隐瞒必须从始至终，否则，即使只是事后知晓，在下一次遇到任何出乎意料的事情时，挑战者也会先入为主地认为，那是摄制组安排的圈套。在这种情绪下，会影响到他们的即兴发挥，造成戏剧素材的流失，从而影响到节目效果。情节设计必须做到不露痕迹，才能发挥最大功效。

三、真人秀的情节设计

（1）作为"真人秀"，情节设计不能太戏剧化、电视剧化，内容也不能过于丰盈，因为这不符合生活逻辑，必须故意预留一定的空白用于平凡的素材，预留一定的生活空间让挑战者随意挥洒。比如，我们可以设计从 A 地到 B 地选手将采取搭顺风车的形式完成，并且要在规定的时间内到达。至于怎样搭，搭什么样的车，搭车过程中怎样拦车，怎样赶路，路上将碰到怎样的事情，发生什么故事，等等，就不在设计的范畴，而是编导要捕捉和把握的事了。

（2）在强调体现导演意识的同时，更要强调不能让受众觉察到任何人为的痕迹。作为"真人秀"，受众从来都希望也相信他们所看到的一切是真实的存在，是生活事实本身。这似乎存在一个欺骗的问题，但是，难道这种善意的欺骗会比让受众在平淡的生活真实中度日如年更坏吗？况且，情节虽然是设计的，但是挑战者所经历的过程却是真实的。观众担心的不是总体情境的真实与否，否则就会骂所有的选手连同制作机构都是"没事找事"；观众真正担心的是情节和细节，以及情感的真实性。

第四节　电视真人秀节目编导的
应变能力与协调技巧

对于电视真人秀节目的编导来说，再怎样完善的实施方案，在实施过程中受各种因素的影响，都会和原来有或大或小的出入，特别是在一些保密性的情节安排中，常常会遇到一些事情打乱原有的秩序，这时候就需要导演及时地进行结构和行动方案的调整。而这往往最能考验编导者的应变能力和沟通协调能力。

一、电视真人秀节目编导的应变能力

在电视真人秀节目的摄制现场，常常出现节目策划和编导者意想不到的突发情况，这就要求编导者必须具备快速反应积极应变的素质和能力，否则，要么是浪费掉"可遇而不可求"的鲜活画面与生动细节，要么是编导思路被冲得七零八落，使整个节目组不知拍什么，也不知该怎样拍。

例如，在《变形计》情节设计中，大多数是编导预想不到的。比如之前提过的《变形计》之"他乡有爱"。编导不知道牛会突然丢失、预想不到张寓涵还能帮助孔小龙找到妈妈等类似的情景，那么这就要求编导必须具有现场策划能力、应变能力和捕捉突发事件的能力，即使根据实际情况捕捉一些真实的画面。往往情节之外，编导们也应该学会"将错就错"，让主人公们按真实逻辑做下去，从而为节目平添一场好戏。

二、电视真人秀节目编导的沟通能力

在方案的实施过程中，节目的编导要学会与方方面面进行沟通。这种沟通，既有生活层面、工作层面的，更有艺术层面的。可以说，编导和各方面沟通的程度如何直接影响节目的拍摄与制作质量。

在整个沟通工作中，编导和摄像师的相互沟通、紧密合作是非常重要的。

首先，编导要让摄像师预先知晓整个拍摄计划，并在是否应该摆拍和补拍上达成一致。因为虽然情节或情境是设计好的，但是它的实施过程却是连续不间断的真实反映，这就需要摄像师具有捕捉细节的敏锐性，如果预先知晓计划，就能起到很大的帮助。如在广东电视台第三届《生存大挑战》中当得知朱金凤离队后，李琳绝望的神情；当终于到达黄河源头时挑战者莫名伤悲相拥而泣的镜头和"新西兰淘金"段落中挑战者意外淘得金子时欢呼雀跃的情景等。由于事先有足够的沟通，摄像师能够按编导的意图抓拍和抢拍，获得了相当理想的艺术效果，而这是摆拍和表演所无法达到的。

有时在拍摄的过程中，因为事件发生的连续性，摄像师常常会错失一些镜头，甚至是极其重要的镜头。这时候就需要导演有勇气当机立断进行摆拍和补拍。完全忠实地客观记录只会损害节目的丰富性以及无谓地消耗人力物力，甚至因镜头的缺失而影响到整个故事的完整性，因此对错失的镜头视而不见并不是科学的态度。补拍时机的把握非常重要，一般应该选择在事件刚刚完结时，那时候真实热度尚未消退，因此能够达到接近真实的效果。为了保证节目的完整和精彩以及提高工作效率，该进行摆拍、补拍的时候就必须及时行动，这是本着对节目负责、对观众负责的精神。很多时候，观众更留意的是节目的故事性及美感，而不是研究哪个镜头是摆拍的，哪个镜头才是真实的捕捉。如第二届《生存大挑战》"马岭河漂流"船上拍摄的主观镜头，"过草地"各种细节镜头，第三届《生存大挑战》"蹦极跳"（三部机同时拍摄），各种风光景点的行进镜头，以及对月落、日出、沙滩、海浪等的精心拍摄，都取得了很好的效果。

三、电视真人秀节目编导的协调技巧

导演意识与本土化的"真人秀"意识在节目的摄制中必然发生激烈碰撞，这就要求编导必须具备高超的协调能力。在这个意义上我们可以说，协调摄制单位与"真人秀"主角们的关系，是整个电视真人秀节目编导工作的重心之一。

本土化的"真人秀"意识其实就是"自我"意识，强调生活逻辑的真实存在。对许许多多参与"真人秀"的志愿者来说，其初衷无非是为了一份难得的体验或一种难得的历练。他们常常抱着我行我素的心态，认为摄制组只是跟踪拍摄，自身拥有很大的自由度和广阔的生活空间，因此非常反感摄制组因应节目需要安排活动或者指定路线。挑战者基本上是从自我的角度、从参与活动的角度来考虑问题：我能在其中得到我想要的吗？而没有人会从制作者的角度来考虑：这是一个电视节目，他们希望得到什么？结果就是无论挑战者曾经做了怎样的思想准备，怀有怎样的理想，真正介入到节目以后，艰难的生存环境、严酷的规则、远离亲人的孤寂以及面临淘汰的巨大压力，很快就让他们陷入一种莫名的委屈甚至是屈辱之中，性格扭曲、裂变，情绪暴躁、易怒甚至失控，这时，制作者的精心设计在他们面前就显得那样的不近人情，那样的没有道理，所有的一切设计很自然地遭到他们或明或暗的反抗。

在摄制实践中，编导们的真正难题不是如何指挥拍摄，而是揣摩真人秀节目参与者特殊情境下的心理和情感变化，并与之充分交流、沟通，作出摄制上的相应的应变方案。

第三届《生存大挑战》开始前，节目组虽然曾无数次地给所有挑战者灌输即将面临的艰难与困苦，他们也都说做好了充分的心理准备。但是上岛第一天，因为寻找不到淡水资源，挑战者的不满情绪马上就爆发出来，似乎一切都是摄制组的错，是摄制组故意和他们过不去。此后就将自身位置摆在了摄制组的对立面，给以后的拍摄工作带来许多不便。参与"真人秀"节目的志愿者，在角色定位上与制作者的要求有错位。志愿者在活动中只把自己定位为现实中的自己，是一个真实的自我个体存在，而不去考虑所处的只是一个非常态下的虚拟环境。所以总是很自觉地把活动中遇到的是是非非比照为生活中的真实，并依此作出合乎生活逻辑的判断与反应。这就不可避免地和制作者的愿望相抵触。因为制作者希望的是每个志愿者都只是一个非常态环境下的角色扮演者，是一个虚拟的镜像，和现实生活的个体并没有多大的关联，一切反应仅是应对虚拟环境下的风风雨雨。不同的定位，带来不同的行动。

前三届的《生存大挑战》，摄制组都很难拍摄到挑战者之间激烈的矛盾冲突，以及为求生存而作的精心安排。以第三届《生存大挑战》为例，其实发生了许许多多的矛盾斗争，有无数的策略运用在这残酷的生存活动中，但是，摄制组即使知道了也无法捕捉到。主要是因为没有任何一名挑战者愿意在摄像机面前展示非常态下的自己，她们根本就不愿意暴露自己当时的所思所想，因为她们害怕，以为那就是生活中的自己，更害怕观众把那当成是生活中的自己。造成这样的局面，归根结底是目前在国内，无论是节目参与者还是电视机前的观众，由于思想、文化、道德和传统的原因，至少目前还都极其缺乏"游戏精神"。而这恰恰为编导的协调工作留下了巨大的空间。

"真人秀"节目在欧美国家创造了巨大的社会效益和经济效益，这有赖于其所包含的娱乐趣味、道德标准、价值观念、人性袒露的深度等重要元素的量化标准正好符合了西方观众的审美需求。其中，"真人秀"节目所特有的对人性的阴暗面赤裸裸的揭示、对残酷竞争的赞同以及对个人隐私正大光明地窥视等戏剧元素，更是其成功的助力。但是，在中国特定的意识形态、文化传统、社会价值观甚至生活方式的制约下，这些用以构成节目的无比重要的元素，却只能摆在无足轻重的地位。这因为无论是参与者还是受众，都缺乏"真人秀"所需要的游戏精神；或者换个说法，是这种游戏精神与我们传统的思想、道德、文化、观念存在着某种程度上的抵触成分。游戏精神的相对缺乏，使得参与者不敢在摄像机面前坦然地展现自己的所思所想，更别提展现自己如何为了获得游戏的胜利而运用各种谋略；也使得受众将参与者为了自己的生存而进行的谋略看作尔虞我诈，不予接受甚至进行谴责，这反过来又影响到参与者的游戏投入程度。

在第二届《生存大挑战》中，虽然从一开始挑战者就已经知道，活动将采取公投大会的方式决定每个人的去留，但是当正式开始实施淘汰时，却遭到了所有人的激烈反对。对自己可能会被公投出局这样的局面，几乎没有人愿意接受。摄制活动遇到强大的阻力。第三届《生存大挑战》，参赛者刘敏为求自保，假意与队里的三人结盟，结果背地里却与另外两人联盟，在公投现场，成功地反败为胜，将命运紧紧掌握在自己手里。这本是合理利用游戏规则的典范，结果却遭到所有人的唾弃，把正常的谋略运用上升到人格丑陋、道德败坏等进行人身攻击的地步。反观欧美国家成功的几个"真人秀"节目，每个志愿者都能很坦然地接受自身的命运，以游戏的精神面对游戏。志愿者所接受的教育，决定了其自身的道德观念与价值观念以及性格特点。作为"真人秀"主角，他们的思想或多或少地会对导演意识产生影响。从这一点来说，目前中国还缺乏合格的真人秀节目参与者，因为大家普遍缺乏游戏精神。游戏的精神是"真人秀"节目的土壤，它决定了导演意识能在多大程度上得到体现与尊重。可以说，本土化的"真人秀"最难做到的，就是对人物的性格刻画，对事件的细节描述。因为导演意识在"真人秀"意识面前会遭遇到极大的群体反抗力量，甚至被迫在冲突面前寻找新的平衡点。

总之，电视真人秀节目在中国的兴起，也就是近几年的事情。它虽然有多种形态多种流派和风格，但有一点是一致的，就是导演意识必须体现在节目中，而又让受众感觉不到它的存在。导演意识通过设计的手段来体现，无论是设计情节还是设置竞赛，都是为了增强故事性、娱乐性和观赏性，并调节节目的节奏。导演意识只有得到充分的尊重，本土化的"真人秀"才会出优秀作品，出"中国制造"的精品，才能通过这类节目，创造多种效益和效应。

从这个意义上来讲，中国的"真人秀"路还长得很。

（本章特邀广东电视台真人秀节目《生存大挑战》总编导黄宏、韩晖合作撰写）

【附录】

花雨丝路行

——广东电视台第四届《生存大挑战》

（系列策划方案）

《生存大挑战》是广东电视台在国内率先推出的第一档"真人秀"电视节目。该节目在电视台决策者、策划者和全体编导摄制人员的共同努力下，耗时三载，走边关，过峻岭，跨洋越海，历经千辛万苦，终于打造成广东电视台，乃至国内电视节目王牌中的王牌。这得益于广东电视台的魄力和胆识，得益于全体工作人员的齐心协力，得益于广告商对广东电视台的信任与支持，更得益于世界性的"真人秀节目"的收视热潮。因此，广东电视台第四届生存大挑战节目不仅要做，而且要在前三届的基础上大做特做——做出文化，做出品牌，做出热点，做出人气，做出效益。

基于以上考量，广东电视台第四届生存大挑战必将是超大手笔之作，其基本思路是：穿越历史时空，探寻文明真谛——从广州到雅典，即以探寻人类文明的足迹为主题和基本线索，以各民族灿烂的历史文化为节目亮点，以探险、生存、竞技、游戏为节目构成环节，从而在历史与现实，文明与文化的广阔背景下追寻人类文明的足迹，谛听东西方文明交汇的潮音，勾勒远去王朝的背影，展现当今地球村居民智慧的风采！

一、创意空间

与第一届的边关之旅、第二届的红色之旅和第三届的异域之旅不同，第四届《生存大挑战》将路线锁定在连接东西方文明，推动人类历史进步的"丝绸之路"。

丝绸之路，地球的金飘带。她得名于德国地理学家李西特霍芬写于1877年的《中国》一书，以属于中国特产的丝绸为象征，给东起中国、西到欧洲的漫长商路取了个浪漫、飘逸的名字——丝绸之路。一条横贯东西的商旅古道，在漫漫的历史长河中，却如同一条纽带，联结起黄河文明、波斯文明、恒河文明、两河文明、尼罗河文明和古希腊文明；一串商旅古道上的驼铃声，又让我们联想到多少大漠美景、异域风情，我们仿佛能够看到走在这条古道上的张骞、玄奘，还有那个叫做马可·波罗的外国名人的背影。长城烽火，敦煌壁画，楼兰古国，罗布传说，茶马古道，三教圣迹，还有那理想中的净土——香格里拉，仅仅是国内这些，就已经让你目不暇接，更何况还有丝绸之路上其他文明古国的古迹名胜、异域风情。

穿越文明的时空——广东电视台第四届《生存大挑战》缺少的不是历史故事、文明背景，而是我们究竟有怎样的目光、怎样的热情和怎样的吸收与转化能量。

二、队伍组合

由于真人秀电视节目的特殊性，使得选手水平的高低直接影响节目的质量。鉴于以往选拔选手的经验，参考国外真人秀节目的做法，我们可以提出以下几种方案供操作时参考：

（1）兄弟/姐妹/同学/朋友/情侣/家庭组合。即在大陆以东西南北中五地区各选3对上述组合，另在港澳台各选3对组合，共计24对48人组成8支参赛队伍。这样的组合定位可以包容进较多的地域文化、年龄优势和情感色彩，便于同中求异，异中闪光。

（2）大学组合。邀请国内外著名大学以大学为单位组队参赛。每队5名选手，其中1名教师，4名学生（本、硕、博皆可，男女比例最好一致），规模上少则8支队，多则16支队。这样的队伍组合可以最大限度地彰显知识与智慧的力量，展现名牌大学的实力与风采，最符合我们"穿越历史时空，探寻文明真谛"的主题要求，可以为节目带来更为厚重的历史文明和现代文明的双重色彩。

（3）华人华侨同胞洲际组合。此组合为第一种组合的拓展。以世界各大洲海外华人华侨同胞组合，可以加重文化寻根的色彩，加深同胞间的了解和友谊，弘扬中华文化文明，增强爱国意识。同时也有益于该节目向海外发行和推广。队伍数和每队人数可参考第一种组合。

（4）民族大家庭组合。中华民族是一个大家庭，各民族兄弟姐妹在这个大家庭里过着幸福的生活。这种组合便于以中华大家庭的形式探访其他国家和民族的文明，展示当代中华儿女的风采风貌。但把握起来难度较大，在游戏与竞技环节设计上顾忌较多，不利于体现生存竞争。

（5）企业冠名组合。以国内（外）知名企业冠名组队，在生存挑战中展现企业实力与风范，在"穿越历史时空，探寻文明真谛"中展示企业的智能构成和现代风采。组队规模与形式可参考大学组合，即由企业CEO挂帅，由企业各层面员工为队员。

（6）社会自由组合。在媒体上刊发征集队员广告，在一定的年龄段上广泛征集参赛队员。规模与人数可参考第二届生存大挑战。

三、挑战环节

挑战环节设计得如何，直接关涉到制作出的节目的精彩程度。为了区别于以往三届《生存大挑战》，更为了超越其他同类节目的羁绊，第四届《生存大挑战》在挑战环节上将紧扣"穿越历史时空，探寻文明真谛"的节目主题，所设计出的挑战环节要能够让选手有全方位表现的空间与舞台，从而以现代的眼光审视历史，以发展的思想关照文明，在生存竞技中体验文明进步的艰辛，在人类文明的大背景下感悟现代文明的功过是非。

为此，本方案特构想了以下几种挑战环节，以备操作实施者选择——

[Ⅰ] 追寻文明之光

一、节目形式

（1）节目以第三人称的手法，记录挑战者整个挑战的过程。并透过摄像机所记录的画面，向观众介绍中外有关的历史文化和人类文明的遗产，展现中外灿烂文化的精髓。但要避免把节目制作成旅游节目的风格，除了要体现"真人秀"的特色外，不要着意体现人与各种不同文化的融合，并把两者糅合起来。

（2）节目以竞争、淘汰的形式进行。

（3）挑战者将分成两队，每队各8人，4男4女。

（4）节目以专题片的形式播出，每集片长为20分钟，大约制作45集。

（5）广东电视台将对最后一天的比赛作现场直播。

二、节目内容

（1）节目分为两个阶段，第一阶段将在中国境内的"丝绸之路"进行，起点在西安，接着往西，经过兰州，穿过河西走廊、武威到达酒泉，然后经过敦煌，出玉门关和阳关，进入新疆维吾尔自治区，再经哈密、乌鲁木齐，最后以乌苏市作为第一阶段的终点，第一分阶段将历时40天。第二阶段将在希腊境内进行，第二阶段将历时20天。

（2）在第一阶段里，两队挑战者将沿着丝绸之路步行，并通过每周进行一次的淘汰赛形式产生最后4个幸存者（2男2女），进入第二阶段的挑战征程。淘汰赛每次淘汰1人，由失败方决定淘汰队中的成员，但淘汰赛最后剩下的人员必须是2男2女。而淘汰赛的比赛内容都必须围绕着丝绸之路上的历史文化进行，这就要求挑战者一路上都要不断学习、掌握有关的历史文化和生产技术。其中比赛内容将从挑战者在一路上所学到的技术中抽取。淘汰赛开始前的十多天时间里，两队的挑战者只能获得由组委会提供的少量食品和每队各500元的人民币来维持日常生活，不能够自行带钱和食物。如果提供的食品和金钱都花光了，挑战者将自行解决日常生活的问题。淘汰赛开始后，胜利的一方可以获得组委会奖励的食品，失败的一方则要靠自己来解决饭食问题。此外，挑战者还可以通过交换的方式与对方交换食品。

（3）在第二阶段里，4个挑战者将分成2队，每队挑战者将得到由组委会提供的2 000美金、一幅希腊国内的地图和一份资料。他们要在规定的时间内根据资料中提出的有关问题，搜集相关的希腊文化和文明遗产，哪一队搜集的资料最完整和最准确，哪一队就是最终的胜利者。

三、节目环节

1. 第一阶段将进行四次的淘汰赛

第一轮淘汰赛是《"捏"出新天地》，将在河西走廊进行。

汉朝的时候张骞出使西域时就是通过河西走廊把闻名世界的中国陶瓷传送到西方。而制陶、制瓷技术在中国已拥有相当悠久的历史，原始社会时期生活在黄河流域的半坡氏族已经学会制造陶器。到唐朝时期，中国制造陶瓷的技术达到了当时世界先进的水平。在这个比赛中，两队挑战者将自行设计并制造一件陶瓷制品。其中要求作品具有一定的艺术气质和意念。哪一方的作品兼备外形美和艺术美，哪一方获胜。

第二轮淘汰赛是《跟着前人一起造纸》，比赛地点安排在敦煌。

敦煌是一个有着悠久历史的城市，这里的敦煌莫高窟深刻反映了我国古代人民的智慧和卓越才能。把比赛安排在这里是看中了它拥有浓厚的文化气息。造纸术在西汉就已经发明了，公元105年，蔡伦改进了造纸术，他用麻头、树皮等原料制成了植物纤维纸。在这个比赛中，要求挑战者在规定时间内运用原始的造纸技术制造纸张。哪一方造的纸多而且质量好，哪一方获胜。

第三轮淘汰赛是《甜蜜的旅程》，比赛地点安排在哈密。

中国古代的制糖技术是从印度传过来的，它是以甘蔗为原材料榨汁，然后对甘蔗汁进行提炼，最后生成砂糖，这就是"熬糖法"。在这个比赛中要求挑战者利用"熬糖法"提炼砂糖，哪一方提炼的砂糖多而且纯度高，哪一方获胜。

第四轮淘汰是《茶是故乡浓》，比赛地点安排在终点的乌苏。

乌苏在唐朝时叫黑水守捉，这里远离中原地区，在这里如果能够品尝到故乡的茶，将会激发起游子的思乡之情。因为茶是故乡浓，所以在这里安排以茶为主题的淘汰赛。

茶叶生产在中国同样拥有悠久的历史，唐朝陆羽的《茶经》是当时世界上首部关于茶的著作。在这个比赛中，挑战者在深入了解中国茶文化的同时，还要采用原始的方法生产茶叶，并用制好的茶叶冲茶。比赛的胜负除了以茶叶的质量、茶的色泽和味道为评分标准外，还要考核挑战者有关茶的知识。最后综合两个成绩，哪一方分高，哪一方胜出。

2. 第二阶段

由第一阶段产生的4个挑战者将分成两队，每队1男1女，在希腊继续挑战的征程。

征程主要分为三部分：①爱琴海诸岛，因为世界的历史文明产生于爱琴文明；②希腊中部的西萨利平原，这里是希腊神话的居所；③首都雅典，在这个城市里，拥有许多著名的建筑和人文风貌。挑战者将根据提供的有关资料围绕着希腊的体育、艺术、建筑、雕塑、历史、神话等多方面的内容，进行搜集，哪一队搜集的资料最完整和最准确，哪一队获胜。胜利的一方将重走当时裴德匹第斯从马拉松跑去雅典的这段路途，点燃象征胜利与和平的圣火。节目也因此画上圆满的句号。

……

［Ⅵ］ 花雨丝路行
——广东电视台第四届生存大挑战方案

一、设计说明

本方案设计不拘泥于细小环节，而是紧紧抓住在闻名世界的"丝绸之路"经过的地方所发生的重大历史事件，或所存在的文明圣迹、文化现象大做文章，目的是以点带面，点面结合，勾勒历史轮廓，弘扬文明精神，光大中华文化，讴歌和平生活，促进社会发展。

二、无论哪一种选手组合都适合于本环节，但大学生组合或拓展开来的洲际组合，即将选手扩展到世界范围自由组合，就更加适应本环节设计

三、线路安排及简要说明

1. 广州港出发

在广州古港举行盛大的出发式。这里是"南丝绸之路"、"海上丝绸之路"和"达摩登岸"的地方。

2. 云南·香格里拉县

1934 年英国的一个小说家在《消失的地平线》中描写到，在一次飞机失事中，一个飞行员跳伞来到了一个四面有雪山环绕，中间是水肥草美的大平原，人们信仰宗教，过着天仙一般生活的地方。这个地方就叫"香格里拉"。无独有偶，藏传佛教五世班禅曾著一本书，名字就叫《香巴拉国游记》。香巴拉（SHAMBHALA），又译香格里拉，意思是理想国度，净土。那么，人间净土究竟在哪里？这正是留给选手们的问题，答案则要他们深入到当地人的生活中甚至是内心世界去寻找。

［此处可设一轮淘汰］

3. 茶马古道——入藏

茶马古道古已有名。今天让选手们再走此路，除旅途艰辛可考验选手外（浓雾、高山、峡谷），也可让选手体验已近失传的马帮生活、马帮文化。

［此处可设一轮淘汰］

4. 西藏波密·雪线战鹰

历史充满巧合：英国小说家的预言在十年后居然在西藏波密的雪线上得以验证——"二战"时期的飞虎队为躲日军炮火而飞跃雪线，即驼峰路线。在飞跃中许多飞机失事坠毁，其中有一架飞机的残骸至今仍完好地保存在雪线上。选手要找到这架飞机的具体位置。给选手一张地图和相应设备，先找到者就是胜利者，后找到者或找不到者，就要被淘汰。

［此处可设一轮淘汰］

5. 拉萨·布达拉宫

追寻藏传佛教起源。体验远方朝拜者的心路历程。

在转山和长拜中淘汰选手。

［此处可设一轮淘汰］

6. 新疆·龟兹

这里曾是中亚文化交汇处。

世界几大宗教在这里都留下鲜明痕迹。让选手在这里解读历史，追寻文明的足迹，发思古之幽情，念天地之悠悠。

找洞窟，摹壁画，学梵文，探耶坟（传说耶稣被害后没死，而是经印度到西藏，再到南疆。在南疆有耶稣传说中的坟）。

　　［此处可设一轮淘汰］

　　7. 沿玄奘路线进入印度

　　在印度可以探访佛教八大圣迹，访谈著名学者。

　　到那兰陀大学追访玄奘艰辛求学路。

　　学梵文，教汉语，诵佛经。看谁来得快。

　　［此处可设一轮淘汰］

　　8. 印度—阿富汗—伊朗—土耳其—叙利亚—埃及—耶路撒冷

　　在追寻波斯文明、埃及文明、基督教文明中展开我们的生存挑战。因上述地区动荡不安，所以无法事先设计，但实施中能抓住一个点就已经可以闪亮了，因为这些地方对于我们的观众来说，实际上还是相当陌生的，具有可看性，与中华文明也具有可比性，比如埃及的造纸，印度的制糖术等。此外，犹太教、犹太人和中国也有特殊渊源。

　　［此处可设一轮淘汰］

　　9. 渡地中海—希腊

　　可在费用、船只等方面设置障碍，让选手们艰难地渡海。

　　［此处可设一轮淘汰，将选手淘剩最后三队］

　　10. 希腊·雅典

　　希腊神话。爱琴海传说。

　　这些都是设计本环节的根据。

　　＊建议以普罗米修斯为人间盗取天火为蓝本设计挑战项目。

　　胜者拿到打开雅典城门的金银钥匙，分别乘马车或步行进城。失败者打道回国。

　　＊建议剩下两队在马拉松原发地再以接力马拉松的形式决出最后的胜者。

　　获取此次生存大挑战最后大奖。

　　邀请2004年雅典奥运会主席为获胜者赠送奥运会开幕式入场券等。

策划

张静民传媒工作室

2003 年 3 月 28 日

思考题：

　　1. 电视真人秀节目是怎样兴起的？

　　2. 电视真人秀节目近年有怎样的发展变化？

　　3. 电视真人秀节目策划与编导的难点和要点是什么？

　　4. 电视真人秀节目编导应具有怎样的能力？

　　5. 试从文化的、哲学的角度分析电视真人秀节目的价值及影响。

第八章

大型电视专题节目的创作与编导（上）

本章提要

電视专题节目一直是各电视台的主打节目之一，也是衡量一家电视台节目摄制能力和节目策划、创作与编导水平的重要标准。同时，电视专题节目还以其电视性、思想性、艺术性和灵活性而深得宣传部门的青睐。本章着重对报道类电视专题节目加以界定，并重点对电视专题片的选题与策划、电视专题片《编导阐述》的撰写和电视专题片的编导艺术进行研究和探讨。

第一节　报道类电视专题节目概说

一、报道类电视专题节目及相关概念体系

报道类专题节目是一个庞大的节目家族，主要是指以报道的方式对社会政治、经济、军事、文化等方面的某一主题进行较为全面而又深入的探究和表现的电视节目。这类节目是电视专题节目的主体，在选题时，往往偏重那些反映事物实质意义和发展规律的具有典型意义的人和事，以便播出后在社会上能产生较大的社会反响。

（1）纪实型电视专题节目。纪实型电视专题节目是指用自然、朴实的方法，真实地报道、反映社会生活、人文现象的电视专题节目。这类节目，一般都有较明显的纪实风格特征，特别注重用采访拍摄方法，保持被摄对象形声一体化的表形结构，记录具有原生态的生活内容，通过对生活情状、文化现象或历史事实的记录，来展示生活本身具有的内涵和意蕴。比如中央电视台播出的优秀节目《共和国的脚步》，南方电视台推出的《南粤名镇》中的大部分节目，广州电视台推出的《都市纪录》中的大部分节目，如《歌者》、《风雨送报人》等。

（2）新闻性电视专题节目。新闻性电视专题节目往往是对一个时期内社会政治、经济生活中重要的新闻事件的发生、发展，用声画结合的方式真实地、深入地、全面地记录和表现出来的电视专题节目。它要求具有鲜明的重大的主题，或是在当前社会上影响重大的新闻事件，或是群众普遍关注的焦点问题，通过详细地记录、解释、分析事件的来龙去脉，拓展其内涵。它与一般新闻一样要求新闻性、客观性和真实性，但比一般新闻的容量更大，也更讲究深度。比如广东电视台的摄制的《湛江特大走私案启示录》、凤凰卫视中文台制作的《世纪贼王覆灭记》、中山广播电视台的《不灭的"火焰"》等。

（3）文献性电视专题节目。文献性电视专题节目是在新的历史时期，运用电视报道的多种手段，对重大历史事件，或一个阶段的历史发展进程，或某一具有社会性、历史性影响的人物，进行多角度、多层次、多方位的回顾、审视、观照和记录的电视专题节目。比如《让历史告诉未来》、《人民万岁——

二战的回顾》、《邓小平》、《周恩来》等。广州电视台拍摄的《握手——中共三大在广州》属于地方台拍摄的优秀的电视文献片。这类节目的特征是：第一，宏观的历史真实和微观的细节真实并重；第二，事实的准确性和生动性并重；第三，逻辑的严密性和结构的活泼多样性并重。

（4）文化性电视专题节目。文化性电视专题节目是指以文化事项为反映对象的电视专题节目。这类节目除了具有其他纪实型电视专题节目的一般特点外，还特别讲究知识性、文化性和历史内涵，强调节目本身所包含的深厚的文化意蕴，更讲究节目的文化品位。比如《雕塑家刘焕章》、《红楼梦灯谜解析》（首届中国电视节目展评获奖作品）、《苏园六纪》（刘郎编导）、《故宫》（央视）、《新丝绸之路》等等。

（5）综合性电视专题节目。综合性电视专题节目是指围绕某个主题，对某一时期、某一领域、某一问题、某一事物所作的多侧面、多视点，具有全局性、概括性的综合报道的电视专题节目。它不仅要求内容的综合、形式的综合，还追求创作手段、表现方法的综合。比如广州电视台摄制的反映广州市改革开放十五周年的电视专题片《南方的河》，还有该台摄制的反映广州市教育基金会成立十周年的《伟业丰碑》等，都属于这类作品。而央视 2007 年春季推出的《东方时空·岩松看日本》也属于此类节目。作为《岩松看日本》系列节目之一，《多元交织的二战史观》一集通过对靖国神社、立命馆大学国际和平博物馆和鹿儿岛神风特攻队会馆的深入采访，首次为中国观众全面展现了当今日本社会三种具有代表性的二战史观，客观呈现了日本历史认知的暧昧和多元。节目在温总理出访日本前夕制作播出，为总理的"破冰之旅"营造了良好的舆论氛围，也凸显了其特殊的新闻价值。

（6）创意性电视专题节目。创意性电视专题节目是指在生活真实的基础上，渗透进作者浓重的主体意识，具有较强的创造意识的电视专题节目。如刘郎编导的《西藏的诱惑》、《天驹》、《流云》等都是这类节目的代表作。从这些作品中可以看出，这类节目注重营造诗一般的意境，抒发创作者的主观情感，蕴涵着深厚的哲理意念，给观众以独特的审美感受。

（7）抒情性电视专题节目。抒情性电视专题节目是创作者借事借物用以抒发强烈的主观情感的电视专题节目。创作者在对社会生活和自然景观的观察和感觉过程中，自然而然地激发起了浓重的情感，并将这种情感艺术地渗透在作品中，达到触景生情、借景抒情和以情动人的目的，使作品洋溢着景物美和情感美。如《文竹》（锦州电视台）、《苇海·油田》（辽河电视台）、《金石滩》（大连电视台）等。

（8）表现性电视专题节目。表现性电视专题节目是指那些带有浓郁的主观表现色彩的电视专题节目。这类节目以再现为"表"，以表现为"里"，借助诗一般的意境的营造，表达自己的一种情感、一缕思绪、一个意念，追求诗意，追求内涵，追求审美愉悦性。如《西藏的诱惑》、《明天的浮雕》、《赤土》等。

（9）哲理性电视专题节目。哲理性电视专题节目是指以表现哲理为根本宗旨的电视专题节目。这类节目的创作者，在构思的过程中就应对题材进行哲理思考，从思辨的高度俯视生活，透过事物或景物的现象把握本质，并升华出具有普遍性的、具有哲理意味的思想感情。如伊文斯的《风》，凤凰卫视中文台播出的《北京：好大的风》等。

（10）愉悦性电视专题节目。愉悦性电视专题节目是指运用电视技术和种种艺术造型手段制作出来的、为引起观众纯视听愉悦而创作的电视专题节目。这类节目侧重于画面、声音形式感的建构，通过画面、影调线条、光色运动形式以及节奏感的组合变化，刺激观众的视听感官，给观众以欣赏的快感和美感。如《人活天地间》、《山歌交响乐》、《漓江水》、《岭南风光》等。

（11）政论型电视专题节目。政论型电视专题节目是指表现政论内容的电视专题节目。如广东电视台摄制的《世纪议程》、《春风绿南粤》、《社会主义四百年》等。这类节目往往取材于重大政治课题，运用纪实画面和雄辩有力的解说，加之精当的现场访谈，以及效果声和得体的音乐，围绕特定的主题，表达鲜明的思想见解、价值取向、情感态度和道德判断，具有显著的探索性、启迪性、思辨性和政治性。

（12）讲话型电视专题节目。讲话型电视专题节目是指以讲话的形式通过电视屏幕公告、发布、传达信息的电视专题节目。这类节目往往有特殊的内容，通常有国家领导人、政府及有关部门负责人发布政令、重要报告；英模、学者及特殊人物的演讲等。其中包括：①报告性电视专题节目，如国务院总理所作的《政府工作报告》、《国门卫士事迹报告会》等；②发布性电视专题节目，如《国务院新闻发布会》、《公安部门通缉令》等；③礼仪性电视专题节目，如国与国之间的祝辞、贺电、慰问电等。

二、报道类电视专题节目特征

与电视新闻节目和电视文艺节目等相比，报道类电视专题节目具有以下一些明显的特征：

（1）报道类电视专题节目具有新闻性和艺术性双重属性。以电视纪录片《龙脊》、《沙与海》、《最后的山神》和电视系列片《百年中国》为例，这些节目首先为电视观众提供了关于社会与人生的准确、完整、新鲜、有效的信息和明了、正确的思想内涵，具有较高的认识价值；其次，通过对主题的开掘、素材的采拍与处理，包括摄像、灯光、音乐、音响等方面艺术手法的运用，为观众提供了视听愉悦享受，具有较高的审美价值。

（2）报道类电视专题节目所反映的对象是现实生活中真实存在的事物与人物，以及他们的存在方式和活动状况。客观性和真实性是这类节目的本质特征，但并不反对编导者创造性地处理现实，以达到节目的艺术真实。比如电视纪录片《神鹿啊，我们的神鹿》对现实时间的压缩和《沙与海》里的时空交叉，就很有艺术性。这种处理，非但没有影响节目的真实性，反倒促使节目尽快达到艺术真实的境地。

（3）报道类电视专题节目通常是对某一主题的忠实记录、深入报道和客观阐释，因此，一般都具有深刻性和丰富性。2009年5月，为纪念汶川地震一周年而拍摄的大型电视系列片《崛起》每集并不长，全片分为《天地震撼》、《汶川时间》、《生命至上》、《信念坚守》、《命运抗争》、《大爱无疆》、《前线后方》、《共同家园》、《四川雄起》、《浴火重生》10集，每集45分钟。该片抢救性地纪录和编辑了大量不可重现的历史史料，用大量鲜为人知的珍贵镜头全面、纵深地展示了四川抗震救灾和灾后重建的伟大历程。该片在表现手法上进行了创新，将记录、政论和叙事的优势融为一体，把抗震救灾和灾后重建的伟大精神寓于具体可感的一个个故事之中，实现了思想性和艺术性、教育性和观赏性的有机统一，具有很强的感染力和震撼力。

（4）报道类电视专题节目另一个显著的特征，是它们往往具有明显的现场气氛和真实的效果。这是由于这类节目通常采用直接取材的方法获得反映对象的图像和声音素材的缘故。看过电视纪录片《神鹿啊，我们的神鹿》的人，时间长了以后，片中很多情节都可能忘记，但片中所记录下来的大兴安岭林区所特有的环境和神鹿的叫声与神秘意象却使人久久难忘。

第二节　电视专题片选题与策划

一、关于电视专题片与电视纪录片

就电视专题片和电视纪录片来说，无论从外延还是从内涵来看，两者都是地地道道的亲"兄弟"，只是性格和表现上有所不同而已。因此高鑫教授在他的专著《电视专题》一书中对两者在使用时基本上未作区别，但在"绪论"中，还是作了一些有益的界定。

在高鑫教授看来，电视专题片与电视纪录片总的来说是一致的，认为这是两个不同范畴的概念，不仅仅因为国内习惯与国际的差异。进一步说：这是从两种角度，以两种标准对同一种节目形态的两种认识——专题片称谓偏重于节目题材、主题的集中、统一和深入；纪录片称谓偏重于节目的创作风格和表现手法。如果说两者有什么更细致的差别的话，那么就是专题片在内容与手段上更具多样性，包括汲取纪录片的表现手法；而纪录片在目前更多地处于纪实阶段。这一点甚至限制和制约了我国电视纪录片的继续发展，这也许是高鑫教授著书时没来得及指出的。

二、电视专题片的种类

电视专题片其实是一个相当庞大的家族。也许我们借鉴电视剧的分类方式可能会便捷、明了一些：

微型电视剧——微型电视专题片，如《女特警雷敏》（8′）、《苇海·油田》（5′）、《油塑》（5′）等。

单本电视剧——电视专题片，如《生命》（中央电视台）、《方荣翔》（山东电视台）、《枪患》（广东电视台）、《小站年轻人》（辽河电视台）、《扬州第九怪》（扬州电视台）、《不灭的火焰》（中山电视台）等。

电视连续剧——大型电视专题片，如《毛泽东》、《邓小平》、《周恩来》、《朱德》等。

电视系列剧——大型电视系列片，如《话说长江》、《再说长江》、《望长城》、《大京九》（中央电视台），《寻找他乡的故事》（香港亚视）、《美国现代农业大观》、《中国边境大扫描》、《看世界》（广东电视台），《中国茶文化》、《他乡广东人》（广州电视台）等。

纪实电视剧——电视纪录片，如《沙与海》、《龙脊》、《舟舟的世界》、《最后的山神》、《三节草》、《深山船家》、《水乡梦》等。

三、电视专题片策划要求

电视专题片题材包罗万象，手法多种多样，尤其是大型专题，不仅拍摄制作起来涉及面广，牵涉工种多，而且作品直接标示着媒介的政治、文化和道德导向。拍摄者还要直接与社会与人打交道，节目的社会效益直接与方方面面的人的"名利"挂钩，经济效益则直接关涉到投资人和播出机构的最终回报，其得其失必须"金金计较"，因此，对策划的要求也就更高。

这种高要求，首先体现在对策划者政治素质的高要求上。作为电视专题片的策划者，必须自觉提高自己的政治素质和社会责任感，在电视专题片策划者这里，只把"以科学的理论武装人，以正确的舆论引导人，以高尚的精神塑造人，以优秀的作品鼓舞人"作为座右铭是不够的，必须把它变成一种自觉的指导性的思想意识。

由中央文明办和中央电视台联合摄制的三集大型纪实性电视专题片《伟大的创造——创建文明城市巡礼》，于 2000 年在中央电视台第一套节目播出后，在社会上引起了强烈反响，受到普遍好评。全片分为《走向文明城市》、《塑造城市之魂》、《共建美好家园》三个部分，是在中央文明办的指导下，由中央电视台专门组成摄制组，行程数万公里，采访了 30 多个城市和近千人，掌握了大量第一手鲜活资料，历时一年摄制完成的。从主体上看，该片既是对亿万人民群众投入文明城市建设取得的丰硕成果的深情礼赞，也是对社会主义条件下城市化道路如何发展的前沿探寻，充分体现了策划与编导者的政治素质和业务技能，因此"受到普遍好评"也在情理之中。

其次，要求策划者要具有精品意识。那么对于电视专题片来说，什么样的作品才是精品？《电视专题片的精品意识》一文的作者认为，精品专题片至少要具备这样几个条件：

（1）选题紧扣时代脉搏，思想健康，内容充实，观点正确。

（2）设计巧妙，风格独特，情调高雅。

（3）拍摄新颖，镜头语言准确到位。

（4）制作精致，剪接流畅，特技运用得当，声音、画面、音乐协调。

（5）播出及时。

随着社会的发展和观众需求的不断变化——目前，除了要追求社会效益，精品还必须有市场号召力，必须能够在创造社会价值的同时，创造丰厚可观的经济效益。那种叫好不叫座的作品，不能算真正的精品。

最后，策划者必须了解观众需求，熟悉市场行情与运作环节，同时，还要对自己的策划服务对象做到心中有数。作为电视专题片的策划者，如果不了解观众需求，那么所作的策划，也是无的放矢；如果不熟悉市场及其"游戏规则"，那么所生产出来的节目，也会"货不对板"，到头来准是"赔了夫人又折兵"；如果对策划服务对象心中无数，再好的策划方案也只能束之高阁。

四、电视专题片策划者职责

通过以上解析，我们可以归纳出电视专题片策划者的基本职责——

（一）提出选题

专职策划也好，兼职策划也罢，只要想做策划，首要任务就是提出选题。广东电视台近年来在大型理论电视专题片创作上颇有心得，曾先后推出了《世纪议程》和《春风绿南粤》两部在全国产生了很大反响的力作。但策划者们并没有满足于此，早在后一部作品还在编辑制作的时候，策划者们就根据建设中国特色社会主义理论的需要，大胆提出了拍摄大型理论电视专题片《社会主义四百年》的策划方案。而在中央提出西部大开发的号召后，几乎在同时，中央电视台和各地方电视台都提出了拍摄关于西部的方方面面的电视专题片，但只有"先下手者"和有实力者得以实施。不久之后，中央电视台推出了精心之作《走进西部》（系列专题片），广东电视台推出了《边城故事——中国边境大扫描》（西部篇），广州电视台则与香港亚视联手走进西部，分别推出了自己的系列专题片。其中亚视制作出来的资讯专题《西北开发之旅》颇得观众好评，媒介赞扬亚视触觉灵敏，切合中国西部大开发的热点制作特辑，是"远见之举"。

（二）对选题进行筛选论证

策划者每天想到的、找到的包括接到的任务式的选题会有很多，但哪些选题才是有价值的、可行的却需要策划者进行细致的、科学的论证。比如某台在清明节前得知本地的某著名华人政要要回乡省亲修坟拜祖，从统战的角度，这本是一件值得大做文章的新闻事件，但是在当地由于传统习俗风气较重，国家的丧葬政策落实一直比较困难，群众攀比心理较强。如果将这位华人政要大修祖坟的新闻以专题的形式大张旗鼓地播出来，其"副作用"恐怕再做多少次正面宣传工作都无法消除，因此，策划者只好"忍痛割爱"，将镜头转向这位政要在家乡期间的其他活动，比如拜会小学老师、捐资办学、建医院、修路和办工厂，等等。片子拍出来后，看上去未能摆脱同类题材的"窠臼"，且缺少了具有视觉和情感冲击力的祭祖场面，但是播出后社会效应很好，观众爱看，当地政府也很满意。

（三）勾勒节目概貌，框定节目风格

这是策划流程中的一项至关重要的工作和环节，完成得如何直接关系到整个方案能否被接受并付诸实施的问题。同时，它也是节目编导及整个摄制集体的一个重要的工作动力源泉。在这一环节中，策划要做的就是思考并以文字的形式描述：我要拍的是一部什么样的片子？同类题材已有哪些片子？我怎样超越它们？

（四）完成策划方案，并做好全程跟进策划的准备

在这个环节中，策划者主要职责是写作、提交、阐释、修改、调整、完善，直至实施完成。

五、策划方案示例

世纪飞越
——广汽集团成立十周年电视专题片
（策划方案）

摄制背景

本片具有丰富的认知背景、历史意义与现实意义。

认知背景

广汽集团十年创业历程作为中国开放型经济发展的一个缩影，反映了中央、省、市各级领导和部门对振兴中国汽车工业的坚定信念和强大支持；验证了中国改革开放政策和国家汽车产业政策的正确性；凝聚了广汽数万名员工的汗水和智慧。值此广汽集团成立十周年之际，我们有必要在全球化语境下认真解读、解构广汽集团的成长历程及巨大成就，以加深认知，纠正误读。

历史意义

广汽集团十年跨越发展，每一步都打下了深深的时代烙印，这是中国汽车工业在改革开放背景下谋生存、图发展的真实写照。广汽集团的发展壮大，不仅涉及广州支柱产业的确立，而且也涉及中国汽车产业格局的演变，对新时期中国民族工业发展进程的影响深远。

现实意义

在经济全球化时代，任何现代企业的发展都与其所处国家、地区的政治、经济、文化和社会环境息息相关。在华南板块上崛起的广汽集团，以十年的时间，走过了国内老汽车工业基地半个世纪的历程，从而为中国汽车工业乃至整个民族工业的发展探索出了一条"又好又快"的成功之路，具有至关重要的现实意义。

主题提炼

对广汽集团十年发展的回顾与展望，本片发掘了什么题材？有何独特发现？

（1）广汽集团发展的每一步，都与我国的政治、政策、经济、文化和社会环境息息相关，如果没有改革开放政策，没有中国社会经济的快速发展，没有广州独特的文化底蕴，广汽集团就不会取得今天这样巨大的成就。

（2）以国际和国内汽车产业发展为背景审视，我们发现广汽集团十年跨越式的发展，其成就是突出的，是值得世人瞩目的。这是本片必须大书特书之所在。

（3）本片发现：广汽集团之所以能取得令世人瞩目的成就，与广汽人的奋斗精神、敬业精神、奉献精神分不开。本片要表现广汽文化，更要讲述广汽人故事，展现不同时期的

广汽人风采。

（4）本片发现：广汽集团所探索出来的发展道路和成功经验，是中国汽车工业和民族工业发展一笔不可多得的宝贵财富，值得我们思考、思辨、梳理与弘扬。

（5）本片发现：今天，在新的形势与环境下，广汽集团面临的挑战与机遇并存，自主创新发展已成为必须选择的选择。

创作构想

上集：走向辉煌（从标致到广本）

本集核心内容：主要讲述广汽集团筚路蓝缕的艰难起步，标致阶段的短暂风光，经历挫折后的痛定思痛和与法标分道扬镳的抉择；广汽人的执著精神，货比三家的"择新偶"历程，广本的发展奇迹，以及创造这奇迹的历程和诸如企业重组等举措和参与者、见证者的故事。

本集要展示的核心元素和要着力回答的问题：

本集将以广汽今天骄人的发展成就为切入点展开叙述，以广州标致阶段为基点，重点展现广州本田的成功道路和助推广汽集团实现世纪飞越的企业重组。

广汽今天已经发展到怎样一个高度？

广汽是怎样飞越到这样的高度的？

广汽人是怎样孜孜以求为广州人圆汽车制造之梦的？

在国际汽车业合众国政策背景下，对广州标致的概要性描述及深刻思辨——十余年的合资合作虽然已分手，广汽人也为此付出了高额学费，但所积累的经验、所积淀的企业智能、磨炼出来的队伍却为日后的腾飞奠定了厚实的基础。

艰难的抉择——20世纪中国汽车工业最后的成功谈判，本田情定广州艰难进程中广汽人的智慧与执著。

在广州政治、经济、文化和社会迅猛发展的大背景下，广州汽车企业轰轰烈烈的企业重组及重组中的阵痛与震动，彰显了市委市政府怎样的决心和广汽决策者怎样的胆识与气魄。

广州本田一炮打响，使广汽完成了第一次质和量的跨越，它扫除了失败的阴影，扭转了人们对广州汽车制造的印象，初步改变了中国汽车制造的格局与版图，基本确立了汽车业在广州经济发展中的支柱产业地位，其探索的新的发展模式和积淀下来的种种财富，为日后的再次飞越打下了更加坚实、更加全面的基础。

下集：再创辉煌（从丰田到自主品牌）

本集核心内容：主要讲述广汽集团巩固和深化合资合作，引进丰田，广州汽车产业集群初步形成；延伸产业链，围绕主业多元化发展；推行股份制改革，建立现代企业制度等等；在开放合作的基础上，广汽矢志打造自主品牌，并将其列为集团未来可持续发展的长远战略。

本集要展示的核心元素和要着力回答的问题：

本集将从一个城市的设问开篇：广汽集团，或者广州汽车业的明天在哪里？

与丰田的接触。

与丰田的谈判。

引进丰田背后市领导和集团决策者的未雨绸缪及谋略。

丰田的到来带来了什么？改变了什么？影响了什么？为什么说丰田的成功引进是广汽集团战略上的巨大胜利？

广汽的产业集群如何？是怎样形成的？广汽集团内部是怎样演绎竞合发展交响的？比如广州本田和广州丰田之间的竞争，为集团带来了什么？促进了什么？其启示是什么？

广汽是怎样推行股份制改革的？它建立和正在建立怎样的现代企业制度，为什么？

广汽实现了怎样的科学发展观？

在经济全球化的国际背景下，广汽为什么要在坚持巩固和深化合资合作的基础上，矢志打造自主品牌，并将其作为集团未来可持续发展的长远战略？

广汽怎样贯彻实施这一宏伟战略？

结论：只要坚持走又好又快的发展道路，只要坚持走改革开放自主创新之路，广汽集团的明天必将更加美好！

艺术构想

(1) 这是一部纪实专题片。通过纪实镜头，展现广汽十年创业之路、探索之路、辉煌之路。

(2) 这是一部集发现、思考与展望于一体的电视专题片。发现广汽人敢为天下先，揭示成功之谜，展望广汽美好明天。

(3) 这是一部有鲜活人物和故事的电视专题片。认识事业发展的决定性因素——如果没有在挫折中历练出来的队伍，如果没有在市场竞争中脱颖而出的人才，那么广汽的发展也许仍在苦苦探索中，绝不会有今天事业上的辉煌。因此本片将把镜头对准广汽事业发展关键阶段，尤其是转折点上那些可敬可爱的人，讲述他们为广汽发展所谱写的可歌可泣的感人故事。

(4) 这是一部饱含创业激情，集纪实性、可视性、思想性于一体的电视专题片。创业需要激情，本篇也应洋溢着激情。但作为一部发展道路总结性专题片，本片力争与广汽的视野与胸怀一致，与广汽的企业形象相吻合。

【方案简评】

在广汽集团成立十周年纪念日到来之前，广州市宣传部门准备为其拍摄一部电视专题片，目的是回顾过去十年所走过的道路，展示今天的成就，展望未来发展，为中国汽车发展带来启迪。后来，策划的任务就落到了笔者的头上。应该说，任务是艰巨的——一方面，片子的决策者还没有决定拍还是不拍，或者由谁来拍，这完全要看"策划方案"，策划有内容有新意就拍，否则完全可以不拍；另一方面，片子将要涉及的面广、人多、事杂、时间跨度大，而且时间特别紧。鉴于这种情况，在做这个策划方案时，笔者紧紧抓住了这样几点：

第一，强调拍摄的意义，也就是在"意义"的段落里实实在在地把话说到位，让决策者看后能够"心动"。

第二，将片子的"主题"准确提炼出来，让决策者看后能把握方向、角度，尤其是高度和创意点，感到心里踏实。

第三，对片子的艺术设计。这部分内容是对艺术构想的表述，既要大胆，讲求艺术性和先进性，又要扎实，不能天马行空，要让决策者和编导人员能够实实在在地把握到策划者的艺术构想，进而树立投资和进行艺术创作的信心。

（后来本片成功拍摄，并在广东卫视等频道播出）

第三节　如何撰写电视专题片编导阐述

一、不同阶段的编导职责

电视专题片编导职责可以按前期、中期和后期这样三个阶段来划分。

在前期，编导的职责主要有这样几项：其一，理解策划意图，研读相关资料；其二，撰写编导阐述，勾画作品轮廓；其三，针对题材特点，调集精兵强将；第四，做好物质准备，力争有备无患。

在中期，编导的主要职责就像乐队指挥一样，行使职权，指挥、调度、协调整个采访拍摄工作，力争保质保量地完成前期采访拍摄任务。

在后期，编导的工作重心，就要转移到节目的后期编辑制作中来。其中包括整理和阅读素材，撰写编辑纲要，组织编辑制作，撰写解说文稿，后期编辑合成，送交制片部门和主管领导审查，邀请专家学者和观众代表预看预评，修改，再修改，直至完成整个作品。

二、撰写编导阐述

在上述所有编导工作中，每一项、每一个环节都很重要，任何一项出了纰漏，任何一个环节不在状态都会影响到整个作品的质量，甚至整个拍摄工作。这其中，有一项工作要比其他各项工作更加重要一些，甚至可以说是具有决定性的意义，这就是撰写编导阐述。打个比方说，编导所撰写的"编导阐述"，既是整个工程的"施工图"，又是未来作品的内容、风格、品质的定调之作。

编导阐述的撰写并没有一个统一的规定和固定的格式，但是一些基本要素却是不能缺少的——

（1）对策划意图的理解。

（2）对所选题材的分析。

（3）对未来作品的初步勾勒，其中包括作品的篇幅、内容、形式、风格、特色。

（4）对摄制团队成员构成的构想，以及对各个工种、环节提出的艺术创作要求。

三、优秀编导阐述鉴赏

一篇好的编导阐述，不应是夸夸其谈或干巴巴之作，而应该是既能传达编导意图，又具有相当可读性的文字。在这方面，浙江电视台的编导刘郎及其一系列优秀作品的编导阐述都堪称典范。经作者同意，这里选录他的代表作《苏园六纪》的编导阐述，以供学习借鉴。

将园林艺术电视节目化
——电视片《苏园六纪》编导阐述
刘　郎

（一）

屈指一算，在自己做过的片子中，比较纯粹一点的文化片，也有二十来部了，这里面，从兵马俑到天一阁，从敦煌到江南丝竹，要抓其中的一种意象去谋篇布局，也着实费过一点劲。

陆文夫先生曾言，"艺术是一种煎熬的职业"，只有干过这种活的人，才能最真切地体会到这一句哲言的精刻。而《苏园六纪》又恰恰是自己最受煎熬的一部。我以为，做文化片最难的一点，就是将有一定深度的学术思考，如何交融于具体的、有限的，而且只能是表现现在时态的电视画面之中。文化片其他题材如此，表现苏州园林，更是如此。且不说对园林艺术浏览式的拍法早已滞后，即使是对观众来说，这种方式也早已无法满足他们现在的审美需求。之所以曾说，做好苏州园林，不用解说的办法想都不敢想，就是因为，园林的后面是涵纳繁多品类、呈现锦丽色彩、具有极其丰富的社会历史内容的吴文化。一些近于轻松、浅淡的方式，是无法负载起一种丰厚的文化内涵的。而简单地把江南地区的文化划入婉约一派，又恰恰是我们常常遇到的误解。自然这已经是另外一个话题，可以留待日后另议，但至少我们在拍摄《苏园六纪》时就应当明确：写园林，其实就是在写吴文化，园林是吴文化一个古雅的符号，也是一个十分独特的载体。从人文研究的角度讲，大凡事物，一涉文化，必然就露出深奥的意思。过多地讲学术，观众立刻就感到隔了一层；没有学术，专家一致觉得肤浅。做文化片最佳的视角，应该是这一具体的题材在电视人眼中的折射。多年以来，学术的艺术化或艺术的学术化，是我一直在追求并尝试的一种做法，也可以说，到了《苏园六纪》，这种做法才完全进入了自觉的阶段。

（二）

接触园林这个题材，还有一个缘起，也应该在这里说一说。做园林之前，我还曾做过一部名为《一位作家和一座城市》的片子，主角是极不愿意在电视上露面的当代苏州文化的代表人物陆文夫先生。也许是那次合作的愉快，也许是我的手艺得到了陆先生的嘉许，在苏州有线电视台筹拍园林系列的时候，陆先生便径直举荐了我。应该说，在拍摄那部片子的时候，对于苏州，我已经有了一定的认识，这对日后拍摄苏州园林不能不说是一个很好的前提。但是，要真正做好园林，还是仍旧差得远，在生活积累、文化积累、思想积累方面，尤其是对前两者，不仅需要调动贮存，还需要着实下一番广采博收的工夫。拍摄电视文化片，往往就是一个必须读书而又要认真读书的过程。

做好苏州园林这部片子，除了掌握吴文化的一些要领内容，还有很重要的一点，就是一定要重温一番明清士大夫这一课题。在阅读的感觉上，如果说关于吴文化的著述，读起来还有像品尝苏州美食的爽适，那么，接触明清士大夫的研究，却又像剥开一只只粽子一样的麻烦。明清史料的研究成果，早已是汗牛充栋，《万历十五年》不过是后来红。但是，不作深入研究，就打不开拍摄园林的突破口，"勉力为之"的"勉"字是什么感觉，只有去问过来人。当然，研究上述史料，归根结底还是为了挖掘主题，也是一个看起来十分浅显，然而又是一个很难回答的问题，即园林到底是什么？

苏州古典园林在创作上真正的中兴之期，当是明清两代。仅仅是明朝，其社会背景都够人啃一阵子的。鲁迅大先生概括这一时代的气氛，沿用了"戾气"二字，异常地准确。而明清易代之际，钱谦益以大文人的敏锐有感于"戾气"之盛，曾这样描述他对当时的世态人心的体察："劫末之后，怨怼相寻。拈草树为刀兵，指骨肉为仇敌，虫以二口相啮，鸟以两首相残"（《牧斋有学集》1399页），形象地道出了清初士人生存的严峻性。同时，生当此际的士人们，对这一特殊的时代，也作出了相对反应，并选择了适当的反应方式，隐逸，便是其中的一种。园林学者说得好："他们的隐逸，不是隐到深山老林里，而是隐到艺术里。"这艺术，自然就包括园林艺术。作为古代的私家园林，苏州园林是显赫过、富贵过，也失落过的士大夫们，经过有文化的艺匠之手，营造的优裕、风雅、安闲的生活形态。这种形态，表面上是一种宁静的后院，实际上却是和明清之际的社会大背景分不开的。《桃花扇》所描写的那一批苦闷、彷徨，也不乏抗争的知识分子普遍遇到的社会矛盾，正是这种社会背景典型的投影。

毋庸讳言，做一部文化电视片，仅仅依赖专家的成果和论证往往是不够的。一部片子的思想内涵，一定要经过电视人自己认真的、细致的乃至艰苦的化解，才能将其真正转化为电视的语言，不然，学术的艺术化与艺术的学术化，便无从谈起。只有亲自去沾一身知识的花粉，才能最终酿出富有个性的电视艺术之蜜。

（三）

学术的艺术化与艺术的学术化，最难的还是将学术艺术化，这一难点，在脚本的撰稿阶段便必将首先与其遭遇。就个人的体会而言，我觉得真正的电视撰稿，应该是包括选材、开掘、结构、画面设计、文学表述等多种内容的综合性精神劳动，它本身就包含着编导工作的极大成分。或者说，真正的电视撰稿人，实际上在撰写纲要的时候，执的就已经是导演之笔。记得在撰稿阶段，我曾留意了以下几个方面：在选择事件的时候，要主干清晰；在组织材料的时候，要删繁就简；在进行结构的时候，要段落干净；在设计画面的时候，要注重营造；在文学表述的时候，要把握语势。现在回想起来，全国电视文艺星光奖的优秀撰稿奖曾两垂幸于我，可能是因为评委们发现我的确是在电视撰稿中有过一些追求。《西藏的诱惑》那时是追求蛮荒野逸的狂放，去年的《江南·千年陈酒》是追求人生况味的隽永。而这次的《苏园六纪》则不同，因为它有一定的学术性，笔者便着意熔铸了一些明清小品的淡雅。因为这和精致、幽深、空灵而通透的苏州园林相一致，时代感也吻合。表述园林艺术，本应有一些辞章之美、口语之美和音韵之美，而这些特点，恰恰是明清小品的文风。用一定的篇幅拍摄苏州园林，以游记的形式，易于浮泛，以散文的形式，易于堆积。不管用何种形式，有几个重要内容都是必须要包容进去的，即园林历史、园林理论、园林赏析与园林人物。今天，那些为了谋篇布局而煎熬的日子早已时过境迁，但当时经过反复酝酿、不断调整所产生的纲目，我却还清晰地记得。记得当时曾明确地为自己规定了以下要求：

(1) 写足吴文化的背景。

(2) 写足隐逸文化的成因。

(3) 写足"什么是园林"。

(4) 写足园林的审美特征。

(5) 一定要写足什么是园林的意境。

(6) 穿插用足每一所园林的最佳素材，避免面面俱到，选要领，选典型，以一当十。

在总体思路确定之后，又将对园林的艺术感受分成六个篇章，即《吴门烟水》、《分水栽山》、《深院幽庭》、《蕉窗听雨》、《岁月章回》和《风叩门环》。这样，园林产生的大背景，理水、掇山、建筑与花木经营这园林艺术的四大要素，园林的意境、园林的兴衰、园林的养护等凡涉及园林的主干内容，便可以大体不疏漏。有时题目最难起，题目里往往包含着比题目更重要的内容，包容着材料的归类与组织，包容着结构与铺排，甚至包容着一些可能出现的好句子。好题目一定要靠自己来组词，用现成的，便不会有太多的新意思。如果用"苏州园林"这四个字作题目，片子八成就得砸。

记得有一次讨论片子的构想，是在石湖的船上，这正是范成大写《四时田园杂兴六十首》的地方，水面上也就淡淡地刮着一些宋朝的风。《苏园六纪》这个名字，几乎还是头一天才想出来的，参加讨论的顾强台长、钱锡生主任、吴华雄和孙欣两位年轻的编导，便都说这个名字最恰当。我想，这可能就是用了一些贴切而别致的组合方式，点到了苏，点到了园，也点到了六个角度。至于早有清代的《浮生六记》刊行于世，大家又说，这《吴门烟水》正是从沈三白笔下的沧浪之水发端的。创作的煎熬，遇着了同道的首肯，往往就化作了茶杯里浮游的碧螺春，成了一种轻松的悠然，绝不似拍摄时的苦累与剪辑时的艰涩。一般说来，稿子写得越有纵横感，剪辑也就越有苦难性。做一个电视的文化长篇，如果没有像罗马尼亚故事片片名《他从地狱归来》似的体验，那片子着实是无法精彩的。

（四）

厚重的中国文化，在苏州展现出了两道文化景观，一是高雅，一是通俗。发端于苏州的昆曲，原来是高雅得了得，却偏偏落了个"灯火下楼台"的结果。而通俗同化高雅，那却是不在话下的，明四家之一的唐寅，虽然清白得"不使人间造孽钱"，但硬是被演绎成了一位裁红量碧的风流才子。但我认为，在雅俗之间，《苏园六纪》至少还是应当做得高雅些，这不仅取决于题材本身，也取决于将园林学术艺术化这一创作的思路。仲呈祥先生在一次电视艺术研讨会上曾说过，"真正的艺术欣赏，要进入一种虚静"，我觉得非常有道理。远的不说，欣赏苏州古典园林，就需要进入一种虚静。无比皎洁的月光，在宣纸一般的云墙上，将摇曳的树影筛成动人的水墨，也许就在此时，又添了一声青蛙自荷叶上跳入水中的响动。欣赏这种园林之境，不用很细微、很淡然的心态是无法进入角色的。不知《苏园六纪》将来的播出，是否安排在可以让有的观众能够进入虚静的时段，但至少我在撰稿阶段，已经体会了虚静对于创作的影响力。

我略有一点稍事收藏的雅好。恰巧，过去在西部生活的时候，弄到过几位苏州人物的已经非常破残的墨迹，一直还能"守得住"。这便是：清代状元潘世恩的《书谱》节选，翁同龢的"却追范蠡五湖中"，和陈去病的"自是羲皇以上人"。后两者皆是下联，幸好落款还在。

作者已经烟逝，但一缕文化的香烟还缭绕着，不散的原因，是这三张纸上还有点气场。为了营造气氛，在撰写《苏园六纪》的时候，我曾将这三张字幅张之于壁。不知怎的，我却从中看到了字幅以外的形象，看到了苏州的朋友们，看到了为本片共同付出过心血与汗水的同仁们。是有了我们的共同努力，《苏园六纪》的创作，才在苏州古典园林中，作了一番躯壳与灵魂的尝试。从宏观的角度看，是隐逸文化派生了苏州园林的风雅之花，但我想，只要是花，那根终究是苦的。

（原载于《中国电视》2000 年第 9 期）

和刘郎编导的《西藏的诱惑》、《天驹》、《流云》等所有片子的编导阐述一样，这无疑又是一篇美文。洒洒脱脱的文字表述，浓浓郁郁的文化气息，清清楚楚的意念表达，已远远超出了片子"说明书"的层面。但我们这里的任务不是作文学鉴赏，而是要透过这篇文字来把握编导赋予该片的艺术理想与追求，这也是他的摄制组成员阅读该文最直接的目的——优美、流畅的文字、恣意洒脱的文风，只是更有助于我们的理解和接受。

其实，在洋洋洒洒数千言的阐述里，作为摄制组的成员只要抓住下面这几点就已经足够了：

其一，拍摄缘起，即我们为什么要拍这部片子，片子的深厚背景是什么。

其二，我们要拍的将是一部什么样的片子——学术的、艺术的、文化的、超越前人的。

其三，我们将如何来拍这部片子——方式、方法、手法、手段；各工种使命。

其四，这部片子的思想与艺术追求。

了解了这些，作为摄制组成员，就该知道自己要做什么和怎样做了。

第四节　电视专题片的编导艺术

一、对电视专题片编导工作的认识

电视专题片编导是一项复杂的系统工程。因此，电视专题片编导岗位对从业者的要求是很高的。它要求编导者不但要具备较高的政治素质、强烈的社会责任感，还要具备较强的编导业务能力，即对策划精髓的理解能力，对拍摄对象的观察能力，对生活进行提炼、把握和表现的能力，组织实施的动手能力，对完成作品进行自我鉴别的审美能力等等。这些能力，需要有一定的从事电视编导工作的"天赋"，但更多的则是可以通过后天的努力积累和培养出来的。这就需要电视专题片的编导者做一个有心人，能够"在学中拍，在拍中学"，最终把自己磨炼成一名合格的电视专题片编导。在所有的要求中，最重要的，还是编导对于电视专题片本身认识上的要求。也就是说，电视专题片的编导不一定都对这种作品样式有深刻认识，但是没有深刻认识的编导一定不会拍出传世之作来。

二、对电视专题片历史发展的认识

电视专题片的发展，是随着我国电视事业的发展而发展的，电视专题片艺术质量的提高，也随着我国电视观众审美水平的提高而提高。电视专题片，最初由电视新闻中的两种新闻节目形式"电视新闻片"和"专题新闻报道"合流而成，它们诞生于20世纪50年代。正是由于"电视新闻片"反映生活迅速、及时，"电视新闻报道"反映生活详细、深入，在两者逐渐合流之后，构成了"电视专题片"的雏形，并具有两者共同的特征——鲜明的新闻属性。电视发展到20世纪60至70年代，屏幕上涌现出思想性、艺术性较强的电视片，它遵循电视的创作规律，发挥电视的长处，充分地电视化，是具有电视独特文化品位的"屏幕作品"。此外，"电视片"的题材进一步扩大，可视性进一步提高，艺术性进一步加强，如"电视风光片"的涌现，它展现出祖国山河的壮美和秀丽；"电视风情片"的涌现，它详尽地介绍少数民族独特的风土人情，等等。这些电视片日渐淡化了新闻属性，强化了审美意识，日渐摆脱了"节目"形态，构制成了独立的屏幕作品。

进入 20 世纪 80 年代，电视专题片的创作得到了蓬勃发展，此时的电视专题片，较之前一段时期，题材更加扩展，形式更加丰富。如"电视文艺专题片"的涌现。它或介绍艺术家的创作生涯，或介绍艺术家的艺术成果，或展现艺术家的艺术才华。又如"电视音乐专题片"，这是具有故事情节的电视音乐片，它回归到自然实境中拍摄，使得作品更具有诗情画意，更具有艺术价值。这些电视专题片的涌现，不仅进一步丰富了电视专题片的品种，而且使电视专题片进一步走上了艺术化的道路。此时，电视专题片出现系列化、长篇化的创作倾向。如《丝绸之路》、《话说长江》、《再说长江》、《话说运河》。大型系列电视专题片以其宏伟的篇幅、阔大的场景、浩荡的气势、丰实的内容，深深地吸引了观众，产生了强烈的社会影响。20 世纪 80 年代末 90 年代初，电视专题片的创作，走上了完全成熟的历史阶段。此时期的电视专题片，已经跨越了"新闻报道"的初级阶段，也跨越了"就事论事"的浅层次时期，甚至跨越了"单纯纪实"的手法局限，真正走向了"艺术成熟"的新生代。这时的电视专题片，艺术品位显著提高，有较高的艺术审美价值。

三、对电视专题片美学特性的认识和美感追求

接下来我们要探讨的就是电视专题片的美学特性和美感追求的问题。实践证明，优秀的电视专题片编导都是在对电视专题片审美特性的加深认识过程中，以及对美感的不懈追求中，完成自己所承担的编导工作并陆续推出自己一部部代表作的。

（一）电视专题片的纪实美

1. 什么是纪实美

所谓纪实手法，是对事实的出现采用客观实录的方法记录，因为它要完成的是对事件发生过程的记录，所以，拍摄者相对被动于拍摄物。可以说，纪实片的特征就是对事实的出现采用客观实录的方法记录，它的工作主要靠相当数量的纪实段落来体现，而每一事实的出现过程，又是在一定程度上未知的前提下展现的。所谓纪实美，就是电视专题片通过纪实手法而获得的一种美学效果。这种美学效果不同于艺术作品中的艺术美的效果，它更符合电视专题片的新闻属性，给人们提供的是另一种审美享受。

2. 电视专题片追求纪实美的根源

真实是电视专题片的本质属性，离开了真实，电视专题片就失去了意义。纪实是达到真实的一种手段，它能够较全面地、生动有序地反映真实。纪实是一种风格，这种风格是为了表现真实而树立的。电视专题片的创作者用纪实手法去拍摄真人真事，是根据专题片的体裁和内容需要而实践的，并赋予真人真事以运动发展的意义。纪实手法所追求的不是真人真事的本身，而是追求产生逼真的效果。

3. 如何展现电视专题片的纪实美

（1）真实地展现生活的情状和过程。

电视专题片的纪实美，主要体现为"以事信人"。为了更好地让事实本身说话，就应该真实地、具体地展现生活和揭示生活的具体情状和生活过程。一切思想意念的表达，无不蕴涵在生活情状和过程的叙述之中。

山东电视台的《杜瑶瑶》，向人们讲述了一个动人心弦、感人肺腑的故事：青岛小学生杜瑶瑶，父亲英年早逝，晴天霹雳的打击使患有心脏病的母亲瘫痪在床。生活的重担过早地压在了年仅 9 岁的瑶瑶身上。记者饱含深情地抓拍、抢拍她天天承受着的超重负荷：给妈妈倒大小便、买菜、做饭、喂饭、梳头、刷碗、拖地、上学。夜半三更妈妈心脏病突发，瑶瑶还得独自一人从偏僻的小巷奔向医院。连给妈妈常年看病的老大夫们都说："人说久病床前无孝子，看到瑶瑶，才知道这句话错了。"这些真实可信的纪实画面，从平常自然的生活实践中，渗透出一种冲击力和震撼力，激起观众的情绪共鸣。真实是电视专题片的本质属性。真实就有生命力和感染力，纪录片中要渗入作者的真情实感，将人物个性中最真实的东西呈现给观众，才能沟通观众，引发共鸣。

（2）运用长镜头增强生活真实感。

长镜头是纪实性电视专题片增强生活真实感的重要美学手段。这时摄像机的镜头，化作了观众的眼睛，使他亲眼目睹生活的真实流程的具体情状，感受到一种真实的纪实美。《半个世纪的爱》跟随小姑娘走进北京小院，以及跟随一对农民夫妇去菜园的长镜头，真实地再现了北京人的生存形态和传统的人生方式，收到了特殊的审美效果。又如《杜瑶瑶》这部片中，编导用充满真情的镜头语言，表现了瑶瑶和姥姥到殿堂祭奠父亲的段落。在父亲的骨灰前，她失声恸哭，打开了禁闭的情感闸门，观众目睹了失去父亲又饱尝生活之苦的少年的哀痛和她对父亲的真挚的思念。观众不由自主地和主人公同悲同哀，同欢同乐，以情动人的艺术魅力恰到好处。

日本电视专题片《望子成龙》，以一对盲人夫妇抚养女儿望子的故事为题材，用跟踪拍摄的方法记录了在盲人父母这种特殊抚养环境下，望子从一岁半到五岁的成长过程。当中最动人部分就是那组望子大哭着奔向妈妈，瞎妈妈抱着她进行教育的长镜头，实在是引人入胜。

（3）同期声强化作品的真实性。

同期声在电视专题片中发挥着重要的作用，在现场采访过程中，录下人物讲的一句话，胜过编导者在编辑时讲的十句话。因为，前者是第一人称的"现身说法"，而后者是第三人称的"议论和评说"，当然前者比后者更有说服力。专题片《窑洞与人》的同期声运用，为作品的纪实美增色不少。一个婚姻登记处设在窑洞里，一对年轻人来办理婚姻登记手续，办事人员按工作条例向他们咨询有关事项：

> 办事员："你们的婚姻是不是自愿的?"
> 男："自愿的。"
> 办事员：（对着女方）"你说。"（女方始终不开口）
> 男："是自愿的。"
> 办事员："让她自己说。"（女方仍不开口，脸涨红了）
> （摄像机始终对着女方，时间长达两分钟）
> 女方："……自愿的。"

这一段对话，生动地展现了西北山区妇女那淳朴的性格，也让人看到了山沟里的姑娘和城市里的姑娘的区别。

（4）细节刻画是纪实美的重要体现。

电视专题片的创作，是十分重视细节的，创作者将摄像机的眼睛对着生活细节，无数细节的闪点，汇集在一起，完成创作者的整体构思。大凡成功感人的电视专题片无不是通过细节来激发观众的情绪，使之达到感情的爆发点——或催人泪卜，或逗人发笑。

细节是深入地揭示人物复杂心理活动的重要外化方式。电视观众可以通过真实可见的生活细节，洞察、理解、认识人物复杂的内心世界，从而增强人物形象的真实感和信任感。好的生活细节，不仅可揭示人物的特定的复杂心态，而且可以具体地展现人物情感变化的全过程，使电视观众清晰地把握情感变化的鲜明脉络，以及心灵的历程。获得中国电视系列片一等奖的《中华之剑·剑之魂》中有这样一个让人看后便无法忘怀的细节：缉毒队员王世洲在一次设伏中壮烈牺牲，在给他送葬时出乎所有人的意外，他85岁的老母亲猛地挣脱搀她的人的手，上前给了棺材中的儿子一个嘴巴，并且说道："儿呀，我们说好了，你送我，为什么要我来送你!"母亲欲哭无泪，俯在棺材上……这时画外音是这样的："这一巴掌，打碎了多少母亲的心! 85岁的老母亲对着42岁的儿子喊：咱们不是说好了吗? 你怎么能走在我的前面!"正是通过这一催人泪下的细节，这一组画面，这一个段落，意境才得以升腾，情感才得以深化。

4. 纪实美追求中出现的偏差及注意事项

近年来，纪实性电视专题片显示出强劲的发展势头，涌现出一大批社会反响强烈的优秀之作，在真实、深刻、生动、及时地反映社会主义现代化建设，反映人民群众的现实生活方面取得了可喜的成绩。大型纪实性电视专题片《望长城》的出现，被人称作是电视专题片纪实美的回归，拓宽了中国电视专题片的创作道路，开阔了电视专题片创作者的视野。然而，这并不等于人们真正了解和认识了《望长城》的美学品格，学到以至掌握了它的表现手法。相反，从一开始就有对它的误解和片面认识，并且随着此类创作的日益兴盛，问题也就暴露得越来越突出。最明显的倾向就是某些人以此作为掩盖自己艺术功底不足的挡箭牌，原有的透视社会问题的迟钝、分析问题的肤浅、艺术表现的薄弱，如今好像都不是问题了；"表现什么"和"如何表现"，好像一时间也顺利解决，似乎只要是生活中发生的都可以拍，只要把看到的、听到的都实录下来，就可以完成片子的制作。他们片面地认为，生活中的任何现象都可以成为表现的对象，任何凡人小事都能在纪实片中得到表现。其实，他们忽视了一个问题：纪实片展示的应该是现实生活的真理，而非生活的表象。

（二）电视专题片的写意美

1. 何为写意美

所谓写意美，是通过某种物象来解释作者的主观概念的方法。它是在生活真实的基础上艺术地营造诗的意境，在纪实手法下用艺术技巧去表现主题，深化主题，使专题片的思想内涵更加完美地得以体现。

2. 写意美的追求根源

如果说纪实美主要是真实地记录生活情状和过程的话，那么写意美则是电视专题片在生活真实的基础上艺术地营造诗的意境，孕育深沉的意念、思想和感情，给观众以美的享受。如果说纪实美主要运用的是"再现"生活的纪实方式，那么写意美主要运用的是"表现"生活的艺术手段。所以，写意美是电视专题片的艺术升华。

写意运用的电视语言主要是造型语言。造型语言，是对生活纪实画面给予艺术的超越与升华，具有较强的绘画性、立体感和陌生感，寓意深刻，联想丰富，艺术冲击力强。写意性电视专题片，正是通过较多地运用"象征造型"、"隐喻造型"、"心理造型"、"哲理造型"等屏幕造型语言，来创造诗的意境，抒发思想感情的。

3. 展现写意美的手段

（1）开拓联想和想象思维。

《沙与海》常常被当作一部写意性电视专题片，这是因为它运用许多造型语言来抒情写意。创作者艺术地创造出沙漠浩瀚苍茫的独特意境、大海雄伟勃发的深蕴诗意。它运用象征性的造型语言，以沙漠象征牧民顽强的生存意志，以大海象征渔民的宽阔胸怀；运用隐喻性的造型性语言，描绘沙漠上几株孤独的沙枣树，不管生存环境多么恶劣，仍在顽强地生长，依旧开花结果，隐喻着沙漠上的牧民如那沙枣树一样，不管生活空间多么严酷，他们仍在顽强地生存，并延续着自己的后代子孙；同时，该片还运用模糊造型语言，开拓观众的思维，表现深沉的思想意念，如女孩在沙丘漫步，将一双小鞋滑下沙丘，自己也滑下沙丘，构成了全片最美、最诗化的一笔。但它究竟说明什么呢？是孤独的写照，还是寂寞的象征？是生活的情趣，还是可爱的童心？是生命的颂歌，还是意志的礼赞？说不清楚。正是这些耐人琢磨的造型语言，使不同生活经历、不同文化素质、不同审美情趣的观众，获得了不同的审美享受。写意性电视专题片，在表现思想和情感的时候，主要运用的是造型语言而非纪实画面。这种造型语言，具有某种象征性，在思想意念上带有某种不确定性。在表现人物的心理活动时，写意性电视专题片常常通过特定的屏幕造型语言，形象而深刻地揭示出人物复杂的内心世界。

仍以《沙与海》为例。《沙与海》中有一段记者采访牧民的儿子，就采用了心理造型语言来刻画他的心理活动。

"你觉得这里累不累？"

"累倒不累。"

"苦不苦？"

"生活不觉得苦，就是太孤单。"

然后，他眼睛一挑，嘴巴一撇，构成了独特的屏幕造型，从而深刻地揭示了沙漠的青年一代在现代文明的冲击下不安于在闭塞的大沙漠中生活，要去寻求新的人生道路，开拓新的自由天地，充满时代气息的特殊心态。

（2）写意使电视专题片的思想内涵得到更好的体现。

电视专题片的思想性与艺术性之间的关系相互依存，密不可分。纪录片的思想性决定了表现什么，它的艺术性则重于怎么表现，这种表现是运用艺术技巧在纪实的基础上去表现主题，深化主题，使纪录片的思想内涵更加完美地体现。

我国传统审美观念，是强调艺术应构成一个虚幻的境界的。电视专题片作为一种艺术形式，也不能摆脱这方面的影响。但电视专题片的虚是建立在真实的基础上的。纪录片《乡情》中，在表现主人公曹淑珍对家乡的情感时，画面中出现了农家小院里袅袅升腾的炊烟、夕阳下静静流淌的河水、饱经风霜的老榆树、起伏的山峦等，每个镜头，每个情节，都表达了主人公对家乡一草一木的爱恋之情。主人公层层递进的叙述，简洁、自然、生动，深化了作品的主题。

在电视专题片中，通过对事物运动形态的描述，借助于象征、隐喻、暗示，引导人们产生一种心理联想，从而形成一种虚幻的境界。这就是把内容的实与意境的虚融合起来，使观众获得审美感受和心理满足。电视专题片《庐山》，曾把镜头对准一张椅子，这张椅子蒋介石坐过，毛泽东也坐过。两个阶级的代表人物先后坐过这把椅子，喻示了翻天覆地的变化，使人们的联想不仅超出椅子，也超出了庐山。鹤岗电视台拍摄的《希望之星韩建北》，讲述了农村女孩韩建北在家境贫困的情况下，自强自立，矢志求学，成为全省希望工程受助者中希望之星的故事。该片结尾的画面是蓝天下，韩建北行走在铺满白雪的路上，她的背影从画面前景，走向画面深处，雪地中留下她的一串脚印。这种手法调动了观众的想象力，使观众从中联想到，主人求学的路上充满了艰辛，也充满了希望。

（3）写意性电视专题片蕴涵深邃的哲理。

写意性电视专题片的思想表现，不像纪实性电视专题片那样直白、显露，而是深蕴在屏幕画面和造型语言中，由电视观众去感受、领悟，体现出作品的哲理性。电视专题片的哲理内涵，是寓于屏幕所展现的自然风貌、生活画面、人物心绪的美感之中的，让哲学的思考渗透着美学的理想，形成富于形象性的哲理美。要善于使用暗示和象征，不仅将观众引进电视专题片所创造的深邃境界，而且使人联想得更深更远。如《方荣翔》中开场一个空镜头舞台剧场，画外响起方荣翔的唱声和观众的喝彩声。剧场本无情，但通过作者用画外音等音响效果的处理，赋予它感情，就使这个画面起到了酝酿观众感情，调动观众感情的作用。从而引发观众对方荣翔的热爱、呼唤和深深的怀念之情。《西藏的诱惑》，它的成功不仅仅在于它艺术地展现了西藏的自然风貌之美，给人们以美感，也不仅仅在于它表达了创作者深厚的情感，更重要的在于它深刻地揭示出了蕴涵在自然景观和深厚情感背后的理，这理，就是人类普遍存在的"朝圣精神——人人心中有真神，不是真神不显圣，只怕是半心半意的人"，从而给人以深邃的理趣。

纪录片这种来自西方的艺术形式，融入中国文化传统后，形成了中国风格的独特艺术形式。纪录片作品的审美价值就是一种文化的传承，中国有着几千年的文化传统，绵延数千年而不衰竭。中国传统文化重气蕴，西方传统文化重实践。故而，西方的艺术创作重写实，中国的艺术重写意。写意性电视专题片在我国涌现，是中国传统美学思想在电视文化中的具体体现，颇受国人的青睐和赏识。国外的电视专题片较为侧重于纪实。然而，随着纪录片的不断发展，国内电视专题片也越来越重视纪实与写意的交融，重视写意带给观众的艺术审美享受。伊文斯早年拍摄的《桥》、《雨》已为大家所熟知，这是一种主观色彩颇浓的反映方式，它通过对事物景物的"诗人之眼"去摄下优美、流畅、醉人的画面，再配以诗人的解说及相应的音乐。它仍是纪实的，是对客观事物如实的纪录，只不过更"唯美"了。

4. 写意美追求中出现的偏差及注意事项

有些电视专题片过分追求写意美，而忽略了其本质属性——真实，其画面构图过于追求美感，以至于失去了真实感，有的甚至让人费解，不明白画面上要表达什么意思，有画蛇添足之嫌。如今一些中国专题片常常有违专题片"客观、自然、真实地记录"的精神，事实上是有名无实的"伪专题片"。"伪专题片"，最常见的是场面摆设后拍摄、装扮性拍摄、后期配音、声音伪饰等。这一切都只是给人一个"像是真的"的生活假象。在这一基本出发点上，专题片制作活动已悄悄演变成了娱乐片的创作过程。

综上所述，纪录片根据表现手法和创作风格可分为纪实性电视专题片和写意性电视专题片，这两种不同类型的电视专题片，各有其不同的审美价值。我们倡导百花齐放，长期共存。不同的电视专题片的题材，必然导致创作手法的不同；创作者的创作个性各异，必然会出现不同的创作倾向。电视专题片的创作实践证明，无论是纪实，还是写意，均可制作出堪称艺术品的上乘之作，给观众以不同的审美享受。

（本节特约周晓珍合作撰写）

思考题：

1. 报道类电视专题节目具有哪些特征？

2. 你认为该如何界定电视专题片和电视纪录片？

3. 试策划一部电视专题片，并撰写一篇"编导阐述"。

4. 试从艺术美学角度分析一部近期播出的优秀电视专题片。

第九章

大型电视专题节目的创作与编导（下）

本章提要

近年来人们对电视纪录片拍摄中采拍先行已普遍认可，但对电视专题片，尤其是电视政论片是解说词先行还是采拍先行却争论不休。其实这种争论并无多大必要：在实际操作中，具体问题具体对待——能做到怎样就做到怎样，这才是最好的解决办法。在任务紧急时，解说词先行确实不失为一种行之有效的创作方式。本章除研究和探讨电视专题片和电视政论片解说词写作技巧外，还辟出专节对电视台制作并播出的部分电视专题片、电视政论片加以解析。

第一节　电视专题片解说词写作技巧

作为电视专题片的编导，有人把项目拿到手后，找人对选题进行再策划、再论证，找人撰写拍摄提纲，找人撰写解说词……凡事都找人去做。这样的编导是失职的。我们主张编导不但要有动脑的能力，还要有动手的能力，而从长远来看，动手的能力的作用丝毫不逊于动脑的能力，因为在动手的过程中，编导只要善于观察，善于总结，就会积累经验，就会提高自己的编导水平；而只动脑（还不一定是艺术层面的动脑），不动手，长此以往，艺术的敏感性、鉴赏力和创造力都会萎缩。因此，我们力主编导在对摄制项目进行总体把握的同时，最好还能亲自撰写片子的脚本和解说词，至少应该参与撰写。

一、文学脚本和解说词的作用

电视专题片脚本的最主要的作用是为片子的拍摄与编辑制作提供创作基础。现在流行一种说法，似乎在拍摄前形成并拿出拍摄脚本仿佛就违反了纪实原则，就"落伍"了。其实，对于有些可以把握并可以预见的专题片题材，在进行实际拍摄前撰写拍摄脚本用以指导接下来的拍摄工作是完全可能，也是十分必要的。当然，先期拿出的脚本并非是"圣经"——只能照念而不能改动。科学的做法是，在后期编辑制作中，根据已经拍到或掌握的素材对脚本进行适当的调整，尤其是对脚本中的解说词部分进行有目的的创作和修改，使之更实用、更可行、更符合创作思想和宗旨。解说词的作用相对于整个脚本来说，更加具体。高鑫教授在其所著《电视专题片创作》一书中将电视专题片解说词的作用归纳为交代环境、创造意境、抒发情感、刻画形象、介绍知识、传递信息和深化主题（中国广播电视出版社 1993 年版，第 148~153 页）。

二、电视专题片解说词文体

电视专题片解说词是一种极为特殊的文体，因此对写作者来说也有较为特殊的要求。一般来说，解说词的文字量并不会太大，但是如果对电视的表现特性和电视画面语言特性缺乏了解的话，即使是一位小说家、散文家、诗人、报告文学作家也很难完满地完成撰写任务。个中原因很多，但最主要的，还是因为电视画面本身所具有的显著的叙事或表意功能。如果不了解这一点，或者不能加以妥善运用，那么，就会造成解说和画面的脱节或重叠。

电视专题片的文体，按高鑫教授的分法，大致有这样几种：

第一，新闻体，如专题片《大白菜的述说》。这种文体适合于报道社会生活中的真人、真事、真情，要求在真实性、时效性和信息含量上下工夫，体现新闻的美学价值。

第二，政论体，如《让历史告诉未来》。但这种文体后来已成长和壮大为单独一种电视专题片体裁，即电视政论片。这种文体要求具备政论性、思辨性和哲理性，同时要求犀利的文风。

第三，叙说体，如记录和反映作曲家雷振邦和雷蕾父女的电视专题片《朝阳与夕阳的对话》。这种文体适合对某种社会生活情状和人生形态作介绍和说明，它要求语言自由、流畅，尽量做到生活化、亲切化，以事物的客观实际为线索，将要说的事情说个明白。

第四，对话体，如电视专题片《话说社会公德》采用的就是对话体。这种文体适合于生活气息较为浓郁，表现的是与人民生活息息相关的事情，因此，在文风上也要求平视、平实、平和。

第五，抒情体，如电视专题片《西藏的诱惑》。这种文体要求优美诗化的语言、热情真挚的情感、灵动飘逸的文风，写作者要有较深厚的文学功底。

三、电视专题片文学脚本及解说词写作实例

电视人物专题片：

永远的棋圣
——电视片《苏园六纪》编导阐述
（编导撰稿：张静民　薛琦）

【黑底字幕】

三岁观棋，

六岁下棋，

十岁"称霸"乡里；

从棋童，到棋手，再到一代宗师……

作为新中国第一位象棋全国冠军，

中国象棋国际特级大师杨官璘先生，

在八十余载风云际会里，

他，到底有着怎样的传奇人生——

【出特技片名】

以相关影像和图片为衬底，凸显大师风采。

幻化出三维片名字幕。

【解说】

三岁观棋，

六岁下棋，

十岁"称霸"乡里；

从棋童到棋手，再到一代宗师……

作为新中国第一位象棋全国冠军，

中国象棋国际特级大师杨官璘先生，

在八十余载风云际会里，

他，到底有着怎样的传奇人生——

【1】凤岗·杨官璘象棋广场·新闻资料镜头

这是坐落在东莞市凤岗镇的一座全国最大的象棋广场。

它以象棋大师杨官璘的名字命名。

家乡父老用这种特殊的方式，纪念这位杰出的凤岗之子。

他炯炯有神的目光，将在这里永远地注视着故乡的光荣与梦想……

【2】杨官璘故居

让我们沿着大师成长的足迹回溯。

八十三年前，杨官璘就诞生在这座东深河畔普通的院落里。

【3】访问者："那他出生在哪间屋子里呢？"

【4】杨嫂子："这个是他大伯住的，那间才是官璘家呢……"

【5】访问者："他们家是穷，还是很有钱呢？"

【6】杨嫂子："哪里有钱？穷得要命！"

【7】老街·杨家车衣铺

杨官璘的祖父虽是个以教书为业的秀才，父亲平时耕种几亩薄地，农闲时揽点成衣活儿贴补家用。一家人日子平淡却也还有几分乡野闲趣。在爷爷的熏陶下，儿时的杨官璘不知不觉迷上了下象棋。

【8】杨建明 杨官璘之子："爸爸在三岁的时候就看大人下象棋了。每次大人下完棋离开后，棋盘和棋子都放在那里，爸爸那时就去模仿别人走棋，这样不知不觉过了两三年，大概他六岁的时候，他已经学会下棋了，可以和大人下棋了，也有胜有负。（情景再现片段）又过了三四年，父亲十岁的时候，他在乡里面已经没有敌手了，所以乡里人都称他为乡下棋王，他乡下棋王这个名声很快就传播出去了。"

【9】作文手抄本（用大师后来回忆补写的作文手抄本原件）

上学后，杨官璘是一个聪明而又懂事的好学生。

【10】油柑埔村民 杨官璘小学同学

那时候全校都知道他棋下得好。上完课老师都爱抓住他杀上几盘，要是不让老师赢一两盘，老师就不给他放学。

【11】村童玩耍画面（情景再现）

就这样，在小伙伴们恣意玩耍的日子里，杨官璘的棋艺却初步磨练出了几分火候。

【12】象征性镜头：旧墙烂瓦的空隙，白云飞过

然而好日子总是溜得飞快。14岁时，父亲得了一场大病，从此，杨官璘不得不用稚嫩的肩膀挑起养活全家的重担。

【13】杨建明 杨官璘之子："他要种田，帮人做挑夫，学裁缝帮人做衣服，还要看货摊，很艰难，经常工作到十一二点，勉勉强强才能维持生活。"

【14】古旧棋谱（多张叠印，造成棋子在棋盘上跳动效果）

在艰难困苦之中，唯一能给他带来慰藉和希望的只有象棋。他喜欢搜集江湖棋局的精巧残局，凡是能找到的都拿来潜心拆解研究，这练就了他非同一般的残局工夫。

【15】乡村小道上模拟片段：青年杨官璘离乡谋生

23岁那年，杨官璘背起行囊，他要学古代侠士，挟技仗剑走天涯。

【音乐】客家山歌小调

一卷棋书一方枰，少年离乡欲远行。

都言男儿志四方，谁解游子眷眷情。

【16】广州·珠江南岸海幢禅寺（今海幢公园）

当年的海幢禅寺周边，就像北京的天桥一带，说书的、看相的、杂耍的，五行八作，热闹非凡。年少气盛的杨官璘，单枪匹马前来攻打卢辉的擂台。

【17】李志海 香港象棋特级大师："当时他在那打卢辉擂台的时候，我就刚好在座。"

【18】老广州影像

卢辉是当年广州棋坛名震遐迩的"四大天王"之一。杨官璘初生牛犊不怕虎，一上手就摆出了拼命厮杀的架势。

【19】李志海 香港象棋特级大师："但是他的开局，因为没跟高手较量过，又没参加过比赛，所以很平凡，曾经试过两只边马，被人笑他双边马。"

【20】棋盘*棋子*战场硝烟的电影资料

首局，杨官璘以滴水不漏的攻防步步进逼，最终杀得轻敌的天王人仰马翻；次局，老天王已心存顾虑，力守成和。

这一胜一和的战绩，令南粤棋坛对杨官璘刮目相看，一颗新星正冉冉升起！

【21】20世纪40年代末香港代表性镜头

1949年，全国解放前夕，棋艺日臻精湛的杨官璘和李志海离开了广州，他们要凭借自身的棋艺闯荡香港。

【22】李志海　香港象棋特级大师　1949年老香港镜头

"当时，我跟他两个非常爱好象棋，我白天要上班，他当时在香港是没有工作的，晚上就在修顿球场的地摊摆棋，让人双马，晚上下完棋回来我经常跟他拆棋。"

【23】老香港影像资料

这一时期的杨官璘过着苦行僧一样的生活，生活中除了象棋还是象棋。他感到天才必须辅以学力，无师必觅师，他所觅的"师"乃是千百年来流传下来的棋谱。他在香港这段期间，整日闭门修炼，排拆古今名谱，研究高手对局，终于豁然贯通，跻身一流棋手之列。

【24】李志海　香港象棋特级大师："我记得有一次我去看大戏，就是中午看戏，他回来还说我，说：'唉，看戏又要花钱，现在研究象棋又有益处，何必要花这些无谓的钱，将时间和精神放在象棋上岂不更好？'可见他对象棋是多么专心！"

【25】街景＊黄包车等

由于没有固定工作，单靠下棋挣点小钱有时连吃饭都成问题。

（童声朗诵，压低后作为背景声）

"浪迹江湖，青春壮年站马路，白发老头坐马路，马路即是棋手家，马路即是棋手墓。"

【26】旧棋书：《弈林秘笈》

但这丝毫不能阻止杨官璘对象棋艺术的执著追求。除了摆棋、拆棋，他还和李志海合写了一本象棋专著——《弈林秘笈》，这是杨官璘象棋理论研究的开山之作，后来他一生都笔耕不辍，可谓著作等身。

【27】相关资料

也就在这一时期，他的出色表现引起了酷爱下棋的武侠小说大师梁羽生的关注，两人因棋成友，惺惺相惜。后来当杨官璘回到国内无以维生的时候，梁羽生专门在《大公报》与他合作开了个评棋专栏，用优厚的稿酬变相支持了自己这位饿死也不向人伸手的老朋友，在粤港棋界书写了一段动人的佳话。

【28】香港象棋会旧址

为了广交棋友，杨官璘加入了"香港象棋研究会"。

【29】修顿球场外围

今天，在这里已经觅不到大华酒家任何踪影。58年前，香港研究会会员联合赛就是在这里冒出了狼烟。开战后，杨官璘一路过关斩将杀进决赛。决赛对手就是兄弟加朋友的李志海。

【30】李志海　香港象棋特级大师："那时冠亚军争夺只是两盘棋而已，第一盘我先走，和棋。第二盘他先走，下到一半的时候我弃子抢攻，他的形式已经相当危险。"

【31】结果，杨官璘凭借残局功力蟾宫折桂，夺得了他象棋生涯的第一座奖杯，一举奠定了棋界地位。

......

四、电视专题片文学脚本及解说词写作实例

企业电视专题片：

世纪飞越
——广汽集团成立十周年电视专题片
（撰稿：张静民）

当20世纪的背影在人们眷恋的目光里渐行渐远，当新千年的画卷在人们面前一幅幅展开，一个现代化汽车工业集团辉映着新世纪的曙光，完成了她从涅槃到重生，从筚路蓝缕到辉煌壮丽的世纪飞越，在珠江岸边，演奏出一曲雄浑的创业交响乐——

[出片名]

上集：世纪印痕

[**本集提要**] 本集记叙了广汽集团起步时期的艰难、曲折的历程，展现广汽人在改革开放的浪潮中锤炼出的百折不挠的创业精神，挖掘广汽企业文化的深刻根源。

[解说]

大城歌吟，感天动地。

广州，一座历史文化名城，一个充满生机与活力的现代化大都市。当历史的足音在改革开放的春风里震响，便唤醒了这座城市绵延了近半个世纪的制造汽车的创业梦想。于是，创办与自身经济发展相适应的汽车企业，让带有"MADE IN GUANGZHOU"标识的汽车在大江南北飞驰，便成为这座城市新的历史使命。

[解说] 翻开历史，我们发现广州近千年来一直都是一个对外通商的商贸型城市。改革开放之初，几乎是一夜之间，在珠江三角洲广袤的桑基鱼塘上，各种三来一补式的加工厂拔地而起。而作为珠三角商贸和物流中心的广州，各种外贸商品市场也一时间红火起来。在这种态势下，广州是继续沿着历史的轨迹走下去，满足于只做一个商贸型城市，还是另辟蹊径，寻找新的经济增长点？

答案显然是后者。当时的现实已不支撑广州退回去继续因循历史轨迹。改革开放之后，随着国门打开，广州在珠三角的领衔地位已岌岌可危。香港的繁荣富足，深圳的快速崛起，东莞、顺德、南海、中山等"广东四小虎"的勃勃生机，都在刺激着广州。那是广州备感失落的年代，往昔引领华南并影响东南亚的风采，正在逐步褪色。

[采访] 陈来卿 广州社科院区域经济研究所副主任

"改革开放之后，随着市场经济的发展，我国工业布局的思路，逐步由原先靠近原材

料产地转向靠近市场销售地。珠三角庞大的市场需求，给广州的汽车产业带来了前所未有的发展机遇。广州此前已接连错过了两次重工业布局的机会，这一次绝不能再错过。从这一点上看，大力发展汽车工业就是当时这个城市的使命。"

使命就是号角，使命就是压在肩上的沉甸甸的责任，使命就是胸怀目标、勇于进取、百折不挠的奋斗精神。

"广州的汽车发展，本身就是一个奇迹，它验证了中国汽车的发展，又有所超越！"——一位熟知广州汽车制造历史的国家某部委的官员如是说。

[字幕]　广汽产销递增数据、图表。

确实，如果从 1997 年广汽集团成立算起，迄今也只有短短十年时间。十年在历史长河里连弹指一挥间都不能算，可广汽人却仅用这十年就走过了国内老汽车企业用半个世纪才能走完的发展道路。

"广州汽车业之所以能够迅猛崛起，得益于国家改革开放政策，得益于全球经济一体化的进程，更得益于广州深厚的文化底蕴。"——一位研究广州汽车发展史的学者如是说。

[影像]　改革开放火热场面。

诚然，如果没有国家的改革开放政策，怎会有珠江两岸国际汽车知名厂商的风云际会？如果没有全球经济一体化的浪潮席卷，怎会有广州汽车业与世界汽车巨头手牵手竞合发展？如果没有岭南文化的开放务实、团结进取精神的砥砺，怎会有广州汽车今日的辉煌？

"广州汽车制造的道路，不是汽车轮子碾出来的，而是人们用双脚深一下浅一下趟出来的。"——一位曾经参与过广州手工生产汽车的老工人如是说。

[影像资料]　广州汽车发展图史。

是的，一部辉煌广汽史，几代覆地翻天人！

然而，广汽集团今日的成就与辉煌，绝非无源之水，无本之木。

[采访]　陆志峰　广州汽车集团股份有限公司总经理

"广州造汽车的历史得从 20 世纪 50 年代算起，那时候刚建国，大家都很有干劲，当时一群搞汽车维修的工人愣是用手工敲出了第一台钣木结构的公交车，取名'华南牌'，后来不断改进，从六七十年代到八十年代'广州牌'大客车在全国很有影响，一度享有'北有哈客，南有广客'的美誉。"

[影像]　1979 年的广州。

[歌曲]　《春天的故事》"1979 年……"

[解说]　这是一个中国改革开放事业方兴未艾的年代。在这个年代里，共和国有史以来的四个经济特区有三个划在了广东。

然而，当那个小渔村以三天一层楼的进度创造着"深圳速度"的时候，专门造汽车的广州汽车厂自己的车轮却放慢了转速，一时间迷失了前进的方向。随着一度畅销的"红卫牌"轻卡项目的下马，大客车生产的不温不火，大批设备和 2 000 多名职工集体处于待业状态——

广州的汽车制造，第一次迈进了十字关口。

就在广州汽车生产陷入迷茫之际，一个大胆的想法在当时厂领导们的脑海里迸现出来

——我们为什么不引进国外汽车制造技术，生产轿车呢？

这在当时一无技术、二无资产、三无人才的情况下无异于异想天开，在许多人眼里简直就是"煲无米粥"。但是当我们以今天的眼光来审视当年的这一决策时，我们不得不佩服当时几位决策者的眼光、胆识和敢于第一个吃螃蟹的魄力。

[照片] 这位是何子栋先生，一位热心肠的香港商人。当年就是他穿针引线，广州的汽车制造者开始了和万里之遥的法国标致公司的第一次"亲密接触"，从此开启了广州合资生产轿车的先河，也书写了业内所谓的广州汽车制造第一段"小辉煌"。

[影像] 签字仪式。

[字幕] 1985 年 3 月 15 日　广州花园酒店

[解说] 好事往往多磨。在历经了近五个年头的马拉松式的奔波后，广州标致项目终于尘埃落定，随着签字文本的交换完成，广州娶来一位娇美的"法国新娘"，一时间令国内同行艳羡。

随着营业执照到手，由当时的广州汽车制造厂与法国标致汽车公司、中国国际信托投资公司、国际金融公司和法国巴黎国民银行合资成立的广州标致汽车公司终于开张营业，引进生产标致 504 和 505 车型。

又是一个金秋时节。

1986 年 10 月 15 日，第一辆广州标致 505 轿车隆重下线。

由于当时国内的汽车市场几乎不存在竞争，广州标致一度风光无限。据当时的统计数据，截至 1991 年，广州标致在国内的市场份额达到了 16%，销售高峰期的年销量达两万余辆。老广标人至今还记得，当年哪个单位要想买一辆广州标致，至少都得排半年队，个别心急的、来头大的单位，得找市长帮忙才能提到现车。据说当时哪个小伙子要是在单位里开一辆广州标致，对象都比别人好找。

然而好景不长。1993 年成了广州标致的分水岭，从那一年下半年开始，国家实施宏观调控，汽车市场供过于求，广州标致的销量直线下滑，在市场经济的大潮里遭遇了实实在在的"滑铁卢"。

当时，公务用车是国内轿车企业最主要的市场，在国家实施宏观调控、央行收紧银根的情况下，整个轿车市场的销量均受到较大冲击。市场不景气，广州标致曾被盛景遮掩的一系列问题充分暴露出来：近十年如一日地只生产一款标致 505，车型老、油耗大、配件贵、不重视销售渠道建设、售后服务跟不上、缺乏本土配套体系……处处是软肋，件件都致命。

而这些马上反映在了持股广标 46% 的骏威投资的财务报表上：1994 年亏损 1.5 亿港元，1995 年再亏 2.32 亿港元，1996 年又亏 5.7 亿港元。至 1997 年 6 月，资产为 28 亿元的广标负债额达 29 亿多元。因为连年的亏损，骏威投资在香港资本市场已跌落至谷底，而广州汽车行业也元气大伤，损失惨重。

其实，冰冻三尺，非一日之寒。广州标致项目走向衰萎的背后，还有更深层次的原因。

[采访] 胡象生　原广州市政府汽车办副主任

"我在我的一本写广州汽车发展史的书里，总结出十条经验教训……"

时光捱到 1997 年，广州标致年销量已经不足 1 000 辆，公司累计亏损额达到近 30 亿元，已然资不抵债。

1997 年 10 月 31 日。

中法双方第二次坐到了签字台前。

没有鲜花，没有掌声，没有庆祝的香槟，甚至连一张合影也没留下。法国标致与中方正式签署了股权转让的有关文件，法国人带着 1 法郎黯然撤离中国。

1 法郎，是法国标致将其在广州标致所持有的股份转让给广汽集团的价格，是中方在谈判桌上取得的最后胜利，它意味着中方将损失降到了最低。

1 法郎，显示了欧洲绅士最后的浪漫与优雅，却把苦涩深深地刻在了谈判桌上的"胜利者"——广汽人的脸上。

负债近 30 亿元的广州标致汽车公司轰然倒下，让广州发展汽车产业的梦想有如折断了翅膀的飞鸟，重重地摔在了地上。不，确切说，是重重砸在了每一个怀揣着汽车梦想的广州人的心头。

[采访] 亲历者

"广州标致项目失败的消息传出后，业界发出一片对广州发展汽车产业能力的质疑声，当时甚至有人给出结论：广东人只会做贸易，不会搞工业。"

谁都不希望看到的多米诺骨牌效应在广东汽车制造业再次得到了验证：熊猫汽车、广州标致、湛江三星、京安云豹，当时广东的几个汽车项目，一个个都以失败告终，广东的汽车产业一度成了全国的笑柄。在这种情况下，当时就连广东省政府也宣布不再把汽车产业列为本省的支柱产业。

至此，广州汽车制造，又一次走进十字关头。

广州决不放弃发展汽车产业！

广州发展汽车产业再不能重蹈广标覆辙！

痛定思痛，广汽人抖落尘埃，踏上了自救的艰难征程。

其实，广州方面的自救活动早在广州标致刚刚滑坡之际就已经在各个层面展开了。

1996 年 4 月 27 日。这是所有编写广州汽车制造历史的人都一定要提到的一个重要日子。这一天，时任广州市委书记高祀仁主持召开市委常委会议，市人大、市政府和有关部门领导共 28 人列席会议。后来人们喜欢把这次会议比作广州汽车工业发展史上的"遵义会议"。

[采访] 李赐勋　原广东省机械厅副厅长　广州汽车集团顾问

"为什么说是'遵义会议'呢？这是因为在这次会议上市里针对广州标致难以挽回的颓势，决定要以广州标致为生产基础，更换新的合作伙伴，引进新车型，更主要的是这次会议对广州轿车发展战略的及时、重大的调整，对日后广州汽车业的发展具有转折意义。"

今天看来，这次广州汽车发展史上的"遵义会议"虽未能挽救广州标致项目这一将倾大厦，却为接下来广州汽车业迅速找到发展方向，走出失败阴影"重整河山"，进而步入正确发展轨道埋下了决定性的伏笔。

随后，为了加强领导，市里专门成立了一个高规格的轿车工业领导小组，由时任广州市委书记的高祀仁出任组长，副组长则是当时的市长林树森和专管汽车工业的副市长张广宁。

由此可见广州发展汽车工业的决心与信心。

针对当时广州汽车工业条块分割、力量分散的状态，广州市委市政府果断决定将原属不同部门的骏达集团、广客集团、羊城汽车集团和安迅投资四家汽车企业整合起来，以形成合力，重振广州汽车制造声威。

1997 年 7 月，广州汽车集团有限公司宣告正式成立。

市委市政府委派市政府副秘书长张房有出任董事长，组建起一个强有力的领导班子。

广汽集团成立后立即加大与宝马、奔驰、欧宝、菲亚特、现代等国际一流汽车企业接触力度。经广泛而深入的接触，欧宝和现代逐渐成为主要的谈判对象。尤其是欧宝，当时已经接近要达成合作协议。然而，最后走进视野的日本本田却后来居上，并最终赢得了与广州合作的机会。

[采访] 广汽集团现任领导、当时谈判参与者

"本田胜出的原因主要有三个：一是本田愿意拿出与世界同步的车型放到广州生产，这在当时国内的汽车界还是前所未有的事情；二是本田同意新成立的合资公司全盘接收广州标致遗留下的旧厂房和设备；三是本田愿意对原广州标致的员工全部进行安置。"

1998 年 6 月 30 日，广州本田汽车有限公司正式挂牌成立。

1999 年 3 月 26 日，广州本田的第一款车型——雅阁下线。

这款当年国内唯一一款与全球同步车型的超卖点，让雅阁一炮走红。

自此，广汽集团大展拳脚，在广州标致的废墟上开始了重圆广州汽车辉煌梦想的征程，以开放的胸襟、务实的姿态和不凡的业绩，饱蘸珠水，书写着中外合资发展中国汽车工业的壮丽诗篇。

中集：走向辉煌

[本集提要] 本集旨在记录并揭示广州本田创造了怎样的奇迹？怎样创造的？其奇迹给了我们怎样的启迪？同时还要记录和揭示广汽集团成功发展道路的背景、原因、举措，并指出其面临的新的挑战。

（略）

下集：飞越梦想

[本集提要] 丰田的引入，是广汽集团发展战略的一大胜利，也改变了中国汽车制造业的格局。广汽集团仍在不断努力，朝着产业多元化，企业生产又好又快的目标迈进。与此同时，自主创新品牌也紧锣密鼓展开。这是长久以来一直萦绕在市长心中的第二个伟大梦想。

（略）

第二节 电视政论片解说词写作技巧

我国电视节目中电视政论片始兴于 20 世纪 80 年代末期。当时出现了一批脍炙人口的令人至今难忘的代表性作品。这些作品无论是从开拓编导视野的角度，还是从大型电视政论片编导艺术，包括解说词撰写的角度，都曾影响了一代电视专题片的编导。其中《让历史告诉未来》以平稳的立论、充实的论据、有力的论证，令人信服地告诉今天和明天的人们：我们的党是伟大的党，我们的人民军队是一支伟大的军队。也使得这部片子即使在今天拿出来播放，也同样会有观众，会打动人。此后，我国的电视政论片开始遍地开花，其中涌现了许多优秀之作，仅以广东电视台为例。

1997 年以来，就先后拍摄了《世纪议程》、《春风绿南粤》等几部较有影响的大型电视政论片。2002 年，在中共十六大召开之前，广东电视台又组织拍摄制作了《世纪飞越》、《德兴南粤》、《新世纪宣言》等大型电视政论片。中央电视台则组织拍摄了《走进新时代》、《执政兴国》等几部气势磅礴的电视政论片。其他省级卫视台，如湖南、辽宁、天津、上海、浙江等，也有"大作"推出。这些大型电视政论片的摄制和播出，为总结新时期我国各项事业建设的伟大成就，阐述和传播"三个代表"重要思想，为宣传共产党的正确领导，为迎接党的十六大的胜利召开，创造了良好的舆论氛围，打下了良好的思想和理论基础。可以说，在今天，大型电视政论片已经成为国内各大电视台积极服务于政治、引导舆论、传递信息和创造良好的政治、经济、文化环境和氛围的得心应手的电视节目样式；同时，大型电视政论片摄制水平的高低，在无形中也成了衡量一家电视台总体实力和艺术水平的标尺。

大型电视政论片的摄制是一个系统工程，也是一个艺术创作过程。无数成功作品的摄制经验都证明，在这个过程中，撰写解说词具有和策划、编导、采拍、制作等环节同等重要的地位。由于电视政论片文体的特殊性，一般可以这样认为：一部政论片如果解说词不过硬，那么其他环节再精彩也很难成功；但如果有了过硬的解说词，至少已经有了成功的基本保证。

在撰写电视政论片，尤其是涉及国计民生和社会思想意识文化潮流的大型电视政论片时，有这样几个要点是撰稿人一定要加以把握的：

一、认清社会发展方向，把握政治政策根本

在电视政论片摄制群体中，任何人，不论是策划、编导、摄像，还是后期编辑制作人员，谁都不可能宣称自己是远离社会、远离政治的。这是因为电视政论片这种节目样式和性质决定了它永远都不能，也不应脱离社会、脱离政治。因此，若想圆满完成电视政论片的摄制工作，作为节目主创人员的策划、编导和撰稿人就应该积极投身社会，认识社会，从而把握社会发展方向，感受社会机体的律动，体验民生民情，抓住政治政策根本。只有这样，所做出的政论片才有可能立论有高度、论证有力度、挖掘有深度、创新有角度、立言有热度。比如大型电视政论片《春风绿南粤》在第一集《力挽狂澜》的开篇就是这样写的：

一百多年来，无数仁人志士为社会主义事业上下求索、浴血奋斗。人们深深地相信：走社会主义道路不仅能够赢得高于资本主义的生产效率，还可以实现世代期盼的社会公平。……

在这沧海横流的时刻，以邓小平为首的共产党人，带领中国人民走上改革开放、建设有中国特色社会主义的道路，力挽狂澜，开辟了社会主义发展的新纪元。

二、掌握真材实料，依靠事实说话

电视政论片是一种政论的文体。对于政论文体来说，事实材料的重要性是不言而喻的。由于电视受众面广，且在收视行为上存在着松散性，因此占有并合理运用大量令人信服的事实材料，就成为吸引观众、留住观众的重要手段，也是整部片子力度的源泉。大型电视政论片《世纪飞越》第三集《再铸辉煌》中有一段文字和采访是这样的：

从1949年新中国成立，一直到20世纪70年代末，广东在全国都只不过是一个无足轻重的农业省份。国家实行改革开放政策，并允许广东"先行一步"，才使得广东得以借助历史传统和地缘优势，发展起了自己的以"三来一补"为特色的工业经济。

1994年，广东省委省政府作出决定，正式宣布建立珠江三角洲经济区，由省政府主持统一规划，由覆盖的地区分别实施。这是我国第一个打破行政区划，按照经济区划原则建立的大经济区，它的范围包括广州、深圳、珠海、东莞、中山、佛山、江门七个省辖市，以及惠州市区和所属的惠阳、惠东、博罗三县，肇庆市的端州区、鼎湖区和四会、高要两县市。珠江经济区建立后依托全省，并借助毗邻港澳优势，大力发展外向经济，在短短的几年时间里，就得到了飞速的发展，并取得了令世人瞩目的成就，成为国内乃至世界上最有影响力和发展潜力的经济区之一。由这里策动并实施的"广货北伐"、"经济北伐"，被学者们称为"影响中国社会和经济发展进程的重要现象"；其所建立的以电子通信、机械、

电气、纺织、服装、食品、玩具、精细化工为主的轻型工业体系，也被经济学家们评为国内最具实力和活力的现代工业体系。它的存在和发展，不仅为广东经济发展起步提供了最初的资金积累，而且提供了现代的工业技术和管理经验积累。

【采访】省政府经济顾问、经济学家。

"在这个发展过程中，珠江三角洲经济区创造了不少的经济奇迹：它的面积仅占全国的4.3‰，人口只有全国的1.7%，却在建立的当年，就创造出全国6.7%的国内生产总值。"

在这段文字中，陈述的都是事实，没有任何主观臆断的成分。同时，将有力但枯燥的数字交给节目中的被访专家来说，这样枯燥的数字由于是从观众认可的被访对象嘴里说出来的，就变得有生命了，而且，由于是从"权威"那里发布出来的，还相应地增加了数字的权威性和说服力。

三、总体构思，整体布局

既然是电视政论片，那么，在片子解说词写作上就必须从整体出发，进行总体构思，整体布局。这至少包含了以下三个层面的要求：

其一，在搭建片子的总体框架时，要胸有沟壑，彰显出大气魄、大手笔，而不应拘泥于无关大局的细枝末节。大型电视政论片《让历史告诉未来》基本上是按照历史的时间顺序结构作品的，具体如下：

第一集 血的奠基（1927—1933 年）

第二集 苦难风流（1933—1936 年）

第三集 血肉长城（1936—1940 年）

第四集 醒来的黄河（1941—1945 年）

第五集 命运的决战（1945—1947 年）

第六集 王朝末日（1947—1949 年）

第七集 为了和平（1950—1958 年）

第八集 百年梦想（1958—1966 年）

第九集 动乱年代（1966—1976 年）

第十集 重振雄风（1978—现在）

第十一集 献给母亲（现在时）

第十二集 啊，军歌（现在时）

童宁在《论专题节目的结构线索》一文里对该片结构作了这样的评价："从十二集连续节目的整体结构来看，每集的划分出奇的准确，令人惊叹作者架构作品的水准是如此之高。《让历史告诉未来》是以历史时间顺序为结构线索的。结构线索清晰、流畅，是它成功的重要因素。"（朱景和主编：《电视专

题论集》,人民出版社 1993 年版,第 140 页)

其二,在进行各篇章内容分配时,要尽量做到思想内容、观点主张、情绪情感、事实材料的均衡均匀,无论是虎头蛇尾,还是鸡头凤尾对于全片总体形象的建构,都不是什么好事。大型电视政论片《世纪飞越》主题是要通过广东从十五大到十六大这五年间经济发展与社会建设所取得的伟大成就,来论述邓小平理论和党的"三个代表"思想的正确性、重要性与实践性。为此,在进行篇章结构和内容分配时笔者作了这样的安排:

第一集 红旗飘飘

本集记叙和阐述的是广东省自党的十五大以来实现"世纪飞越"的理论基础——从邓小平的改革开放总设计,到南巡讲话;从江泽民十五大报告,到"三个代表"。

第二集 惊天伟业

本集以国计民生为基本出发点,透过经济学家、社会学家和普通民众的多重视线,来反映近五年来广东在社会发展与经济建设上所创造的奇迹。

第三集 再铸辉煌

广东的"奇迹"不是天上掉下来的,而是在党的改革开放政策和方针及"三个代表"重要思想的指引下,通过各行各业的齐心努力而创造出来的。它是几千万广东人民共同演唱的时代欢歌。(传统工业、现代工业、现代农业、IT 产业等)

第四集 南海新潮

仅一个多月的时间,就先后有三位国家领导人前来视察,市委书记和市长还被邀请到国务院去给总理"上课"——这就是广东南海。广东南海的信息化建设为什么能有如此重大的影响?为什么能够这样声名远扬呢?

第五集 绿色港湾

广东的世纪飞越离不开它成功的农村工业化和城市化进程。什么是工业化、城市化?为什么要工业化、城市化?广东的工业化、城市化的作用和价值到底如何?

第六集 科教兴粤

科教兴粤是广东省委、省政府制定的跨世纪发展战略,也是广东世纪飞越的"法宝"和根本保证。在本集我们盘点成果,但更要为科教兴粤鼓与呼。

第七集 春风化雨

在全球经济一体化的前提下,区域社会和经济发展的平衡与否,往往严重影响和制约着一个地方的阶段和长远发展。广东在扶贫和山区开发问题上是下了大力气的,并且已初见成效。

第八集 文明交响

世纪飞越不能"瘸腿",必须两手抓,两手都要硬。在经济发达的前提下,广东的精神文明建设像物质文明建设一样有声有色。

第九集 指看南粤

发展经济的根本目的之一就是要改善人们的生存条件,提高人们的生活水平。今天的广东，与从前相比，已发生了翻天覆地的变化；即使与国外相比，它的代表性城市的发展水平也并不逊色。那么，改变广东面貌的人是谁呢？

　　第十集　继往开来

可持续发展是广东省委、省政府制定的又一跨世纪发展战略。古人都知道"但存方寸田，留予子孙耕"，更何况是今天的我们呢？广东的可持续发展是怎样制定的？执行得怎样？2010 年或者更远的广东是怎样的？我们今天所做的一切，能担起继往开来的使命吗？

　　其三，在进行篇章内部段落划分和叙事结构安排上，要实行"实用主义"的声画策略，即完全根据内容的需要，解说词能解决的问题，就交由解说词来解决，画面能完成的任务，就交由画面来完成。同时，还要善于调动音乐、同期声和电视特技手段的表现力，共同完成叙事使命。

四、写好头尾，锤炼精品

　　对整部片子来说，头尾两部分很重要；对片子中的每一集来说，开头和结尾更加重要。头开好了，就能把观众从其他节目那里吸引过来；尾结好了，则能给观众带来一种思想意识和情感上的冲击，留下一种回味、一种哲理的启迪。一般来说，开头讲究的是大气、直接和有力。比如中央电视台带有政论色彩的系列专题片《话说运河》的开头就是这样的：

　　请仔细看一下中国地图。这是山海关，万里长城从这里向西南延伸到中国的腹地，高高低低，途经七个省、市、自治区。这是北京城，京杭运河从这里伸向东南的大海之滨，深深沉沉，流经四个省两个市。我们从地图上粗略地看，长城跟运河所组成的图形真是非常有意思，它正好是我们汉字里一个重要的字——人，人类的人，中国人的人。请看，这长城是阳刚雄健的一撇，这运河不正是阴柔深沉的一捺吗？长城和运河是中国人为人类创造的两大人工奇迹。

　　结尾则讲究隽永而绵长，在留下回味空间的同时，更要给人以思辨的动力和憧憬的冲动。大型电视政论片《世纪飞越》第三集《再铸辉煌》结尾文字是这样的：

　　正如西方的一位政治学家和经济学家所说的那样：社会政治与经济的进程，是驱动和导航两种力量的结果。这种驱动的力量源于过去，它植根于一个民族的特质和传统的历史之中；而今天则是通过经济的欲求、发展和地缘优势的充分调动来引导政治与社会的发展方向，从而唱出一个时代里一个民族、一个国家的最强音，铸造着一个地区、一个民族、一个国家的辉煌！

　　而《春风绿南粤》最后一集，也是全片的结尾，则更富诗意与憧憬未来的热情和力度：

"忆往昔，峥嵘岁月稠。"珠江的每一个漩涡、每一朵浪花都可以证明，没有邓小平理论的指导，就没有20年来广东的辉煌。"看今朝，九万里风鹏正举。"广东人民正继续高举邓小平理论伟大旗帜，在党中央坚强的领导下，增创新优势，迈向新世纪，全面推进广东现代化建设，再创新的辉煌！我们相信历史。历史，也将见证广东！

以上只是我们对大型电视政论片解说词写作几个要点的初步总结，对于整个片子解说词写作所涉及的方方面面来说，难免有挂一漏万之嫌。电视政论片的解说词写作虽有其特殊性，但是同其他电视节目解说词写作一样，不仅有规律性可循，而且更有通过不断地练习、摸索与实践而提高的可能和空间，只要肯于用功，敢于实践，就会有创作出自己的代表作、电视精品的那一天。

【附录】电视政论片

和谐家园
（解说词）

2005 年的第一场雪，下得不大，却洋洋洒洒。江南难得下雪，难得下得这么早。在这片白色的飘逸的氛围中，生息在这里的人们，无论男女，无论老幼，似乎都在与大自然的雪的接触中，感到了某种与生俱来的和谐。

就在这个时节，北京举办了一个省部级主要领导干部读书班，中共中央总书记胡锦涛发表了重要讲话。在讲话的第二天，一个重要信息过黄河、越长江，传遍全国：中央强调，要构建社会主义和谐社会。

转眼春风杨柳，转眼绿肥红瘦。一年前的五月，胡锦涛总书记对浙江省委关于建设"平安浙江"促进社会和谐稳定的报告作了批示："部署很好。贵在落实。贵在坚持。"一年后的今天，建设"平安浙江"，构建和谐社会，正凝聚起浙江全省人民的共同奋斗的信心。从实践到理论，从理论到实践，毫无疑问，一次重大的理论创新，一次深刻的实践探索，从中央到地方深入展开了。

关于"和谐"，不同的民族有不同的语言。

古希腊的毕达哥拉斯是以黄金分割率来表述的，用的是数学的语言，直到今天，一个黄金分割法还是最简洁的和谐美的典范。

中国晋朝的陶渊明采菊东篱下，写了一篇《桃花源记》，用文学的语言描绘了一个鸡犬相宁、童叟无欺的和乐社会。尽管他自己家里只有五棵树，拿不出五斗米。

马克思是共产主义学说的伟大创始人，他用的是哲学的语言。他说："正像社会本身生产作为人的人一样，社会也是由人生产的，因此社会与人要互相融合。"说这番话的时候，马克思还是一个青年黑格尔派。当他成为无产阶级革命导师的时候，他还是在他的著作中一再"提倡社会和谐"。

一代人有一代人的使命。当代中国共产党人已不需要横刀立马去夺取政权，要做的是如何让祖国富强，人民幸福。为此，小平同志挥手之间，唤来了波澜壮阔的改革开放；江泽民同志高瞻远瞩，提出了"三个代表"重要思想。曾记否，那时候我们中流击水，唱过

"社会主义四个现代化"，学过"社会主义初级阶段"，讲过"有中国特色社会主义"，现在正为"全面建设小康社会"而意气风发。正是在这些时代旋律的激越昂扬中，演化着我们党对什么是社会主义，怎样建设社会主义的深刻思考和成功探索。

党的十六大以来，以胡锦涛同志为总书记的新一届党中央继往开来，在全面建设小康社会、加快推进社会主义现代化进程中，提出了执政为民思想，提出了科学发展观，直至提出了要构建社会主义和谐社会。

什么是社会主义和谐社会？总书记说，有六大特征，就是"民主法治，公平正义，诚信友爱，充满活力，安定有序，人与自然和谐相处"。为什么要构建和谐社会？因为中国的经济和社会发展正在进入新的阶段，各个方面的利益需要协调，各个阶层的人们需要分享社会进步的成果，人民需要温饱、需要小康，还需要另外两个字——"幸福"。

这是我们党又一次理论创新。这个创新用的是执政党与人民群众息息相通的语言。

采访浙江省委政法委副书记、省委平安办主任夏阿国：省委省政府在去年提出了"平安浙江"，我认为这是和谐社会在浙江的实践和创新。当然在经济发展上，省委根据科学发展观在浙江的实践提出了"八八战略"。这两者之间一个是经济发展领域落实科学发展观，一个是社会发展领域落实和谐社会，这是我们省委省政府重大的战略决策。

建设"平安浙江"，是浙江经济与社会发展的客观要求。

毫无疑问，今天的浙江是令人自豪的。2003 年，全省人均 GDP 超过 2 400 美元，城镇居民人均可支配收入、农村居民人均纯收入都名列全国第三位。我们这个当年的农业省已嬗变为以工业为主的经济大省，目前正进入工业化发展的中后期，进入经济加速发展的黄金期。

就在这个时候，一个世纪性的教训摆在我们面前：专家认为，在人均 GDP 从 1 000 美元向 3 000 美元过渡时期，往往是社会问题的凸显期，可能出现"拉美现象"，可能遭遇社会问题大爆发，而经济发展如果以社会失衡为代价，经济巨轮的前面就是一个"现代化的陷阱"。

那么，我们的面前是否也有同样的陷阱呢？我们是否知道，老板与民工之间的贫富差距到底有多大，信访上访增加的现象背后有哪些深层次矛盾，一连串经济增长数字需要多少环境的代价？事情当然还不严重，可是，浙江遭遇了民工荒；老百姓对房价飞涨难以承受；我们缺电并且开始缺水；海宁的一个草房子因迷信活动烧了一场大火，那些葬身火海的农村老妈妈并不贫困，只是因为蒙昧，还有些寂寞。

采访浙江省社联党组副书记、副主席蓝蔚青：如果社会产生严重失衡的话就会出现一系列的严重问题。第一是制约经济的发展；第二是影响社会稳定；第三就是使发展成果不能被大多数社会成员共享，只属于少数人，不能达到我们发展的根本目的；第四呢就是不利于人的素质的提高。

好就好在浙江的决策者是一批富有使命感的共产党人。他们认为，穷则思变，富而思进，富了也要思安。这个"安"，就是经济平安、社会平安、政治平安、文化平安、生态平安，一句话，就是浙江的大平安。在经济和社会的转型期，这个大平安，社会需要，老百姓需要。2004 年 5 月 10 日，中共十一届浙江省委召开第六次全委会，作出了《关于建设"平安浙江"　促进社会和谐稳定的决定》，一个合省情顺民意的重大决策应运而生了。
（略）

　　采访中共浙江省委书记、浙江省人大常委会主任习近平：建设平安浙江、构建和谐社会，是落实胡锦涛总书记关于浙江要走在前列这个重要要求的一个重要方面，也是落实胡锦涛总书记要求我们在建设平安浙江上"贵在落实。贵在坚持"的具体行动。中央关于构建社会主义和谐社会的理论成果和决策部署，为建设平安浙江带来了新理念、新认识，拓展了新视野、新思路。我们要以胡锦涛总书记有关重要讲话精神为指导，以建设平安浙江为载体，按照发展促和谐、民主催和谐、公正求和谐、管理谋和谐、稳定保和谐、文化为和谐的思路，积极构建具有中国特色的、有时代特征的、浙江特点的和谐社会。当前和今后一个时期，要在保持经济平稳较快发展的同时，重点抓好四个方面：一是建设法制浙江，为构建和谐社会提供法制保障；二是加快建设文化大省，为构建和谐社会提供精神支撑；三是促进社会公平和正义，为构建和谐社会营造良好氛围；四是加强社会建设和管理，为构建和谐社会提供良好的社会秩序。总之通过这些重点工作的突破，带动各方面的平安与和谐，从而努力在构建社会主义和谐社会方面能够走在前列。

　　构建和谐社会不是"乌托邦"，不是封建社会的"田园牧歌"，也不是现代资本主义的"福利社会"，它是几代共产党人高举火炬、顽强探索的社会理想，是当代共产党人继往开来、再创伟业的宏韬大略，是无数中华儿女万众一心、乘风破浪的伟大实践。

　　构建和谐社会不是"空想"，一个重要区别就是它承认差别，承认社会主义初级阶段的社会差别、阶层差别、城乡差别、贫富差别等等。它不主张"均贫富"，并不幻想一夜之间"天下大同"。和谐社会是个有差别的公平而协调的社会，和谐社会是个动态的社会发展过程，社会主义和谐社会是要让全体人民在社会的发展中、在某阶段所能达到的程度内各尽所能、各得其所、各得其乐而又和谐相处。

　　有这么一个早上，你黎明即起运菜送报；你轻手轻脚做一顿早餐；你为昨夜的电视剧满怀思绪；你用自行车带着孩子风里雨里迎向滚滚车流。这是今天的情景，问一声，你幸福吗？

　　有那么一天，也许你已富有，你会感到幸福；也许你不算富裕，你也感到幸福；也许你一生平凡，你同样感到幸福——让不同的人有不同的幸福感，这就是我们的和谐家园。

出品人：王同元　　　总策划：高海浩　程蔚东
撰　稿：庄临安　　　编　导：沈蔚琴　杨　扬
监　制：夏阿国　程蔚东
　　　　钟桂松　舒国增
总监制：陈敏尔

中共浙江省委平安办
中共浙江省委宣传部
浙江广播电视集团
2005 年 5 月

第三节　电视专题片作品解析

　　提到我国电视专题片就一定要提到中央电视台所开办的电视专题片专栏——《地方台30分钟》（原为《地方台50分钟》）。这个栏目开办于1989年初，作为地方电视台面向全国的窗口，当年它就播出了近50部由各地方台提供的优秀电视专题片。而这些作品，由于其本身所蕴涵的文化意识和所体现出来的哲理性、思辨性和理论性，加之具有新闻所没有的深度和电视剧所没有的直接性，不仅深受观众欢迎，也得到了专家们的认可和较高评价。

　　今天看来，该栏目的重大贡献，首先在于经过多年的努力，推出了一批在中国电视史上享有较高地位的电视专题片代表作，推动了电视观众收视目光从电视剧向纪实类节目的转移；而另一重大贡献，则在于促进了中国电视专题片编导群的崛起，这些人包括刘郎、康建宁、高国栋、刘景琦、程捷、宋是鲁、祝丽华、郑鸣、史维虎等。这些编导，许多人后来又成了中国电视纪录片冲出国门的急先锋和主力军成员。比如康建宁和高国栋合作的《沙与海》就曾荣获亚广联大奖。这里解析的是笔者在电视台做编导时所创作的一部专题片——《红楼梦灯谜解析》。该片在当地电视台播出后颇获观众好评，1992年2月元宵节期间中央电视台播出该片30分钟版，《中国电视报》全文刊登该片解说词。随后，参加全国首届电视节目展评，获专题片类三等奖。奖次虽不高，但作为评委的中国传媒大学高鑫教授在评语中给的评价却很高，认为该片开创了中国电视文化专题节目的先河，对以电视传播中国优秀传统文化是一次有益的尝试，具有创造性，有独特贡献。

《红楼梦》 灯谜解析

（解说词）

撰稿　编导　张静民　　　解说　吴小凡

　　《红楼梦》是中国古典文学宝库里一颗璀璨夺目的明珠。她自16世纪问世以来，几百年间凭着她那博大精深的内涵、精致细腻的文采和委婉动人的爱情故事，不知征服了多少古今读者，也不知赚取了少男少女们多少同情的泪。

　　这里，我们就要借助电视连续剧提供的视觉形象，从一个不大为人们所注意的视角

——灯谜出发，来认识一下这些灯谜的"谜主"，探寻一下《红楼梦》到底伟大在什么地方。

这是小说第二十四回中贾政给贾母出的灯谜：

身自端方，体自坚硬。

虽不能言，有言必应。

这灯谜是首小诗，谜底呢，也不难猜，是文房四宝之一——砚台。可能有人要说：就这灯谜，没啥呀！其实不然。仔细品味一下，这里头味道大着呢！

贾政是当朝命官，同时又是贾府里掌实权撑门面的人物。因此，无论从哪个角度看，这首灯谜诗都极符合他的身份、地位和思想性格。灯谜中所谓"端方"、"坚硬"，其实就是他道貌岸然、顽固不化的思想性格的一种写照。他也是个读书之人，然而却缺乏才气，正如谜中所说"不能言"。这一点他在《大观园试才题对额》一回中暴露得最为突出。一路题过来，他说这个不好，那个不行，而自己也并没留下什么高明的额匾对子。不过他在某些方面倒还有点本领，那就是他"有言必应"。他预感到宝玉叛逆的言行会危及贾府的未来，果然，宝玉在爱情理想破灭之后抛却红尘离家出走，从而使贾世家族衰而复兴的梦幻彻底落空。在这里，小小砚台只是一种象征：砚台虽然"端方"，虽然"坚硬"，但是当"文章"做完，砚底磨穿的时候，一切都该结束了……

这是皇妃贾元春从宫里传出来让大家猜的灯谜：

能使妖魔胆尽摧，身如束帛气如雷。

一声振得人方恐，回首相看已化灰。

单从灯谜的角度看，这首灯谜并没有什么了不起，灯谜也只是逢年过节家家都买、人人都放的爆竹。然而若将它跟贾元春的命运遭遇和贾府的荣辱兴衰联系起来，那么我们就可以看出这首灯谜诗所蕴涵的深刻内涵和预言来了——

贾元春是贾府的大小姐，后来被选入凤藻宫还被封为贤德妃。从此原本就声势显赫的贾府因为有了新的更硬的靠山而更有"烈火烹油，鲜花着锦之盛"了，因此在与其他对立的豪门旺族的你争我斗中不仅占了上风，而且如谜中所说，是"能使妖魔胆尽摧"。然而好景不长，当元春"虎兔相逢大梦归"时，呼喇喇大厦倾，贾府走上了衰亡之路，就像灯谜中的爆竹，惊天动地响过之后，便是烟飞灰灭。这样看来我们完全可以说，这条灯谜不仅暗示了元春个人富贵荣华瞬息即逝的悲惨命运，而且暗示了整个贾氏家族的最后下场，即必然由兴盛走向衰亡！

这是贾府二小姐迎春出的灯谜，谜面是——

天运无助理不穷，有功无运也难逢。

因何镇日纷纷乱，只为阴阳数不通。

这个谜的谜底是我们老祖宗发明的、到现在还天天有人在使用的算盘。迎春这首灯谜的谜面文字似乎有点费解，可意思倒还清楚，那就是说：人世间的事一切都是命中注定的，正因为男女间各有各的定数，因此碰到一起才闹腾得乱纷纷不亦乐乎。迎春生性怕事，在众姐妹中最老实，也最无能，为人处世她只能躲避退让，对身边发生的事一概不闻不问，因此周围的人都看不惯她，甚至连奴仆也不把她放在眼里。在她所生活的那个社会，像她这样性格的人最终落个悲惨结局，那实在是再自然不过的事。果然，她被生父贾赦以五千两银子的身价卖给了中山狼孙绍祖，结果不出一年便被折磨而死。

问题是像她这样一个被人叫做"二木头"的人为什么出灯谜时偏要选择算盘呢？是不是如前面所说，算盘可以暗示富贵生死皆由天缘注定呢？应该是肯定的。因为在出嫁后她面对那种挨打受骂的横遭摧残的生活只是偶尔回娘家哭诉哭诉而已，并没有想到反抗——她在心里已认命了，别人也这样劝她。实际上今天看来，她的悲惨命运完全是封建婚姻制度造成的，她是这一制度下的典型受害者，因此她流下的每一滴泪水都是对她所生存的社会，对自己悲惨命运所作的无声的控诉！

这大概就是她这个形象存在的意义所在吧！

在大观园众姐妹里，黛玉的文字向来最富文采，这一点在她的灯谜诗里显露无遗——

朝罢谁携两袖烟？琴边衾里两无缘。
晓筹不用鸡人报，五夜无烦侍女添。
焦首朝朝还暮暮，煎心日日复年年。
光阴荏苒须当惜，风雨阴晴任变迁。

这首灯谜诗较长，文字涉及的典故也比较多，但是如果从黛玉的感情和心理出发来把握这首诗，那么它的意思，如果用今天的话来翻译应该是这样的：热闹一回到头来谁又得到了什么呢？为你铺被抚琴，可叹竟没这缘分！烦恼忧愁常伴着我，就像心儿在烈火上熬煎；青春苦短实在应该珍惜，其他一切又算得了什么？

这样的翻译，如果黛玉听见肯定要气得满眼抹泪，但她心里也一定会承认我们翻译的有些道理。这确实是一首绝妙的灯谜诗，因为你越是反复研究它，就越是能发现它把主人公复杂的情感世界描摹得多么出神入化，此外它还暗示了宝黛爱情那种悲惨结局。

到这里，你能猜出谜底是什么吗？

［字幕］香烛。

跟黛玉命运最息息相关的是宝玉。他的灯谜诗是这样的：

南面而坐，北面而朝。
象忧亦忧，象喜亦喜。

宝玉是贾府最高统治者贾母的宝贝孙子，平日里那真是"放在嘴里怕化了，放在头上怕吓着"。他的父亲贾政也指望他读书识理，将来好走仕途经济之路。然而这位长得标致可人的公子哥儿偏偏对四书五经政论八股无半点兴趣，而终日里只混在女儿堆里，为可爱的姑娘们"而忧"、"而喜"，其言其行，活脱脱一个封建势力叛逆者的形象。他也因此而经常遭他的父亲贾政的训斥和毒打。因为贾政已经看出来宝玉与贾氏家族是"南面而坐，北面而朝"——从未与自己的家族同心同德，并时时作出反叛举动。谜中的"南面而坐，北面而朝"，深究起来还有另外一种象征意义，那就是它象征了宝玉婚后面对宝钗而心怀黛玉……

谜底镜子这种意象的选择，在这里实际上是在喻示宝玉的命运。宝玉自小就把"情"字融入心底，因此在爱情理想破灭后，他毫不留恋地舍弃红尘遁入空门，此举极符合他的思想性格，同时这也是他对社会唯一能作的一种消极的反抗。不过幸好贾政猜谜时未能悟出这层意思，否则宝玉又难免要受一顿皮肉之苦了。

......

在解析了《红楼梦》的几条灯谜后，我们不由得从内心里佩服作者那超凡的文学才能。当然，小说里谶语性质的文字还有很多，因此才有人认为《红楼梦》的结构观念是神秘的乃至宿命的。其实并非如此。这实际上恰恰是作者"胸中有大丘壑"，拥有高屋建瓴般社会穿透力和把握人物命运能力的一种外在体现。

因此，在欣赏《红楼梦》时，不论是读小说、看电视，还是看电影，我们一定要透过表象，深入到作者为我们创造的大观园一般的文学世界中去欣赏，去领略，去体味，这样才不会枉费曹雪芹这位伟大作家为我们创造这部伟大作品时的种种良苦用心！

《红楼梦》是一部伟大的文学作品，它的博大精深委婉细腻是有口皆碑的，然而正如接受美学界的那句名言所说："有一千个读者，就有一千个哈姆雷特。"《红楼梦》在一个多愁善感的少女眼中和一个谢了顶的戴着瓶底般眼镜的"红学家"眼中，其价值注定是截然不同的。但不论相同与否，《红楼梦》依旧是《红楼梦》，其自身的价值永远不会改变。

《红楼梦灯谜解析》试图通过解析《红楼梦》中的灯谜而感受并阐释小说的魅力与价值，从而用现代传播媒介的先进手段——电视传播，在《红楼梦》的普通读者与红学家卷帙浩繁的研究成果中搭起一座桥梁。

本片在创作上着意进行了以下几方面的追求：

其一，吸纳当时"红学"研究的最新成果，并将其电视化。《红楼梦》研究曾在一定阶段里由于社会原因而误入歧途，在笔者读研究生的 20 世纪 80 年代始回归本位，在做该片时，已有一批新的客观的科学的"红学"研究成果问世。因此，在片中笔者力图通过文字和图像的交叠，将最有价值的成果传递给电视观众。

其二，追求一个全新的视角。《红楼梦》作为世界级名著可谓博大精深，从什么角度把握对于赏析片来说至关重要。本片放弃了社会学、纯文学等较宽泛的角度，而把切入点定在了不大为人们所注意的较偏较小的角度——灯谜上，以小见大，从而给观众意料之外、耳目一新的感觉。

其三，在表现手法上，本片除借助电视连续剧《红楼梦》的人物、景物视觉图像和音乐等电视语言之外，还借助了绘画、书法等其他艺术手段，对观众进行多层面多角度的艺术冲击，力图加深观众对片子内容的接受程度。

其四，在叙事上，本片追求总体上的完整与统一，虽然不对《红楼梦》

作总体上的评论，但对通过灯谜所折射出来的《红楼梦》的世界却要作不遗余力的表述和表现。为了建构一个完整的红楼时空，用活镜头，在编导过程中将 37 集电视连续剧《红楼梦》的镜头按人头分别剪辑开来，以之为图像素材，加以重新结构，精心编辑制作（进入创作状态后，五天五夜未出机房，现在回想起来确实疯狂），力争给电视观众呈现一部完整的、全新的电视专题作品，使之在欣赏的愉悦中，接受专题片的信息传递和美感熏陶。

第四节　电视政论片作品解析

《春风绿南粤》是中国改革开放 20 周年之际，由中共广东省委宣传部和广东电视台联合摄制的一部大型电视政论专题片（共九集）。

一、《春风绿南粤》各集内容与篇章结构简介

第一集　力挽狂澜

在社会主义走向低潮、面临逆境之际，中国共产党人用巨大的勇气和生动的事实探索并回答什么是社会主义，怎样建设社会主义这一重大的历史性课题，走上改革开放和社会主义现代化建设道路，力挽狂澜。

第二集　先行一步

党的十一届三中全会后，广东省委在党中央的领导下，带领广东人民以敢为天下先的勇气和历史主动精神，实践邓小平理论，冲破旧体制、旧观念的束缚，先走一步，"杀出了一条血路"。

第三集　石破天惊

广东人民在党中央领导下，在邓小平理论指导下，积极建设经济特区，循序渐进扩大对外开放，以自己大胆的实践和不凡的成就，证明了邓小平对外开放理论的正确性，同时为全国对外开放探索了道路，积累了难能可贵的经验。

第四集　走向市场

在由传统的计划经济体制走向社会主义市场经济体制的改革实践中，广东人民以邓小平理论为指导，以放开物价为突破口率先进行流通体制、投资体制改革和建立社会主义市场经济体制框架的探索实践。

第五集　矢志攻坚

在 20 年的改革开放实践中，广东人民在邓小平理论指引下，始终坚持"三个有利于"

标准，解放思想，实事求是，大胆探索与社会主义初级阶段相适应的所有制结构和公有制实现形式。

第六集　人间正道

20 年来，在党中央领导下，广东人民坚持以经济建设为中心不动摇，按照"三步走"战略，在改革开放和社会主义建设事业中开拓前进，使南粤大地发生了天翻地覆的变化。

第七集　告别贫困

当沿海地区和珠江三角洲率先富裕起来之后，面对广东山区依然贫困落后的状况，广东人民实践邓小平理论，在省委、省政府的带领下，通过先富带后富，先富帮后富，向贫苦宣战，走向共同富裕。

第八集　双星璀璨

得改革开放风气之先的广东，立足改革开放和发展社会主义市场经济的大背景，创造性地实践邓小平实现社会主义精神文明理论，坚持"两手抓，两手都要硬"的方针，努力搞好社会主义精神文明建设，托起了璀璨的"双子星"。

第九集　再创辉煌

走向新世纪的广东，面临新的机遇和挑战。广东人民决心更加高举邓小平理论伟大旗帜，紧密团结在以江泽民同志为核心的党中央周围，进一步解放思想，振奋精神，抓住机遇，为"增创新优势，再上一层楼"而努力奋斗。

二、编导表现评析

该片全面记录和反映了改革开放 20 年来广东全省人民在党中央的正确领导下，在邓小平建设有中国特色的社会主义理论指导下，同心同德、开拓进取所取得的伟大成就。这些成就表明，在当代中国，只有把马克思主义同当代中国实践和时代特征结合起来的邓小平理论，才能够解决社会主义的前途和命运的问题。在改革开放实践中，广东人民每前进一步，都离不开邓小平理论的指导。今后广东要在各方面的工作中"增创新优势，更上一层楼"，仍然要以邓小平理论为指导开拓前进。该片在广东卫视推出后，深得社会各界好评，并取得同时期广东卫视节目收视率总评榜第六名和专题类第一名的佳绩，这并非偶然。在全国"五个一工程"评比中，该片也取得了佳绩。

如果说该片之所以能成为收视亮点，是因为它的推出把握住了在全国兴起的学习邓小平理论和隆重纪念中国改革开放 20 周年的社会热潮，那么，它的高达 14.33％的收视率的获得，对于并非大众娱乐式电视节目样式的电视理论专题片来说，则完全靠的是片子本身的"真功夫"。

（一）宽广的视野

这种"真功夫"首先表现在该片宽广的视野上。作为一部大型电视理论专题片，《春风绿南粤》深知自己的使命——不是简单记录南粤大地上自改革开放以来所发生的种种社会变革，而是要以电视的手段，来探索"邓小平理论与广东实践"这一意义深远的理论命题，因此，它的视野并没有仅仅框定在广东这一地域范畴，而是以广东实践为基本着陆点，在 20 世纪以来的社会主义理论与实践的时空里上下求索。正是因为有对社会主义从空想到中国特色再到广东实践的不懈追寻，有跃出广东看广东、深入广东看广东的辛勤努力，该片才能够拥有广阔的表现时空，才得以建立起一个权威的可信的视点，也才能够博得普通观众这样最实在的评价："有看头。"

（二）艺术创造

《春风绿南粤》的"真功夫"还表现在它的电视语言的组织、结构和创造上。据介绍，摄制组为了在浩如烟海的史料中获得有价值的画面和在众多的采访对象中采访到有代表性有说服力的声音，有时真的是"踏破铁鞋"。这一点片中诸多首次"亮相"的音像资料就是最好的证明。如果仅仅是能够拥有资料，哪怕是独家拥有，在当今这样的信息社会里，也难得让人"刮目相看"，只有将"死的"资料放在精心安排和营建的恰当的语境里，它们才能得以新生，获得生命力并释放"光热"。在这方面《春风绿南粤》做得非常出色，这也是它在同一时期诸多同类题材的理论片中获得赞誉的一个重要原因之一。同时，该片所作的用平实的、流畅的、灵动的电视语言"讲述"时代"大故事"和注重刻画、展示人的思想解放、心路历程轨迹的种种努力，在客观上也创造了一种能够被广大观众所接受的文体、文风。这是值得研究和深思的，因为它能使电视观众不再见"理论"、"政论"便"敬而远之"——提高了传播实效。

（三）两种收获

但《春风绿南粤》给我们的启示不仅仅如此，通过它的策划、组织、摄制、播出、反馈，我们至少还在以下两方面另有收获。

第一，它使我们弄清了大型电视理论专题片为什么要拍和拍什么的问题。以往的电视理论专题片，要么是受"我击你倒"的"枪弹式"传播理论影响太深，要么是出发点过于主观片面，大都沾沾自喜于高深理论的诠释与灌输，而较少从接受者的角度进行逆向思考，因此为什么拍和拍什么的问题解决得并不能算理想。《春风绿南粤》的编导们在他们此前推出的《世纪议程》一片成功经验的基础上，吸取同类题材专题片教训，把全片的重心放在阐释社会现象、揭示历史真谛、记录广东社会变革和人民思想进步历程、揭示和展示具有启迪价值的思想认识内涵上，从而得以透过现象看本质，并逐渐迫近"邓小平理论与广东实践"这一命题的思想内核，这对于一部探索性的电视理论专题片来说，已经是难能可贵的了，更何况该片还能在这一过程中通过逻辑结构串起许多带有鲜明时代色彩的思想认识上的"闪光点"。

第二，《春风绿南粤》加深了我们对大型电视理论专题片功能的认识。我们从来都不否认电视理论专题片的理论宣传和思想认识的功能，它对于阐释和解决当前社会上群众关心、领导重视有望解决的具有社会影响力的理论问题的独特功能是其他电视节目样式所无法取代的。但对电视来说它的实现目的的途径在实践中往往太容易被目的所左右，以致最现代、最感性、最鲜活的电视传播活动不得不充斥着枯燥、生涩甚至生硬、冷僻的思想材料，使人无法不"望而却步"。这是"不该发生的故事"。幸而《春风绿南粤》的编导是明智的，在片子的思想性和艺术性的平衡把握上，他们煞费苦心并有许多令人称道之举。作为一部理论专题片，该片当中所采用的象征性意象在传统的眼光看来似乎太多了些。但如果换个角度来看，它们不正是思想或主题"软着陆"的最理想的载体和艺术亮点最有效的"光源"吗？我们仅以片中最常用的也用得最得心应手的意象——珠江为例。在第一集《力挽狂澜》里，珠江是这样的："浩浩珠江奔流不息。它的源头只是云贵高原崇山峻岭中的涓涓细流。当我们从珠江源头开始我们的思考时，那曲折迂回的滔滔江水，仿佛伴着我们的思绪，吟唱着一首穿越时空的歌。几百年来，社会主义思想学说和运动发展的历史，也如同这滔滔的江河，虽然千回百转、坎坷曲折，还是滚滚向前，不可阻挡。"而到了最后一集《再创辉煌》，同样还是这条珠江，被赋予的内涵却更深重了："珠江的每一个漩涡、每一朵浪花都可以证明，没有邓小平理论的指导，就没有 20 年来广东的辉煌……我们相信历史。历史，也将见证广东！"

我们当然不想混淆电视艺术片和电视理论片的界限，但是它们之间并没有不许和不能逾越的鸿沟。其实，只要善于借鉴，只要电视理论片的编导们都能像《春风绿南粤》的编导们这样，让理论片回归电视传播特性的本位，在不断地发现、揭示和展示思想内核的过程中，注意以艺术的方式倾注情感，亦即加重其审美功能，加强艺术上的感染力，那么，电视理论专题片的前途就将真的如有些研究者所断言的那样，是"无可限量"的。

第五节　电视纪录片作品解析

中央电视台的电视纪录片《生命》播出后获得亚广联纪实类电视作品特别奖。这是中国电视新闻工作者近年内继《沙与海》、《最后的山神》、《龙脊》等电视片之后，再度在国际电视节目评比中蟾宫折桂，成为中国电视事业和电视人争光的优秀之作。

《生命》自1999年4月9日播出后立即在观众中引起很大反响，电视从业者和学者也立即给予了高度的关注。前者的反响，一方面是为片中人物的命运所牵动，另一方面，则是被片中张家一家三口人相濡以沫的真情和无私奉献精神所打动；而后者的关注，则是从《生命》一片的成功实践中看到了此类电视节目新的发展势头和潜在力量。

但这样一部优秀作品，其拍摄题材居然是在一次关于《器官移植法》的讨论会上"拣来的"。据该片编导之一张洁介绍，当时他们正在北京人民医院拍摄一个关于丢失眼球调查的片子，在讨论会上，他们听到北京朝阳医院的一位专家谈到亲属供肾的话题，这位专家还透露他将在下周做一个母女间捐肾的手术。听了这些，他们内心为之一震，忽然间产生了强烈的冲动，因为新闻和艺术直觉告诉他们，在这母女间捐肾的背后，一定有很多的无奈，也一定会有很多惊心动魄的故事。

后来的事实证明，他们的直觉是正确的。首先，这是一个新鲜的题材。尽管医学发展到今天肾移植手术已非尖端手术，但母女间捐肾的手术在我国的电视节目中还从未涉猎过，因此对于观众来说肯定具有吸引力。其次，这个选题是一个可行的选题。由于在亲属间捐肾，这种方式在医学界还有一定争议，所以极力主张这种方式的朝阳医院院方和整个泌尿外科都非常希望能够通过电视扩大影响，因此对拍摄活动特别支持，否则这样的题材拍摄起来将是寸步难行。最后，也是最重要的一点，那就是未来片子的主人公——张琨一家多年来同心协力与病魔搏斗的故事，尤其是故事背后的心历路程和深厚的情感世界，对任何一种纪实或虚构的电视节目来说，都是可遇而不可求的创作素材。

不过，面对同样的素材却可以有多种不同的把握和处理方式。《生命》一片的成功，首先就在于它并没有仅仅满足于用长达45分钟的时间，讲述一个凄婉动人的关于亲人间相互救助的故事，而是将镜头伸向这故事的背后，力图以"上下求索"的精神，探寻普通人生命的意义。

张家是北京宣武区一个极普通的工人家庭。女儿出生于 1977 年，直到女儿 9 岁之前，这个工人之家一直都享受着平常而温馨的生活。在为女儿的肾移植手术签字前，父亲有这样一段回忆："她（女儿）跟我特别亲，我每天上班她总盼我早点回来，我回来的时候，她就跟小鸟似的，哎呀，可回来了，呼扇着胳膊就来了。"然而当小张琨长到 9 岁得了肾病，这种宁静欢乐的日子就再也不属于张家了。尤其是 4 年之后，小张琨的肾病转成了尿毒症，更把张家的生活"推进了冰窟窿"。确实，对于一个月收入不到千元的普通工人之家来说，每月用于透析的六七千元费用，无疑是一个天文数字。但张家支撑下来了，尽管有时脊梁都快累断了。

张家凭着什么，又是怎样挺过来的呢？这是《生命》一片调查的焦点之一，也是观众急于了解的、感兴趣的内容。《生命》的编导们也由此开始了对普通人生命意义的探寻之旅。疾病彻底改变了张家的生活，张家从"比上不足，比下有余"的人家，沦落成"乞丐家庭"（张父语）。自从女儿生病，张家父母就没再给自己添置过新衣服，开始透析后，全家更是被每年七万多块钱的医疗费用压得透不过气来。在借贷无门的时候，尤其是在几次接到女儿病危通知书，需要在抢救方案上签字的时候，张父张母真的感到自己的生活已经走进了绝境。但为了女儿的生命，他们从不轻言放弃。女儿已经懂事了，她不忍心再拖累父母，但父母却跟她说："只要我们还有口气，只要我们还有一点能力，我们就要你活着，好好地活着！"这话是鼓舞女儿与病魔斗争的动力源泉，也是日后张母决定捐肾救女的动力源泉。按一般的新闻价值判断准则，这件事跟每日每时发生在国内外的重大新闻事件相比，其本身似乎并无多大新闻价值和轰动效应。但《新闻调查》这个栏目的负责人不这样看，这一点我们从选题的顺利通过上就可以看出来。《生命》的编导们也不这样看。全新的与国际接轨的新闻理念使他们透过这个新闻事件的表面看到了背后，看到了这个小的新闻事件的深处所谕示着的生命及其情感应有的存在方式。在他们看来，这样的事发生在其他生活层面或其他特殊时空里或许并不为奇，但发生在张家这样的普通人家，发生在人们价值观念的转型时期，发生在一个疾声呼唤真情的年代，其新闻价值和社会价值已超越了事件本身，因此有必要也有责任把这种伟大的精神，这种崇高的、纯粹的人类情感挖掘出来，奉献给全社会，奉献给我们所生存的时代。

正是这一点，不仅博得了观众，还征服了国际电视节目评选机构专家们的心。在他们的心目中，不论以怎样的方式，一个纪实性的电视节目，只要它记录了真实的生活，记录了真实生活中真实的人生、真实的生命、真实的情感，并且所记录的内容对社会成员的成长和行为方式有启示和示范价值，那么这个节目就是值得推荐给社会公众的优秀节目。按这样的标准衡量，《生命》夺魁是当之无愧的。

《生命》成功的另一个重要原因，就是它对电视新闻节目的发展有所贡献。

这种贡献首先表现在选材的突破上。中央电视台新闻节目分工是比较明确的：《朝闻天下》、《新闻30分》、《新闻联播》承载的是消息报道；《东方时空·生活空间》以准记录片的方式记录社会生活；《东方时空·时空报道》、《焦点访谈》是以事件追踪和深度报道的形式把握社会热点新闻事件。最为不同的，就是《实话实说》和《新闻调查》。前者在嬉笑怒骂中体现电视新闻工作者的社会道德和新闻良知；后者则在事件的调查和记录中，完成着对"正在发生的历史"的纪录和对"新闻背后的新闻"的调查揭示这一神圣使命。分工明确对于CCTV实施新闻节目总体战略来说是必要的，但对于某一具体栏目来讲，势必会造成选材上的模式化和视野的褊狭。对此CCTV著名电视新闻节目主持人白岩松有清醒的认识，并提出了自己的见解和主张。他觉得作为一个国家领袖传媒的"重拳"，《新闻调查》的选材再不能过于脸谱化了，再不能只把表现重心单纯地放在"惩恶"或"扬善"上，而是应尽快探寻出"第三条道路"，将自己的镜头和思想焦点对准新闻事件中矛盾的交锋点，在社会生活、个体心理、时代观念的交叉点甚至是临界点上做节目做文章。

《生命》应算一次成功的尝试。单从大型电视新闻节目尤其是调查评论式电视新闻节目选题的角度来看，"母亲捐肾救女"并不是一个最优秀的选题，如果不是这样，编导们在报选题时就不会犹豫再三，决策层的领导也不会一再追问这个选题能不能把45分钟的节目"撑起来"。在我们的观众看过《泰坦尼克号》中的"舍命救情人"，《拯救大兵瑞恩》中的"炮火下的世纪超级拯救"后，人们担心我们的"母救女"的故事缺乏色彩、张力和感染力，是有一定道理的。但《生命》的编导们是睿智的。他们知道自己所抓的选题的优势何在。因此处理起来，除了抓住那些感人的细节把文章作足以外，便义无反顾地跃入矛盾的海洋里"冲浪"，而且大有"斩获"。被编导们捕捉、提炼并淋漓尽致地表现出来的那重重矛盾，比如家庭经济压力带来的矛盾、在挽救还是不挽救小张琨的生命这个根本问题上家庭成员及其亲友之间的矛盾，在决定由双亲捐肾救女，并最终决定由母亲捐献后，父亲的不安，母亲割肾带来的隐隐约约的惊恐和舍己救人的神圣感之间的矛盾，以及双亲之间不同的付出带来的心理上的矛盾，对于手术医学界不同见解之间的矛盾，手术后各方面那种期盼、希望、惊恐、希望不断变化的心情上的矛盾……正是这些矛盾，架构起了这部片子，也正是依靠这些矛盾，才抓住了观众的心，同时，也正是这些矛盾，让电视新闻节目的编导们眼睛为之一亮——原来用这样的材料也可以做出这么精彩的电视节目来！

《生命》的第二个贡献，是其对表现方式的探寻，为当前我国的调查评论式电视新闻节目作出了表率，探索了一条新路。在艺术表现上，《新闻调查》的路子已经很多，而且颇有一些成功的经验可供借鉴。但《生命》却宁愿走出自己的路子。如果说以往的比较成功的《新闻调查》节目，比如《流入境内的假钞》、《沉浮亚细亚》、《国企最大破产案》等，其成功点可以用一句话概括的话，那么这句话就一定是"分析得挺透彻的"。而《生命》除继承了"分析得挺透彻的"这一传统优点之外，还把故事讲得特别细致特别感人特别精彩，做到了在故事中调查，在调查里讲述。环环相扣的情节，起伏跌宕的悬念，有血有肉的细节，细致精辟的评论……所有这些，不仅彻底抓住了喜爱传统的文学性叙述方式的中国电视观众，就是国内外的文学批评家见了，也一定会被情节吸引。

《生命》还有一个贡献也很值得一提，这就是该片编导们对情感距离的控制和把握。"剔除电视新闻节目中的杂质"是当前电视新闻工作者的共识，人们越来越觉得电视新闻作品中虚假的素材、盲目的议论和泛爱式的煽情炒卖，与电视新闻良知和社会道德相违背，并且开始对此口诛笔伐。但是我们不应该由此就对电视新闻节目中所发表的议论和所注入的情感一概否定。剖析国内外成功的纪实性电视新闻作品，大凡成功者其表现内容一般都包含这样三个层面，即实际发生的新闻事实/新闻事实涉及的社会与时代精神观念/事实与精神观念所共同触发的方方面面的情感。《生命》在内容上一点不少地涵盖了上述三个层面，并且在任何一个层面都安排调度得非常妥帖有序。但我们在今天，或者是若干年后的人们，当大家想了解这个年代、这个国家、这个社会、这个家庭、这个家庭的三位成员、三位成员生命中的特殊时刻的时候，有谁会因为发现了出镜记者的几句议论，或编导注入在字里行间的一份情感，就觉得这里有假有杂质吗？

因此，问题的关键不在于片子里有没有观念或情感，而在于如何去控制和把握。作为生活中的自然人，《生命》编导们的情感是火热的，否则便可能对这样一个并不起眼的选题视而不见，听而不闻；作为电视新闻工作者，《生命》的编导们是尽职尽责的，否则他们也不会为这一选题而四处奔波，有时甚至要遭白眼，吃闭门羹；作为《生命》的创作者，编导们更是投入了整个身心，到后来，在手术刚刚结束的那段时间里，全组早上上班见面的第一句话居然不约而同地改成这样："怎么样，来尿了没有？"（术后张琨新肾工作还未正常）如此投入，情感不可谓不炽烈。但作为睿智的编导，却不允许让这种夹杂着个人因素的情感以原生态的形式进入作品中来。对于这样的编导来说，他们宁愿让他们选择的视点人物（叙述者）保持一副接近中立的"冷"面孔，也不愿意让他（她）在片中淌眼抹泪哭哭啼啼。编导要做的是一篇可以令所有观众动容并思索的大文章，要关注的是全国100万尿毒症患者，以及大于这个数目几倍、几十倍的亲人、热心人，甚至是透过这件事所体现出来的精神今后在社会上如何发扬光大的问题，因此片子注定要表现一种大情感，而不屑于煽情炒作。这也是为什么片中的出镜记者王志常常使用短句式，而每个字却显得那么势大力沉，有一种力透纸背的效果的根本原因。我们很难设想，如果把王志换成一个艺员型的主持人或出镜记者，让他（她）遇悲则哭，遇喜则笑，那么这部电视片将会是一个什么模样和效果。

对生命意义的探寻，使该片积极厚重；对题材、表现手段以及编创者情感距离控制与把握的探索，更为我国当前的调查评论式电视新闻节目的摄制趟出了一条新路。这是我们对《生命》的肯定。当然《生命》远没有达到完美的境界：其过于戏剧化的叙事策略和传统故事型的封闭式的结构方式，极大地限制了材料的广泛搜罗和结构表现上的空间；旁证视点人物的忽略，削弱了全片着力塑造的情感楷模的可信度和附着力；文字上的雕琢和篇章结构上的过于完美精致，反倒降低了电视新闻作品美学价值。而且，从总体上看，《生命》也没有达到像作家和学者麦天枢所期望的那样，他说："我希望《新闻调查》关心中国社会中发生的大事件，并成为这些大事件的记录、发现和系统性讲评人。"

但这只是白璧微瑕，《生命》毕竟是一部具有开创意义的优秀之作。

【附录】中山广播电视台大型电视纪录片
中山影杰·玉碎篇
（文稿）

【解说】1935年3月7日晚，上海新闸路沁园村九号的一座洋房里，一位当时最受观众喜爱的电影女明星在窗前痛苦地徘徊着，她就是被人称为"为电影而生的女人"——阮玲玉。此刻她正面临着人生最艰难的抉择，最后，她只留下一封充满谜团的遗书，黯然离开这个世界。第二天，她自杀身亡的消息立即震动了影坛，不久也震惊了全国。两天以后，阮玲玉的葬礼在上海万国殡仪馆举行，数万人赶来参加，灵车所到之处，人们自发地走上街头为一代影星送行。

【采访】秦怡　著名电影演员

"阮玲玉死了以后我们哭了有半个月，也不要上课了，要到殡仪馆去，结果学校不让我们去，小孩子还要罢课。"

【解说】阮玲玉，原名阮凤根，祖籍广东中山，出生在上海一个贫民家庭。小时候，阮玲玉最开心的就是跟着父亲去看家乡的粤剧,然后在自己家门口的弄堂里一招一式的模仿。也许就从这时候开始,艺术的萌芽在她幼小的心灵里悄然滋生了。然而,童年的快乐是短暂的,六岁的时候,她的父亲不幸病故。过早地缺失父爱,成为阮玲玉心灵深处一个永远无法弥补的创伤。

【解说】上海,这座世界知名的东方城市,被人叫做"冒险家的乐园",中国电影最早的繁荣就是从这里开始的。

【采访】陆弘石 电影史学家 电影频道节目中心副主任

"中国的早期电影其实是由两拨人、两个地域的精英分子共同奋斗完成了早期中国电影的历史。我说两拨人,一拨是宁波人,一拨是广东人,这两个地域的人出了很多华侨,他们干过很多以前的中国人没有干过的事情。所以我想可能就是这样一种文化性格,使得他们敢于非常早的来尝试中国电影工业和电影事业。"

【解说】贫困的家境令阮玲玉过早地经历了生活的苦难,却阻挡不了她对美好人生的追求。和当时多数城市里的女孩儿一样,阮玲玉也迷上了电影,不同的是,她决定投身于这个光影的世界。1926年,16岁的她报考了上海明星影业公司的演员,在填写报名表的时候,她临时为自己又起了一个新名字。她不会想到,这个名字后来会红遍大江南北,而且被永远载入电影史册。从这天起,人们开始叫她"阮玲玉",不久她就主演了处女作《挂名的夫妻》。

【采访】陈墨 中国电影艺术研究中心研究员

"她有一个 camera face,确实有一张为银幕而生的脸,她往那里一坐、往那里一站就有一种美感。"

【解说】在入行电影之后短短的两三年时间里,阮玲玉以惊人的速度主演了《北京杨贵妃》、《白云塔》、《情欲宝鉴》等多部电影,进一步显现出她明星的潜质。

【采访】钟大丰 北京电影学院教授

"她的整个表演和她为人处世的方式,都是很细腻的一个人。阮玲玉是早期中国电影中间少有的几个直接在电影中间成长起来的明星。"

【解说】但是,阮玲玉始终没有得到自己所在的明星公司的力捧。尚未成为一线明星的阮玲玉,只能够等待另一个更大的机会。不久,这样的一个机会来了。1930年,联华影业公司的前身——华北影业公司,开始筹拍电影《故都春梦》。这部电影的成败决定着公司未来的发展,所以女主角的人选就成为了一个众所瞩目的焦点,令人意想不到的是,导演孙瑜却把女主角的人选定格在了当时只是小有名气的阮玲玉身上,并由此开启了一个中国电影的"阮玲玉时代"。

【采访】陈墨 中国电影艺术研究中心研究员

"当时阮玲玉其实也非常年轻,才十八九岁,不到二十岁这样一个状态,非常年轻,但是触动了她自己这种沧桑隐痛,然后她可能把自己对生活的体验能够释放出来,所以她就能够成为一个新时代的明星,这个时候她开始闪光了。"

【解说】《故都春梦》让阮玲玉的表演天才得到一次难得的展示机会,影片轰动一时。

【采访】石川 上海大学影视艺术技术学院副教授

"孙瑜的电影体现的是一种新文化观念下的年轻人的生活方式，所以阮玲玉和金焰这两个人，他们马上就成为社会上这些新青年的偶像，健康的、时尚的她代表了一种新文化。"

【解说】在随后的两年里，阮玲玉在联华公司还主演了《桃花泣血记》、《恋爱与义务》、《一剪梅》、《玉堂春》等多部电影，这个时期的她已经具备了空前的明星号召力，是公司票房和声誉的有力保证。影迷将阮玲玉主演的电影列为每片必看。

【采访】秦怡　著名电影演员

"只要阮玲玉演的影片我都要去看，几乎阮玲玉的影片统统都看了。"

【解说】至此，电影为阮玲玉带来自信与尊严，带来了自立的能力，也给了她施展表演天赋的空间。但是，她却不会想到，电影还会给她的命运带来更大的改变。

【解说】1932年，上海面临日军的进攻，这一年，阮玲玉23岁。此时的上海，"左翼"文化运动方兴未艾，进步的思潮风起云涌，在一批进步导演的影响和帮助下，阮玲玉决定转变戏路、挑战自己，争演电影《三个摩登女性》中周淑珍这一角色。

【采访】陈墨　中国电影艺术研究中心研究员

"《三个摩登女性》当中那个工人的形象，一开始公司、导演和其他人，大家都怀疑，都不敢让她去演，是她自己争着要去演这个角色，她甚至立下军令状，说如果这个影片我演不好的话，如果要是赔钱或者演砸的话，我不要报酬，甚至我还可以拿出钱来，来作出一些赔偿，就是让人非常感动，所以大家最后还是让她去演。"

【解说】阮玲玉此前六年的电影演艺生涯中，一直出演的是娇媚、柔弱、逆来顺受的形象，而《三个摩登女性》中的周淑珍却是一个意志坚强、具有独立思想的女性形象。这次大胆的尝试，不仅为阮玲玉带来了更大的发展空间，还让她在艺术上取得了重大的突破。

【采访】李镇　中国电影史学者

"《三个摩登女性》显现了阮玲玉性格中的另一面，那就是一种不屈于命运的抗争精神，这种精神在阮玲玉后来的好多角色中都得到了延续和加强，这种转变恰恰和当时时代的进步要求再次合拍。"

【解说】就在阮玲玉朝着事业顶峰迈进的同时，她却陷入了个人生活的重重矛盾之中。从16岁开始，她就受到富家子弟张达民的哄骗，而且始终无法摆脱他的纠缠。1932年结识的情人唐季珊，同样是一个感情不专的商人。水银灯下她过着众星捧月的明星生活，灯火阑珊时，她却饱受孤独与屈辱。在她的内心深处，充满了对真爱的深切渴求，这种情绪也渗透到了她所扮演的角色当中，感情的纠葛并没有羁绊住阮玲玉在电影艺术上前进的脚步。1934年，她主演了堪称中国无声电影的最佳之作——《神女》，谱写了她电影生涯最华彩的篇章。在这部电影里，她饰演了一个沦为妓女的单身母亲，在她身上，妓女的风尘和母亲的身份交织在一起，影片令无数观众动容。

【采访】秦怡　著名电影演员

"我们有时候看了阮玲玉演的苦的戏，也跟着一块儿哭。"

【采访】钟大丰　北京电影学院教授

"她特别善于把生活中间的情感，生活中间的在面临困难、面临不同状态下的情感变化借鉴到影片的表达当中来。一上场，通过一系列的非常细致的动作，回家、脱鞋、抱孩子，把人物的生存状态和人物对孩子的情感非常有力地烘托出来，为整个剧情的发展奠定了很重要的基础。"

【解说】《神女》的导演吴永刚因此评价阮玲玉是"感光最快的胶片"。

【采访】李道新　北京大学艺术学院教授

"阮玲玉其实已经突破了简单的去完成导演使命的这样一个工作，而是把她自己的对于人生和电影的所有的体验，都运用到了她的人物形象的刻画上面，并且在很多表演上面，我觉得阮玲玉都已经达到了非常令人惊叹的高度。"

【解说】几十年以后，在香港著名导演关锦鹏、著名影星张曼玉领衔主演的影片《阮玲玉》中，还把《神女》里的经典片段进行了"原神"再现。可见，阮玲玉和她的《神女》，无论是对于观众还是电影家来说，都有着超越时空的影响力。

【采访】关锦鹏　香港著名导演

"我觉得阮玲玉不是一个绝顶漂亮的女人，但我相信她很懂得运用自己的肢体。特别是那个年代台词都没有的时候，完全是她的脸、她的肢体去呈现一个角色，我觉得这两方面都有她过人的天赋在里面。"

【解说】《新女性》，阮玲玉生前看到的自己主演的最后一部影片，也是中国电影默片时代的又一巅峰之作。这个时候，阮玲玉的电影不再仅仅是虚构的世界，而是将真实的自己带入了电影。

【采访】尹鸿　清华大学新闻与传播学院教授

"阮玲玉其实她的表演之所以被大家所称道，主要的一个原因是她对人物角色的气质的把握非常贴切，换句话说，其实她经常用自己的心、用自己的灵魂在演绎她的角色。所以反过来说，她的那些角色都带有强烈的她个人的色彩，但正因为有她非常强烈的个人色彩，所以就有更多她自己的体验性。"

【解说】这个时候，阮玲玉与张达民、唐季珊这两个男人的感情纠葛正愈演愈烈，以至于不得不对簿公堂，而这又成为无数无良记者追索的目标，关于她的流言飞语更如雪片般袭来。作为时代偶像、电影巨星，阮玲玉的命运再次遭遇空前挑战，直到今天，我们在赞叹《新女性》中她不可复制的演技的同时，我们还隐约地从中察觉到一种不祥的预兆，仿佛这部作品就是她命运的谶语。

【采访】陈墨　中国电影艺术研究中心研究员

"像《新女性》里演一个挣扎的状态，包括最后要服药，临死说'我要活'的那样一种状态，使人感觉那就是她自己，或者说她就是新女性这样一个角色，完全分不清楚她是在表演一样。"

【解说】综观阮玲玉人生历程，我们会有一个惊异的发现：现实生活中，她不得不隐藏自己的真情实感，甚至要扮演一些她不喜欢的"角色"；然而，在电影的世界里，她却能真实地活着，充分展现自我。

【解说】1935年3月7日晚，上海一座私人豪宅内，明星云集、高朋满座。这晚，一脸倦容的阮玲玉盛装出席，后来，在场的很多人回忆起当时阮玲玉一反常态的举止才猛然发现，她是在为自己的人生做着最后一次谢幕。

【字幕】1935 年 3 月 7 日晚，阮玲玉于寓所服毒自尽。

【解说】一代巨星香销玉殒，年仅 25 岁。

【字幕】1935 年 3 月下旬，阮玲玉主演的最后一部电影《国风》上映了……

【解说】阮玲玉，就这样在她生命最灿烂的时刻，将她的美丽连同梦想永远定格。如同烟花只把瞬间最绚丽的绽放留在了夜空中。巨星陨落了，流言消散了，时光流逝了。然而，阮玲玉的名字却依然熠熠生辉，她的传奇人生也留给后人无限的遐想和回忆。

【字幕】阮玲玉（1910—1935），一生从影九年，共主演了二十九部电影。

大型电视纪录片《中山影杰》简介

【采写经过】

在中国电影百年的流金岁月里，无数电影人留下了耀眼的足迹。但在早期中国电影的起步阶段，我们惊奇地发现，主要有两拨人在中国电影舞台上留下了鲜明的身影，一拨是广东人，一拨是江浙人。在广东人中间，又有许多中山人的面孔。于是，2006 年，拍摄《中山影杰》的策划开始进行。

在此后一年多的时间里，我们收集了大量中山籍电影人的文字资料，经过精心选择，确定以"一代影星"阮玲玉（表演领域）、"天之骄子"郑君里（表演、导演、电影理论领域）、中国电影摄影"开山之人"黄绍芬（摄影领域）、水墨动画片大师特伟（动画片领域）、"电影院大王"卢根（电影实业家）、香港著名导演吴思远（导演、监制领域）这六位影人作为创作对象。

2007 年 11 月，剧组启程。在四个多月的时间里，我们先后奔赴北京、天津、上海、广州、澳门、香港等地，走访了中国电影资料馆、中国电影博物馆、清华大学、北京大学、北京电影学院、中国传媒大学、上海电影制片厂、上海美术电影制片厂、香港电影资料馆等单位，采访的专家、学者多达四十人，还获得了许多非常珍贵的图片和文字资料，其中有些图片和资料，是第一次进行公开报道。尤其难得的是摄制组还对秦怡、张瑞芳、谢晋、王为一、钱千里、特伟等著名电影艺术家进行了专访。整个采访过程，我们几乎像是在刑侦破案，因为我们不得不从一个小小的线索开始分析，举一反三，穷追不舍，最后，在多方协助下，才找齐了所有的相关人员。

《中山影杰》讲述了阮玲玉等六位中山籍著名电影人在电影不同领域所作出的卓越贡献，而这些人在他们的作品中也折射出强烈的岭南文化特点。我们经过反复斟酌，决定在每集的片头，用一段粤剧来开篇。这段粤剧的唱词内容选自中山的古诗，古诗的内容也与该片的主人公的人生与个性有关，演唱者则选择著名粤剧表演艺术家"红线女"的入室弟子琼霞。片中，除了运用大量的图片和影像资料，对部分场景我们还采取了模拟拍摄的方法。

2008 年 9 月，《中山影杰》拍摄制作完成。

【播出反响】

《中山影杰》用电视文艺专题的方式全面而细致地讲述了阮玲玉等六位中国早期电影人的故事。节目播出以后，在观众以及爱好中国电影的人士当中，引起了强烈的反响，主要集中在三个方面：一是通过该片大家对阮玲玉等中国早期电影杰出人物有了全面的认知，被他们执著的追求艺术的毅力所震撼，而在他们跌宕起伏的人生故事中，人们看到了坚韧与不屈；二是片中丰富的历史影像资料给观众一种难得的视觉满足。例如，阮玲玉一生主演了29部电影，存留至今的拷贝只有6部，而在《中山影杰》——阮玲玉中，这6部电影的影像都有展示，所以说该片是对历史的一次深挖掘；三是编导运用多种手法使得该片对观众有较强的视觉吸引，比如"玲玉之死"，"阮玲玉童年的欢乐与痛楚"，"阮玲玉青年时的追求"等模拟片段的运用，让观众在故事中潜移默化地接受了人物命运的变迁由来。再比如片中把粤曲吟唱古诗作为序言的运用，也是大胆而细腻，不单让片子有了自身的特点，也让人感受到岭南文化在这些杰出人物身上的折射与暗合。

【作品评价】

全新探索百年中国电影史，可谓波澜壮阔，中山人的贡献在其中到底是哪一章、哪一页呢？电影史学家、电影频道节目中心副主任陆宏石先生说，中国电影早期的历史主要是由宁波人和广东人来完成的，（其中当然包括中山人）因为这两个地方很早就有人留洋海外，他们视野开阔，敢于创新，所以他们就敢于非常早的来尝试中国的电影工业和电影事业，所以可以说，《中山影杰》给中国电影提出了一个大胆的探索方向。

《中山影杰》讲述的是在电影不同领域取得辉煌成就的六位中山籍电影人，那么我们可以说，无论他们生在那里，无论他们走向何方，他们总是与岭南这块沃土血脉相连，他们的电影作品或者电影事业里，都有着鲜明的岭南人精神的印迹。我们的纪录片中就不能离开岭南文化这样一个精髓。粤剧的唱词内容选自中山的古诗，诗的内容也与该片主人公的人生经历或者个性有关。在非粤剧界人物电视文艺专题片中，较大篇幅运用粤曲，这是第一个尝试。第二个尝试是对于一些特殊场景，采取情景再现的模拟方式，片子由此也增强了故事性和艺术性。

本节目荣获2008年度广东省广播电视节目评比文艺专题类一等奖，广东鲁迅文艺奖一等奖。

主创人员——

撰　稿：李　镇
导　演：宋　璋　刘　珂　曾剑平
摄　像：林健荣　宋家宁
制　作：卢家强　吴祺禄
制　片：唐纪奎
制片人：高巍巍　赵晓文　伍学标

思考题：

1. 分析并学习撰写几种类型的电视专题片解说词。

2. 学习撰写并体会电视政论片解说词的写作要点。

3. 选一部电视专题片，试从编导艺术角度进行解析。

4. 试从摄像、撰稿、编导或后期制作角度解析一部当前具有代表性的电视纪录片。

第十章

综艺游戏类电视节目的创作与编导

本章提要

若从 20 世纪 50 年代末算起，我国电视文艺节目已经走过了整整半个世纪的历程；若从 20 世纪 70 年代末央视恢复春晚算起，综艺游戏类电视节目在中国也有 30 多年的历史了。但经历过随后十几年的黄金期后，在"一窝蜂"式的上马方式和反复"克隆"的编导思路摧残之下，这种节目形式俨然成了"鸡肋"。综艺游戏类电视节目到底怎么了？我们该怎么办？本章将从中国电视文艺节目发展历史、综艺游戏类节目的精神本源、电视综艺晚会导演的艺术把握、电视综艺晚会节目设计与创作、电视综艺晚会串联脚本的写作等方面，深入探索综艺游戏类节目的编导艺术及其误区与出路。

第一节　中国综艺游戏类电视节目溯源

只要打开电视机，我们每天就都会接触到电视文艺节目。那么，到底什么是电视文艺节目，在学术上该如何界定电视文艺节目呢？

所谓电视文艺节目，是以先进的电子技术为传播手段，以电视独特的声画造型为表现方式，运用艺术的审美思维，对各类文艺作品进行加工、综合、创造、传播，进而实现娱乐、教益和审美目的的电视节目形态。

电视文艺涵盖面很广，除了有广大观众喜闻乐见的电视剧之外，还有根据传统文学形式拍摄制作的电视小说、电视散文、电视报告文学、电视诗歌等。常见的则是专题文艺节目、专题文艺晚会、综合文艺晚会、各种文艺竞赛性节目，各具特色的电视文艺专栏节目和根据实况演出加工而成的各类文艺节目。如今，游戏类、休闲娱乐节目又加入到了电视文艺节目这一大家族，为中国电视文艺节目注入了新的活力，使得中国电视文艺节目更加生机勃勃。

一、我国电视文艺的初创期（1958—1965 年）

中国的电视事业起始于 1958 年。北京电视台（今中央电视台前身）于创建之初，便设立了专门负责文艺节目的文艺组。1958 年 5 月 1 日是北京电视台试播的第一天。这一天就有诗朗诵《工厂里来的三个姑娘》、舞蹈《四小天鹅舞》、《牧童和村姑》、《春江花月夜》等文艺节目。

1958 年 6 月 15 日，北京电视台播出了我国第一部电视剧《一口菜饼子》。1958 年 6 月 26 日，北京电视台进行了第一次剧场转播，充分发挥了电视即时传真的特性，让电视观众在同一时间内收看到了剧场演出的现场实况。当天转播的内容是革命残疾军人演出的一组文艺节目。此后如梅兰芳主演的《穆桂英挂帅》，尚小云主演的《双阳公主》，周信芳主演的《四进士》，都是通过剧场转播与广大观众见面的。从此，剧场文艺演出的转播成为当时电视文艺的主要形式之一。

1959 年国庆期间，北京电视台转播了前来参加演出的苏联芭蕾舞团表演的《天鹅湖》，乌兰诺娃主演的舞剧《吉赛尔》和《海峡》的片断。外国文艺从此成为中国电视文艺的一个组成部分。是年国庆，北京电视台第一次进行了大规模实况转播活动，让电视观众同步目睹与欣赏了天安门广场国庆十周年大型文艺晚会的盛况。1960年，北京电视台首次在演播室里排练，播出综合性春节文艺晚会，有诗朗诵、相声、戏曲、歌舞等，这就是后来流行的大型文艺晚会的雏形。这年，北京电视台新建了600平方米的演播室，演播条件和艺术加工能力有所进步，像小提琴协奏曲《梁山伯与祝英台》，在处理解说词、组接镜头和插接戏曲（越剧）影片片断等方面都作了十分有益的尝试和创新。

　　1964年12月底，北京电视台利用黑白录像机录制了常香玉主演的豫剧《朝阳沟》第二场和京剧《红灯记》中《智斗鸠山》一场。这是我国电视媒体第一次使用录像播出的文艺节目，标志着我国的电视文艺进入第二阶段，即从实况直播舞台演出向录像播出过渡。

　　我国的电视媒介从诞生之日起，在短短的八年间里，使中国电视文艺从无到有、从小到大，取得了很大的发展。不仅中央电视台的文艺节目崭露头角，地方电视台的文艺节目也初露锋芒，其中较为突出的上海电视台和广东电视台，其文艺节目的播出量都占节目总量的70%。在"文革"之前，广东电视台播出电视剧40多部，上海电视台播出39部，仅次于当时北京电视台的70多部。

二、我国电视文艺的停滞期（1966—1976年）

　　"文化大革命"首先从文化界开刀，电视文艺这一稚嫩的事业自然首当其冲，成为重灾区。在"四人帮"文化专制主义的统治下，只有一家独鸣、一花独放。电视文艺的发展受到极大的破坏，充斥屏幕的是样板戏、语录歌、"文革"节目及偶尔播放的一些带较浓政治色彩的外国文艺节目。

　　1967年5月23日，北京电视台直播了《首都纪念毛泽东〈在延安文艺座谈会上的讲话〉发表25周年大会》。在纪念活动期间，京剧《红灯记》、《奇袭白虎团》、《智取威虎山》、《海港》、《白毛女》、交响乐《沙家浜》等八个样板戏同时在首都各大剧场、舞团演出，电视台相继播映，从此电视台几乎每天播放"样板戏"，开始了中国文艺的"样板戏"年代。

　　十年浩劫期间，国外电视业迅猛发展，电视文艺也非常活跃，而国内的电视文艺却一片荒芜，甚至发生了倒退。但出于一定政治需要而进行的电视事业建设和技术更新，毕竟使我国的电视事业获得了几项收获，如覆盖面的扩大，彩色电视的试播等。

三、我国电视文艺的复苏期（1977—1978年）

　　粉碎"四人帮"以后，我国的社会政治形势发生了巨大变化，长期被禁锢的电视文艺也呈出欣欣向荣的景象。歌颂老一辈无产阶级革命家和庆祝粉碎"四人帮"的节目如雨后春笋，一批长期受到禁锢的传统剧目重放异彩，一些新形式的电视文艺也涌现出来。

1976年12月21日，北京电视台直播了《诗刊》编辑部主办的诗歌朗诵音乐会实况。在复苏期内，这类文艺节目政治色彩浓厚，符合当时的时代背景和人民需要，大多采用诗歌朗诵、独唱等直抒胸臆的艺术形式，深受观众欢迎。思想的解放，禁锢的逐渐破除，使这一时期的电视文艺走上了复苏之路。恢复播映丰富多彩文艺节目和各种形式的艺术作品，满足广大人民文化生活的多方面需求，是这一时期电视文艺的一大特色。

1978年2月6日，北京电视台为观众举办了粉碎"四人帮"后的第一次春节联欢晚会，播送到凌晨1时左右。1978年4月，"文革"后第一部国产彩色电视剧《三家亲》播出，它标志着我国电视剧事业的新生。1978年5月1日，北京电视台正式改名为中央电视台，英文缩写为CCTV。

另外，在电视文艺的复苏期，也出现了标志我国电视文艺转型的萌芽。1977年5月23日，北京电视台（中央电视台）开办《文化生活》栏目。尽管它在当时还不太引人注目，但它与此前的电视文艺节目相比较，明显地具有更多的艺术性、知识性、欣赏性和趣味性。更重要的是，它标志着电视文艺自制节目的新起点。1979年1月，中央电视台又开办了《外国文艺》专栏，介绍外国各种优秀文艺节目。

1978年，党的十一届三中全会召开，标志着中国社会发生了根本变化。电视文艺的春天到了。

四、我国电视文艺的发展、兴旺期（1979—1999年）

1979年对电视文艺来说，是不平常的一年。从1979年开始，电视事业的发展步伐大大加快了，开始迈入高速发展和兴旺的时期。时代要求电视文艺为改革开放服务、为广大观众服务，坚持"自己走路"的方针，充分发挥电视媒体自身的特点，"扬独家之优势，汇天下之精华"，促使电视文艺真正站立起来。因此1981年的电视文艺节目，开始充满亲情与欢乐。

在中央电视台带动下，地方电视文艺发展势头也很猛。早在1981年元旦，广东电视台就开办了大型文艺专栏《万紫千红》，同时又推出《百花园》。1984年上海电视台开办了《大世界》和《大舞台》两个著名栏目，而其他地方台也先后推出了许多好的文艺栏目。

一年一度的春节联欢晚会可以说是兴旺发达中的中国电视文艺的标志。从1983年黄一鹤、邓在军执导的第一届大型春节联欢晚会开始，经过其后从中央到地方多年持续不懈的努力，使它具有深远的社会影响和广泛的国际知名度，成为中国人民过年时必不可少的文化消费活动和新年俗，并成为全世界华人沟通民族感情，寄托乡思的纽带。

这时期中国电视文艺还出现了诸多新的电视文艺形式，电视荧屏上充满了探索精神。电视艺术片在充分体现电视艺术的创作规律，体现电视化特点的同时，将多种艺术样式：文学、戏剧、音乐、舞蹈、绘画、摄影等融合在一起，创造出独特的意境，成为发展兴旺期电视文艺中又一引人注目的形式。它已成为在电视中表现与探索中国民族风情、民族艺术、民族精神的一种极具潜力的形式。电视文学节目也在兴起，电视小说、电视散文、电视诗歌、电视报告文学等新形式都有积极的尝试。

电视文艺发展兴旺期的最令人关注的现象是电视剧的飞速发展。1978 年是中国电视剧的复苏年，中央电视台播出了《三家亲》等八部电视剧。1979年，为了加速发展电视剧，在第一次全国电视节目会议上，中央广播事业局建议各地电视台凡有条件者都可制作电视剧。

在中国电视剧发展史上，最先崭露头角的是单本剧。但单本剧的繁荣好景不长，到 20 世纪 80 年代中期，电视连续剧创作趋于成熟之际，单本剧也跌入低谷。

1980 年，中央电视台拍摄了中国第一部电视连续剧《敌营十八年》。我国电视连续剧创作的真正发展则始于 1982 年。这一年涌现了《蹉跎岁月》、《鲁迅》、《武松》等优秀作品。

进入 20 世纪 90 年代，中国的电视文艺日趋成熟。1990 年，中央电视台推出了综艺栏目《综艺大观》和《正大综艺》。它们以全新的样式，丰富多彩的内容，加上吸引观众参与的创作手法和现场直播的效果，引起了观众的普遍关注，并带起了一股兴办综艺栏目的热潮。与此同时，文艺节目栏目化的趋势仍在进一步发展，除综艺栏目外，专题性栏目也在不断增多。中央电视台在20 世纪 90 年代新设的文艺专栏还有《中国音乐电视》、《环球 45’》、《美术星空》、《读书时间》、《文化视点》等。文艺节目专栏化，能在固定时间里，以特定内容、形式吸引稳定的观众层，代表当代电视的一种发展趋势。

1991 年，中央三台联合举办的第二届民乐展播和《风雨同舟情暖人间》赈灾义演、中央电视台播出的大型文艺节目《拥抱太阳》、《全国中青年京剧演员电视大赛》和春节晚会等，鲜明地表现了时代精神，弘扬了民族文化，具有强烈的艺术感染力。1993 年 12 月 26 日，是毛泽东诞辰 100 周年，全国各家电视台举办了大量电视文艺晚会，拍摄了大量电视文艺节目，如中央电视台的大型文艺晚会《人民领袖毛泽东》、大型专题文艺晚会《毛泽东诗词京剧演唱会》。1994 年，中央电视台在其春节晚会的总体设计上比往年有了新的突破，首次在三个频道分别播出"春节联欢晚会"、"春节戏曲晚会"和"春节音乐歌舞晚会"。

在举国欢庆香港回归之际，中央电视台于 1997 年 7 月 2 日在人民大会堂现场直播了大型文艺晚会《回归颂》，把庆回归活动推向了高潮。

综观 20 世纪 90 年代，大量风格迥异的电视文艺晚会陆续涌现，体现了这一现代艺术形式走向成熟。但在受到观众喜爱的同时，它也面临着如何求新、求变的问题。

在电视剧方面，20 世纪 90 年代是长篇电视连续剧取得巨大成绩的年代。1991 年，北京电视艺术中心拍摄的长篇连续剧《渴望》引起了全国性的轰动。一时间"《渴望》现象"、"刘慧芳现象"成为专家和老百姓口中的时髦名词。接着，北京电视艺术中心接连推出《编辑部的故事》、《北京人在纽约》，都获得极大成功。中央电视台在 20 世纪 90 年代的长篇电视剧创作上也取得了丰收，如《三国演义》、《咱爸咱妈》、《九一八大案纪实》、《苍天在上》、《水浒传》等精品大量涌现。

20 世纪 90 年代的电视剧创作不仅仅是数量的简单增加，创作者们开始自觉追求更富电视特点的电视剧模式，其中最有影响的大概是室内剧的兴起。《渴望》是我国第一部主要在摄影棚内表演、多机拍摄、同时切换、同期录音的电视剧，即较为标准的"室内剧"。它的成功引来了一大批追随者，如《编辑部的故事》、《爱你没商量》、《皇城根儿》、《海马歌舞厅》、《我爱我家》、《新七十二家房客》等。

总之，20 世纪 90 年代的电视连续剧创作进入了全面繁荣时期，各种题材、各种模式、各种观念的连续剧异彩纷呈。它们的通俗化、大众化、商业化性质得到了充分重视。但也出现了大量平庸之作。随着近两年来电视剧的某种程度的滑坡，对精品的呼唤已成了大部分创作者的共识。

在 20 世纪 90 年代，我国电视文艺的大家庭内还出现了一个全新的成员，并迅速风靡荧屏，它就是音乐电视，英文简称 MTV。音乐电视创始于美国，后迅速风行欧亚，于 20 世纪 90 年代末传入我国，并迅速开花结果。

20 世纪 90 年代电视义艺的全面繁荣还体现在中央电视台两大新频道的开播。中央电视台电影频道于 1995 年 11 月 30 日开播，它以弘扬中国电影文化为宗旨，以为全国影视观众提供丰富的精神食粮为目的，电影频道每天播出 8 部不同时代、不同风格的中外优秀故事片及国内外各类优秀短片和美术片。在同一时间，中央电视台文艺频道也正式开播。这标志着中国电视文艺一个新的时代的到来。20 世纪 90 年代中后期电视文艺依照中央领导"深入基层，深入群众"的批示精神和中央关于"文化下乡，深入基层"的要求，中央电视台于 1996 年上半年成立了"心连心艺术团"，并随之深入到农村革命老区、工厂、学校、部队等进行了一系列慰问演出，产生了很好的社会效益，在观众中引起了强烈反响，受到社会各界的普遍欢迎和好评。

五、我国电视文艺的多元发展期（1999 年至今）

中国的电视文艺在新世纪到来前，开始进入深层次的多元发展时期。

电视节目频道化和电视频道专业化给我国的电视文艺发展带来了深刻的影响。在电影频道和文艺频道初战告捷后，中央电视台在电视频道专业化的进程中迈出了新的步伐——在已有两个频道的基础上，又开办了电视剧频道（CCTV - 8）和戏曲频道（CCTV - 11）。这两个专业频道的加盟，加之 CCTV - 1 和 CCTV - 2 两大频道及各省卫视以各自品牌性综艺类、游戏类或益智类节目定期助威，使得中国电视文艺节目在经历了漫长的萌芽、探索和繁荣兴旺时期之后，在这一阶段里出现了新气象、新趋势。

进入 21 世纪以来，由于高科技的大量引入、传播的网络化和娱乐选择的多元化，以及观众对于娱乐性与参与性的要求，传统的电视文艺节目，尤其是综艺类文艺节目受到空前的挑战：一方面，观众期待传统综艺类电视文艺节目能有新突破，能跟上时代的新发展；另一方面，一些新的电视文艺节目形式不断涌现，并很快火爆起来，如游戏类节目、新益智类节目、休闲谈话类节目等等，都给传统的电视文艺节目带来了极大的冲击和影响。同时，由境外引进的生存体验类的"真人秀节目"和"大众竞赛型节目"也切去了中国电视文艺节目传统节目市场很大一块蛋糕。

这一切，对电视观众来说都是好事；对我们从事电视文艺节目策划、创作与编导的从业人员来说则是应该紧紧抓住的机遇。

第二节 综艺游戏类电视节目的生命本源

仿佛是为了验证"电视是一种'速朽'的艺术"这一沉重的现代谶语，中国电视综艺类节目在一度创下高达 70% ～80% 的全国收视率，并在短短的一两年时间便发展成为中华民族新节日民俗之后，遭遇了来自包括观众在内的方方面面的挑战，以至如何生存与发展成了当前中国电视文艺节目压倒一切的首要议题。以春晚来说，现在仿佛已走进了电视媒体"办也挨骂，不办也挨骂"和观众"边看边骂，边骂边看"的怪圈。但其传播力仍是没人可以小视的，2009年春晚使小沈阳和刘谦一夜成名甚至大红大紫就是最好的例证。

造成这种局面的原因很多。限于篇幅，本节仅把注意力集中在电视综艺晚会与人的精神这一论题上。

一、本体特性辨析

（一）综艺游戏类节目与综艺节目的异同

所谓"综艺"，是"综合文艺"的简称，也有人认为其全称应是"综合游艺"，它的显著特点是集音乐、舞蹈、游戏、故事、笑话、问答等以及观众表演于一体，组合自由灵活，节目形态多样。电视综艺节目可以说是各类播出节目中一个重要的组成部分，也是观众最多、收视率最高的节目时段。

电视综艺节目发展到20世纪90年代，在它自身的基础上发展而不断演变、分化，出现一种新型的电视综艺节目，称其为综艺游戏节目。这种所谓的新型电视综艺节目就是当前荧屏上出现的以娱乐大众为宗旨，由主持人、明星、观众三方参与，并用以主持人为主的三方之间的语言交流为串联方式，将游戏、综艺、竞赛、博彩四大构成元素联结起来的综合性电视节目。

综艺游戏节目是综艺节目发展起来的一种新形式，但它不等同于综艺节目，二者间主要有四个方面的区别：

第一，宗旨不同。以中央电视台《综艺大观》为代表的综艺节目内容大多是主题式的，与主题晚会一样有"寓教于乐"的目的，娱乐只是一种手段，更多的是为了让观众接受教育。而综艺游戏类节目则不然，它没有多少主题承载，没有太多的教化目的，以逗乐为目的，为娱乐而娱乐，本身没有综艺节目太多的思想教育包袱，轻松愉快，回归人的天性。即使综艺游戏也存在着一些类似有主题的游戏，但就其游戏本身的目的来说是纯粹的快乐，如广州电视台周末综艺游戏节目《幸运小飞飞》的一期是有"战争和平"的主题，但游戏却是明星看战争电影片段后模仿其中的表演再加以自己的发挥，把电影改编得面目全非，以逗观众笑。

第二，内容不同。综艺节目承载教化功能，内容构成基本上是歌、舞、相声、小品、诗朗诵等，而游戏成分大多数只为了调节气氛。综艺游戏节目从头至尾都在做游戏，文艺表演只是嘉宾展露自我才华的一个组成部分。另外，综艺节目的主角是嘉宾、演员，观众偶尔也会充当配角（如有时也邀请观众一起玩游戏），这种配角仅仅是衬托；而综艺游戏节目的主角是平民，平民的参与性在这里大大地加强了，他们成了节目的主要参与者，像《欢乐总动员》、《快乐大本营》和《假日总动员》等，节目的主体基本上是普通观众。

第三，传播方式不同。综艺节目的传播方式基本上是我播你看的传播模式，主持人、演员、观众之间缺少融为一体的交流；而综艺游戏节目加入了更多的人际传播成分，主持人、嘉宾、现场观众、场外观众能自始至终处在互动之中。在这种节目中，主持人、嘉宾、现场甚至场外观众都是参与者、表演者，在今天的《快乐大本营》里，有时主持人——"快乐家族"的"戏份"甚至远远超出了表演嘉宾。

第四，运作方式不同。综艺节目一般是主办单位投资，很少考虑商业目的；而综艺游戏类节目的商业运作成分较多。

（二）综艺游戏类节目本体特性识别

综艺游戏类节目之所以火爆有其深刻的社会背景，与其本质特性息息相关。电视综艺游戏类节目具有以下几个方面的本质特性：

1. 综合性

综艺游戏具有综合性特征，它包含了各类文艺的精华，又比综艺节目更集中、更浓缩、更直接。它的游戏或多或少地综合了国内外各类游戏的精华，加以改进、创新，形成自己独具特色的游戏，同时或多或少巧妙地运用有声语言（如配乐、唱歌等）和肢体语言（如舞蹈、形体运动等），进行有机的结合，达到游戏的效果，这种综合常常能让游戏锦上添花。例如几年前广东卫视的《欢乐有约》曾经有一个节目——听歌辨歌，请一个外国人戴着耳机，嘴里哼哼曲调，参与游戏者就要在最短的时间里抢先猜出歌名，当然这些歌都是一些耳熟能详的歌，但经外国人的喃喃自语便较难分辨了。

2. 包装性

综艺游戏节目是通过编导人员的艺术构思，运用各种先进的电视技术手段，凭借主持人卓越的个人魅力和引领，将各种现有的游戏节目进行全方位的包装而形成的新鲜、健康、活泼而富有现代感的电视综艺游戏节目。

3. 参与性

电视的传播共性决定了电视综艺游戏类节目的参与性。有些综艺游戏类节目让观众直接参与到节目中来，形成了屏幕内外情感交融的氛围。像《快乐大本营》、《周末乐翻天》、《周末大赢家》等综艺游戏类节目的收视率扶摇直上，这不仅是因为节目好看、耐看，迎合绝大部分观众的收视心理，还因为屏幕内外观众的积极参与。

4. 平民化

当前的综艺游戏节目越来越趋向于平民化，观众不光是在欣赏，更多的是在参与。一部热线电话把场内外联系在一起，使电视演播空间大大地扩展了。观众实际上融入了节目的全过程，每个人都是演员，这样的节目最大限度地发挥了电视的特点，使电视这个大众传播媒体在传播过程中更多地加入了人际传播的成分，大家都是表演者，而不是只能欣赏他人表演的"看客"。这一点在风靡全国的《我爱记歌词》、《挑战麦克风》一类节目里表现得最为充分。

5. 竞争性

无论是什么样的综艺游戏节目都具有竞争性，没有竞争性的娱乐节目就不会有太长的生命力。即使是纯属个人性的娱乐如电子游戏等也具有竞争性，只不过它体现的是自我竞争、自我挑战、自我超越。大众参与的综艺游戏类节目只有具有竞争性，观众参与才能一浪高过一浪，气氛才能热烈，场面才能火爆，也才能使参与者的精神得到愉悦，身心得到放松。

6. 商业化

庞大的参与群众、较高的收视率、良好的传播效果，恰恰与广告商"最大受众，最佳效果"的追求相吻合，因此，电视综艺游戏节目正逐渐成为商家和广告商进行广告投放的极好时段和地点，这就使电视综艺游戏节目具有越来越浓的商业化气息。湖南电视台的《超级女声》办得如火如荼，但论起最后的赢家，如果说湖南电视台是赢家的话，那么蒙牛就应该是大赢家了。

7. 新奇性

综艺游戏节目的新奇性主要表现在以下三个方面：一是参与群体的新奇，新就是不断变换参与的观众，奇就是注意吸引有特点、有个性、与众不同、卓然出众的人参与；二是内容的新奇，即内容要具备知识性、趣味性，能开阔眼界，能陶冶性情；三是形式的新奇，要不断变换娱乐的形式，以新颖奇特的形式吸引观众的参加。

二、电视综艺晚会及游戏类节目的使命

电视综艺晚会既然是在当代社会现实生活中生产出来的一种精神产品，那么它就必然要蕴涵着人的精神，同时还必须通过自己的种种努力，承担起树立新时期里人的精神的历史的和社会的使命。

虽然作为一个独立的艺术门类，电视综艺晚会的历史短得甚至有些让人觉得"可怜"，但它所赖以产生的其他艺术形式，如电影、话剧、戏曲、曲艺、歌舞等，尤其是文学，却有着较为深厚的历史渊源和"文以载道"、"树言树德树人"的历史传统。当这些艺术形式本身被电视综艺晚会借鉴、移植、融

化、吸收以后，这种渊源和传统也必然同时被电视综艺晚会之所吸纳和传承。这是电视综艺晚会必然要具有人的精神的原因之一。而当我们把目光聚焦在电视综艺晚会得以诞生的 20 世纪 70 年代末和 80 年代初时，我们就会轻而易举地发现，电视综艺晚会之所以会积极主动地承担起重树人的精神的使命的另外一个重要原因，就是在社会动乱之后，人的社会意识和各种艺术形式自我意识的觉醒，使其有能力并愿意承担起重树人的信仰，再建人的精神的社会的、历史的责任。而且，如果我们将电视综艺晚会与其他单纯的艺术形式如歌舞、曲艺、绘画、雕塑等相比的话，我们就会发现，它还因其自身思想与艺术上的特长，而将各项使命完成得更加出色更加完美。这一点我们从中央电视台连续十几年的春节联欢晚会、文化部和公安部近年举办的春节文艺晚会中都可以找到有力的例证。

至此，我们应该探讨一下什么是人的精神。其实我们这里所说的人的精神，是指一个国家、一个社会或一个民族在历史发展过程中，所积淀下来的并不断传承和发展的进步的思想观念、高尚的道德情操、健康的内心情感和强烈的社会意识。这种人的精神，对社会来说，它是推动社会进步的一种动力；对社会成员来说，它是构筑一个人的精神世界的基石；而对以人为表现对象和服务对象的电视综艺晚会来说，它的意义就更加重大——它与艺术精神一起，共同构成电视综艺晚会的灵魂和脊梁。

三、电视综艺晚会的灵魂

近 20 年的创作实践已经证明：当电视综艺晚会把彰显和建树人的精神作为灵魂来抓的时候，创作活动就会趋向于成功；但在具体创作活动中，又不能把人的精神简单地等同于电视综艺晚会的主题。

曾有人不无刻薄地追问电视综艺晚会：百年之后，当所有的艺术形式都聚到一起清点自己的成果的时候，你能拿出传世之作吗？如果我们把它当作一种恨铁不成钢式的忧患之语，那么这种忧患是有其道理的：达·芬奇的一幅《蒙娜丽莎》，虽历经千年却仍摄人魂魄、魅力永在；罗中立的一幅《父亲》，虽已时过境迁，但今天看来仍具有震撼灵魂的力量；而小说《红楼梦》和话剧《茶馆》，虽然表现的不外是一群少男少女的故事和大时代背景下的一出小悲剧，但它们却因其出色的艺术表现和深刻的思想内涵而被誉为社会的百科全书和时代的缩影。即使是电视综艺晚会的至亲——电视剧或电视纪录片，它们也因或艺术化地或原生态地表现和记录了社会生活和时代精神而在当代人类艺术史上占据了一席之地。而当我们回头再看凝聚了更多的人的智慧和汗水，并借助最现代化传媒手段加以呈现和传播的电视综艺晚会的时候，却发现它们大多数由于缺乏人的精神或在人的精神的表现上出现偏差，而只能充当如过眼云烟一般的"速朽"之作。因此，在这种意义上来说，现在已经到了我们把人的精神提升到电视综艺晚会的决定性、根本性因素来认识和把握的时候了。

电视综艺晚会业内人士和研究者们对中央电视台1984年春节联欢晚会所取得的辉煌至今仍津津乐道，并公认它为中国电视综艺晚会第一个巅峰之作。那么这台晚会成功的原因何在呢？直播形式的采用，演员的大胆选择，节目的精心锤炼，甚至当年人们文化生活的匮乏，都应被视为成功的原因之一，但更主要的原因，则应归之于晚会主题的确立及其中多种电视文艺节目内核深处丰厚的人的精神与时代精神、时代氛围的高度契合。原中央电视台副台长洪民生说："从1984年起，春节晚会开始注重制定明确的主题思想，一直沿袭至今，实践证明：凡是能充分体现主题的就成功，凡是跑了题的就失败，表现不充分的就显得平淡，主题就是晚会的基调和灵魂，它的确定不是个人的随意性，而是要经过广泛地听取观众和专家的意见，既要有浓烈的民族传统节日气氛，又要把晚会放在宏观的时代背景上去立意深化。"根据台领导的这种明确指示，晚会的策划班子确定了"爱国、统一、团结"的六字主题。在这六字主题当中，如果说"爱国"是长期以来我国各种艺术创作永恒的主题的话，那么"统一"和"团结"则是在深刻的、现实的社会背景下提出来的，是全社会注意力的集中点所在。当时的中国社会有两件大事都正在进行：一是迎接中英双方关于香港问题联合声明的签署，进一步宣传邓小平同志提出的"一国两制"的伟大构想；另一件大事是当时社会上正在开展清除精神污染的活动。在这样的背景下，为晚会提炼出"爱国、统一、团结"的主题，应该说是非常恰当和富有智慧的。尤其是"统一"与"团结"的提出，前者仅仅抓住了民族情感，而后者则是当时中国社会民心所向。因此，在这样的主题笼罩下的晚会，不但抓住了国人的视线与情感，而且牵动了海外游子的心。而同样由黄一鹤执导的中央电视台1985年春节联欢晚会，虽然主题也定为"团结、奋进、活泼、欢快"，但在操作中，由于主题思想与节目形式、艺术表现之间的严重失衡，导致人的形象表现和人的精神的凸现双重受阻，因此使这台晚会的社会反响差到了极点。确实，一台为亿万观众所瞩目的春节联欢晚会，却既缺乏艺术光彩，又缺乏人的精神，如果成功倒真的奇怪了。

由此我们可以看到艺术精神和人的精神对于电视综艺晚会的至关重要的作用。但我们必须指出的是，人的精神对于电视综艺晚会来说作用虽然重要，我们却不应简单地把它等同于综艺晚会的主题。它贯穿于综艺晚会的每一个环节，比主题更为宽泛；它往往要具象化为一个个节目、一个个形象，渗透在一段段旋律、一句句台词，甚至在演员表演的一招一式中。我们仍以中央电视台

1984 年春节联欢晚会为例。这台晚会所设计的贯穿晚会始终的鲜明的爱国主义情感，团结奋进、昂扬向上的时代精神，以及浓浓的乡情、亲情，都不是空泛的表白、空洞的说教，而是自然地渗透在从单个节目到具体串联，甚至是灯光舞美的每一个环节及晚会要素上，如殷秀梅的歌曲《幸福在哪里》、于淑珍的《我们的生活充满阳光》、蒋大为的《要问我们想什么》、李谷一的《难忘今宵》，马季、姜昆等人的相声，方荣翔等人的京剧，阖家围坐的茶座式结构方式，黄阿原、黄植诚、李大维等回归明星构成的晚会情感动情点、反差点的精心设计……可以说，在弘扬时代主旋律和凸显人的精神上，这台晚会堪称典范之作。十几年后的 1997 年中央电视台春节联欢晚会，其主题定位为"团结、自豪、奋进的中国人"。具象为一个个节目和环节，则有开场歌舞《大团圆》、刘欢和蒋中一的《手挽手心连心》、那英的《青青世界》、宋祖英的《真情永远》、董文华的《春天的故事》、赵本山的《红高粱模特队》、孙国庆和彭羚等人的《公元一九九七》等。这些节目，不但展现了"团结、自豪、奋进的中国人"的形象，而且彰显和渲染了中国人的精神。对观众来说，以综艺节目为载体传达的这种精神的感染力其实是最难抗拒的。

四、人的精神与艺术的精神

要想用人的精神和艺术精神共同支撑起电视综艺晚会大厦，编创人员就必须具有辨析人的精神的能力，就必须具备将人的精神转换成节目要素的本领与技能，同时还要善于把握贯穿、渗透人的精神于电视综艺晚会之中时的尺度和力度。我们在这里一再强调不要把人的精神简单地等同于电视综艺晚会的主题，同时要求编创人员必须予以明确辨析，其实也就是要求大家对人的精神在综艺晚会中的下面几种实质性的表现有一个充分的认识：

首先，电视综艺晚会中的人的精神，是人类普遍思想、情感的一种延伸。团结、爱国、进取是一个国家、一个民族、一个社会赖以发展进步的基本思想。因此，在电视综艺晚会中，就应基于时代特性、社会特性，加以大力弘扬、充分地延伸和表现。否则晚会就将缺乏自己的"根"，构不成应有的厚度，也形不成应有的力度。审视十几年来中央电视台春节晚会，几乎没有哪一次不把"欢乐、团结、奋进、向上"作为基本主题和要建立的人的精神的基本内容。作为央视最资深的春晚导演，黄一鹤在接受采访时明确指出："春晚的本质是人心的碰撞和交流。""每到春节的时候，不管是火车、飞机、水上陆上，都有一亿多中国人要赶回家团圆。"黄一鹤还指出："世界上任何一个国家都没有这么大的亲情号召力。如果不重视中国人的这种亲情，春晚就没有立足之地。春晚应该让大家感到骨肉团圆，要让人民感到春晚是他们自己的晚会，而不单单是看演员美不美，穿得好看不好看。为什么1983年春晚后人们都争先恐后地点播《乡恋》那首歌呢？因为那首歌传达了人们的亲情。如果一个晚会能把这种人心抓住，人们怎么会不喜欢呢？说穿了，春节晚会是人性真情的留恋。"① 而这种真情，这种爱，不论是世间大爱还是人间小爱，都一直是央视春晚永恒的主题，从当年韦唯高唱《爱的奉献》到2009春晚对南方冰灾、汶川地震的反映，都可以看作是爱的情感的艺术化延伸。

其次，电视综艺晚会中人的精神是社会先进道德观念的一种延伸。处在社会主义初级阶段的中国，处在改革开放年代的中国，处在新旧世纪之交的中国，其社会道德观念是有其特殊性的——浮躁者有之，沉沦者有之，但其主旋律仍是中华民族传统美德和社会主义道德观念的一种完美的结合。电视综艺晚会的编创人员应以综艺晚会这种现代电视艺术形式作为工具或武器，甘愿并虔诚地承担起现代社会道德"守望者"的义务和职责。这方面，晚会中的语言类节目往往是最理想的载体。1996年中央电视台春节联欢晚会上有一个京、陕、沪三地演员异地同演一个故事的小品，至今还给人留有印象。小品的情节非常简单，概括起来就是：当地的一对夫妇捡到了外地人的钱包，他们会怎么办？由于小品演员选择恰当，表演到位，加之夸张、凸显了当地的民风民性，因此喜剧效果非常突出。但如果我们的认识仅仅停留在这个小品"搞笑"的成功上，那么未免有买椟还珠之嫌。其实在这个小品的喜剧表层之下，我们应该很容易发现它深沉厚重的民族传统美德的层面。多年来春晚上不可缺少的"赵—巩系列"代表作《如此包装》、《打工奇遇》和《老将出马》，"黄宏系列"的代表作《鞋钉》、《打气》，"本山系列"的《老拜年》、《牛大叔提干》、《三鞭子》、《红高粱模特队》等，尤其是近年来的本山"忽悠系列"，这些节目在各种表象之下，无不渗透着道德意味，只是表现起来有的深重，有的浅淡，却都承载着道德内涵，这正是为什么相声和小品一直在综艺晚会中唱主角的一个重要原因。

最后，电视综艺晚会中人的精神还是民族普遍情感的一种延伸。春节是我国传统的民族节日，电视联欢晚会要适应人们在春节期间"团聚、欢乐、希望"的心理需要。正是基于此，原广电部党委才为1986年的中央电视台春节联欢晚会规定了"团结、奋进、欢乐、多彩"的基本主题。而1995年的中央电视台春节联欢晚会，其策划者和决策者则把主题定位为"家庭的团聚，各民族的汇聚，炎黄子孙的凝聚"（亲情、友情、爱情）。1998年中央电视台春节联欢晚会的主题是这样一句话："中华民族春节大团圆，万众一心迈向新世

---

① http：//www.chinanews.com.cn/yl/yrmt/news/2006/09 - 13/789159.shtml

纪。"从这些不同时期、不同编创人员、不同社会氛围里提出的春节联欢晚会主题里，我们不难看出其中普遍的民族情感及其延伸，其感召和凝聚的作用不言而喻。

但是，怎样才能让抽象的人的精神转换成综艺晚会的环节和具体节目呢？笔者认为，首先要求编创人员在创作中要严格把握具象化、生动化、深刻化的艺术准则，还要求电视综艺晚会的编创人员必须在以下三个方面作出努力：

其一，作为策划者，应多策划一些蕴涵着丰厚的人的精神的综艺晚会选题。比如张扬正义、呼唤真情、鼓舞奋进、赞颂美德、鞭挞人性丑恶面的选题。这应是语言类节目的"强项"，小品《相亲》、《超生游击队》、《英雄母亲的一天》、《牛大叔提干》、《路口》、《有事您说话》、《一个钱包》（三地小品）、《昨天、今天、明天》、《邻居》，以及一些相声节目都是讴歌和彰显人的精神的优秀之作。

其二，作为编导者，应多设置一些能够充分展现人的精神的、情感的反差点，也就是动情点。虽然现在电视综艺晚会动情点的设置有被人用滥之嫌，但我们不应犯因噎废食的"低级错误"。问题是要编导把握好"煽情"的分寸和力度，尤其不要在所导的节目中"发嗲"或玩味"悲情主义"，更不要为营造动情点、为追求"廉价的眼泪"而违反道德准则，在表现对象的伤口上撒盐。

其三，作为表演者，应尽量理解和表现出节目所承担的人的精神的意蕴来。这要求表演者无论在哪一类节目中，都不要忘记通过形象的塑造，展现人格魅力和人的精神的光辉。

关于以上这三个方面的问题，我们可以从下面这张几年前的《"'春兰杯'我最喜爱的春节晚会节目"一等奖名单简表》（1992—1997 年）中管窥一斑，而不必多费文字：

年份	奖项	歌舞类		小品类		戏曲曲艺及其他	
		作品名称	主要演员	作品名称	主要演员	作品名称	主要演员
1992 年	一等	心中常驻芳华	毛阿敏 刘德华等	我想有个家	赵本山 黄晓娟	办晚会（相声）	冯巩 牛群
1993 年	一等	两棵树	杨丽萍 陆亚	张三其人	严顺开等	拍卖（相声）	冯巩 牛群
1994 年	一等	狗娃闹春	山东郓城武校	打扑克	黄宏 侯耀文	呼啦圈表演	欧阳贝妮

（续上表）

年份	奖项	歌舞类		小品类		戏曲曲艺及其他	
		作品名称	主要演员	作品名称	主要演员	作品名称	主要演员
1995年	一等	94新生代歌组合	白雪谢东等	如此包装	赵丽蓉巩汉林等	最差先生（相声）	冯巩牛群
1996年	一等	95流行风歌组合	孙悦黄格选等	打工奇遇	赵丽蓉巩汉林等	明天会更好	冯巩牛群
1997年	一等	春天的故事天长地久	董文华王刚孙悦等	鞋钉	黄宏巩汉林	两个人的世界（相声）	冯巩牛群
……							
2007年	一等	小城雨巷	白雪谢东等	策划	赵本山宋丹丹牛群	俏花旦	中国杂技团
2008年	特等	温暖2008	集体赈灾诗朗诵				
	一等	飞天	广州军区战士文工团	火炬手	赵本山宋丹丹刘流	公交协奏曲（相声剧）	冯巩阎学晶王宝强
2009年	一等	蝶恋花	天津芭蕾舞团等	不差钱	赵本山小沈阳毕福剑等	魔手神彩（魔术）	刘谦

从上面这些完全由观众自己评选出来的、他们自己最喜欢的春节晚会节目的名单来看，真正受欢迎的节目往往是那些既蕴涵和体现中国人的精神，又具有较高的艺术性、观赏性、娱乐性，并且在风格上完全与节日气氛相吻合的节目。以小品节目为例，1992年的《我想有个家》是通过在"征婚"节目中互相帮助的两个一男一女的故事，呼唤人与人之间的真情。小品中两位主人公所表现出来的那种对"家"的强烈渴望之情，是非常真挚感人的。严顺开的《张三其人》是一个典型的"海派"幽默讽刺小品，小品中主人公的一系列令人发笑的经历、遭遇和无所适从的境地，其实已经可以被理解为对人性的一种揭示和拷问。《如此包装》和《打工奇遇》戏路相近，内容也相似，都是对令人眼花缭乱的现代社会生活中人性中最基本的"道德"、"良心"守望者的讴歌。小品《鞋钉》则把这一主题推向了极致——借修鞋老头的口，向不断变

幻着的现代社会和人们发出了呼喊："不管干啥都得讲究一个道！"而近三年来的获奖作品，从内容来看，除个别节目外，在内容和主题上更显出概念化和说教化，艺术上则更追随时代审美潮流，在高科技的支持下，歌舞类节目更加美轮美奂，语言类等节目则更加贴近生活，贴近受众。

上面这张简表还给我们透露出另一种信息，即那些生硬的、呆板的、空洞的、说教性的，既无艺术光彩又无人的精神的节目，则无论何时何地，只要由观众自由投票评选，它们就永远都不会榜上有名。

总之，我国的电视综艺晚会并非如有些人也许是意气用事所诅咒的那样，"该寿终正寝了"。作为一种历史并不太长的电视艺术形式，如果它的每一个从业人员都能把人的精神和艺术精神视为它的生命本源，并按照它本身的艺术规律来组织生产运作，而不是如有些"大导"或"小导"们所宣称的那样"玩儿晚会"，如果电视学术界的研究者们能经常为它把把脉问问病，如果它的每一位观众都能以一种平常的心态、鉴赏的心情、宽容的态度来收视、关心和支持它，那么我国的电视综艺晚会就会仍然释放强盛生命力，就会仍然前程似锦，就会再展光芒。

第三节　电视综艺晚会导演的艺术把握

从 1983 年至今，中国大型电视春节联欢晚会已走过了近 30 个年头。每年的除夕夜，看春节晚会已成为中华大地上至国家领导人，下至平民百姓不可或缺的"文化大餐"。近亿台电视机同时接收同一个节目内容，数亿观众共看一台晚会，真可谓"神州一台戏，天涯共此时"。晚会结束后，余波未止，在大小报端或百姓饭桌上足可议论半年。在这种情状下，春节晚会不再是一个单纯意义上的娱乐节目，大众对它的倾注已使其成为重要的文化现象。

纵观历届的晚会，我们发现贯穿晚会始终的民族性是它们共同的特征，而这正是春节文艺晚会成功的关键所在，是每一个希望创造精品晚会的编导们所必须把握的第一要点。

一、空气·生命——民族性与春节文艺晚会

（一）电视综艺晚会民族性界说

这里说的民族性是指一个群体、全体成员在长期共同生活过程中所形成的基本特征的总和。它包括共同语言、共同地域、共同生活以及表现于共同的民族文化特点上的共同心理素质，体现在晚会中则是民族特色。

（二）民族性是春节文艺晚会的核心内容

要演好晚会这台"戏"，春节晚会所唱的必须是民族的"调"。祖国富强繁荣依靠全国各民族人民的共同创造，祖国光辉灿烂的历史源泉是多民族文化的点滴汇聚。中国两千多年的悠久历史文化，一直是每一位炎黄子孙的骄傲和自豪，也是这份浓厚的民族深情将 56 个民族亿万人民的心联结在一起，组成共同的中华民族。无论现代社会的发展多么日新月异，科技的进步多么神速，新事物如何诱人，但在传统节日这个特定时刻里，民族心理和审美要求总是结合在一起。中国人心中根深蒂固的民族大追求——团圆，此时显得更加突出。此时，民族文化中的心态、礼仪、习俗、性格都浓缩到春节这个特殊节日里了。然而春节晚会观众数以亿计，众口难调。为达到举国同庆，万民同乐的传播效果，就必须在亿万人共同的民族性上下工夫。

俗称"过年"的春节是中华民族在与自然斗争中，祈求上苍赐予的一种祭祀仪式，后逐渐演化成民族的传统节日。因此，在数千年形成的民族年俗文化中，不可避免地掺杂着封建迷信的糟粕。晚会编导在确立晚会主题时，应将传统的家庭团聚、祈求幸福的主题，升华为中华民族大家庭的团结、爱国主义的弘扬；将祈求家人平安、祈求丰收的传统内容上升到国泰民安的民族高度，使主题奋发向上，具有鲜明的时代特色。

二、民族性，晚会的灵魂——民族性与春节文艺晚会节目设置

民族性的东西源自数千年的文化积淀，其数量如浩瀚海洋，其形式似万变花筒。它被文艺工作者溶入晚会歌舞、戏曲、小品等节目中，成为晚会最能激发喜庆、欢乐气氛的催化剂和节目的闪光点。可以这样认为，民族性不但是晚会受欢迎与否的因素，甚至已成为晚会成功与否的决定因素，它是晚会的灵魂。

（一）孔雀舞与大秧歌——歌舞节目中的民族特色

中华民族是能歌善舞的民族，在几千年的劳动生活中，人们创造出无数绚烂多彩的舞蹈和歌曲，借以抒发他们心中对理想的追求、对爱情的坚贞、对丰收的喜悦之情……随着时代的前进和发展，古老而具有浓郁民族特征的歌舞不但没有被人们遗忘，相反成为人们平时了解各种民族风土人情、人文地理，在节庆中增添热闹气氛，唤起民族自豪感、上进心的特殊手段。歌舞节目更以其巨大的情绪感召和强烈的舞台气氛，赢得历届春节晚会的"主角"地位。

古今中外的文艺发展都证明了"只有民族的，才可能是世界的"这一论断的真理性，也证明了文化内涵是一部艺术品价值判断的重要因素。在诸多的歌舞节目中，我们看到编导强化民族特色，注重挖掘文化、内涵的努力。

在 1997 年春节联欢会上，无论是表现中华儿女济济一堂的开场歌舞《大团圆》，还是表现中国少年精神面貌的歌舞《中国娃》、《黄河鼓震》，以及歌舞组合《民族欢歌》等，它们都以民族的风采神韵与时代的豪迈壮丽的结合牢牢吸引住我们。这里的民族性已不再是历史的传统，这里的时代感也没有脱离我们固有的血脉。《中国娃》中的中国娃，穿的是中国人的衣，扎的是中国人的带，然而他那顶天立地的姿态与豪迈乐观的神情却最典型地传达出时代感，这才称得上是现代生活中的中国娃。《大团圆》中群声共唱："天山泰山在这里团圆，举杯共交谈；长江黄河在这里团圆，歌唱共联欢……天圆圆，地圆圆……中华儿女团团圆圆……"唱出中华人民节日共同的民族心愿——团圆。《风调雨顺》传达的是民族古老的祈愿与希望；《黄河鼓震》中黄衣红腰带，龙腾虎跃的鼓手与那震天动地的鼓声，这一切都不再仅仅是陕西人民的片段的情景史与现实的凝结，而是整个民族丰厚的文化内涵的艺术化集中体现。

虽然经典的传统歌舞百听不倦，百看不厌，但春节联欢晚会作为一个民族节日的新庆典，需要的是熟悉与新鲜的协调、传统心理与时代精神的统一。因此，应该在传统歌舞原有内容或形式的基础上，旧瓶装新酒，新翻"杨柳枝"。例如《山妞与模特》以民族风格的独舞配合模特充满现代气息的时装表演，刻画朴素单纯的山里姑娘对大都市的好奇。这种传统、时尚相汇通的节目往往使观众印象深刻、意味盎然。而马年春节联欢晚会的开场节目《马字令》，就是将广大观众耳熟能详的有关马的歌曲，以联唱的形式表现出来，再由观众熟悉的马玉涛、胡松华等首唱这些歌曲的歌唱家来演唱，一下子缩短了表演者与观众之间的心理距离，将象征着万马奔腾迎新年的欢乐气氛烘托出来，引起荧屏内外亿万观众的共鸣。2009 年春晚中的歌舞节目，诸如《蝶恋花》（天津芭蕾舞团等）、《送你一朵东方茉莉》（宋祖英）等，无不以民族元素为节目最主要的艺术支撑点。

（二）梨园春来早——戏曲节目中的民族特色

戏曲是我们民族艺术的瑰宝。除专场的戏曲晚会外，在央视和各地方电视台历年的春节晚会中，戏曲必定是"保留节目"。晚会中的戏曲节目"责任"重大：一方面，它要满足戏曲爱好者的欣赏要求，另一方面，则要担负着培养戏曲艺术新一代爱好者的责任，使青年观众感受到民族戏曲艺术的巨大魅力。春节晚会对戏曲节目的运用，除达到欣赏性目的外，还担负着推广民族文化艺术的重大责任。

在早期的春节晚会中，戏曲在晚会节目中占有相当大的比例，而表演形式只是单一的名家名曲选段。如今戏曲节目在晚会中的运用已经非常注意结合时代的特色：

首先，戏曲节目与其他节目形式相结合，以增强节目的吸引力。在文化部1995 年春节文艺晚会上有青年二胡演奏家宋飞独奏的名曲《二泉映月》。编导根据这首名曲的内容，组织创作了双人芭蕾舞。一男一女在皓月当空的背景下，随二胡曲表演情真意切地舞蹈，使单人演奏的《二泉映月》与可视形象相结合，赋予老乐曲以新的表现形象，使舞台效果更饱满，满足相当一部分观众在传统节目里所产生的怀旧情结。

其次，节目表演形式要有时代的新意。1997 年春节联欢晚会节目《菊坛新蕊》，虽然是常见的京剧表演，但与以往不同的是：表演的主角不是名师大家，而是一群稚气未脱的少年粉墨登场。技巧虽未炉火纯青，但广大热爱京剧艺术的观众却从新一代的接班人身上看到令他们欣慰的京剧艺术美好的前景。因此，新形式下的《菊坛新蕊》的传播效果比起一般京剧选段的单一欣赏的意义要广远得多。

再次，适当借助现代科技，追求节目的包装效果。今天，传统的戏曲节目也要讲究包装。除服装、道具、音乐、表演等元素之外，对戏曲节目的灯光、效果也要给予足够的关注，比如用虚拟演播室系统制造如梦如幻的背景、环境；用电脑灯创造出其不意的视觉效果等。切记：电视综艺晚会是做给各层面的观众看的，如果任戏曲节目一味地"原汁原味"、"素面朝天"，戏迷会很高兴，但大多数观众则会"转台没商量"。

（三）扇子与大褂——相声节目中的民族特色

相声是我国特有的古老的民间艺术，是春节晚会中的一朵奇葩。相声表演直接面向观众，收到的社会效果是快速而明显的。相声以它鲜明的善恶、美丑的立场和幽默风趣的特点赢得观众的笑声，给晚会增添一份欢乐喜庆的气氛。相声一般用北京话表演，但一些用地方方言表演的方言相声能够折射出地域的独特光彩，表现了民族文化的丰富性、多元性，因此不应一刀切，对方言相声一概弃而不用。

（四）讲述老百姓的故事——小品节目中的民族特色

小品在晚会的屏幕上走红，是电视观众节日喜剧心理基础、民族文艺鉴赏心理基础和社会心理基础共同作用的结果。小品内容的选择正是着眼于用喜剧形式去讽刺那些不良的社会现象和表现某种社会心态，在笑声中给人以思考和启迪。

由于小品是一门综合艺术，因此许多民间绝活，如东北二人转、四川变脸等能融汇其中。在春节晚会小品《戒赌》中，糅合川剧绝活顶子功，一方面极大地丰富了节目内容，提高了节目品位，一方面展现各民族人民的勤劳智慧，从而增添了晚会的民族喜庆色彩。此外，小品节目中人物的语言也别具民族风格。无论是京片子、山东话、上海话、广东话……那句句充满地域光彩的方言，将人物塑造得和身边的普通劳动人民一模一样，使剧中人物更自然、更亲切，从而缩短了观众的心理距离，增强表达效果。小品《孙二娘开店》中《水浒传》人物孙二娘、武大郎、时迁以及《杨家将》中的杨八姐，虽然处于不同时期，但被编剧妙手结构于 20 世纪 80 年代改革开放的新社会，围绕着现代经商意识这个热门话题，展开"真理大辩论"。巧妙的剧情设计，将著名的历史人物和当代热点有机结合，给人们指明合理价值观的同时，制造出纵横古今的感染力。

小品中要体现民族特色，其取材必须来自日常生活；其主人公必须贴近百姓；其主题必须具有现实指导意义。这方面，小品《主角与配角》、《相亲》、《三鞭子》、《牛大叔提干》、《打工奇遇》、《打扑克》、《红高粱模特队》、《卖拐》、《送水工》、《火炬手》、《开锁》等都堪称代表之作。

（五）大众游戏——非文艺节目的民族特色

以往春节晚会，表演功夫是做足了，但往往忽视了观众的参与性。在这个喜庆的日子里，现场观众除在台下欣赏表演，还想上台过一把瘾。要拨动观众这根心弦，就有必要增设观众即兴表演和游戏等节目。我国游艺民俗五花八门，有踢毽子、抽陀螺，竿举球、跳绳、丢花包、顶棍、拉乌龟等，这都是游戏节目很好的取材。传统游戏经现代形式的包装，穿插于晚会表演节目中，定能获得万民同乐的高潮气氛和效果。

三、亭台楼阁——民族性与春节文艺晚会艺术建构

民族性既然是晚会的核心，那么，晚会的成功与否就视乎编导能否将民族性这一主旨贯彻到底。但是，核心的构成与表现离不开种种载体性质的晚会元素。这些元素，比如节目形态、串场设计、舞台美术、灯光、道具，甚至是服装、化妆，等等，对表现民族风采同样具有不可忽视的作用。

（一）开门红·碰头彩——晚会结构的民族特色

中央电视台文艺晚会资深策划人邹友开在谈到春节晚会的节目设计时说过："开头节目对春节晚会至关重要，这是整个晚会中的第一关。如果第一关没过好，抓不住观众，就像自行车上坡一样，要想站住，甚至往上爬，就要花很大气力。开头节目要具有点题、欢快、民族性和新鲜感的特点……"我们发现场面浩大而热烈的民族舞蹈总是放在历届春节晚会的开头。以绚丽多彩的民族服饰，欢腾雀跃的传统舞姿，欢快悦耳的乡土音乐，营造出铺天盖地的喜气，力求赢得"开堂红"、"碰头彩"。

（二）小题可以大作——串场节目的民族色彩

串场节目虽然不是主要的节目，但由于其形式多样，可以表现特殊的思想主题。1987年春节联欢晚会上有一个别出心裁的抻面表演。北京饭店的师傅们身穿厨师大褂，变魔术般将原来的一大块面团转眼间拉成细如粉丝的龙须面。令人叫绝的手艺配合主持人赵忠祥绘声绘色的解说，观众仿佛亲眼目睹了中国人在国际厨师大赛上获得殊荣，为外国人所惊叹的激动场面，民族自豪感油然而生。1995年春节晚会上有一个节目《看看母亲河》，这个节目是由99瓶黄河流域的水样排列在一起蜿蜒而下，主持人倪萍让来自黄河源头和入海口的两名黄河儿女紧握双手，又将一壶黄河水样交给来自台湾的年轻人，请他带给宝岛上的同胞们。颤抖的话语和紧握的双手，构成一幅感人至深的民族大团结的画面。

（三）春联·灯笼·倒福字——晚会舞美的民俗色彩

我国民间民俗讲究"迎春接福"。春节是吉祥的日子，家家户户写春联、挂年画、贴福字，张灯结彩，格外追求传统喜庆的装饰美。作为春节晚会大背景的舞台设计自然也要洋溢民族气氛。1987年春节联欢晚会设四个主要表演区，其中有一处是民族风格的小戏台，上面挂着五彩花灯，贴着迎春对联，柱子上漆了大红油，仿佛回到久别的人声喧哗的堂会。相声、戏曲等传统被安排

在上面表演，更散发出浓郁的民族风情。

1993 年和 1998 年的春节联欢晚会以我国传统北方戏院的牌楼作为观众看台，让生活在现代社会的人们也能体味古色古香的民族戏台、戏楼建筑的精髓。

此外，十二生肖是我国极富民族色彩的计年法，春节晚会的舞台设计往往围绕着该年属相的动物大做文章：鸡年的雄鸡报晓图，虎年的虎形图腾，兔年的大白兔模型……传统的属相成为一年年晚会上最醒目的吉祥物。

近年来，随着高科技技术设备的引进，晚会的舞美有了天翻地覆的变化，携 2008 北京奥运开闭幕式舞美强劲科技旋风，2009 春晚舞美也可以用美轮美奂、美不胜收来形容，与传统影片式舞美相比，今天的舞美在体现民族特色、现代色彩和美的意境，包括与节目表演配合上已是天壤之别。

四、旗袍的魅力——民族特色在晚会中的功能

（一）弘扬民族文化的功能

对晚会而言，民族特色相当于海外华人心目中中国女性喜爱的旗袍，看到它就想到祖国，就想到家乡的亲人。晚会节目就像一个大舞台，许多平时不举行的活动及特有的习俗，这时都纷纷出现在这个舞台上。而过了节日，许多社会活动和习俗便暂时消失，隐藏在人们生活"幕布"后面。春节晚会趁着这个神圣的传统节日，一方面使人们平平常常的生活出现多种起伏，变得活泼而有节奏；另一方面，溶入民族色彩的节目使本民族文化得到有规律的显现，让新一代能有更多机会了解自己的民族，从而接受和发扬祖辈流传下来的传统精华。

（二）加强群体凝聚力，增强民族团结

"群体凝聚力"是使人们集合在一个群体里的情感，是一种使其成员对某些人比对另一些人感到更亲近的情感。而能使中国人一致认同的只能是中华民族的东西，只有这个伦理观念、价值观念相同的文化背景下，才能使中国人齐心协力，增强民族的自尊心和自信心，提高振兴中华的勇气和自觉性，激发人民的奋斗精神和劳动创造性。在这种意义上，晚会中的民族性节目是培养爱国主义思想的好教材。

（三）勾起思乡情怀，激发爱国热情

春节晚会上唱红的歌曲很多，但没有哪一首能像陈红唱的《常回家看看》那样深入人心。游子长年在外，"每逢佳节倍思亲"。当中央电视台的春节联

欢晚会把节目送到散居在世界各地的中国游子眼前，那熟悉的乡音、乡景，那亲切的身影、面孔，儿时常唱的民歌小调，玩过的风车纸鸢……这一切来自故乡的民族的东西平常只能出现在游子的梦境，而现在它们真实地展现在电视荧屏上，怎能不让人动情？而当这种情感转化为爱祖国、爱家乡的崇高情感的时候，电视晚会的一种最高目的也就达到了。

（四）迎合人们年节心理，祈盼繁荣兴旺

春节是人们生活中欢乐祥和的日子，在这期间，人们追求吉利，避免凶灾，甚至连话语都有很多的禁忌。而春节晚会中民族色彩的节目不但唱出"好年头，好兆头"，"挂红灯，更吉祥，一年比一年强"，"涛声急，鼓声响，黄河两岸好兴旺"……串串老百姓爱听的吉利话，还跳出了欢天喜地贺团圆、兴高采烈庆丰收的幸福场面。人们祈求幸福的年节心理在观看这些民族喜庆节目过程中得到尽情宣泄，节目自然也就会受到人们的欢迎和喜爱。

民族性之于春节文艺晚会，就像我们身边的空气之于我们的生命——你很难说清它，也很难抓住它，但你却一时一刻也离不开它。纵观20多年20多台大型春节文艺晚会，成功的，是因为民族性这张"牌"打得精彩；失败的，也是因为这张"牌"——没按正张出，乱了章法。或许有编导在想：我是不是可以抛开这副"牌"？可以告诉他，这种想法已经注定他要失败。别忘了，你这是在中国，在中国的年三十，在中国的年三十为有着五千年文明积淀的全世界的中国人准备一道精神大餐！

第四节　电视综艺晚会节目设计与创作

和电视综艺晚会策划方案写作一样，综艺晚会节目设计与创作也是一项综合性的"劳动"。它要求写作者既要熟悉电视综艺晚会的生产和运作的技术性和艺术性环节，又要熟悉策划过程，掌握策划要点；同时，还要有提炼思想、升华创意和较强的文字表达和文学创作能力。在策划阶段，对晚会的节目、环节等已有设计，因此，在进行串联脚本撰写时，要做的主要工作就是根据晚会进行中的新形势、新情况、新要求修改、调整和落实策划方案中的设计，并进一步参与节目创作。

一、梳理策划方案提供的主题及节目构想

（一）确认主题

撰写串联脚本时，撰稿人首先要确认晚会的主题。在它的统帅下用富有艺术感染力的作品和语言，建构一台完整的晚会来打动观众，从而实现教育人、感染人、鼓舞人的根本目的。关于晚会的主题，原中央电视台副台长洪民生说：从1984年起，春节晚会开始注重制定明确的主题思想，一直沿袭至今。实践证明：凡是能充分体现主题的就成功，凡是跑了题的就失败，表现不充分的就显得平淡，主题就是晚会的基调和灵魂，它的确定不是个人的随意性，而是要经过广泛的听取观众和专家的意见，既要有浓烈的民族传统节日气氛，又要把晚会放在宏观的时代背景上去立意深化。

（二）把握总体构思

晚会的总体构思是在创意的指导下进行的，着眼于选用的主体形象和艺术风格上的追求。比如《纪念抗日战争和反法西斯战争胜利50周年大型文艺晚会》的总体构思是这样的：

（1）晚会从表现世界和平民主力量和人类进步事业的高度，将中国抗日战争与世界反法西斯战争有机地结合起来，以大写意的笔触，反映中国抗日战争胜利与世界反法西斯战争胜利的伟大历史意义。

（2）晚会采用"音诗"形式。总标题为《光明赞》。总体结构为《记忆》、《血印》、《丰碑》、《光明》四个乐章。

（3）从表现主题思想的需要出发，晚会选用部分在群众中有广泛影响的抗战歌曲和当代创作的被列为"二十世纪的经典"的舞蹈，并选用世界反法西斯战争时期有代表意义的音乐作品为素材，进行加工、创作，以保证晚会的高品位、高水平，同时，力求雅俗共赏。

（4）为展示中国抗日战争的宏伟气势、增强纪念气氛，晚会将以强大的演员阵容，充分调动音乐、舞蹈、杂技、武术、舞美、灯光、音响等艺术表现手段，同时邀请抗战时期老战士、有代表性的老艺术家、三军仪仗队和百名少先队员联袂登台，并在关键场次的重要部位设置画外音串场和现场朗诵，以深入揭露日本帝国主义的侵略罪行，扩展主题思想的内涵，加强感染力。

对这些构思，如果撰稿人理解不到位，或者把握不准，对日后写出的串联脚本质量都会有直接的影响。

二、确定晚会基调和设计节目

（一）确定基调

综合文艺晚会的基调是由整台节目的总体设计、布局、风格和环境气氛所

决定的、受主题的制约而形成的风貌与情调。中央电视台的春节联欢晚会历年都以"团结、欢乐、向上"为基调，为什么？这是因为春节晚会不单单是艺术性晚会，而是集政治性、思想性、艺术性为一体的，面向全国、全世界的大型文艺晚会。它的总体设计等均要体现出"团结、欢乐"的主题并把健康和向上作为基调。对春节期间绝大多数的观众来说，他们对春节晚会的要求无非是赏心悦目、益智畅怀、皆大欢喜。因此，创作和安排晚会节目的标准应该是思想性、艺术性、娱乐性、趣味性和知识性相结合，寓教于乐，以"格调高尚、雅俗共赏"为宗旨。

文化部举办春节晚会，他们选择的基调不同于中央电视台的春节晚会，而以展现改革开放以来，我国文化战线百花齐放、异彩纷呈的繁荣景象和新秀辈出、人才济济的生动活泼、赏心悦目、欢娱明快为基调，在格调上以"雅俗共赏"、"多姿多彩"为宗旨，在大年初一晚上的喜庆氛围中向全国人民播放，以此突出文化部春节电视晚会的风格与特色。

（二）节目设计

一台综合文艺晚会的节目形态，我们可以借用古人在传授写文章技巧时的一句要诀——"豹头、熊腰、凤尾"。中央电视台春节联欢晚会和文化部春节电视文艺晚会都非常重视开头点题的节目，并精心设计舞美形象进行气氛营造，借以达到"先声夺人"的目的。1994年辽宁电视台春节文艺晚会《春醉辽河》设计的开场节目叫《春来了》，这个节目形式是载歌载舞，演员则是老中青三代同台，音乐是东北风，服装是东北味，火辣辣的音乐，热乎乎的情感，加之冰爬犁、糖葫芦这样地域文化色彩很浓的道具，确实为晚会定了个"高调"，开了个"碰头彩"的好头。

在结尾节目的设计里，力争"要有一定的气势和深度，给观众留下美好的记忆和无穷的回味"。1993年春节晚会的结尾是交响合唱《亮起来中国》，给观众留下了深刻的印象：

"中国亮起来，奔涌的大潮，豪迈的气概，催动着壮丽的时代；辽阔的神州，浩瀚的灯海，迎接着光辉的未来！中国亮起来！"

开头节目、结尾节目设计好，其余就是中间的部分。这部分的节目要扎实、丰富，饱满得像粗壮有力的熊腰一样。在节目安排上有如"连环套"一环套一环地往下进行。其中，骨干节目、亮点节目、高潮节目的设计尤为重要；当然，既然是一台节目，那些软性节目、过渡性节目，甚至是"垫场节目"也一样重要，也都不能随意放松。

在一台文艺晚会节目的搭配上，从观众的爱好出发，大多数观众喜欢歌曲、音乐、舞蹈。歌、舞节目被列为晚会的"三大支柱"之一，因此，它是晚会的一个最重要的组成部分。近年来在综艺晚会上演出的小品与相声常常最受观众的欢迎，比如《超生游击队》、《相亲》、《牛大叔提干》、《打扑克》、《红高粱模特队》等，就是电视小品中的优秀之作。

观看春节综艺晚会的观众，有一批爱好戏曲的观众，为满足戏曲爱好者的需要，应安排一定数量的戏曲名家表演的戏曲节目，这样一方面可以满足戏曲爱好者的欣赏要求，另一方面可以培养新的戏曲艺术的爱好者，使青年观众感受民族戏曲艺术的巨大魅力。同时，也不应忽视真正的"阳春白雪"观众群。近些年晚会中引进并推出的音乐短剧和轻歌舞剧受到好评，就很说明问题。

根据晚会的主题需要还应该选择一些非文艺性的内容或话题，扩展晚会的信息量，满足观众的好奇感。比如，中央电视台1995年春节晚会上有一个节目叫《看看母亲河》，这个节目就是通过黄河水的故事和采集黄河水样的人与台湾青年学生的亲切对话等，形成一幅感人至深的画面，达到其他节目所达不到的效果。此外，将高科技引入晚会，也会给晚会带来亮点，如《与机器人对话》、《激光音乐表演》等，都很受观众喜爱。

三、晚会节目创作

电视综艺晚会节目创作是在总编导统帅下的分工协作的劳动。一般大型综艺晚会又会下设多个创作组，如音乐节目创作组、歌舞节目创作组、语言类节目创作组、戏曲节目创作组、观众参与节目创作组，等等。

电视综艺晚会的节目创作既是脑力劳动又是体力劳动。创作本身就是一项脑力劳动，但与其他文学艺术创作不同的是，电视综艺晚会节目创作是一项现场式的、跟进式的，甚至是无休止的创作过程。由于节目影响大，涉及面广，加之种种条件的限制，注定综艺晚会的节目要不停地修改甚至更换，直至直播或录制完成，创作过程才可告完结。

电视综艺晚会的节目创作对于创作者来说，是对其专业能力和综合能力的双重考验。各类节目具体如何创作不是一节文字所能解决的课题，但是下面这几点创作原则却是创作者和编导应该加以把握的：

（1）从宏观上讲，创作者所创作的节目要能紧跟时代发展的步伐，有些节目甚至要有一定的前沿性和前瞻性。由广东南海市主办、广东电视台录制的大型广场文艺联欢晚会《奔向未来》中有一个歌舞节目，叫《古郡壮歌》，表现的是秦代设郡的南海的悠久的历史和灿烂的文明。如果仅仅抓住秦代古老意向做文章，也未尝不可，但是总觉得不够味道和力道。后来在节目设计中设计者抓住了"裂变"这一效果，并体现在兵马俑铠甲和现代民族服这两种舞蹈服装的转换上，将古代南海人和现代南海人奋进不息的精神紧紧连在了一起，节目也有了现代气息和新意。

（2）从中观上讲，创作者所创作的节目必须符合晚会整体艺术构思的要求，必须能为晚会的主题服务，必须符合晚会的总体风格和基调。游离于晚会之外的"特立独行"的个体节目，艺术水平再高，如果经加工改造后还不能与其他节目相协调，不能与整个晚会水乳交融，那么，到最后也只能忍痛割爱。

（3）从微观上看，创作者所创作的节目在艺术上应该具有创新性，在内容和品位上，应该符合大多数电视观众的欣赏水平和审美趣味，如果再具有流行的元素，并最终流行开来，那么就更有价值了。比如歌曲《爱的奉献》、《常回家看看》，小品《英雄母亲的一天》、《相亲》、《超生游击队》、《卖拐》、《送水工》，等等，都是综艺晚会节目创作中的上品之作。

（4）从效果上看，编导在创作问题上要把握一个原则，那就是一台综艺晚会没有新创作的节目，至少是没有新改编加工的节目不行，但如果都是新创作的节目，没有观众喜闻乐见的"眼熟"、"耳熟"的节目，那也同样行不通。如果一定要做这样的安排也不是不行，没有人也没有法规来限制一定要作这样的抉择，但结果肯定要以付出收视效果为起码代价。这是得不偿失的，一般情况下，按照成功晚会的做法，"新""老"节目之间的比率也要符合"黄金分割率"，即新节目占三到四成左右为妥。

【附录1】 大型文艺晚会《诚信之歌》的节目设计

诚信之歌
——东莞市国税局表彰诚信纳税户文艺晚会
（总体设计）

该晚会是为东莞国税局第一次表彰诚信纳税户而创作的一台大型文艺晚会，对全市税务工作的开展具有重大意义，因此每个节目都要力争各有创意、各有千秋，不仅要给人耳目一新、眼前一亮之现场感，还要有回味的价值与空间。

统观东莞国税近年所取得的突出成就，结合东莞市改革开放二十多年来的发展历程，我们拟将整个晚会表演分成以下篇章——

序篇：潮涌虎门

虎门，中国近代史上的名城，它镇守着珠江的入海口。明、清的商贸鼎盛时期，大量的白银和琳琅满目的商品都是从这里流入中国。1840年鸦片战争爆发，英帝国主义就是从这里用铁船大炮打开了中国之门；而虎门打响了中国人民抵抗外来侵略的第一炮，中国人在这里站起来，向帝国主义说"不"！历史开始从这里转变，中华民族反抗列强欺压的吼声从这里响起……我们这台晚会为增加主题的厚重感，序幕选择了虎门的这段历史，我们将用大型舞剧、交响乐、诗歌朗诵来表现东莞虎门销烟的历史……我们的晚会将在代表着东莞人"敢想敢干、不屈不挠"精神的序篇《潮涌虎门》中开始。

［节目安排］

★交响音诗：《虎门断想》

文学创作：张静民（广州大学教授 电视撰稿人）

音乐创作：徐学吉（中央音乐学院博士 星海音乐学院教授）

［潮起潮落，潮水荡涤人间尘埃；斗转星移，岁月抹不去历史痕迹。虎门，一座近代历史上的名城，一个让每一个中国人都深感振奋的名字——多少幕历史剧在这里上演，多少民族英雄从这里站起……历史无时无刻不在昭示我们：民族兴亡匹夫有责！国强才能家兴民旺！］

第一章：时代丰碑

东莞，自古以来人杰地灵，虽然在农业文明时期与时代失之交臂，但是，东莞人在二十多年的改革开放中抓住了历史机遇，一步一个脚印地跑在了珠三角城市发展的前列，跑在中国改革开放进程中城市发展的前列；2001年6月，东莞人居安思危，提出了城市发展的新思路，把"打造国际制造业名城，建设现代化中心城市"作为全市的中心任务，开始了东莞在新世纪"迈出新步伐、创造新业绩"的奋斗历程。

我们晚会的第一章将采用大屏幕投影再现这段历史，同时配以催人奋进的交响乐与诗朗诵，讴歌东莞人民在市委、市府的领导下，以"开拓、创新、团结、诚信、务实"的东莞精神，以气势恢弘的节目，以热烈火爆的现场气氛，在观众的心中凝铸一座东莞建设发展的历史丰碑。

［节目安排］

★交响音诗：《大时代的印记》

文学创作：张静民

音乐创作：徐学吉

★女声独唱：《大地飞歌》

演唱：宋祖英（著名青年歌唱家）

第二章：河的交响

东莞经济的腾飞与东莞国税的骄人成绩与无私奉献息息相关。在东莞的经济发展中，国税起了重要的推动作用。税收与纳税的关系，正是大河与小河的关系："大河有水小河满，大河无水小河干"。东莞国税依法征税，成绩显著，并且开创了征纳双方特有的、水乳交融的新型关系，使大河小河都充满着欢歌笑语。东莞国税对国家建设和东莞经济发展都作出了杰出贡献。

本章将采用歌舞剧的形式唱出东莞国税人的骄人成绩；舞出东莞国税人艰苦奋斗的伟

大品质和无私奉献的高尚情操。

［节目安排］

★交响音诗：《大河与小河的对话》

文学创作：张静民

音乐创作：郑秋枫（著名作曲家）

★歌舞短剧：《爱的奉献》

文学创作：郑南（著名词作家）

音乐创作：李海鹰（著名作曲家）

第三章：与时俱进

时代在发展，税收也在进步。

以往，税务的征纳双方，就是简单的我征你纳的关系。但随着时代的发展、社会的进步，国家税收政策的改革，税务的征纳双方的关系有了全新的内涵。2001 年，中共中央印发了《公民道德建设实施纲要》，为诚信纳税提供了坚实的理论基础，为增强公民依法纳税意识，营造良好的依法治税环境，推动税收工作的顺利开展指出了明确的前进方向。东莞国税人展望未来，以万丈豪情投身到东莞新一轮的经济建设热潮中，"依法治税，严格执法，营造诚信纳税的法制环境"，向世人唱响与时俱进的最强音。

本章将以舞蹈和交响乐奏出意气风发的东莞国税事业和歌舞升平的盛世大中华。

［节目安排］

★交响音诗：《你好，纳税人》

文学创作：张静民

音乐创作：徐沛东（著名作曲家）

★情境独白：《别动我的蛋糕》（歌颂国税人敬业奉献精神）

文学创作：郑南

音乐创作：李海鹰

舞蹈编导：黄盈（广东著名青年舞蹈编导）

画外独白：丁建华（国内著名配音演员）

★女声独唱：《敬礼，国税人》

文学创作：陈小奇（著名词曲作家）

音乐创作：徐学吉

★列队表演：《女税官的风采》（拉德斯基进行曲）

节目编导：黄盈

列队表演：东莞国税局女青年职工

广州小海燕艺术团

第四章：星光璀璨

东莞国税征纳双方为了国家的繁荣，都作出了巨大贡献，本章着重表现东莞国税人与纳税人的感人事迹：

（1）围绕"内强高素质、外树好形象"的工作思路，东莞国税局狠抓队伍的建设，涌现出许艳燕、刘文英等税务人员为国税事业无私奉献、贡献青春的可歌可泣的事迹。

（2）东莞国税局紧跟时代步伐，建立完善的现代化信息系统。

（3）表现征纳双方的水乳交融的融洽关系。

（4）表现诚信纳税大户的动人事迹。

本章将采用主持人串场的形式，集征管能手、诚信纳税户、省内著名演员（以《外来媳妇本地郎》的"康"家为代表）、省外著名演员（宋祖英、阎维文或孙楠）等众多"明星"于一堂；融小品、杂技（在世界上获大奖的高难度杂技）、合唱（由各行各业的群众和税官组成的大合唱）等艺术表演形式为一体，真是"今夜星光璀璨"。

［节目安排］

★女声独唱：《东莞，我美丽的家园》

作　词：张静民

作　曲：徐沛东

演　唱：张莹（东莞籍著名青年歌手）

★情趣小品：《国税大厅见闻》

编　剧：傅勇凡（广东话剧院著名编剧）

表　演：林永建等（广东著名喜剧表演艺术家）

［说明］明星"赵本山"、"刘德华"、"曾志伟"、"肥肥"前来交税，一时间大厅里充满了欢歌笑语……明星现场模仿秀是本节目的最大热点。

★男声独唱：《小白杨》

演　唱：阎维文（著名歌唱家）

★动感演唱组合：《美好的生活动听的歌》

演唱表演：青春美少女组合　布丁果果组合

　　　　　神秘男孩组合　广州小海燕艺术团

［说明］这是一个欢快的载歌载舞的青春动感节目，青春少年热力四射，赞美东莞"现代人、现代生活、现代城市"的新生活。

★演唱＋杂技：《今夜星光璀璨》

杂　技：《高空彩绸舞》

演　唱：杨岩（星海音乐学院教授）

杂技表演：广州军区战士杂技团

尾声：共创辉煌

（大屏幕上投影出的虎门大桥占据整个画面，两边的拉索构出优美的曲线；中间，一条大道一直通向远方；大桥上选印着抗英的大炮；远方，地球在转动，世界各国的画面在转动的地球上选印）

尾声将以大歌舞形式展现东莞的未来。未来的世界将是生物技术时代，太空时代。东莞，将以国际制造业名城、现代化中心城市拥抱世界。东莞正在走向世界，世界已向东莞走来！

晚会结束时，40 米长的瀑布烟花从高空奔流而下，象征着东莞的经济事业大潮一泻千里，势不可挡！花炮腾空，五彩缤纷……祝福东莞国税收事业蒸蒸日上，东莞国税人家庭美满安康！

［节目安排］

★大型歌舞：《共创辉煌》

作　词：郑南

作　曲：徐沛东

编　舞：黄盈

表　演：广东歌舞剧院　广州小海燕艺术团
　　　　东莞国税局业余合唱队

广东电视台艺术团

2002 年 4 月

【附录2】

与时俱进　再创辉煌

——南海迎中秋贺国庆大型焰火文艺演出

（节目及环节设计）

2001 年金桂飘香的季节，中央领导人江泽民、朱镕基等在不到一个月的时间里先后视察了佛山南海，对南海的信息化建设成就表示"惊讶"，表示"祝贺"，但同时更寄予厚望，希望南海在信息化的时代里，担当起先锋的重任，希望神州能激荡起信息潮、南海潮！

一、创作宗旨

2002 年 9 月 23 日，是南海撤县设市 10 周年的大喜日子。10 年的时间其实很短，在历史的长河里只是一簇浪花一滴水，但在南海人的手里却用这宝贵的 10 年时间，抓住了历史发展的机遇，不仅创造了经济与社会发展的奇迹，还成功地探索出了一条通往现代化的发展道路——从农业文明向现代信息文明跨越。

不知道除了南海，还有哪个城市的发展有这样的速度——10 年的突飞猛进，10 年间结下双文明建设的累累硕果；不知道除了南海，还有哪个城市有这样的目光与胆识——瞄准欧美发达国家，在信息化的时空里实现跨越式发展；不知道除了南海，还有哪个城市有这样的荣光——不到 1 个月的时间，从总书记到总理，国家党政最高领导人先后光临南海，这是肯定，是鼓励，更是在赋予南海人更重大的历史使命！

正因此，在南海建市 10 周年这一大喜的日子里，我们拟推出《与时俱进 再创辉煌》这一南海历史上规模空前、水平空前的大型表演。我们的宗旨，就是要通过这台大型表演——

搭建一个欢乐的平台，为南海 10 年来所取得的伟大成就

纵情放歌，为南海走向世界，世界走向南海放歌；

搭建一个展示的平台，让广大观众一睹信息时代南海人

新时代弄潮儿的风采，传递南海人民建设美好家园的心声，发出向信息化城市跃进的全民动员令⋯⋯

二、追求目标

这将是一台站在人类文明发展的高度来关注和表现南海社会发展进程的大型演出，而不是一场简单的、局限于某时某地的晚会。

三、表演场地与场面描绘

（1）以刚刚落成的南海中轴线市民广场为整个表演场地。

（2）将现有舞台向周边拓展舞台，向高空拓展，以保证足够表演平面和空间；追求节目三维、立体、动感、变幻、超想象的效果。

四、总体设计

本次以建市 10 周年为契机的大型表演，同时还承担着迎国庆、贺中秋的两大主题，因此，每个项目都要力争各有创意，各有千秋，不仅要给人耳目一新眼前一亮之感，而且要有回味的价值与空间。结合南海建市以来的发展历程，我们拟将整个大型表演分成以下篇章——

序篇：潮涌南海
【节目设计】
第一环节（2′）

（全场灯灭）舞台上一个代表南海未来的少年在追光灯追踪下，来到大屏幕（电脑屏幕）前，伸手点击屏幕——（电脑屏幕扩展声）屏幕开启："小南海"梦幻般地走进了这一令他惊奇万分的世界。此时无伴奏女声哼唱渐起，伴随着这悠远沧桑的女声，开始诗朗诵——

南海·历史·丰碑

作者 张静民

（一）

你在大海胚胎，

巨浪是你的风采。

唤醒沉睡的海岸，

倾听大地的澎湃，

海面上每一面风帆都是你的丰碑哟，

南海，我的母亲一样的南海！

（二）

你从历史走来，

雄壮是你的气概。

曾经像夸父那样追日，

曾经像精卫那样填海，

大地上每一块秦砖汉瓦都是你的丰碑哟，

南海，我的父亲一样的南海！

（三）

你向未来奔去，

铿锵是你的节拍。

富强之路注定由你铺就，

幸福之歌传唱千秋万代，

阳光下每一张笑脸都是你的丰碑哟，

南海，我永远挚爱的南海！

此时大屏幕展现的是与南海历史相关的图片和影视史料。（先是陈旧的黑白影调，到新中国成立时是老影片的色彩，直到邓小平南行，色彩开始转为绚丽、明亮、饱满，最后是江总书记、朱总理等国家领导人视察南海，影片结束时，展现的是一个现代化的南海正在崛起，最后画面定格在纵横交错、气势磅礴的"桂江立交桥"上）这时进入第二环节。

第二环节：（2′30″）

音乐起，背景中上千人的大合唱在演唱着《南海颂歌》，舞台中上百名舞蹈演员翩翩起舞……灯光在动、演员在动、舞台在动，整个现场连空气都在动，在动感中把序篇推向高潮。

第三环节：（30″）

歌舞刚结束，随着一个巨大的火球（舞台专用烟花）在舞台上空炸响，紧接着是铺天盖地的焰火，流金溢彩的烟花，纵横交错的激光灯光束、探照灯光束、电脑灯光束……有主题、有造型、有气魄，充满现代感，序篇达到高潮！

（随着烟花的落幕，全场灯灭，舞台中一堆篝火徐徐升起，节目转入"农业文明篇"）

第一篇：绿色港湾（农业文明篇）

此篇在历史的回顾中赞美今天的美好生活，在表现今天美好生活的过程中展望未来——站在人类社会发展史的高度来看，南海曾是农业文明时代耀眼的明珠，始皇郡，隋帝县，桑基鱼塘之地，现代缫丝之源，文明富庶之乡……这些都是本篇节目编导的逻辑支点。以《绿色港湾》命名，寓意南海乃南粤大地上赤土碧水共同孕育出的一方钟灵毓秀之地，这里山青水美、人杰地灵，是创业的乐土，是绿色的港湾，希望的港湾——人们在这里创造美好的生活，船儿从这里升起理想的风帆……

本篇色调：白、绿、蓝

节目构想：人类社会文明史是从农业文明开始的。在农业文明阶段，南海的历史是那样的辉煌灿烂。可以说，南海的农业文明历史，正是发达的中国农业文明的缩影。在篇中我们的切入点将是数千年前南海先民对火神的一次祭祀，以南海先民自然的、美妙的、富足的、欢乐的生活为表现题材，故事、服装、道具、音乐、舞蹈……一切元素都围绕"如诗如画的南海——理想温馨的家园"这个主题，表现南海这片土地有如南海明珠，照亮蛮荒中的岭南星空这一意蕴以及南海人自强不息的精神。

【节目设计】

第一环节：《火神之舞》（1′30″）

随着烟花的落幕，全场灯灭，舞台中一堆篝火徐徐升起，火神（女舞者）起舞，领颂者的声音缓缓而起，以从远古传来的人类的声音、以现代的舞蹈语言，讴歌给人类带来光明的火神。"小南海"在旁静静观看。

第二环节：

诗朗诵——

南海，绿色的港湾（3′）
作者：张静民

（领）是谁在这里把第一堆篝火点燃，

从此改变了你苍白的容颜？

是谁在这里扬起了第一面风帆，

从此露出你迷人的笑脸？

是谁用七色光把你精心装点，

从此人们更把你的风采迷恋！

（合）是你——

勤劳的南海人！

是你——

智慧的南海人！

（领）刀光剑影早已在岁月的长河里暗淡，

惊涛拍过的岸边已变成鸟语花香的乐园，

太阳在旷野里嬉戏，

月亮在轻波里浪漫，

星光也不再沉寂，

在迷人的夜色里你倾吐着最美的语言！

（合）我们歌唱你，南海人，

歌唱你世世代代执著的追求，

我们赞美你，南海，

赞美你绿色的港湾，幸福的摇篮，

（领）怎能忘那炎炎烈日下的播种者，

他劳作的身影勾勒出你碧波起舞的风景线；

怎能忘那漫漫长夜里的守望者，

蒸腾热血的生命企盼风调雨顺的岁岁年年；

怎能忘那脸朝赤土背朝天的祖祖辈辈们，

黝黑粗裂的双手啊，淘出了金灿灿的幸福泉！

（合）我们歌唱你，南海人，

歌唱你对这片热土的深深爱恋，

我们赞美你，南海，

赞美你星空下火树银花的丽彩！

南海，绿色的港湾，

你是希望的摇篮！

舞台两边，随着领诵者的声音，歌队一边合诵一边在流动，仿如某种古老的仪式……
本环节尾声，巨幅绿绸漫过歌队，如生机勃勃的田野，绿浪起伏。

第三环节：女子群舞《绿之韵》（5′）
展现农业文明时代的田园诗、风景画……
第四环节：情歌对唱（6′）
以三段极具岭南韵味的古老爱情歌谣对唱，展现一幅先祖们"男耕女织"的欢乐图。
第五环节：男子群舞《拓荒者》（5′）
一群男子在南海的大地上，勤勤恳恳，自强不息，战胜大自然的劳动场景。

第二篇：雷霆交响（工业文明篇）
南海的命运从来都与祖国的命运紧密相连。在工业文明的进程中，南海前进的脚步也
曾经是那样的沉重，那样的步履蹒跚……但是，自强不息的南海人在重压下坚挺着城市的
脊梁，在沉默中积蓄着力量，酝酿着明天的雷霆交响——
本篇色调：红与黑
节目构想：全篇皆以主题杂技的形式表现。

【节目设计】

第一环节：

追光灯下，"小南海"点击屏幕，屏幕上展现出工业文明时期的人类社会，"小南海"好奇地走了进去。

朗诵诗——

谛听历史的回音

作者：张静民

透过南海滚滚波涛，

我们谛听历史的回音，

我们仿佛听到了——

西樵山下中国近代第一座缫丝厂机械的轰鸣；

听到了——

农机修造时代乌黑铁砧上不时传来的叮叮当当；

听到了——

改革春风里南海城乡大小车间万千机械共同演奏的交响……

一阵阵回音，

回应着南海一段段难忘的历史进程——

那轰鸣

是东方睡狮初醒时发出的第一声低吼；

那锤声

是南海在致富的康庄大道上踏出的时代强音；

那交响

是南海走进新时代时吹奏的最嘹亮的进军号角！

第二环节：蒸汽时代（8′）

以地面杂技为骨干节目，以歌队的《劳动组歌》合唱进入。

本节目拟采用当今国际最流行的"钢铁表演"。采取修铁路、造大船这一有关蒸汽时代的联想，以铺铁路和造船的动作、造型、工具、场面为创意蓝本，一方面是沉重、笨拙、疲惫，另一方面，则是生生不息、奋进不止的民族精神和钢铁意志的写照。工人装、劳动舞、钢板踢踏、劳动号子、砂轮飞金（打磨铁板飞出铁花）……

第三环节：电气时代（8′）

以空中杂技为骨干节目，随着一段轻柔的音乐，女子柔术表演开始，一阵阵"嘀嘀……"的电报声，预示着人类社会进入了电气时代，在声、光、电和舞台线条的配合下，男子技巧、空中飞人等表演就有了新的象征意义。

第四环节：光明之路（2′）

歌队通过流动，组合成象征南海工业发展特点的金色、银色两个板块：金板，象征南海以铝型材为龙头的金属加工业；银板，象征南海以陶瓷为龙头的建材加工业。金银双面板握在手里，顶在头上，飞旋在空中，拼接在一起……时而流金，时而淌银，时而是高楼，时而是长城。最后，合手铺就一条通往富裕繁华的金银之路。取其意象，象征南海人在追求工业文明进程中的筚路蓝缕；同时，也喻示着只有靠双手、靠智慧，才能铺就成功之路。

本篇结束时，瀑布烟花倾泻而下，喷泉烟花冲天而起，喻示着南海轻工业发展的辉煌成就。

第三篇：流光溢彩（信息文明篇）

本篇色调：五光十色

创意起点：南海"五创"及其辉煌成果。

建市后，经过几年时间的殚精竭虑，上下求索，南海人终于发现：在现代化的进程中，"这化那化，无论哪一化，都离不开信息化"。于是，认定了奋斗的方向，并明确地提出了相辅相成的"五创"目标，即创建信息市、创建国家卫生城市、创建中国优秀旅游城市、创建国家环保模范城市、创建文明城市，从而把南海的发展，带上了国际化的"高速公路"。

信息时代的到来，为南海的发展带来了千载难逢的良机——在农业文明和工业文明时代，一个民族，一个国家，甚至是一个地区，一旦被历史的车轮抛在了后面，便要付出十倍、百倍、千倍的力量去追赶，即使这样，还未必能够追赶得上。但是，在信息时代却完全不同——在信息时代，在网络空间里，人类文明和社会进步是可以实现跨越式发展的。这也就意味着，在工业文明时代里失之交臂的历史发展机遇，在信息时代里可以重新获得。这种获得，不是让人们再回到工业文明中去拼命追赶，而是给你一个与发达国家和地区站在同一起跑线上向前进步的平等机遇。

南海人可以骄傲，因为当这一机遇摆在面前时他们抓住了它；南海人可以自豪，站在信息化这一世界平台上，他们不仅实现了社会进程的跨越式的发展，而且创造了一个又一个的历史奇迹——如今的南海，路变宽了，楼变高了，城市变美了，乡村与城市的差距越来越小了；更难能可贵的是，南海人的发展意识先进了，思想现代了，心胸和视野也更加开阔了！

在信息时代，世界距南海再不遥远；

在信息时代，世界对南海再不陌生。

今天的南海是世界的南海，今天的世界也是南海的世界。

此篇拟以建市以来南海各行各业在市委市政府领导下向信息化城市奋进的历程为创意蓝本，讴歌南海人的胆识、睿智与"富而思进"的进取精神——昔日康有为以变法求维新，今天南海人靠信息再革命！

本篇是本次演出重点中的重点，也是应非常出彩的篇章。南海以信息化城市建设激荡起"南海潮"，神州为之震荡，南海正以数字南海这一崭新的形象走向全国，走向世界，走向未来。试问太空时代谁主沉浮？——数字化者，网络化者，现代化者！

此篇里的节目，无论是音乐、音响、灯光，还是道具、服装，都力求要具有信息文明时代的特色，力求能够表现出数字时代和数字南海的本质和精髓。

【节目设计】

第一环节：《激光演示》（30″）

"小南海"从"金银之路"走出来，再次来到他的大电脑屏幕前，此时全场灯光熄灭，"小南海"凝望着大屏幕，问道：什么是信息时代？霎时间，激光灯快速闪动，制造出各种颜色、各种形状的光线……最后在整个舞台上交织成网络状而稳定下来，此时整个舞台铺上 IT 色，喻示了多姿多彩的网络世界。

诗朗诵——

托起彩虹
作者：张静民

在南海飞速发展的历程上，
有这样一个关于"织网"的小故事，
最广为流传，最被人们津津乐道——
南海有一个专门做铝合金轮毂的企业，
想和美国的一个大机车企业做生意，
由于信息交换手段落后，
双方人员只好提着轮毂样品往来奔波。
结果，生意泡了汤，
时间却白白过去了大半年。
后来南海建成了同级地区首家信息平台
双方又开始通过互联网开展合作，
终于在网上结出了累累经济硕果。
在这里
还有西樵布商、南海花农等等"织网"的故事，
熟悉南海的人，
都能如数家珍地告诉你。

中国有句成语，叫
"与其临渊羡鱼，不如退而结网"！
南海的发展现代化历程，
正应了这句老话——
面对全球现代化滚滚大潮，
跟随就意味着落后，
有眼光、有魄力、有胆识的南海人，
纵身跃上潮头，
在信息化的浪潮里，

引领着南海实现跨越式发展——
从而以弄潮儿的姿态
创业者的情怀
开拓者的风采
在信息文明的世界里，
托起了南海明天的彩虹，
书写着南海美好的未来！

第二环节：歌舞剧《网络时代》（6'）

以说唱、舞蹈的表演形式，回答了一些"网络时代"的问题，最后，一个小孩问：网络时代就是这些吗？引出下一个环节。

第三环节：《网络游戏》演示（1'）

舞台上，一群小孩在兴奋地看着大屏幕上的电脑网络游戏，这个环节旨在告诉观众：网络所独具的、不可思议的魅力。

第四环节：《网络世界》（6'）

伴随着一阵阵 OICQ 的呼叫声，两只"小企鹅"走出来，结束了网络游戏的演示，一男一女两个声音在网络中交谈，引出了五个世界各国的小孩子有关当今世界上发生的事情的对话……最后，一个南海的小孩子说出了祝愿世界和平的心声。

第五环节：男声独唱《和平之歌》（4'）

由孙楠或阎维文在激光网络中演唱一首以和平、爱为主题的歌曲，预示着在当今这个网络时代中，人类更加需要爱与和平。

第四篇：明珠璀璨（太空文明篇）

本篇色调：太空色

1969 年，当美国的宇航员成功踏足月球的时候，美国总统发贺词说："从此太空就成为我们人类的一部分……"确实，在太空时代没有到来前，甚至即使在信息时代，太空也仅仅是人类的一部分。但是，在未来的太空时代，一切都将改变。

未来社会发展是怎样的？在专家们所预言的太空时代（或生物技术时代），我们的生活又是怎样的？也许我们现在还无法得到明确的答案，但是我们却清楚地知道，只有信息文明时代的胜利者，才能在未来的太空文明时代抢占到制高点，获得生存与发展的足够空间。南海要做这样的胜利者！南海也有决心和信心做这样的胜利者！

抓住了信息时代发展机遇的南海，在未来的太空时代，必将像一颗熠熠生辉的明珠，辉映着未来的浩渺星空——我们畅想，我们期盼，我们描绘，我们讴歌……

这一篇章的所有节目，从音乐、灯光、色调，到演员的服装、化妆、道具等，都极具幻想色彩。

【节目设计】

第一环节：《太空遐想》（4'）

舞台中间一个蓝色的透明球体缓缓升起，一群生命推着、拍打着大小不一的、五颜六色的透明球体，在一个充满太空感觉的男声中，迈着太空步伐上场，男声叙述着人类对太空的遐想……

诗朗诵——

太空时代遐想
创作：张静民

我守候你，太空时代
就像产房外父亲守候新生儿的那声啼哭
就像诗人月下把酒守候灵感喷涌而来
我守候你，太空时代
就像跋涉者站在海边守候喷薄的日出
就像恋爱中的女人守候情人温暖的胸怀
我守候你的时空宽广无垠
我守候你的世界绚丽多彩

我猜想你，太空时代
是否仍有美丽的姑娘坐在山坡歌唱纯洁的爱情
是否仍有英俊的小伙驾着白云的轻车踏歌赶来
我猜想你，太空时代
是否也有春来冬去阳光明媚鸟语花香
是否也有蓝色沙漠绿色原野金色大海
我猜想你的岁月万古奔流
我猜想你的情怀激越澎湃

我走进你，太空时代
任想象的翅膀轻抚你每一寸肌肤
任情感的潮水注满你的江河湖海
我走进你，太空时代
边走边想那过去的过去
边走边想那未来的未来
在那未来的未来
只要仍有无边大地
只要仍有无涯沧海
只要仍有宽广世界
只要仍有斑斓色彩

就一定会有丰满的生命
——和爱！

第二环节：现代舞《征服太空》（3'）
一群现代舞演员在太空中奋力拼搏，象征着人类在征服太空的旅程中不屈不挠的精神。
第三环节：流行歌舞《在未来世界里》（6'）
这是一组动感十足的流行曲组合，象征着人类在征服太空后，发现太空中的生命是如此形形色色、不可思议……
第四环节：结束歌舞《南海，与世纪同行》（4'）
这时，传来了天籁般的领唱声（拟用男、女高音美声唱法）……
复唱时歌队大合唱响起，撼天动地，所有演员一起涌上舞台……
歌舞声中，南海人向世界发出了与时俱进、再创辉煌的时代最强音……
这是南海实现跨越式发展的艺术写照，是南海精神的又一次升华！

尾声：烟花会演（20'）
大小不一，高、中、低空烟花腾空而起，映亮南海的夜空……
南海之夜，是欢乐之夜，是美丽之夜，是灿烂之夜！

撰稿 张静民
广东电视台艺术团
2002 年 6 月 11 日

第五节 电视综艺晚会串联脚本的写作

撰写电视综艺晚会串联脚本，虽不是一项高深莫测的工作，但也不是一件简单到可以随便对付的工作。说它不高深，那是因为这项工作说白了无非是要把晚会的所有节目和环节串联起来；说它不简单，那是因为任何人要想做好它，首先要有必要的知识和素养积淀，同时还要对整台晚会的方方面面有整体的把握和透彻的了解，尤其是对晚会的主旨，不仅要了解、理解，还要能够精准地加以把握，并进而艺术化地、完美地将其渗透进串词之中。

一、综艺晚会撰稿人素质要求

综艺晚会"撰稿人"是一个很特殊的"工种"——他要理解导演的意图，

要能结合节目把晚会的宗旨渗透其中；他要熟悉和了解晚会的每一个节目、每一个环节，并能把它们有机地串联为一个整体；他要了解晚会节目主持人的风格特色，从而使所撰写的串词与主持人相得益彰；他要了解晚会所面对的电视观众的收视心理和流行口味，从而要么"投其所好"，要么悄无痕迹地加以引导。归纳起来，作为一个晚会的撰稿人，下面这几方面的素养应是必备的：

（1）政治素养。综艺晚会一般都是社会政治、经济、文化等生活的"欢乐颂"。因此，撰稿人就必须关心政治、关心社会，最好能对社会政治、经济、文化生活和社会发展有较为深入的了解和认识，若浅尝辄止，甚至不闻不问，即使能够撰写出串联脚本，也将是闭门造车之作，很难有深刻的现实意义。

（2）业务素养。综艺晚会撰稿人的业务素养包括许多方面，但以下这几方面最为重要，如果不具备，就很难圆满完成撰稿任务：

第一，对电视这种现代的传播媒介特性要有所了解。电视是大众传播媒介，它传播速度快，覆盖面广，受众人数多，但是它的传播又具有"易逝性"，受众收视行为上具有松散性，而且受众层次跨度大，基础层文化层次偏低等也是其显著特性。

第二，对电视综艺晚会本身的特性要有深刻的了解和准确的把握。电视综艺晚会从广义上说属于庆典活动。庆典活动本身的特性是强调隆重、喜庆、热烈，当然，有的活动则强调庄严、神圣等。庆典活动与电视结合就产生了电视综艺晚会。因此，对电视综艺晚会的特点、特性，撰稿人也必须有充分的认识，否则就无法加以有效的利用、运用。比如传播手段带来的内外互动效应，画面和音响、灯光、舞美及电视特技效果所带来的场面、气氛等可供利用的艺术效果，撰稿人在进行写作时都应加以考虑，加以利用。

第三，文艺、文化修养。撰稿人不要求是"专才"，但至少应是文艺文化方面的"通才"。他不但要对古今中外尤其是当前最热门的文艺形式、文艺作品有所了解，还要对民间文艺、民俗风情有所了解，从而确保所撰写的串词既有文化底蕴，又能鲜活生动。

第四，文学修养和文字功底。撰写电视综艺晚会串联脚本也是一种文学创作活动，因此对撰稿人的文学修养要求较高，古今中外诗歌、戏剧、小说，名家、名著、名段、名言，都应了然于胸，用时方能如探囊取物信手拈来。在这方面常为央视大型晚会撰稿的阎肃、韩伟、任卫新都是大家，应是学习的榜样。

二、综艺节目的结构类型

为电视综艺晚会撰写串联脚本，不单是为主持人写串词，还要串联起整个晚会的节目和环节。因此，撰稿人对电视综艺晚会的节目结构类型与方式也要有所了解。一台综艺晚会，有了主题思想这个坐标，有了不同内容和不同形式的节目，确定了晚会的基调，接着就要考虑如何把这些不同形式，不同内容的节目组成一个完美的有机的整体，就要考虑选择什么样的结构形式进行组织安排。从一些晚会节目中我们归纳了以下几种综艺节目的结构类型。

（一）珍珠项链结构

编导在构思综艺晚会内容时，选择好一个个较为理想的节目也就等于挑选到了一颗颗珍珠，要把这些个体形态不同的珍珠联结在一起，必须有一条线把它们串起来，这条线通常称"串联"。经过串联之后，像珍珠一样光彩照人的个体节目，才能从无序状态到有序状态，就如同我们比喻的项链一样形成一个整体性的结构。这种串联采用不断埋设悬念，运用拖延的方式把晚会中最使人感兴趣的节目、演员或其他具有吸引力的要素进行组合，起到点题、衔接、活跃气氛等作用。这种线状形态的结构方式常常用在现场直播式的晚会上，它使晚会具有整体效应，给人一气呵成的感觉。中央电视台历届春节联欢晚会大多采取这样的串联结构。

（二）段落组合结构

段落组合结构，也就是将一台文艺晚会分为几个段落，将这些段落按照晚会主题思想组合成一个整体，共同来完成主体立意的结构方式。而且每个段落都有自己的明确立意。比如文化部 1994 年春节晚会——《五彩路》就是段落组合的结构形式。《五彩路》这台晚会有"新春的祝福"、"欣慰的记忆"、"灿烂的星座"、"美好的展望"四个段落。

（三）篇章结构

篇章结构，有的由"章"或"篇"单独构成，也有"积章成篇"的结构形式。为纪念抗日战争和世界反法西斯战争胜利 50 周年，由中宣部、文化部、广播电影电视部、中国人民解放军总政治部和北京市人民政府联合主办的大型文艺晚会——音乐诗《光明赞》，它的总体结构就是由《记忆》、《血印》、《丰碑》、《光明》四个乐章和一个《序幕》构成。

除去以"章"的形式进行结构外，还有以"篇"的形式进行结构的。文化部、总政治部、北京市人民政府、广电部、中国文联合作推出的纪念毛泽东同志诞辰一百周年大型文艺晚会《山高水长》就是一例。整台晚会的总体框架由《序》、《高山篇》、《大河篇》、《尾声》四部分组成。"序"是点题，诗意地表现一代伟人从韶山诞生，开始他那波澜壮阔的一生。

（四）编年史式结构

编年史结构，常用在纪念大型的周年活动的文艺晚会上。比如，民政部和总政治部在 1993 年春节到来之前举办了一台《正月里来唱新春》，目的是纪念延安开展"双拥"运动五十周年。这台大型迎新春文艺晚会采用的就是编年史式结构。

（五）组合回旋结构

近几年大型综合文艺晚会有新的突破和创新。文化部 1993 年春节晚会就是一台新颖的富有创新意义的结构形式。这台晚会以"中国潮"为主要形象，以"春潮"、"花潮"、"灯潮"四个人组合和两组不同色彩的回旋插部把整台节目组织在一起。晚会充分运用电视手段，打破时空、多场景、多侧面、多角度，艺术地反映我国改革开放的大好形势。为了使这种复杂的结构形式能够明晰和体现编导的创作意图，用字幕标明四个"潮"的标题和两个"回旋"插部的字样。选择了六位主持人主持，他们的串联词除了以改革开放大潮为主线，还以节日的民俗为复线承上启下，贯穿全台晚会的场内外。在场外主持人采访科技战线、城市新貌，场内节目表演与外景相结合，中间插播了珍贵的镜头资料，不仅扩大了整台晚会的信息容量，也揭示了节目的内涵。

（六）多元综合结构

多元综合结构，是指在整台文艺节目中，由多种结构形式综合在一起，形成了一种新的结构形式。即由块状、线型、套层、画面叠加等结构综合在一起，形成了新的多元综合结构。它要比其他结构形式复杂得多，涉及许多方面。例如，大型电视文艺节目《拥抱太阳》就属于这种形式。

（七）散点形式结构

这种形式的结构多用于标题性的综合文艺节目。所谓散点就是不集中在一个舞台或一个演播室内演出的一台节目。节目安排从主题的需要出发，选择了不同的演出场所。欢庆中华人民共和国成立 40 周年大型文艺节目《我爱你，中国》就是这样的结构。

（八）平行并进结构

这种结构形式主要适用于主会场和分会场是时进行演出活动的多演区地点，使观众同时看到不同演区的演出情况。其实这种平行并进的结构形式与电影艺术中的平行蒙太奇非常相似。这种结构形式的晚会，有的晚会设立分会场，采用的是先录制的方法，在播出时插入主会场演出中。有的则是同时进行。这种结构形式的好处是能使观众在屏幕上观赏到不同地区的观众观看节目的现场景象。1996 年由张晓海任总导演的央视春节联欢晚会分设了上海和西安两大分现场，通过卫星连线，实行北京、上海、西安三地共时演出，互动传播。

三、综艺晚会串联脚本的语言

（一）说明性的语言

有对片头设计的说明。例如文化部 1994 年春节晚会《五彩路》的台本中，片头设计的文字是这样的：

浓郁节日气氛的三维特技。

在片头音乐伴奏声中：运用先进的制作设备，创意力求表现具有鲜明时代特色的与晚会主体形象"五彩路"相适应的动画特技，要求立意深邃、画面清新、构图别致、色彩斑斓，以期达到先声夺人的效果。

在象征五彩路的恢弘画面上，推出五彩缤纷的"五彩路"三个大字，随即推出片头字幕："文化部九四春节晚会"，字幕衬底为保利剧场外景。

有对节目艺术处理的说明。比如《光明赞》中，撰稿人对《序幕》中艺术处理的文字是这样写的：

小军鼓声骤起……

150 名着节日盛装的三军仪仗队从两侧边幕列队上场……

仪仗队定位后，队形突然"人"字展开，在振奋的军鼓和辉煌的军号声中，由两组移动站台推出 60 名抗日时期老战士。他们白发苍苍、神采奕奕，在灯光映照下，胸前的军功章发出熠熠光芒……

在爆发的欢呼声中，60 名少先队员手捧花束，从两侧太平门登上舞台。祖国的花朵们，向抗日老战士献花，表达人民对他们的敬慕……

移动站台突然向左右两侧分开，从中走出一个手执一面小型五星红旗的小男孩，他以稚嫩的童声唱起《义勇军进行曲》……

三军仪仗队与 60 名抗日时期老战士肃立敬礼……

雕塑幕升起……

从这段文字中，我们看到撰稿人在序幕中的艺术营造，几乎调动了所有的艺术手段：音乐、音响、演员、布景、服饰、色彩、造型等用文字进行描写、表述，提供给导演在进行二度创作时的文字依据，导演根据台本的要求，组织实施，使节目产生立体的效应。

（二）屏幕文字语言

电视文学台本中第二类语言是屏幕文字，一般统称为电视字幕。电视字幕就其性质和作用来说，大致可以分为四类：节目预告字幕、片头字幕、演职员字幕和唱词字幕。这种概括是从节目制作时使用的字幕来谈的。我们从已播出的电视综艺晚会节目中，还发现字幕有更为广泛的作用。

（1）揭示节目内涵的作用。这类字幕一般来说多用于舞蹈性的节目。大型电视文艺节目《拥抱太阳》中有一个节目是著名舞蹈家杨丽萍领舞、中国铁路文工团歌舞团表演的佤族舞蹈《火》。这个舞蹈游离于晚会的主题之外，经过考虑配上了一段富有诗意的字幕：

> 是谁燃起代代相传的火种，
> 是谁绘就星火燎原的画卷，
> 长夜中呼唤你，呼唤光明、希望、温暖，
> 征途上高举你、高举理想、追求、信念。

（2）介绍人物和有关背景的作用。在《拥抱太阳》这台节目中，第一首歌曲是《妈妈教我一支歌》，在领唱、轮唱、合唱这首歌的同时，出现屏幕文字："参加合唱的有老红军、新四军、八路军的老战士，有身经百战的老将军，有全国劳模、三八红旗手，有工人、农民、学生的优秀代表。年龄最大的87岁，最小的3岁。"这段屏幕文字使观众明白演唱歌曲的人不是一般演员和人物，而是由各具特色的人物组成，同时也强调出演出人物的身份。

（3）节目内容的补充。一台晚会中，对于节目主持人需要用语言表达同时仅靠语言又难以完全表现的节目，往往用屏幕文字来补充节目的内容。当然这个补充是画龙点睛的一两笔，不能用太多的文字。文化部1994年春节晚会的结尾节目是歌舞《如意在新春》，这个作为尾声的歌舞在高潮中结束、定格。这时，在演员定格的衬底上，飞出下列金光闪闪的字幕："家家庆新春，户户喜盈门，人人乐陶陶，年年交好运。"

（4）连接节目的作用。屏幕文字可以代替节目主持人，将节目与节目连接起来，特别是富有哲理性串联词，用屏幕文字启迪观众思考。

从以上四点我们可以看出屏幕文字的作用，作者在撰写台本时，使用屏幕文字要力求简洁醒目，增加画面的信息量，给观众留下深刻的印象。屏幕文字毕竟只起揭示、补充、扩展、强调的作用，而不是文艺节目的演出，不能使用大段文字造成喧宾夺主。

（三）主持人的语言

电视文学台本中第三类语言是主持人的串联词。串联词的写作要从节目的内容出发，这是毋庸置疑的，它能承上启下，使节目前后相连。在此基础上要兼顾观众的兴趣，力求语言生动活泼、简明扼要，又富于吸引力和启发性。在众多的串联词中，我们可以把主持人的语言归纳成如下几种形式：

（1）介绍形式。节目主持的串联词有一部分是从旁进行介绍的，通过介绍使观众对节目有所了解。介绍的范围比较宽泛，其中有人物介绍、民俗介绍、环境介绍、知识性的介绍等。总之，根据主题需要，撰稿人认为符合规定情境的都可以介绍。如白杨在《拥抱太阳》中对五星红旗图案产生过程的介绍，就使钢琴演奏《祖国颂》与扮演建国元勋的领导人诗朗诵串联在一起。

（2）描述形式。在串联词中有一部分是以描述的形式出现的，为了表现节目内容和抒发主持人的情感，撰稿人在写串联词时常采用描述的形式达到以情动人的目的。在《拥抱太阳》中，曾在电影《烈火中永生》扮演江姐的于蓝担任节目主持人，她的串联词就是采用描述的形式：

> 每当听到这熟悉的旋律，我们就会想到江姐和千千万万革命烈士为了劳苦大众的解放，为了人民共和国的诞生，江姐和她的战友们在胜利即将到来的前夕，从容地走上了刑场。临终前江姐给亲戚的信中为年幼的儿子彭云写下这样的话（画面插播江姐亲手写的血书）："盼教以踏着父母之足迹，以建设新中国为志，为共产主义革命事业奋斗到底，孩子们决不要骄养，粗服淡饭足矣。"此刻，当你坐在电视机前，合家欢聚观看节目的时候，可曾想到，今天的幸福生活是多么来之不易呀！

这里串联词与节目浑然一体，耐人寻味，启人思考。

（3）引导形式。在串联词中大部分是引导的形式，有的是一人引导，更多的是两个人或多人的引导。引导形式的串联词往往先将某种信息、主持人的感受或借题发挥承上启下地将节目引出。比如文化部1993年春节晚会中茅威涛主持节目的串联词：

> 一年一度的"文华奖"已经引起了广大文艺工作者的关注，在1992年"文华奖"的获得者中，既有久负盛名的表演艺术家，也有崭露头角的青年演员，他们的表演受到广大观众的欢迎，现在您将欣赏到的是精彩唱段和表演——

这段串词的作用，就是通过茅威涛的串联引出演员们接下来要表演的节目。

（4）交流形式。节目主持一般都是两个人或两个人以上，主持人除去上面提到的介绍、描述、引导作用外，还有交流作用。比如文化部1993年春节文艺晚会，主持人李媛媛出场首先与观众交流：

电视机前的观众朋友们，在这个文化部九三春节晚会上，我们又见面了，这会儿，您可能正在品尝着热腾腾的水饺，烹调着一道道丰盛的年饭，和亲朋好友谈着开心话，家庭的气氛多么和谐、多么畅快啊！

第二种是主持人之间的相互交流。为了活跃气氛，常在交流式的串联词中穿插一些民俗介绍、信息传播、有关知识和富有趣味的话题。这些话题可以扩展晚会的思想性、可听性、连接性。比如文化部1993年春节文艺晚会中李维康与茅威涛主持节目时的交流便是一例。

茅威涛：维康大姐，您刚才私下跟李羚聊的那一段话，让人听了还真长学问。

李维康：这话说起来就长了，像咱们戏曲演员台下十年功为的是什么？还不是为了在舞台上塑造栩栩如生的美的艺术形象吗？威涛，你是小百花越剧团的著名小生、青年演员，一直为塑造美的形象努力着。

茅威涛：哟，您过奖了！不过，咱们演员在台上要创造美，在生活里就得追求美，像平常咱们待人接物，言谈举止，仪表礼仪，都要讲究个美，这是咱们祖祖辈辈的美德呀！

李维康：讲得好，要我说呀，一个人外表的美和内心的美是分不开的。

这段主持人的互相交流引出男、女声二重唱：《美在你心里》。

（5）朗诵形式。在大型的富有史诗性的综合文艺晚会或专题文艺晚会中，有的串联词就采用主持人朗诵的表现形式。体现出整台晚会的庄严、宏伟与气势，串联词与演出的节目浑然一体。如音乐诗《光明赞》的串联就是以朗诵的形式出现的。

四、综艺晚会串联脚本写作纲要

撰稿人撰写综艺晚会的文学台本，并没有固定模式，也没有什么严格规定，很多情况下都是撰稿人根据晚会的实际情况进行"自由发挥"。但是，在研究过多种台本之后，我们发现其中还是有一定的规律可循的。

第一，写明晚会名称。

第二，撰写晚会的前言或叫概述，其中包括：

（1）写明晚会的指导思想。

（2）艺术构思：通过什么节目体现主题、基调、风格。

（3）总体框架：简要写明采用怎样的结构形式。

第三，撰写晚会节目的内容，其中包括：

（1）片头设计。

（2）序幕：要求新颖、漂亮、点题，达到先声夺人。

（3）中间内容：①撰写主持人上场的串联词：报题、与观众交流、引出节目。②要求上演的节目编排要巧妙、品种搭配要合理、艺术处理要出新（老节目新包装、影视资料的插播等）、动情节目要感人。③主持人的串联词要承上启下、亲切、生动、活泼。

（4）尾声节目：

内容要与序幕相呼应，耐人回味，给人以启迪或鼓舞；形式上要有一定的气势形成晚会总的高潮。

第四，演职人员字幕和衬底画面内容。其中主要包括：

（1）策划人名单。

（2）撰稿人名单。

（3）导演：总导演、副导演、助导等。

（4）摄像人员名单。

（5）舞美设计人。

（6）灯光人员名单。

（7）服装设计人员名单。

（8）化录人员名单。

（9）制片、制片主任名单。

（10）监制人名单。

最后字幕：录制单位、协办单位、赞助单位及台名等。

【附录】晚会串联脚本

奔向未来

——南海市喜迎新千年大型焰火文艺晚会

略。参见张静民《电视节目策划与编导》，暨南大学出版社 2008 年版。

第六节 综艺游戏类电视节目的误区与出路

以湖南电视台《快乐大本营》为代表的新型综艺游戏类节目集参与性、综合性、竞争性、趣味性等为一身，极大地拓展了电视文艺的发展空间，活泼、丰富了受众的周末文化生活，备受观众青睐，曾一度火爆而导致国内几十家电视台纷纷"克隆"，但面对今天大有泛滥之势的综艺游戏类节目，面对来自其他类型的新兴节目的挑战，我们对综艺游戏类节目的未来感到深深的忧虑。因此，我们特撰此节，以期综艺游戏类节目早日走出误区，再创辉煌。

一、综艺游戏类节目火爆的现象分析

2008 年 10 月 24 日发表在《华商晨报》上的一篇题为《回溯内地综艺节目"演进史" 从独乐乐到众乐乐》（记者 王皓）的文章，对内地综艺节目作了比较清晰的盘点：

内地综艺节目，在经历了 20 多年的变迁之后，表面上繁花似锦，却没了最初的味道。不过，观众从最初的只能看节目到如今可以参与节目，电视人对综艺节目的改进从没停止过。

20 世纪 90 年代初，荧屏上流行的综艺节目形式比较单一，"不看不知道，世界真奇妙"这句栏目广告语曾是一句时髦话。在有电视的家庭中，几乎没有人没看过央视的《正大综艺》，它满足了观众了解世界的渴望。当时人们熟知的综艺节目还有《综艺大观》，在晚会稀有的年代，观众们盼望每周通过这个节目看到明星的表演。

1997 年，《快乐大本营》的播出让很多观众眼前一亮，因为在这个节目中，明星不仅会唱会跳，还会做游戏，甚至会像普通人一样出糗。最让人兴奋的是，观众也被请上台跟明星和主持人互动。

当电视人意识到观众参与的重要性之后，一系列以观众为主角的综艺节目应运而生，央视借助第一平台的优势，借鉴国外的综艺节目，制作了《开心辞典》和《幸运 52》，一度非常火爆，综艺节目开始进入全民竞猜时代。

在腻歪了"观众 + 游戏 + 巨奖"的模式后，湖南卫视开启了全民娱乐时代。

2004 年是综艺节目具有里程碑意义的一年，《我型我秀》和《超级女声》的开播开启了选秀的先河。尽管第一年造出的明星如今在演艺道路上大多走得并不顺利，但它为后来选秀的火爆做了很好的预热。2005 年之后，选秀节目井喷发展，《加油！好男儿》、《快乐男声》等节目不仅让观众彻底成为节目的主角，而且有"一夜成名"的可能。

湖南卫视和东方卫视借着选秀的东风，奠定了自身在综艺节目的优势地位。央视和其他电视台也不甘落后，纷纷推出了改良版的节目。《非常 6＋1》、《星光大道》、《第一次心动》、《绝对唱响》等节目风生水起，选秀综艺一片繁荣。据不完全统计，从 2005 年到 2007 年，全国各电视台有不下 20 台的大小选秀，尽管比赛规则不一样，但在宣传和包装上都摆脱不了《超级女声》的影子。明星选秀节目如《舞动奇迹》、《名声大震》等也悄然兴起，但都未能再次复制"05 超女"的盛况。

随着广电总局一道道限制令的出台，选秀综艺渐渐"缺氧"。当 2008 年奥运会来临时，各家电视台预见到了奥运的冲击力，纷纷自谋"生路"。湖南卫视把重点打在"全民参与体育竞技"上，推出《快乐向前冲》、《智勇大冲关》等人人都可以一试身手的节目，既契合主旋律又讨巧，收视率一路飙高。浙江卫视把全民挑战的项目放在记忆力上，《我爱记歌词》在全国范围内掀起 K 歌旋风。

文章还给内地多档综艺节目划分了类型：

1. 寓教于乐型

《正大综艺》：于 1990 年 4 月 21 日首播，是目前内地播出时间最长、播出数量最多的大型电视综艺益智栏目。主要针对热爱旅游、热爱生活以及喜欢吉尼斯刺激挑战的大众。

《幸运 52》：创办于 1999 年 12 月，是央视创办的内地第一个大型互动式知识性娱乐节目，主持人李咏独特的外形和主持风格也因此脱颖而出。

《开心辞典》：央视参考国外同类节目推出的集趣味、益智、知识、紧张、惊险、幽默于一身的有奖问答电视游戏节目，高科技网络和声讯手段的加入是这个节目的特色。

2. 全民娱乐型

《超级女声》：湖南卫视在 2004 年推出的大众歌手选秀比赛，旨在找出优秀的平民偶像歌手，全民参与度和收视率都极高，也引领了国内选秀节目的热潮。

同类节目：《快乐男声》、《加油！好男儿》、《绝对唱响》。

《星光大道》：央视综艺频道推出的"没有门槛、没有距离、没有限制"

的全民选秀节目，重在"百姓自娱自乐"，满足了不同年龄段观众的口味。

3. 自得其乐型

《舞林大会》：东方卫视 2006 年初首播，邀请各路明星大秀舞艺。湖南卫视也在后来推出了同类节目《舞动奇迹》，在形式上和明星阵容方面作出了更大的突破。

同类节目：《非常有戏》、《名声大震》。

《勇往直前》：湖南卫视推出，邀请明星参加各种惊险的挑战类项目，集娱乐、悬念、互动参与为一体，重在"还原明星本色"，号称"全娱乐真实记录"。

4. 与民同乐型

《快乐大本营》：湖南卫视于 1997 年 7 月 11 日开办的一档综艺性娱乐节目，目前固定每周六晚黄金时段播出。

同类节目：《超级大赢家》。

《我爱记歌词》：浙江卫视推出的全民娱乐节目，号称"全国首推门槛最低的互动音乐节目"，对参赛选手的要求是"无须歌喉、音准和舞台表现力，只要唱对歌词就行"。单纯的娱乐方式、与慈善结合的活动目的让这一节目深受观众喜爱。

5. "即时"行乐型

《奥运向前冲》：湖南卫视在奥运年推出的大型户外竞技类节目，参赛选手都是普通民众，通过参加各种趣味竞技比赛来挑战极限，展现个人风采。

（新闻中心＞国内新闻＞感受改革开放 30 周年＞纪念改革开放 30 周年最新消息　来源：新华网）

二、综艺游戏节目的难题与误区

电视综艺游戏节目一哄而上，是历史的必然，还是中国电视的无奈、不智？是电视平民精神的大释放，还是庸俗文化的大登场？是屏幕前观众喜欢看，还是现场参与者喜欢说？中国电视走到 21 世纪初到底是严肃过了头、门槛超了高，还是供给需求错了位、雅俗比例失调了？有人说我们的一些电视正在沦为"夜总会电视"、"弱智电视"、"奶油电视"、"厂商电视"、"标语电视"，我们自己怎么想？可以肯定地说，娱乐游戏节目在电视中的优势不容置疑，但是，受众需要怎样的综艺游戏节目呢？

（一）策划与编导难题

1. 节目创新难

古今中外皆有游戏，但是人类数千年的文明史流传至今的游戏不外乎棋类、牌类和球类几种，更何况这些竞智竞技的游戏在今天大部或全部地归入体育运动项目。电视游戏节目当然不能全盘照搬这些浸透了无数智者的心血的杰作，它只能改头换面地从休闲娱乐活动中寻找灵感。电视综艺游戏节目这种"出身"在传统游戏阴影里，或者说在定型游戏"夹缝"中生长的无奈，决定了它免不了"有奶便是娘"的东拼西凑，又免不了哗众取宠的标新立异。结果，庞杂的信息交汇让观众回应不了心智、情感和道义的共鸣，怀疑"三百六十五天，天天都在过愚人节"。编导们设计时对游戏结局考虑多，却对游戏悬念设置考虑少，处理简单化。实际上，真正的游戏千变万化，是不可设计、难以猜测的，这就需要给定一个可以充分拓展的时空，便于参与者的发挥，让观众做游戏的再创造者而不是一味地当听差！

2. 节目定位难

（1）节目定位难。综艺游戏节目也须有明确的主题和思想，问题是主题突出不应以减少娱乐为代价，思想性增强不应以降低休闲特色为代价。

（2）观众定位难。目前综艺游戏节目的观众定位是泛化的，但节目的增加必将引起观众分流，针对不同阶层观众而设计的栏目将呈现分化趋势。

（3）主持人定位难。主持人作为裁判、智者、指挥，凌驾于参与者之上，把参与者当作弱者，或者把他们放进比自己小得多的儿童情结中，这直接影响游戏者的参与感。在一种倾斜的氛围中，游戏双方不能沟通，也无法交流，结果是主持人硬着头皮逗，参与者硬着头皮笑，内心都十分痛苦。

3. 表现难

电视游戏节目重在传播，因此，电视语言运用的到位与否至关重要。它要求强化喜剧色彩和紧张感，充分地展示过程，表现过程的美和乐。

4. 制作难

众所周知，游戏节目是个高消费的节目，游戏的道具、服装、置景等都是一次性的，重复使用就会让人望而生厌，而且道具、服装、置景的新、奇、异就更需高额资金投入，不投入就不会"产出"。以我们目前的技术手段，虚拟演播室的拍摄时代还没到来，即使可以在虚拟演播室里，节省的也只是灯光、舞美部分，制作照花不误。

5. 推销难

由于游戏节目本身的特性促使观众的心态为"感兴趣时多看两眼，不耐烦就频频换台"。电视晚会、电视剧、专题片、风光片、音乐片、纪录片等首播重播还可以卖录像带或影碟，游戏节目录像带谁人问津？

6. 拍摄难

平稳呆板的新闻镜头不适合综艺游戏节目，跳跃、频闪的艺术镜头也不适合综艺游戏节目。综艺游戏节目需要的是主观镜头与客观镜头随游戏节目进展形成"一种反复交代游戏空间位置和参与者参与程度的画面"。远、全、中、近、特，各个景别不需成组配对地使用，精彩段子还要精拍细拍，有刺激冲击力地去拍。细节的拍摄尤为重要，这些细节又常常因游戏进展快速度和游戏变速的太难预料而稍纵即逝，谁也不能保证在瞬间即逝突发事件里完美无缺的拍摄。

7. 参与难

让综艺游戏节目引以为自豪的是所谓"参与性、互动性的增加"。但由于这类节目的主要元素、制作水平、动作方式不尽相同，实际上还有相当多节目的现场观众扮演"布景"的角色，偶尔作为点缀的花边，以配角的身份加入到游戏中去，更多的观众参与是一种消极、被动的行为，他们在节目需要时被选为配合嘉宾游戏的搭档，或者干脆就是游戏中的道具。他们的临场水平往往难以预料，碰上有天赋的则会令节目再放异彩，遇到榆木疙瘩则煮鹤焚琴大煞风景。游戏选择参与者还是不选参与者，仅在一举措间就隐藏着数不尽的隐患。

（二）创作与编导误区

1. 博彩——赤裸裸的金钱收益、商业效益

博彩成了目前综艺游戏节目的一个重要组成部分。很多节目如深圳台《周末大赢家》、江苏有线台的《非常周末》等都设置了"商品竞拍"和"福星奖"等环节，这些环节可以说有一箭三雕之妙：一是保证了电视收视率的需要；二是动员了观众广泛参与节目，增加了悬念；三是实现了与市场经济的对接，利于招商引客，增加了广告收入。因此，博彩满足了电视台、广告客户、观众三方的需求。但目前有部分综艺游戏节目陷入了赤裸裸博彩的误区：赤裸裸的金钱收益、商业效应。在这一切目的性极强的运作中，明星和特邀嘉宾不宜过分加入这类渲染中，尤其不宜赤裸裸地鼓励观众打电话，这不是他们的义务。这一切运作都必须恰到好处，节目越精彩，加入的人就越多。

带有博彩性质的综艺游戏节目应具有一定的文化内涵，轻松、广泛的娱乐内容，一定的审美要求，以及需要担负一定的导向性的社会责任。尽管这一社会责任的表达不需要直接而可以含而不露，但的确不可忽视；尽管这一类节目具备大众瞩目、明星参与，一定档次的节目表演和带有娱乐性、知识性，依靠明星串联等特点，但这种共性既需要遵守，又需要突破。否则，它就担负不了引导观众、娱乐观众的社会责任。

2. 游戏者还是被游戏者

当今电视综艺游戏节目中的所谓游戏者主宰或驱使他们的不是快乐原则。不是因主体的快乐动机而驱使他们游戏，所以根本不能如孩童般抛开现实，沉浸于游戏的喜悦之中。游戏的本质被愚弄了。当游戏被编导设计的使命框定时，游戏者就不再有一个自由的主体，而是自觉地做到了与外部强加于他的合理性步调一致。实际上，他已由"游戏者"演变为"被游戏者"了，具体表现在：

（1）游戏玩人，当观众是傻瓜。目前，一些编导们单纯地认为只要明星们玩的时候表现不错，大家就一定接受与认可。在游戏节目开办之初，编导们利用观众的猎奇心理拉拢了一批观众，一旦观众的新奇感消失，一旦他们察觉自己一阵傻笑之后什么都体味不到时，他们就会举起手中的遥控器毫不客气地转换频道。

（2）开涮，不分男女老少。目前许多编导把这种探知、窥视欲"发扬光大"，他们挖空心思，绞尽脑汁"涮明星"。游戏越做越玄乎，"涮法"也越蹊跷，弄得明星洋相百出。笑星侯耀文因为在电视游戏节目中玩高空游戏而摔断了腿，成为圈内的经典笑话；台湾影星王思懿说她在武汉做节目，事先不知游戏内容，穿了条裙子上去了，结果春光乍泄，观众愕然；赵保乐一次在某电视台化妆间里，与他相熟的工作人员向他借手机，抓过来就拨号，并高声对话："喂，加拿大吗？哎，上次那笔生意——"蒙在鼓里的赵保乐惊愕，欲抢回手机，犹豫的表情都被偷拍下来并随后播出。这种涮法得来的收视率，是不是真的？会不会长久？节目的编导们真应该好好想想。

（3）低俗为搞笑，肉麻当有趣。电视综艺游戏节目低俗化现象其花样正不断翻新，已经引起有识之士的不满。低俗表现形式之一就是挑逗，如当一位男嘉宾抱着女嘉宾表演情节时，女主持人在一边调侃："不抱白不抱，多抱一会儿吧！"在一档邀请台湾男主持人一起主持的节目中，女主持对男主持说："你长得好帅啊！"男主持马上接过话茬："看来你已喜欢上我了啦！可惜我已经有老婆了。不过我正准备离婚。"

3. 只教不乐，或只乐不教

综艺游戏作为一种文化现象，挑战的重心在观众。太省心做出来过于轻松娱乐的节目，得不到高收视率；太费心做出来过于沉重严肃的节目，亦得不到高收视率；只"教"不"乐"不看，只"乐"不"教"不看；难就难在了既要"教"，还要"雅"，还要"巧"还要"乐"。

4. 节目为广告商而做

有人错误地认为：没有事先拉到赞助商就不去主动制作节目，拉到了就为广告商而制作。这种观点与行为最终导致低质量的节目。低质量的节目就不会有高收视率，就不会有好的经济效益，制作高质量的作品就更难，从而形成一个恶性循环。

5. 克隆成风

音乐里流行一个词——"原创"，并常以此对新作品进行量衡。但游戏节目却对"原创"不屑一顾，许多品种从日本原创，台湾模仿，香港转手，内地拿来。已有许多人将这种现象称为"克隆"，虽然有别，毕竟离原创甚远了。克隆现象主要表现在：

（1）模式克隆——"明星＋游戏＋商品"。综艺游戏节目主要构成元素：明星＋游戏＋商品，这已经成为一种通行模式，但综艺游戏节目绝非这一种模式，它应该是智慧的策划而不是盲目跟进。我们要善于从别人的成功中发现自己的路径，开创新的模式。

（2）节目克隆。"拿来主义"做法带来的一系列问题现在已经暴露出来了，像《欢乐总动员》、《快乐大本营》、《非常周末》等综艺游戏节目内容均涉嫌模仿台湾的《鸡蛋碰石头》、《相约星期五》，而台湾的节目又被指控在基本内容和形式上都"抄袭"了日本电视台的类似节目，构成仿冒侵权行为。这是不应提倡的。

（3）明星克隆。中国人口众多，明星如云，可是，问题出在中国的电视台很多，综艺栏目就更繁荣，明星也就格外忙碌了：从一个演播室赶到另一个演播室，但观众从荧屏上看到的却是同一张脸，甚至不经意间有时会发现频道换了，明星却留下来。明星仅仅是综艺游戏栏目的一个元素，能否把这一元素运用得当则是另一回事，如何挖掘明星的"超常价值"是综艺游戏节目策划者该动脑筋的事，也是考验编导水平的事。

（4）主持克隆。全国56家电视台的几十档综艺游戏的主持人，似乎男的都是手足兄弟，女的都是同胞姐妹，甚至有过之无不及。花花绿绿的服饰、手舞足蹈的表演、莫名其妙的手势、港台舶来的腔调、伪造的清纯烂漫、仿制的洒脱不羁成为他们共同的特征。个性的缺失又是这类节目主持人的最大共性。面对这一张张相互抄袭的答卷，观众当然不会满意。

三、综艺游戏节目的出路

（一）整合理念

出现如此多的问题其关键在于人的理念问题。寓教于乐的思想在今天又应被赋予新的内涵，它不同于教化意识，后者是指节目编导将某种意识形态灌输给观众，而前者却是观众通过富含思想深度的节目感受到编导的意图，自觉接受，从而受到熏陶、启迪。其实，要想达到既娱乐又有意义的效果并非难事，关键在于游戏的编排。如果编导与策划更关注游戏本身的意义，无须以损害别人的尊严与自由来换取观众的几声干笑，同时编创人员将人的精神转换——生成为节目要素，真正营造出一个愉悦和松弛的游戏场，那么成人游戏又怎会只经历短短的"辉煌"，便显露出力不从心的局面？

怎样把握一个雅俗共赏的"度"，也是理念的另一个侧面，"雅与俗"从表象上看是欣赏水平，而实际应该是编导水准的体现。对于电视综艺游戏节目的编导、演员来说，如何把"雅"的艺术变得易于接受、消化，把看上去"俗"的东西点化得质朴脱俗，确实显现出编导的功力。电视作为一种大众的传媒，在创作思想上应该首先做到"脱俗"而不是"超凡"。对于某些"雅"的东西我们不是摈弃，而应通过循序渐进的启蒙过程，才能达到为大多数人所理解、所接受。因此，电视综艺游戏类节目中的为雅而雅是应该避免的。从另一方面说，一些表演中不着边际的胡调乱侃、不惜作践自己和他人的戏谑、没有多少笑料的油滑俗不可耐，应彻底消除。

（二）创新思维

1. 加强策划

古人云："登高而观则见者远，顺风而呼则闻者彰。"师法日本游戏节目也好，学习港台电视节目的制作经验也罢，重要的是学习其精髓而不是效仿其外表。艺术贵在创新，节目贵在求精。一个节目要把观众留住。定要策划出自己独特的卖点。因此，另辟蹊径、寻求新的生长点，抓住每一时期观众的欣赏心理，为他们提供喜闻乐见的节目才是电视业不断向前发展的动力，才是吸引广大观众涌向自己频道的根本所在。

2. 强化主持

创新思维在主持人身上也有综合的体现。如何将主持人潜在的幽默储备发挥出来是做好电视节目主持人的关键，主持人在实现幽默时既要源于生活、高于生活，又要适合电视媒体的特征，系"带电作业"。同时，综艺游戏节目呼唤大师级主持人，同时排斥平庸的、毫无个性的、缺乏亲和力的主持人。

（三）精品意识

电视市场本身还处在初级发育阶段，而这一时期却是确定未来竞争优势的关键时期，谁先意识到市场的重要性，谁先掌握认识市场、驾驭市场的工具，创办出更多的精品节目，谁就能在未来的激烈竞争中占尽先机。

节目的成功，有赖于节目的选材和视角、技术和艺术水平、播出方式、宣传推介和版面包装等方面在激烈竞争中脱颖而出。而节目要受到社会关注，成为精品，首先要关注社会，只有彻底医治了"嗅觉迟钝症"，我们才有可能在节目竞争中多出佳作，酿出精品。

在实际操作中，还有许多具体问题有待解决，最主要的一条，就是节目制作与市场的脱节，阻碍了精品节目的迅速涌现。把台外竞争和台内竞争的机制同时引入节目制作中，使每个节目制作人员清晰地感受到竞争的压力，迫使他们把精力集中到提高节目质量上，如此一来，精品节目的出现就会呈现此起彼伏的势态，对于观众，则拥有永不衰竭的魅力。

综艺游戏节目面临着机遇与挑战。21世纪的电视综艺游戏类节目将是科技实力和文化创意、地方特色和全球视野的全方位竞争，可以预见，它必将给中国电视带来新的挑战和机遇。综艺游戏类节目将不断向深度广度发展，向个性化、生活化、审美化、平民化、分赏化发展。

（本节与李华合作撰写）

思考题：

1. 简述中国电视文艺节目在各个历史时期的发展。
2. 综艺游戏类电视节目生命本源是什么？
3. 电视综艺晚会导演应从哪几个方面进行艺术把握？
4. 电视综艺晚会节目创作应遵循怎样的原则？
5. 电视综艺（游戏）节目的结构类型有哪几种？
6. 试论我国综艺游戏类电视节目的误区与出路。